Ernst H. Gombrich:
Die Krise der Kulturgeschichte
Gedanken zum Wertproblem
in den Geisteswissenschaften

Klett-Cotta
im
Deutschen
Taschenbuch
Verlag

Aus dem Englischen übertragen von Lisbeth Gombrich.
Die englische Originalausgabe erschien 1979 bei Phaidon
Press Limited, Oxford, unter dem Titel ›Ideals and Idols‹.

September 1991
Deutscher Taschenbuch Verlag GmbH & Co. KG,
München
© 1979 Ernst H. Gombrich, London
© 1979 Phaidon Press Limited, Oxford
© 1983 der deutschsprachigen Ausgabe:
Ernst Klett Verlag für Wissen und Bildung
GmbH & Co. KG, Stuttgart
ISBN 3–608–76149–7
Umschlaggestaltung: Celestino Piatti
Gesamtherstellung: C. H. Beck'sche Buchdruckerei,
Nördlingen
Printed in Germany · ISBN 3–423–04562–0

Inhalt

Der erste in deutscher Sprache erschienene Band meiner gesammelten Aufsätze, ›Meditationen über ein Steckenpferd‹[1], trägt den Titel eines der darin enthaltenen Aufsätze. Auch für die deutsche Fassung dieses Buches entschied ich mich für diesen Ausweg. Es heißt auf englisch ›Ideals and Idols‹, aber obwohl beide Ausdrücke im Deutschen durchaus verständlich sind, wirkt ihre Gegenüberstellung noch fremdartiger als im Original. Dort klingt nämlich das Wort Idol an die Sprache der Bibel an, und zwar an die Warnungen der Propheten vor dem Götzendienst und der Abgötterei. Diese Gedankenverbindung war mir durchaus willkommen. Ich entnahm sie meinem hier abgedruckten Aufsatz über die Forschung in den Geisteswissenschaften. Ich spiele dort auf die Ansicht von Francis Bacon an, daß der Fortschritt der menschlichen Erkenntnis so oft am Kult falscher Götter scheitert. In den Augen dieses großen Vorkämpfers einer wissenschaftlichen Weltanschauung waren allerdings sogar Ideale in gewissem Sinne Idole, weil auch sie die unerläßliche Voraussetzungslosigkeit des forschenden Geistes beeinträchtigen. Die hier vereinigten Aufsätze vertreten einen anderen Standpunkt, aber es ist mir wichtig, daß man ihn nicht etwa mit der modischen Forschung nach »Engagement« oder dem Ruf nach sozialer »Relevanz« verwechselt. Sicher können sich Ideale in Idole verwandeln, wenn man sie dem Bereich kritischer Untersuchung entzieht; aber ebenso wie dogmatische Starre lähmt auch das Fehlen jeden Wertmaßstabs die Suche nach der Wahrheit. Es ist mehr eine Frage des Takts als des Prinzips, daß die meisten von uns es gewöhnlich vorziehen, ihre grundsätzliche Einstellung durch Themenwahl, Methode und Vortragsweise zum Ausdruck zu bringen, als sie in Worte zu kleiden. Wir wünschen uns einen Kritiker, der fragt: »Was hat der Verfasser herausbekommen?«, nicht: »Wo steht er?«

Und doch gibt es Momente im Leben eines Universitätslehrers, wo er sich versucht fühlt, von seinem bequemen Lehrstuhl aufzustehen und die Kanzel eines Predigers zu

[1] Zürich 1973 und Frankfurt 1978.

besteigen – vor allem dann, wenn er mit dem anspruchsvollen Auftrag beehrt wird, als Nachfolger prominenter Vortragender in einer Reihe zu sprechen, die dazu gestiftet wurde, grundlegende Fragen zu behandeln. So verließ ich in meiner Creighton Lecture der Londoner Universität mein eigentliches Arbeitsgebiet, um über ›Mythos und Wirklichkeit in der deutschen Rundfunkpropaganda der Kriegsjahre‹ zu sprechen. Ich erwähne diesen Vortrag zuerst, weil mir die Wahl dieses Themas auch einen Fingerzeig für die anderen Vorträge und Aufsätze in dem vorliegenden Band zu bieten scheint. Als Zeuge dieser teuflischen Weltanschauung und ihrer grauenhaften Folgen (die noch gar nicht weit zurückliegen) ist es mir ganz unverständlich, wie man das Werturteil sozusagen als eine Form der Unreinheit betrachten kann, die aus unserer Forschung ausgeschieden werden sollte. In meiner Deneke Lecture in Lady Margaret Hall (Oxford) über ›Die Krise der Kulturgeschichte‹, die ich vorher hielt, versuchte ich darzulegen, warum meine Ablehnung von Hegels Geschichtsphilosophie und ihren falschen Werten die kulturgeschichtliche Forschung keineswegs in Frage stellt. In meiner Romanes Lecture in Oxford über ›Kunstgeschichte und Sozialwissenschaft‹ ging es mir darum, daß der heutzutage allzu beliebte Kulturrelativismus unvermeidlich zum Absterben der Geisteswissenschaften führen müßte.

Auch sonst ergaben sich Gelegenheiten, die die Versuchung nahelegten, gewisse Aspekte meiner Überzeugungen darzulegen. Die »Oratio« in der London School of Economics and Political Sciences über ›Allgemeine Bildung‹ untersucht die Zusammenhänge zwischen dem überkommenen Wissen und den Werten, die von den Angehörigen einer Kultur geteilt werden. In der Ansprache, die ich vor einem erlesenen Publikum von Museumsbeamten in Ditchley Park über ›Museen: gestern, heute und morgen‹ hielt, gab ich meinem Zweifel an einer rein didaktischen Einstellung Ausdruck, und als mir die hohe Ehre widerfuhr, mit dem holländischen Erasmus-Preis ausgezeichnet zu werden, wurde aus der Versuchung eine Pflicht, denn die Tradition erwartete von mir ein kurzes »Glaubensbekenntnis«, in dem ich über ›Gefühl und Verstand in der Kunstbetrachtung‹ sprach.

Außer diesen Vorträgen, die ich zu verschiedenen Anlässen hielt, habe ich auch zwei Beiträge zu rein philosophischen Debatten über grundlegende Wertprobleme aufgenommen. Diese Probleme waren das offizielle Thema eines von der Nobelstiftung in Stockholm veranstalteten Symposiums über ›Die Stellung der Werte in einer Welt der Tatsachen‹, wo ich über ›Das Überpersönliche in der Kunst‹ sprach; sie waren aber auch der unausgesprochene Gegenstand der beiden Bände der Library of Living Philosophers über ›Die Philosophie Karl Poppers‹, der so viel dazu beigetragen hat, Klarheit in diese Probleme zu bringen, in denen mein Aufsatz ›Vom »Jahrmarkt der Eitelkeiten«. Die Wandlungen von Mode, Geschmack und Stil im Lichte der Logik‹ ursprünglich erschien.

Weiterhin habe ich auch meine Antworten auf zwei Rundfragen zu etwas zukünftigeren akademischen Problemen aufgenommen. Der Aufsatz ›Die Forschung in den Geisteswissenschaften‹ war ein Beitrag zu einer Sondernummer von Daedalus, dem Journal der American Academy of Arts and Sciences, die der »Suche nach Erkenntnis« gewidmet war, und der andere, ›Für eine pluralistische Kunstgeschichtsschreibung‹, war die Antwort auf eine Frage über den Stand der Kunstgeschichte, die das American Art Journal einer Anzahl von Kunsthistorikern gestellt hatte. Meine Korrespondenz mit Professor Quentin Bell über ›Werte und Kanons in der bildenden Kunst‹ wurde durch seine Reaktion auf meine Romanes Lecture ausgelöst. Ich bin ihm unendlich dankbar dafür, daß er mir erlaubt hat, sie hier aufzunehmen, denn in gewissem Sinne ist dies ja das Thema des ganzen Bandes.

London, Mai 1979   E. H. G.

Werte in der Geschichte

1. Allgemeine Bildung

In einem der berühmten Kriminalromane von Agatha Christie erscheint die Mörderin bei einem vornehmen Mittagessen bei Claridges – dem Londoner Treffpunkt der eleganten Welt. Sie hat sich als ihr Opfer verkleidet, denn sie will den Mord natürlich so lange wie möglich geheimhalten. Zunächst geht alles famos mit ihren niederträchtigen Plänen, denn sie versteht es fabelhaft, sich zu verstellen. Aber eines hat sie vernachlässigt, was anscheinend notwendig ist, um bei Claridges zu reüssieren: Es hapert mit ihrer humanistischen Bildung. Irgend jemand in dieser erlesenen Gesellschaft erwähnt das Urteil des Paris, jenes schiefgegangene Schiedsgericht, das zum Trojanischen Krieg führte; aber da die Konversation natürlich auf englisch geführt wurde, konnte die Mörderin glauben, es sei von der französischen Hauptstadt die Rede. »Paris –?« flötete sie. »Wer gibt noch etwas auf das dortige Urteil? Heute zählt doch nur mehr London und New York.«

»Es war ein peinlicher Moment«, schreibt die Erzählerin. Der Nachbar zur Rechten hielt den Atem an, während ein anderer Gast eifrig über die russische Oper zu reden begann. Aber hören wir, wie der Herzog reagierte: Mit zusammengepreßten Lippen und gerötetem Gesicht schien er sich ein wenig von der Sprecherin zurückziehen zu wollen. Es wird Sie kaum überraschen, daß diese furchtbare Blamage schließlich zur Aufdeckung des Verbrechens und zum Verhängnis der Mörderin führt. Sie hatte sich bloßgestellt.

Die Episode blieb mir im Gedächtnis hängen, weil ich durch meine vieljährige Tätigkeit am Warburg-Institut sozusagen auf die Wandlungen im Nachleben der Antike geeicht bin. Sollte unser Bibliothekar am Ende des Finanzjahres noch genug Geld haben, ein Paperback zu erwerben, so würde er gewiß ›Lord Edgeware dies‹ auf unsere Regale stellen. Ich darf hoffen, daß diese kleine Anekdote mir die schwere Aufgabe abnimmt, zu definieren, was ich unter allgemeiner Bildung verstehe. Geht es nicht klar genug aus der Schilderung von Agatha Christie hervor, daß man unter allgemeiner Bildung eine Bildung versteht, die nicht allgemein ist? Sie wird nur von einer bestimmten Klasse als allgemein vorausgesetzt. Wie Sie sehen, stehe ich hier wie Shakespeares Mark Anton am Forum: »Begraben will ich Caesar, nicht ihn preisen«, und so wie Mark Anton habe auch ich dabei meine Hintergedanken. Ich glaube, daß die allgemeine Bildung im Aussterben ist. Es scheint mir höchst unwahrscheinlich, daß heutzutage noch viele Mittagessen stattfinden, bei denen die Gäste das Urteil des Paris erwähnen, und noch wenigere, bei denen offenkundige Unkenntnis dieser alten Geschichte Damen dazu veranlassen würde, eifrig von der russischen Oper zu sprechen, oder gar Herzöge, die Stirne zu runzeln.

Nun, diese Zustände sind wir gerne los. Gab es doch zwei Aspekte dieser sozialen Konvention, die niemand zurückwünschen würde. Erstens verführt sie so leicht zu einer snobistischen Intoleranz gegen alle, die von irgend etwas nicht gehört haben, und zweitens führt dies wieder zu einem Ressentiment derer, die sich zurückgestoßen fühlen. Die Szene bei Claridges würde wahrscheinlich von Soziologen als ein Konflikt zwischen »in-groups« und »out-groups« beschrieben werden, das heißt zwischen den »Dazugehörigen« und den Außenseitern. Wer den antiken Mythos nicht kennt, ist ungebildet, er schließt sich damit von der Elite aus, die sich das Recht anmaßt, zu entscheiden, wer ihr Mitglied werden kann. Allerdings ist es leider nur zu wahrscheinlich, daß, wenn dieses recht fragwürdige Kriterium nicht mehr gilt, es der Gesellschaft gelingen wird, neue Zeichen und Symbole zu erfinden, um die Schranken des Snobismus aufrechtzuerhalten. Dabei ist vielleicht der Besitz gewisser Kenntnisse keine schlechtere Mitgliedskarte als der Besitz greifbarer Statussymbole wie etwa teure Autos, Yachten oder impressionistische Bilder. Wenn soziale Abstufungen, eine Hackordnung wie im Hühnerhof, wirklich etwas Unvermeidliches sind, dann erscheint mir die allgemeine Bildung immer noch als ein besserer Passierschein in die oberen Schichten als der Geburtsschein, der Kontoauszug oder eine bestimmte Sprechweise.

Was einen am Begriff der allgemeinen Bildung noch bedenklicher stimmt, ist, daß er so leicht zur Heuchelei und Oberflächlichkeit verführt. Wer sich vorm Stirnrunzeln hoher Herrschaften fürchtete, fühlte sich zu ungezählten kleinen demütigenden Lügen gezwungen, wenn von etwas die Rede war, was er wissen zu sollen glaubte. Wenn es beschämend ist, seine Unwissenheit einzugestehen, dann traut man sich auch nicht zu fragen. Wäre es nicht wirklich erfrischend, wenn plötzlich jemand laut fragte: »Das Urteil des Paris? Was ist das?« In solchen Momenten, die leider bei uns in Europa noch allzu selten sind, entdeckt man erst, daß das sogenannte Allgemeinwissen nicht nur nicht allgemein ist, sondern auch kein wirkliches Wissen darstellt. Bei welchem griechischen Dichter der klassischen Epoche wird diese Geschichte eigentlich erzählt? Bei keinem – oder wenigstens bei keinem, den wir heute besitzen! Das weiß ich auch erst, seitdem ich nachgesehen habe. Alles, was mir darüber bekannt ist, weiß ich sozusagen vom Hörensagen. Sicher habe ich als Kind irgendwelche ›Sagen des klassischen Altertums‹ gelesen, aber ich würde die Geschichte nicht zur allgemeinen Bildung rechnen, wenn ich sie nicht später noch verschiedentlich erwähnt oder abgebildet gesehen hätte, denn viele Künstler – darunter Rubens in seinem herrlichen Gemälde in der National Gallery in London – ließen sich die Gelegenheit nicht entgehen, eine Schönheitskonkurrenz zwischen drei Göttinnen darzustellen. Wir sollten zugeben, daß ein Großteil der »allgemeinen Bildung« in ähnlicher Weise auf Hörensagen beruht. Das wäre an sich ja nichts Schlechtes, wenn der äußere Eindruck nicht so ganz anders wäre. Man kennt den Besucher, der beim Anblick unserer Bücherschränke ehrfurchtsvoll fragt: »Haben Sie das wirklich alles gelesen?« Wir müssen dann eingestehen, daß wir manche angeschafft haben, um in ihnen nachzuschlagen, und viele andere in der bloßen Hoffnung, doch eines Tages die Zeit zu finden, sie zu lesen. Leuten, die sich in Bibliotheken auskennen, braucht man das nicht zu erklären, und Leute, die mit der allgemeinen Bildung vertraut sind, nehmen sie für das, was sie eben ist – ein Sammelsurium von vagen Gerüchten über allerlei Dinge. Wenn wir einen Menschen einen Don Quichotte nennen oder eine Situation mit Dantes Inferno vergleichen, wollen wir damit nicht den Eindruck erwecken, daß wir Cervantes gelesen oder die ›Göttliche Komödie‹ studiert hätten. Wir verwenden einfach eine Scheidemünze, von der wir wissen, daß sie im Umlauf ist. Ich glaube, wir können jetzt besser verstehen, warum Seine Durchlaucht so viel leiden mußte, als seine Tischnachbarin die Anspielung nicht verstand. Der Grund seines Unbehagens war vermutlich weniger der Snobismus als die plötzliche Störung des Gedankenaustausches. Man muß nicht unbedingt ein Hocharistokrat sein, um in Verlegenheit zu geraten, wenn etwa eine

Bemerkung über »saure Trauben« beim Gesprächspartner eine lange Erklärung über den Zuckergehalt von Früchten auslöst. Äsops kleine Fabel vom Fuchs und den Trauben liefert uns eine handliche Formel zur Charakterisierung einer menschlichen Situation. Wie langweilig wäre es, sie erst umständlich erklären zu müssen! Es scheint mir, daß manchmal zu viel Wesens von der schlichten Erfahrungstatsache gemacht wird, daß alle Kulturen auf einem gemeinsamen Wissensgut basieren, das den Mitgliedern zur freien Verfügung steht. Wer etwa sagt: »das Mädchen mit dem Mona-Lisa-Lächeln«, ist kaum darauf aus, mit seiner Bildung zu protzen. Er hofft bloß, daß der andere weiß, wovon er redet, und sofort versteht, welches Mädchen gemeint ist. Dasselbe gilt, wenn ich jemanden einen Katalysator nenne: Auch wer nichts von Chemie versteht, wird hoffentlich begreifen, daß ich einen Menschen meine, der Leute zusammenbringt, ohne anscheinend selbst aktiv beteiligt zu sein. Das Gewebe aller lebenden Sprachen ist durchschossen von einer Unzahl solcher Anspielungen, die auf der Voraussetzung gemeinsamer Kenntnisse beruhen, wenn auch vieles davon buchstäblich »Hörensagen« darstellt.

Vielleicht können nur Menschen, die von einer Sprache in die andere hinüberwechseln wollen, voll ermessen, welche Rolle dieses geteilte Wissensgut jeweils spielt. Wer könnte hoffen, einer englischen Parlamentsdebatte zu folgen, wenn er die von ›Alice im Wunderland‹ gehört hat und darum die Anspielungen auf »Jam gibt's morgen« oder auf Humpty Dumptys Anspruch, den Worten ihren Sinn zu geben, nicht versteht? Und wie sollten wir uns nicht als Außenseiter fühlen, wenn unsere Freunde und Kollegen Kricketausdrücke gebrauchen, wie etwa »sticky wickets«, »innings« oder »hitting for six«, die natürlich so unübersetzbar sind wie die Sprache aller Spiele? Man muß zwar nicht Schach spielen können, aber doch wissen, was der Redner meint, wenn er davon spricht, jemanden in Schach zu halten oder gar matt zu setzen. Wenn ich hier einen harmlosen technischen Ausdruck einführen darf, würde ich vorschlagen, von einer Quelle für Metaphern zu sprechen.

Natürlich hat jede Kultur derartige beliebte Quellen für ihre Metaphern, die die Verständigung unter ihren Mitgliedern erleichtern und, nebenbei gesagt, dem Übersetzer viel Kopfzerbrechen machen. Gemeinsame Sitten, Handwerksbräuche und selbstverständlich auch Legenden und religiöse Vorstellungen eines jeden Stammes sind unauflöslich mit der Sprache und Denkungsart jeder Zivilisation verschmolzen. Wie könnten wir die Metaphern indischer Poesie und Literatur verstehen, wenn wir nichts wüßten von der Bedeutung, die das Rind im Leben und im Kult indischer Bauern spielt? Oder wer könnte hoffen, die Kultur des Islam zu verstehen, ohne wenigstens etwas vom Koran zu wissen? Die Religion ist selbstverständlich für die meisten Kulturen die wichtigste Quelle aller Metaphern. Der Olymp oder Himmel jeden Volkes bietet Symbole für Macht, für Gnade, für Gut und Böse, für Drohung und Tröstung; und die vitale Kraft dieser Symbole ist so groß, daß sie sogar den betreffenden Glauben überleben. Was wäre die Dichtung des gesamten Abendlandes ohne Venus und Mars, ohne Amors Pfeile oder Jupiters Donnerkeil oder hier und da auch das Urteil des Paris?

Als Priams Sohn in Idas weitem Feld
Den Preis der einen gab, den andern Schmach –
Wenn die, um die mein Herz sich schmerzlich quält,
Damals gelebt hätt' unter Trojas Dach,
Sie hätte sicherlich den Goldapfel errungen –
Keusch wäre Helena und Troja unbezwungen.[1]

Gewiß, nicht alle Gedichte strotzen so von klassischen Anspielungen wie die aus der Elisabethanischen Zeit. Aber ich frage mich manchmal, ob wir je den Mitgliedern anderer Kulturen genügend Anerkennung zollen, wenn sie sich unsere Überlieferungen zu eigen machen. Für einen Chinesen muß es genauso schwer sein, sich in dieser verschwundenen Götterwelt zurechtzufinden, wie für uns, die Anspielungen auf gute und schlechte Kaiser nicht zu übersehen, die überall in das Gewebe der chinesischen Literatur eingeflochten sind. Ich behaupte natürlich nicht, daß all das unüberwindliche Schwierigkeiten sind. Man kann diese Metaphern und Anspielungen genauso studieren wie eine fremde Sprache. Gewiß habe ich heute einen klareren Begriff von dem, was Kricket für meine englischen Freunde bedeutet, als vor 25 Jahren, besonders da mein Sohn hier in die Schule gegangen ist und sein Wissen etwas auf mich abgefärbt hat. Aber ich

---

[1] Thomas Watson, Hekatompathia. London 1582, XXXIII.

mache mir keine Illusionen. Nicht nur könnte ich niemals erlernen, einen Kricketball aufzufangen; ich werde auch niemals imstande sein, auf diese Anspielungen so schnell zu reagieren wie auf etwas, was ich von Kind auf gekannt habe. Um den Ball zu fangen und den Sinn der Anspielungen zu verstehen, muß einem das Spiel in Fleisch und Blut übergegangen sein. Es muß zur zweiten Natur geworden sein.

Wie Sie wissen, hat die Erziehung, die man heute als altmodisch bezeichnet, mehr Wert auf Bildung gelegt als auf Wissen. Es ist wohl kein Zufall, daß sie sich aus der antiken Kultur herleitet, die ein so starkes Gewicht auf Rhetorik, die Beherrschung der Sprache, legte. Erziehung war gleichbedeutend mit Ausdrucksgewandtheit, und der Meister dieser Kunst war jener, der sich alle Quellen für Metaphern zu eigen gemacht hatte und dadurch die Saiten gemeinsamer Erinnerungen zum Schwingen bringen konnte.

Unsere Kultur legt viel weniger Wert auf Rhetorik. Wäre dem nicht so, so hätte man mich gewiß nicht mit der Einladung beehrt, hier eine Oratio zu halten. Und dadurch, daß nun der Hauptzweck der Beherrschung überlieferten Bildungsguts verloren ist, ist die Frage, was man lernen und wissen sollte – was also zur allgemeinen Bildung zu gehören hat –, schwerer zu stellen und schwieriger zu beantworten. Nicht daß der Streit über den Vorrang der einzelnen Fakultäten etwas Neues gewesen wäre. Er war sogar in den Rednerschulen ein beliebter Übungsgegenstand. Es galt, allen erdenklichen Scharfsinn aufzuwenden, um zu beweisen, daß die Medizin wichtiger sei als die Jurisprudenz oder daß das Quadrivium, dessen Grundlage Mathematik war, höheres Wissen vermittle als das Trivium, das auf dem Sprachenstudium basierte, oder, umgekehrt, daß die Sprache allein es sei, die den Menschen zum Menschen mache. Durchaus nicht alle, die heute zu diesen Fragen Stellung beziehen, wissen, wie weit diese Streitfragen zurückgehen. Wenn sie es wüßten, wäre ihnen vermutlich auch klar, wie wenig schlüssig die Argumente doch sind, die sich auf Relevanz oder Nützlichkeit berufen. Es gibt keine Information, die nicht unter Umständen für irgend jemanden oder irgend etwas von Bedeutung sein könnte. Aber wenn das ein Kriterium für die Aufnahme in den Lehrplan wäre, wäre das Verzeichnis der Telefonteilnehmer vermutlich das wichtigste aller Lehrbücher. Es wäre sicher kein populäres, weil leichtes Studium, und obwohl man Studenten dazu bekommen könnte, es zu lernen, glaube ich nicht, daß sie es assimilieren könnten. Es könnte ja nicht in ihren Sprachschatz eingehen oder Metaphern liefern, die für alle Mitglieder der betreffenden Kultur verständlich wären.

Es ist leicht zu sehen und noch leichter zu sagen, daß Sprache nicht alles ist. Eine Gesellschaft, in der alle nur reden könnten und niemand handeln, könnte nicht einmal einen Tag lang bestehen. Aber eine Gesellschaft, in der es kein assimiliertes Bildungsgut gäbe – von der Sprache selbst angefangen bis zu den Quellen der Metaphern –, wäre keine Gesellschaft mehr. Ich möchte das nicht erst langwierig ausführen, denn niemand glaubt ja, daß sich so etwas ereignen könnte.

Voriges Jahr hat mein hochgeschätzter Vorgänger, Sir Geoffrey Crowther, Ihnen die Hölle heiß gemacht, indem er Sie vor den schrecklichen Folgen warnte, die sich einstellen würden, wenn sich das Verständnis für Wissenschaft und Technik nicht rasch genug verbreiten sollte. Ich kann da nicht mit ihm konkurrieren. Haben Sie keine Angst: Ein Absterben der allgemeinen Bildung würde nicht weh tun. Das Sprichwort sagt: »Was ich nicht weiß, macht mich nicht heiß«, und was wir nie gekannt haben, können wir auch nicht vermissen. Wir würden zwar weniger fein differenzieren, und unsere Ausdrucksmöglichkeiten würden sich vergröbern, aber die Sprache würde uns noch weiter ihre Dienste leisten, wie sie den vielen Millionen dient, die niemals mit den Quellen der Metaphern in Verbindung gekommen sind.

Und doch sind Sprache und Metapher nicht wie das Telefonbuch ausschließlich dazu da, daß wir uns mit anderen verständigen können. Wir brauchen sie ebenso, um für uns selbst unsere Erfahrungs- und Erlebniswelt zu deuten und zu gliedern, und aus diesem Grunde würden wir letzten Endes von einem Versiegen dieser Quellen doch schwer betroffen werden.

Wenn wir den Psychoanalytikern glauben können – und in diesem Punkte können wir dies bestimmt –, entstehen unsere ersten Metaphern in diesem weiten Sinn aus der Urfamiliensituation. In Mutter und Vater haben wir die ersten gefühlsmäßigen Modelle für die Gesamtheit der Gefühle, die mit mütterlicher Liebe und Zärtlichkeit und mit väterlicher Autorität gepaart sind. Wir lernen, unsere Erfahrungswelt in diesem Sinn zu ordnen und einzuteilen. Bald kommen freilich neue und mehr individuelle Erfahrungen dazu und liefern uns neue Möglichkeiten zu vergleichen: der Spielzeugschrank, die Welt der Tiere, die Märchen und selbstverständlich auch die Religion. Im Schulalter werden die Lehrer sehr oft zu derartigen Modellen und Typen – und vielleicht wären manche recht überrascht, wenn sie wüßten, wie sie sich in der Phantasie der Kinder in Götter, Dämonen und Teufel verwandeln. Hören Sie nur den Schulkindern zu, wie sehr sich ihre Konversation um die Charaktereigenschaften, die Schwächen und Vorzüge ihrer Lehrer dreht. Gerade dieses gemeinsame Wissen, dieser Anteil an einem Bezugssystem schweißt die Klasse zu einer kleinen Subkultur zusammen. Aber es versteht sich von selbst, daß unsere heranwachsenden Jugendlichen auch andere Dinge gemeinsam erleben. Das Fernsehen, der Rundfunk und das Kino produzieren ja geradezu einen ganzen Olymp von großen und kleinen Stars, und denjenigen, die, sei es aus Armut, sei es aus einer intellektuellen Arroganz heraus, nicht an dieser Welt teilhaben, wird sehr bald klargemacht, daß sie Außenseiter sind. Für die jungen Leute, die dieser Kultur angehören, ist es ebenso peinlich, erklären zu müssen, wer, sagen wir, Cliff Richard ist (dessen Namen ich eigens für diesen Vortrag gelernt habe), wie für andere mehr auf »allgemeine Bildung« eingestellte Menschen, auseinanderzusetzen, was man unter einem Mona-Lisa-Lächeln versteht. Unsere tägliche Umgangssprache ist durchsetzt mit Schlagwörtern und Redewendungen aus populären Fernseh- und Rundfunkprogrammen, die bei den Zuschauern beziehungsweise Zuhörern dieser Programme ganze Ketten von Assoziationen auslösen, aber morgen wieder vergessen sind.

Aber glauben Sie nicht, daß dieser kaleidoskopartige Wechsel in den Bezugsfeldern der Anspielungen und Metaphern auf diejenigen beschränkt ist, die ihre ganze Freizeit mit Fernsehen oder Radiohören verbringen. Auch den Gebildeten und Intellektuellen wird genauso wie den Massen in einem fort eingehämmert, sie müßten unbedingt oder keinesfalls dieses oder jenes wissen oder lesen oder dieser oder jener Modeidee nachlaufen, wenn ihnen etwas daran liegt, einer bestimmten Elite anzugehören. Ja, ich habe sogar den Verdacht, daß manche unserer Sonntagszeitungen und gewisse Wochenschriften ganz bewußt auf überbeschäftigte

Leute wie uns zugeschnitten sind, die nie zum Lesen kommen, geschweige denn zum Denken, und doch das Gefühl haben wollen, daß sie mit dem, was im Kulturleben vorgeht, in Berührung bleiben können, wobei es, theoretisch wenigstens, denkbar wäre, daß alle Teilnehmer an dieser Kultur durch dieselben Blätter in derselben tröstlichen Illusion gewiegt werden. Trotzdem besteht sogar heute noch ein Unterschied zwischen denen, die so mitplätschern können, und denen, die gebildet sind. Es ist derselbe Unterschied wie der zwischen Jargon und Sprache. Hier darf ich mir erlauben, meine eigenen Waren anzupreisen. Ich gestehe, daß mir manche Argumente, die man zugunsten einer humanistischen Erziehung anführt, nicht überzeugend vorkommen. Ich kann zum Beispiel nicht einsehen, warum das Studium des Lateinischen und Griechischen eine bessere geistige Disziplin sein soll als etwa ein gleich gründliches Studium des Chinesischen. Der Grund, warum die Menschen, die zu unserer Kultur gehören, weiter die Möglichkeit haben sollen, die Klassiker der Antike zu studieren, besteht einfach darin, daß sie in unserer Vergangenheit so gut bekannt waren. Denn im antiken Erbe besitzen wir eine Quelle von Metaphern, einen gemeinsamen Markt von Symbolen und Ideen, der in einem Maße über alle Grenzen und Zeiträume hinausgreift, wie das für keine Nationalliteratur möglich sein kann. Gewiß haben sich die deutschsprachigen Länder Shakespeare zu eigen gemacht – Hamlet und Lear gehören dort ohne Zweifel zur allgemeinen Bildung. Jane Austen jedoch ist noch nicht in diese Gemeinschaft aufgenommen worden. In England wiederum hat Proust das Heimatrecht erhalten, während Goethe, der auf dem Olymp deutscher Bildung alle anderen überragt, in den angelsächsischen Ländern verhältnismäßig wenig bekannt ist. Mit den antiken Autoren war das, wenigstens bis vor einer Generation, ganz anders. Sie waren zu einem solchen Grad in die Tradition des Allgemeinwissens eingegangen, daß sie nicht nur weniger als allgemein und weniger als Wissen waren, sondern paradoxerweise auch mehr als bloßes Wissen und sogar mehr als allgemein.

Für die Heranwachsenden bedeutete der Übergang von psychologischen Modellen der eigenen Eltern und Lehrer und von den Kultfiguren der Stunde zu überindividuellen und universellen Symbolen den Kontakt mit Problemen, die mitbeteiligt waren an der Gestaltung unserer Kultur. Athener und Spartaner waren für das erwachende jugendliche Bewußtsein nicht bloß die Namen längst untergegangener Völker, sondern zeitlose Möglichkeiten der Lebens- und Pflichtauffassung. Einen Widerwillen gegen die Spartaner mit ihren abscheulichen Idealen zu entwickeln war an sich schon erzieherisch – um so mehr, als man sich diese Erkenntnisse gegen den Widerstand der Lehrer aneignen mußte, die nie aufhörten, die Tugenden dieser Gemütsmenschen in den Himmel zu heben.

Nicht anders war es mit den großen Gestalten eines Lykurg, eines Perikles oder eines Cato, die Plutarch, Thukydides und Cicero uns beschrieben haben. Sie haben ganze Generationen vor die Aufgabe gestellt, zwischen ganz verschiedenen Auffassungen väterlicher Autorität zu wählen. Auch heute noch zeugt unsere Sprache von der Intensität, mit der man sich mit diesen Gestalten befaßte: Ausdrücke wie »drakonische Strafen«, »stoische Ruhe«, »zynische Gleichgültigkeit« und »epikuräisches Genießen« sind nicht nur Anspielungen, die man nach Belieben fallenlassen kann: Sie sind Wegweiser, die an wichtigen Straßenkreuzungen errichtet sind. Zugegeben: Es ist natürlich durchaus möglich, daß wir, wenn wir ihnen nachgehen, darauf kommen werden, daß – sagen wir – die Epikuräer eher stoisch waren und viele Stoiker recht epikuräisch. Aber würden wir an solchen Entdeckungen nicht lernen, dem Hörensagen nicht allzuviel Glauben zu schenken? Die Tatsache, daß diese Namen Metaphern geworden sind und ganze Erlebnis- und Erfahrungsweisen repräsentieren, ist an sich ein Ansporn, mehr über sie zu lernen. Ich bin überzeugt, daß wir heute fast alle wirklich wertvollen Arbeiten auf dem Gebiet der humanistischen Wissenschaften den Impulsen verdanken, die von diesen immer noch in der Kultur lebendigen Kräften ausgehen. Um ein Beispiel zu nennen, das sich auf ein bedeutendes Mitglied Ihrer Hochschule bezieht: Bei Karl Poppers Platon-Kritik handelte es sich um eine grundlegende Revision, durch die klar wurde, daß die politischen Ideen, die Platon im Pantheon unserer Kultur präsentiert, weniger segensreich waren, als man allgemein angenommen hatte. Heute betrachten es die Leser der ambitionierten Wochenschriften als eine bekannte Tatsache, daß Popper der Anti-Platon ist. Aber diejenigen, die diesem Wegweiser folgen und Popper selbst lesen, werden auch dieses Klischee revidieren müssen. Jeder, der auf den Namen eines Studierenden Anspruch erhebt, muß das, was als allgemein bekannt angesehen wird, mit Mißtrauen betrachten.

Unser Olymp wird jedoch nicht nur von politischen Vaterfiguren bewohnt – er geht unmerklich in den Parnaß über, wo die Künstler ihren Platz haben als unsterbliche Verkörperungen menschlicher Größe mit ihren Kämpfen, Leiden und Triumphen. Michelangelo und Raffael, Rubens und Rembrandt, van Gogh und Cézanne sind ja nicht bloß Gegenstand der Kunstgeschichte oder etwa geeignete Objekte für Vermögensanlage und Sammlerehrgeiz. Sie sind Gestalten, die uns in ihren Bann ziehen oder uns abstoßen, Gestalten, die wir lieben, bewundern, kritisch betrachten oder ablehnen, sind lebendige Kräfte, die unser Leben mitbestimmen, Geistesheroen, Gottheiten unseres weltlichen Kulturhimmels; als solche sind sie wohlwollend oder böse, abgeklärt oder launenhaft; aber wie echten Göttern kann man sich ihnen nur mit Ehrfurcht in Demut nahen, denn sie können für uns ihr Licht über weite Geistesgebiete verbreiten, die ohne sie im Dunkel liegen würden.

Denken Sie etwa an Raffael. Heute ist er eine der weniger beachteten Gottheiten, aber früher einmal war sein Name geradezu gleichbedeutend mit göttlicher Schönheit. Wenn man ihn im Zusammenhang mit unseren Kulturüberlieferungen studiert, befaßt man sich nicht nur mit einer historischen Persönlichkeit, sondern setzt sich auch gleichzeitig mit unserem eigenen Verhältnis zum Schönheitsideal auseinander. Es kommt mir hier sehr darauf an, nicht mißverstanden zu werden: Ich will mein eigenes Arbeitsgebiet nicht in Verruf bringen, indem ich den Eindruck erwecke, das Studium der Kunst sei notwendigerweise subjektiver als das der Naturwissenschaften. Auch der Kunsthistoriker ist an strenge objektive Regeln gebunden, wenn er etwa Texte interpretiert oder die Echtheit von Gemälden untersucht. Aber die Entscheidung, was für uns selbst von Bedeutung ist, ist etwas Subjektives und muß es sein. Die lateinischen Redner sagten in solchen Fällen: *Tua res agitur!* – was man vielleicht am besten übersetzen könnte: »Hier handelt es sich um dich!« Oder: »Das geht dich an!« Ich behaupte, daß in diesem Sinne das Studium Raffaels uns alle hier auch heute noch angeht. Die Schönheit ist in den letzten 150 Jahren recht stark im Kurs gesunken, denn man verdächtigt sie der Heuchelei. Die Präraffaeliten wählten sich ihren Namen als eine bewußte Kampfansage gegen ein bestimmtes Element in unserer Kultur, ja sogar gegen ein Element in der Religion im weitesten Sinne. Eine erneute Beschäftigung mit Raffael führt dazu, die Berechtigung dieser Kampfansage ihrerseits genau zu untersuchen.

Liegen Schönheit und Sentimentalität wirklich nahe beieinander? Bis zu welchem Grad war der fromme Kitsch viktorianischer Öldrucke in Raffaels Madonnen schon als eine Möglichkeit vorgebildet? Ich persönlich glaube, daß die Revolte gegen Raffael ihr Ziel verfehlt hat. Je mehr ich ihn studiere – besonders in seinen Zeichnungen –, desto mehr bewundere ich seine geniale Meisterschaft, und desto weniger kann ich in seiner Kunst den stereotypen Ausdruck einer hohlen Schönheit sehen. Ich bin zu dem Schluß gekommen, daß er schwerer verständlich ist als Michelangelo, dessen großartige Schöpfungen uns den Atem rauben. Der Unterschied der beiden Künstler ist nicht unähnlich dem zwischen Mozart und Beethoven, wenn auch heute Mozart keiner Verteidigung bedarf. In Wagners Zeiten haben ihn jedoch viele als oberflächlich abgelehnt, weil sie seine Tiefe nicht auszuschöpfen vermochten.

Die Musik ist heute wohl das Kostbarste unserer gemeinsamen Besitztümer und die wichtigste Quelle von Metaphern in unserer Kultur geworden (wofür wir sicher dem Rundfunk und der Schallplatte unseren Dank schulden). In der Tat, nichts widerlegt so überzeugend das modische Gerede von den »Zwei Kulturen«, der geisteswissenschaftlichen und der naturwissenschaftlichen, wie der Anblick eines ausverkauften Konzertsaals. Ich zum mindesten habe noch nie gemerkt, daß Wissenschaftler, Ingenieure oder Ärzte diesen unseren Gemeinbesitz weniger schätzen als etwa Philologen, Literaten oder Juristen.

Selbstverständlich sind nicht alle Leute musikalisch, aber auch die, die es nicht sind, können an unserem gemeinsamen kulturellen Erbe große Freude und echten Gewinn haben. Dieses Erbe droht jedoch, uns aus der Hand zu gleiten, weil immer mehr Brücken zur Vergangenheit unpassierbar werden. Das ist der Grund, warum ich dem Absterben der allgemeinen Bildung mit Bedauern zusehe. Zugegeben, daß sie nicht viel mehr war als eine Ansammlung von vagen Gerüchten, von denen viele falsch oder irreführend waren. Aber auch Gerüchte haben etwas Gutes, wenn sie uns von Dingen berichten, die uns Freude machen könnten. Unser Leben ist kurz, und niemand kann hoffen, auch nur einen Bruchteil der Anregungen aufzugreifen, die in der Sprache selbst gelegen sind. Vielleicht komme ich eines Tages doch dazu, den ›Don Quichotte‹ zu lesen oder mich in die mysteriösen Eigenschaften von Katalysatoren zu vertiefen.

Was können wir dazu tun, daß diese Gerüchte und Möglichkeiten auch der nächsten Generation zugute kommen? Sollen wir etwa an den Universitäten »allgemeine Bildung« unterrichten?

Viele meiner Kollegen befürworten solche Einführungskurse unter verschiedenen Titeln, wie etwa ›Allgemeine Studien‹, ›Überblick über die Kultur des Abendlandes‹ oder ›Ideengeschichte‹. Aber obwohl Universitätslehrer alle derartigen Experimente an den jungen, neugegründeten Universitäten oder an ausländischen Hochschulen mit Interesse und Anteilnahme verfolgen, sind viele von uns noch weit entfernt, bekehrt zu sein. Ja, auf die meisten meiner Freunde wirkt der Ausdruck »Übersichtsvorlesung« geradezu wie ein Schimpfwort. Die Tatsache, daß ich selbst einmal einen allgemeinen Überblick über die Kunstgeschichte geschrieben habe, macht es mir unmöglich, solche Versuche abzuurteilen, aber ich muß doch bekennen, daß auch ich ziemlich skeptisch bin, allerdings nicht ganz aus denselben Gründen. Was solchen Kursen meist vorgeworfen wird, ist die Sünde der Oberflächlichkeit. »Wir wollen«, so heißt es, »die Studenten eine wissenschaftliche Disziplin lehren und gleichzeitig ihren Charakter bilden, indem wir von ihnen verlangen, ein begrenztes Wissensgebiet von Grund auf kennenzulernen«. Das Naschen an dem und jenem mag für junge Damen ausreichen, die sich für ein Erscheinen bei Claridges vorbereiten. Auf Universitäten hat so etwas keinen Platz. Ich habe keine Ursache, Kurse für junge Damen in Schutz zu nehmen, und bin auch kein Anwalt für Claridges. Es scheint mir aber, daß diese antisnobistische Einstellung selbst nicht wenig Snobismus verrät. Bei jeder Zusammenkunft von Hochschullehrern erlebt man, wie dieselben Herren, die sich so sehr für Spezialisierung einsetzen, voll Entsetzen über Studenten reden, die nicht wußten, wer zuerst kam, die Griechen oder die Römer, oder wann, beiläufig, die Reformation stattfand.

Die Sache steht eben in Wirklichkeit so, daß zu allen Zeiten nur eine Minorität Gelegenheit hatte, dieses Allgemeinwissen schon von Kindheit an in sich aufzunehmen, wenn im Elternhaus derartige Dinge zur Sprache kamen, oder beim Stöbern in der elterlichen Bibliothek. Sobald diese Kinder zu Studenten herangewachsen waren, hatten sie sich schon im wesentlichen orientiert und wußten, wo sie waren und wohin sie wollten. Es mag durchaus sinnvoll gewesen sein, diese heranwachsenden jungen Menschen vor allem einer strengen Disziplin zu unterwerfen und von ihnen zu verlangen, daß sie sich ein begrenztes Wissensgebiet so gründlich zu eigen machten, wie es in der zur Verfügung stehenden Zeit möglich war. Es ist in der Tat tröstlich, in der ungeheuren Weite dessen, was es zu wissen gibt, einen kleinen Fleck zu besitzen, auf dem man sich etwas mehr zu Hause fühlen kann. Aber auch dieser Besitz ist für die weniger Intelligenten nicht ohne Gefahr. Je mehr man ihnen erzählt, daß das gründliche Studium eines begrenzten Gebietes etwas Gutes ist und der oberflächliche Überblick über ein weites Feld etwas Schlechtes, desto leichter können sie der Selbsttäuschung verfallen, sie hätten nach der Promotion nichts mehr zu lernen. Sie vergessen, sich zu fragen, wie nahe an den Grund sie ihre vermeintliche »Gründlichkeit« geführt hat. Ermißt man die Tiefe ihres Wissens an dem, was man wissen kann, oder an dem, was man als wissenswert ansieht? Schließlich ist all unser Wissen immer oberflächlich. Ob wir ein Jahrhundert auf einer Seite abtun oder 5000 Seiten darüber schreiben, fällt im Verhältnis zur unendlichen Zahl der Begebenheiten so gut wie gar nicht ins Gewicht.

Trotz ihrer Unvollkommenheit, ihrer sozialen Gefahren und ihrer Versuchungen hielt die allgemeine Bildung doch das Bewußtsein davon wach, daß es unendlich viele Dinge gibt, über die wir nichts wissen und über die wir etwas lernen sollten; es wurde uns ständig zum Bewußtsein gebracht, daß es mehr Klassiker zu lesen gibt, mehr Länder zu besuchen, mehr Sprachen zu lernen und mehr wissenschaftliche Theorien zu verstehen, als wir je hoffen konnten, uns in der kurzen Spanne unseres Lebens anzueignen.

Wir dürfen uns nicht aus intellektueller Arroganz der Tatsache verschließen, daß immer mehr wißbegierige und eindrucksfähige junge Menschen unsere Universitäten beziehen, die keine Gelegenheit hatten, selbst gerüchtweise etwas über alle diese Dinge zu erfahren oder sich von der weiten Landschaft des Wissens eine Vorstellung zu machen. Und trotzdem schlagen wir vor, auch diese jungen Leute nur einen festumgrenzten Quadratkilometer eines Wissensgebiets während der dreijährigen Dauer ihres Bakkalaureatstudiums mehr oder minder vollkommen durchackern zu lassen, um dann vielleicht anschließend noch zehn Quadratmeter dieses Feldes für ein Doktordiplom mit dem Mikroskop zu untersuchen – mit dem Endresultat, daß wir nach fünf Jahren erfolgreichen Büffelns zwar ihren Charakter geformt, jedoch ihren Geist beschränkt haben. Viele von ihnen werden selbst Lehrer werden, ohne je auch nur eine Karte des ganzen Gebietes gesehen, geschweige denn seine Grenzen überschritten zu haben. Wie Sie wohl wissen, ist es an unseren Universitäten durchaus nicht leicht, Bewilligung für solche Grenzüberschreitungen zu erhalten. Zumindest hier in London wird es nicht gern gesehen, wenn Studenten Vorlesungen außerhalb ihres eigentlichen Fachs besuchen, und diejenigen, die nach dem Bakkalaureat umsatteln wollen, sehen sich weiteren Hürden gegenüber – in der Form von Prüfungen, die von unseren Studienausschüssen verlangt werden, damit sie nicht zu weit vom geraden Wege abschweifen. Ich persönlich würde solchen Umsattlern einen Bonus anbieten, aber ich glaube nicht, daß ein solcher Vorschlag viel Aussicht auf Annahme hätte.

Natürlich weiß ich, daß ich nicht der erste bin, der über das Übel der Überspezialisierung klagt, und ich bin bestimmt auch nicht der letzte. Aber ich hoffe, ich habe Ihnen hier die Gründe dargelegt, warum ich dieses Problem mit größerer Besorgnis betrachte als manche meiner Kollegen. Ich weiß nicht, wie sich diese Situation in den Naturwissenschaften und in der Nationalökonomie auswirkt. Aber die humanistischen Wissenschaften, ja alle Geisteswissenschaften verdanken ihre Kraft, ihre Vitalität, ja ihre Lebensberechtigung der Tradition und den allgemeinen Belangen der Kultur. Ohne diesen Nährboden können sie nicht leben. Freilich muß man sich fragen, wieweit heute ihr Ableben beweint werden würde.

Und doch frage ich mich, ob wir ihren Tod nicht noch beschleunigen würden, falls wir der allgemeinen Bildung einen Platz im Vorlesungsverzeichnis unserer Universitäten einräumen wollten. Denn ich fürchte, sie könnte den eisigen Hauch unseres Prüfungssystems nicht überleben. Zwar habe ich letzte Woche im ›Observer‹ gelesen, daß Übersichtsgegenstände ebenso prüfbar seien wie Spezialstudien. Und »Prüfbarkeit« – was für ein Wort! – soll eine Empfehlung sein! Das Telefonbuch ist vielleicht »prüfbar«, aber unser geistiges Verhältnis zu unserem kulturellen Erbe ist es nicht. Man stelle sich etwa die Aufgabe vor: »Vergleichen beziehungsweise kontrastieren Sie Raffael mit Mozart und Beethoven mit Michelangelo (im Sinne von Metaphern).« Über solche Dinge kann man sich mit gleichgesinnten Freunden abends nach einem Konzert unterhalten oder auch nach einem Museumsbesuch. Aber solche innerlichen Erlebnisse über Künstler oder Kunstwerke zu Prüfungsgegenständen machen zu wollen heißt, sie auf immer zu zerstören.

Mit einem Wort: Ich glaube, solange man die Universitäten nicht so sehr als Institutionen zur Weitergabe von Traditionen, sondern mehr als Institutionen zur Abhaltung von Prüfungen betrachtet, müssen alle, denen diese Traditionen am Herzen liegen, sie gegen Bürokratisierung schützen. Ich weiß natürlich, daß diese Bürokratisierung den besten Absichten entspringt. Der Wunsch, alles Wissen »prüfbar« zu machen, entspringt dem Wunsch nach Fairneß und dem Prinzip, Gerechtigkeit müsse nicht nur geübt werden, sondern offenkundig sein. Aber hier besteht eine Gefahr. Dieses Prinzip, das durch ein großartiges Stipendiensystem untermauert ist, könnte dazu führen, daß unsere akademischen Hochschulen zum Gegenstück der staatlichen Eiervertriebszentrale werden, wo statt der Eier Köpfe nach Qualität sortiert und im Interesse der Kunden entsprechend abgestempelt werden. Es liegt mir fern, die Vertrauenswürdigkeit unserer Schwesterninstitution, die angeblich dieselbe staatliche Subvention bezieht wie unsere Universitäten, in Frage zu stellen. Sie sortiert die Eier nach der Größe, und obwohl es mich interessieren würde, ob es sich dabei um Länge, Umfang oder Gewicht handelt, so zweifle ich doch keinen Augenblick daran, daß die Sortierer genau wissen, nach welchen Kriterien sie vorzugehen haben. Eine beneidenswerte Situation! Ich selbst habe als Stempler meines Amts gewaltet und muß gestehen, daß ich es täglich schwieriger finde, solche inkommensurablen Größen wie Originalität und Fleiß auf einer einzigen Skala von 1 bis 100 aufzutragen und dann einer bestimmten Prüfungsantwort, sagen wir, 53 und einer anderen 57 Punkte zuzuerkennen. Die meisten von uns, die gezwungen sind, den Stempel zu schwingen, sind sich darüber einig, daß man hier mit Fiktionen operiert, und zwar besonders an der Linie, die mitten durch die Durchschnittsleistung hindurchgeht und das *upper second* (2 plus) vom *lower second* (2 minus) zu scheiden bestimmt. Leider ist es gerade diese Linie, die an unseren Universitäten die prima Eier von den übrigen zu unterscheiden bestimmt ist. Nur die, die drüber liegen, kommen für Züchtungszwecke in Betracht, die anderen sind höchstens gut genug für die Küche. Aber zur Sache: Obwohl ich nicht will, daß die allgemeine Bildung in die Wurstmaschine des Universitätsbetriebs gerät – wenn ich zu einer anderen Metapher umschalten darf –, so möchte ich auch nicht, daß die Universitäten der Verbreitung des Wissens geradezu im Wege stehen. Ich bilde mir durchaus nicht ein, daß meine Kritik hier originell ist. Das alles ist schon oft und auch besser gesagt worden. Es ist schlimm genug, daß bei der Wichtigkeit, die in unserem System dem Prüfungserfolg beigemessen wird, dem gewissenhaften Studenten keine andere Wahl bleibt, als erbarmungslos zu büffeln, um sich prüfbares Wissen einzuprägen. Es ist vielleicht noch schlimmer, daß unsere eigene Unzufriedenheit mit der Spezialisierung uns nur zu oft veranlaßt, den Lehrplan immer mehr zu überlasten, bis die Studenten von Vorlesung zu Vorlesung hetzen, ohne je eine Minute zum Nachdenken zu haben. Ich bin überzeugt, daß es unsere Pflicht ist, dieser so naheliegenden Versuchung zu widerstehen. Wir müssen den Studierenden vor den vielen Stimmen zu schützen suchen, die um seine Aufmerksamkeit werben und die allgemeine Bildung retten wollen, indem sie Studenten der Geisteswissenschaften in Vorlesungen über Katalysatoren schicken und Naturwissenschaftler in Kurse über das Urteil des Paris. Was an der alten Tradition noch zu retten ist, kann nur gerettet werden, wenn wir dem Studenten mehr Zeit gönnen, sich selbst zu bilden: mehr Zeit, Bücher wirklich zu lesen, statt sie durchzufliegen oder anzublättern, mehr Zeit, sich Wissen wirklich zu eigen zu machen, statt nur zu lernen, Zeit, Dinge für sich selbst zu entdecken, Zeit, sich in der Umgebung seines engeren Spezialgebiets umzusehen, Zeit, von einem benachbarten Gipfel aus sich an seinem Anblick zu

29

erfreuen ohne Hinblick auf ein etwaiges Diplom im Bergsteigen, das den Bürokraten beweisen soll, er habe sein Stipendium auch voll ausgenutzt.

Aber obwohl ich überzeugt bin, daß wir immer versuchen sollten, eher weniger als mehr zu lehren, so enthebt uns das doch nicht der Verantwortung, unseren Studenten zu helfen, die so gewonnene Zeit gut zu verwerten. Im Gegenteil, wir müssen Mittel und Wege finden, anstelle von immer mehr Vorlesungen und Prüfungen den Studenten etwas zu bieten, was ihnen wenigstens eine ähnliche allgemeine Orientierung geben kann, wie sie früher von der allgemeinen Bildung ausging. Wie wir gesehen haben, war diese Tradition auch nichts Ideales – sie war weder besonders einheitlich noch besonders verläßlich. Aber sie besaß doch wenigstens denselben Grad von innerem Zusammenhang wie unsere Sprache und unsere Kultur und bot damit ein Gegengewicht gegen die Zersplitterung allen Wissens in beziehungslose Spezialgebiete. Daß diese Einheit immer etwas Subjektives war, spricht sogar für sie, denn wie könnte das auch anders sein? Fast alle Ordnungssysteme sind ja subjektiv. Aber gerade weil sie das sind, können sie einem heranwachsenden Menschen eine Art von Überblickskarte über die Bildungswelt bieten.

Obwohl mich die Bescheidenheit hier befangen machen sollte, möchte ich in diesem Zusammenhang das Beispiel der Anordnung der Bibliothek Warburg anführen, die sich ihr Gründer Aby Warburg ausdachte, denn sie sollte eine solche Überblickskarte unseres kulturellen Universums darstellen. Eben weil sie der Natur der Sache nach nur subjektiv sein können, haben alle derartigen Ordnungssysteme ihre Schwächen und Tücken, und ich selbst habe manchmal über die Aufstellung der Warburg-Bibliothek geflucht, wenn ich in Eile ein Buch nicht finden konnte. Aber das spricht nicht gegen den großen Vorteil eines solchen umfassenden Systems, daß es nämlich keine Schranken zwischen den sogenannten Wissensgebieten anerkennt. Wer sich für Tradition in der Kunst interessiert, wird dort schnell darauf kommen, daß er sich auch über Religions- und Wissenschaftsgeschichte und über die wirtschaftsgeschichtlichen Aspekte des Mäzenatentums orientieren muß; ebenso wie derjenige, der über Dichtung arbeitet, einsehen muß, daß er Mythologie, Musik, Festwesen und Brauchtum niemals vernachlässigen darf. Und dazu kommt, daß er dort in aller Ruhe und beinahe ungestört schmökern kann wie in einem altmodischen Buchladen.

Aber es ist nicht nur die Bescheidenheit, die mich abhält, hier zum Abschluß anzuregen, daß alle Probleme unseres akademischen Erziehungswesens gelöst werden könnten, wenn alle Studenten des Landes zu uns ins Warburg-Institut kämen, um dort in den Büchern zu stöbern. Ich muß einen praktischeren Weg vorschlagen, wie man die Orientierungskarte der Kultur all den heranwachsenden Spezialisten stets vor Augen halten könnte. Vielleicht können wir hier eine Anleihe bei der ältesten Lehranstalt aufnehmen, die unter uns wirkt, einer, die noch viel älter und erfahrener ist als unsere ältesten Universitäten: Ich denke an die Kirche. Nicht als wäre ich mit dem Lehrplan der Theologie vertraut; aber ich weiß zumindest, daß man sich nicht auf die erste Person der Dreieinigkeit spezialisieren kann, ohne etwas von der zweiten gehört zu haben. Es scheint mir auch, daß die Kirche nie an der krankhaften Angst vor der Oberflächlichkeit gelitten hat, die zugleich mit einer snobistischen Hochnäsigkeit das akademische Leben bedroht, seitdem dort das Unterrichten zum Beruf geworden ist. In der Kirche gibt es alle Schattierungen: vom schlichtesten Gläubigen zum größten Gottesgelehrten, aber die Grundlagen der Glaubenslehre müssen allen gemeinsam sein. Zu diesem Zweck hat die Kirche das Glaubensbekenntnis und den Katechismus erfunden als eine Orientierungshilfe für jedermann, der in die Gemeinschaft aufgenommen werden will.

Ich weiß natürlich, daß das Credo ursprünglich dazu dienen sollte, das Dogma festzulegen, aber die pädagogische Weisheit dieser einfachen Methode kann auch von Häretikern bewundert werden, die es nur deshalb kennen wollen, um die darin enthaltenen Glaubenssätze anzugreifen. Wir sollten, meine ich, aus diesem Beispiel lernen, unsere Furcht vor den Minimalkenntnissen aufzugeben, jene Alles-oder-nichts-Einstellung, die nicht nur unrealistisch und inhuman ist, sondern auch, wie mir scheint, die größte Gefahr darstellt für das Fortleben unserer kulturellen Überlieferungen.

Daß das antike Bildungsgut auch über den Zusammenbruch des Römischen Reiches hinaus in den dunkelsten Jahrhunderten des Mittelalters erhalten werden konnte, verdanken wir den weniger gelehrten Männern der Kirche, die, wie etwa Isidor von Sevilla, nicht zu stolz waren, einfache Kompendien zu verfassen, in denen sie das wenige Wissen über das Weltall und über die Weltgeschichte, das ihnen unentbehrlich schien, aufnahmen. Aus Schriften dieser Art konnte sich die allgemeine Bildung wieder erneuern.

Was mich bei dem drohenden Verblassen dieser Tradition besonders schmerzt, ist der Verlust des historischen Bezugssystems, das Ausfallen der Zeitdimension aus unserer Kultur. Ich glaube, die Kirche hätte es verstanden, da Abhilfe zu schaffen, ohne neue Lasten aufzuerlegen. Ich habe mit dem Gedanken an weltliche Glaubensbekenntnisse gespielt, so lapidar und konzis, wenn wir sie so zu schreiben verstehen, wie das Athanasianische Credo. Man würde keine Vorlesungsreihe brauchen, es zu lehren, denn man könnte das Ganze in drei Minuten lesen und an einem Nachmittag auswenig lernen. Wir könnten solche Wissenskonzentrate allen Studierenden verabfolgen, gleichgültig welcher Art und welcher Stufe der Lehrplan ist, dem sie folgen. Ein solches weltliches Glaubensbekenntnis müßte so voll von interessanten Gerüchten sein, daß die Nachfrage nach den vielerlei Katechismen, in denen der Inhalt etwas ausführlicher erläutert würde, in unseren Bibliotheken stets lebendig wäre. Wenn wir je dazu kommen sollten, ein Konzil von Nizäa einzuberufen, um den Text genau zu vereinbaren, könnten wir auch vielleicht Vertreter anderer Kulturen aus allen Erdteilen einladen, uns auch ihre Glaubensbekenntnisse vorzulegen, die dann zusätzlichen freiwilligen Lernstoff abgeben könnten.

Nicht ohne Zögern unterbreite ich Ihrer Kritik einen ersten Rohentwurf für ein solches Glaubensbekenntnis. Bei aller Subjektivität, Einseitigkeit und Selektivität enthält es doch, glaube ich, jene eiserne Ration von Kenntnissen, die ich gerne verteilen würde, bevor wir in alle Winde zerstreut werden.

»Ich gehöre der abendländischen Kultur an, geboren in Griechenland im ersten Jahrtausend vor Christus, geschaffen von Dichtern, Philosophen, Künstlern, Historikern und Wissenschaftlern, die die überkommenen Mythen und Überlieferungen des Nahen Ostens unbefangen und kritisch prüften. Sie blühte im Athen des 5. Jahrhunderts, wurde durch die Eroberungszüge der Makedonier im 4. Jahrhundert ostwärts getragen und im ersten vorchristlichen

Jahrhundert von lateinischsprechenden Römern über große Teile Europas und Nordafrikas verbreitet.

Sie wurde umgestaltet durch das Christentum, das unter den Juden Palästinas entstand und sich im 2. und 3. Jahrhundert nach Christus durch die ganze lateinisch- und griechischsprechende Welt ausbreitete. Sie überlebte den Untergang des römischen Weltreichs unter dem Ansturm germanischer Stämme im 5. Jahrhundert, denn die griechischen und römischen Kirchen bewahrten zum Teil ihre Organisation, ihre Literatur und ihre Kunst während des frühen Mittelalters, als nicht nur die hörigen Bauern, sondern auch die meisten Adligen Analphabeten waren. Sie blühte wieder auf im 12. und 13. Jahrhundert, als sich der gotische Baustil aus Frankreich über ganz Europa ausbreitete und die neu erwachenden Universitäten Frankreichs, Italiens und Englands das wissenschaftliche Erbe der Griechen mit Hilfe von Übersetzungen wiederentdeckten, das Werk von mohammedanischen Arabern, die über Nordafrika nach Spanien vorgedrungen waren. Die Araber brachten auch arabische Ziffern aus Indien sowie das Papier, das Schießpulver und den Kompaß von China und ermöglichten so den Aufstieg der großen Handelsstädte Italiens im 14. und 15. Jahrhundert, die ihrerseits den Ansporn gaben zu jener Wiederbelebung der Literatur, Kunst und Bauweise der Blütezeit Griechenlands und Roms, die wir als Renaissance bezeichnen. Die Verbreitung der neuen Gelehrsamkeit durch die Buchdruckerkunst leitete die Neuzeit ein und legte die Grundlage zur Reformation, durch welche Europa im 16. Jahrhundert gespalten wurde, und zu den Entdeckungsreisen, die zu den Eroberungen und Niederlassungen der Portugiesen, Spanier und Engländer in fernen Erdteilen führten.

Sie wurde damals nochmals umgestaltet durch einen neu erwachenden Glauben an den Fortschritt menschlicher Erkenntnisse, verkörpert in den mathematischen Theorien der experimentellen Naturwissenschaften, die in Italien entstanden und im 17. Jahrhundert in den Niederlanden und im protestantischen England weiterentwickelt wurden, von wo aus sich im 18. Jahrhundert die Ideen der Aufklärung und der Toleranz über ganz Europa verbreiteten. Dadurch konnte sie den rapiden Bevölkerungszuwachs überleben, der den Aufstieg des Maschinenzeitalters begünstigte, das seinerseits zur Kolonialwirtschaft des 19. Jahrhunderts, zur Verbreitung von Lesen und Schreiben und zu den Massenbewegungen des Sozialismus und Nationalismus führte. In unserem Jahrhundert verwandelte und bedrohte sie die meisten anderen Kulturen der Erde, die durch die Erfindung des Flugzeugs zu den Ausmaßen einer Raumkapsel zusammengeschrumpft ist. Ich hoffe, daß es ein 21. Jahrhundert geben wird. Amen.«

2. Die Krise der Kulturgeschichte

Einleitung

Die Veröffentlichung eines Vortrages in gedruckter Form stellt den Autor immer vor ein Dilemma. Je weiter gespannt das Thema ist, um das es sich handelt, desto schwieriger ist die Entscheidung. Wenn man gezwungen ist, eine sehr komplizierte Materie in der kurzen Spanne einer Stunde zu behandeln, muß man notgedrungen manche verlockende Themen opfern und über die Auslassungen, deren volle Bedeutung nur dem Sprecher selbst bewußt sein kann, mit einer Art Legerdemain* hinweggleiten. Dabei kommt es dann oft vor, daß diese Auslassungen nachher den Autor bedrücken. An sich besteht kein ernstlicher Grund, warum Absätze, die schon konzipiert waren und nur im Interesse der Kürze gestrichen wurden, nicht in die gedruckte Version aufgenommen werden sollten. Aber leider stellt es sich dann nur allzuoft heraus, daß jede Konzession an diese Einlaß heischenden Gespenster das mühsam erreichte Gleichgewicht bedroht. Im Text beginnen plötzlich die Maschen zu laufen wie in einem zerrissenen Strumpf, und das Unglück ist sehr schwer wiedergutzumachen. Der einzige wirkliche Ausweg wäre, ein Buch zu schreiben, aber der steht nicht zur Diskussion. Man muß eben versuchen, eine Kompromißlösung zu finden, die den Wortlaut des Textes mehr oder minder in Takt läßt und doch das Gewissen des Autors beruhigt.

Die folgenden Seiten sind das Resultat eines solchen Kompromisses. Der Text des Vortrags, den ich am 19. November 1967 in der Lady Margaret Hall in Oxford hielt, ist fast unverändert, aber er ist durch Ergänzungen und Zusätze nahezu aufs Doppelte angewachsen. Zum Großteil hängt das damit zusammen, daß ich mir erlauben konnte, die Autoren, die ich besprach, ausführlicher zu zitieren. Im Hinblick auf die aufgelockerte Struktur erschien es mir dann vorteilhaft, den Text durch Zwischentitel zu gliedern. Die Anmerkungen sind zahlreich, weil sie nicht nur als Quellennachweise gedacht sind, sondern ebensosehr als Anregungen zu weite-

---

* (veraltet): Taschenspielertrick

rer Lektüre. Der Wunsch, soweit wie möglich die Wiederholung von Argumenten zu vermeiden, die ich schon anderswo ausgeführt habe, brachte es mit sich, daß ich eher mehr als üblich auf meine eigenen Schriften verweise. Ich möchte an dieser Stelle Herrn Dr. Georg Nadel, Redakteur der Zeitschrift ›History and Theory‹, der meine Aufmerksamkeit auf neue Veröffentlichungen zum Thema »Kulturgeschichte« lenkte, meinen herzlichsten Dank aussprechen, ebenso Professor R. L. Colie, Professor Philipp Fehl und meinem Sohn Richard, die den Text im Manuskript lasen.

Das Wort »Kulturgeschichte« und was man darunter versteht

Vor ein paar Wochen fuhr ich mit einem sogenannten Kleintaxi durch London. Mein Chauffeur beklagte sich wie üblich über den Verkehrsandrang in der Hauptstadt und meinte, schuld daran sei die kulturelle Wüste in der Provinz, in der es weder Theater noch Konzertsäle gebe. »Ich hasse dieses Wort ›Kultur‹«, sagte er mit einer Stimme, die ich nur als hochkultiviert bezeichnen kann, »aber...« Ich war froh, daß es dunkel war und er meine Verlegenheit nicht sehen konnte, denn ich bin der Direktor eines Instituts, das ursprünglich als die »Kulturwissenschaftliche Bibliothek Warburg« in Hamburg gegründet wurde. Ihr Gründer, Aby Warburg[1] war ein Schüler Karl Lamprechts gewesen, eines Vorkämpfers der Kulturgeschichte, der zeit seines Lebens mit den Historikern vom Fach in Fehde lag, die sich nur für politische Geschichte interessierten[2]. Sowohl Warburg wie Lamprecht blickten verehrungsvoll zur überragenden Gestalt Jacob Burckhardts auf, dessen richtunggebender Beitrag zur Kulturgeschichte uns hier noch ausführlich beschäftigen wird. Diese Ablehnung des Wortes »Kultur« innerhalb des englischen Kulturkreises hat mich daher schon öfter in Verlegenheit gebracht, wenn ich befragt wurde, was das Warburg-Institut eigentlich sei. Dabei nutzt es mir auch wenig, darauf hinzuweisen, daß diese Ablehnung verhältnismäßig

[1] Siehe mein Buch: Aby Warburg. Eine intellektuelle Biographie. Frankfurt 1982.
[2] Karl J. Weintraub, Visions of Culture. Chicago und London 1966.

36

jungen Datums ist[3] und daß sogar der Begriff »Kulturwissenschaft«, der modernen Engländern so »typisch deutsch« vorkommt, schon vor geraumer Zeit im Englischen gebraucht wurde, und zwar in dem grundlegenden Werk von Sir Edward Burnett-Tylor über ›Primitive Culture‹ aus dem Jahre 1871 (dt. ›Die Anfänge der Kultur‹, 1873), dessen erstes Kapitel den Titel ›The Science of Culture‹ führt.

Dabei kann ich meinem Fahrer den Widerstand gegen das Wort durchaus nachfühlen. Wie viele sensible Engländer störten ihn wohl einerseits Anklänge an Matthew Arnolds heute eher peinlich anmutende idealistische Bestrebungen, »Schönheit und Licht« unter die im Dunkel der Unwissenheit dahindämmernden Volksschichten zu verbreiten[4], und andererseits Erinnerungen an die deutsche Propaganda aus dem Ersten Weltkrieg, in der die deutsche »Kultur« als etwas Edles und Schönes in Gegensatz gestellt wurde zu der bloßen »Zivilisation des Westens«, einer flachen, materialistischen Angelegenheit, auf die man heruntersah[5]. Ich will mich aber mit diesen nichtssagenden Unterscheidungen[6] hier nicht aufhalten. Doch möchte ich Sie auf einen anderen feinen Unterschied aufmerksam machen, der neuerdings bei dem Wort mitschwingt und vermutlich die Haltung meines Fahrers bald überholt klingen machen dürfte. Aus der Terminologie der Ethnologen, von denen ich Burnett-Tylor oben erwähnt habe, ging das Wort besonders in Amerika[7] in die Sozialwissenschaften über. In diesem gewissermaßen sterilisierten Sinn ist es wieder in Mode gekommen: Man spricht von einer »Kultur der Arbeiterklasse« oder, in Anlehnung an C. P. Snow, der vor ein paar Jahren das etwas fatale Schlagwort prägte, von den »Zwei Kulturen« (der geisteswissenschaftlichen und der naturwissenschaftlichen). Hier wird das Wort rein deskriptiv oder, wie man stolz sagt, »wertfrei« gebraucht.

Nach Ansicht dieser Theoretiker, die sich vermutlich auf

[3] Raymond Williams, Culture and Society 1780–1950. London 1958.
[4] Ebd.
[5] Thomas Mann, Friedrich und die große Koalition. Berlin 1915.
[6] Harry Levin, ›Semantics of Culture, Science and Culture‹, in: Daedalus (Winter 1965); G. M. Pflaum, Geschichte des Wortes »Zivilisation«. Diss. München 1961.
[7] A. L. Kroeber und Clyde Kluckhohn, Culture, a Critical Review of Concepts and Definitions. New York 1963; und Milton Singer, ›Culture (Concept)‹, in: International Encyclopedia of the Social Sciences. New York 1968.

Hippolyte Taine zurückführen lassen, kann man menschliche Kulturen genauso studieren, wie man Bakterienkulturen studieren muß, das heißt ohne jeden Versuch einer Wertung.

Es geht mir jedoch nicht darum, wie T. S. Eliot ›Beiträge zu einer Definition des Kulturbegriffs‹[8] zu leisten, denn ich bin überzeugt, daß wir uns alle, ob wir nun dieses Wort mögen oder eine andere Bezeichnung vorziehen, klar darüber sind, was es zu beschreiben sucht. Oder vielleicht genauer: Diejenigen von uns wissen es, die je von einem Land in ein anderes gereist sind oder sich in verschiedenen Gesellschaftsschichten bewegt haben und dabei am eigenen Leibe erlebt haben, was es heißt, sich fremdartigen Lebensgewohnheiten, Beziehungsstrukturen oder Wertsystemen, mit einem Wort, einer anderen Kultur gegenüberzusehen.

Jedesmal, wenn Völker, sei es friedlich, sei es feindlich, mit anderen Völkern in Berührung kamen, konnten sie nicht umhin, die Kluft zu sehen, die ihre Sprache und ihre Sitten von denen der anderen trennte. Selbstverständlich fielen unter solchen Umständen vor allem unerwartete Züge oder Bräuche auf, die sich besonders stark von der Norm abhoben, an die der Beobachter gewöhnt war. Ob man nun Herodot, Tacitus oder Marco Polo liest, immer sind es die großen Verschiedenheiten, die besonders hervorgehoben werden. Aber manchmal wird der Spieß auch umgedreht. Die Verschiedenheit der Sitten unter den Völkern gab nicht selten den Moralisten willkommene Gelegenheit, ihren eigenen Mitbürgern einen Spiegel vorzuhalten, und in der Tat haben Satiriker von Thomas More bis Swift, von Montesquieus ›Lettres Persanes‹ bis zu Sternes ›Sentimental Journey‹ die Gegensätze zwischen den Kulturen höchst effektvoll für ihre Zwecke auszunutzen verstanden. Damals hatten sich zu den Entdeckungsreisenden in ferne Länder auch schon seit langem die Reisenden ins Land der Vergangenheit, die Historiker, hinzugesellt. Wie kamen sie dazu, sich statt mit historischen Ereignissen mit den Zuständen vergangener Kulturen zu befassen? Zwar speisten die Herrschaftsansprüche und Familienstreitigkeiten der Großen, die die Historiker veranlaßten, alte Urkunden und Chroniken durchzustöbern, hauptsächlich den Strom der politischen und konstitutionellen Geschichte, jedoch konnten Macht und Herkommen

---

[8] T. S. Eliot, Notes towards the Definition of Culture. London 1948.

nicht immer reinlich getrennt werden, wo es sich um über-
lieferte Privilegien oder ererbte Rechte handelte. Die Nach-
forschungen in den Hausarchiven herrschaftlicher Häuser
führten besonders in England zu einem Interesse an allem
Altertümlichen[9]; ebenso lenkte die Auslegung alter Gesetze
und Verordnungen die Aufmerksamkeit auf den Wandel gesellschaftlicher Zustände. Es ist wahrscheinlich kein Zufall,
daß die Pioniere einer eigenen, von der politischen Geschichte unterschiedlichen Kulturgeschichte, wie etwa Bo-
din, Vico oder Montesquieu, Juristen waren. Sodann gab es
die Gelehrten, die sich für literarische Texte interessierten
und sie mit immer ausführlicheren erklärenden Glossen versehen wollten; für ihre Zwecke war die Kenntnis der materiellen Kultur (Realia) der betreffenden Periode von besonderer Wichtigkeit. So wurde dieses Studium von der klassischen Philologie her intensiv gepflegt und führte zu einer
systematischen »Altertums-Wissenschaft«[10]. Schließlich
spielen hier auch die Ahnherren meines engeren Fachs, die
frühen Kunsthistoriker, eine wichtige Rolle, die, wie etwa
Vasari, es unter ihrer Würde erachteten, einfach Chronisten
zu sein, sondern die Bedingungen zu beschreiben suchten,
die dem Fortschritt des technischen Könnens in der Kunst
förderlich waren[11]. Dieses Problem war an sich nicht neu,
sondern war schon in den alten Rednerschulen debattiert
worden. Sowohl Longinus wie Tacitus berichten, daß darüber diskutiert wurde, ob die Rednerkunst ohne die Bedingungen demokratischer Freiheit, die sie hervorgebracht hatte, weiter bestehen könne. Künstler wieder pflegten gerne
auf die wohltuenden Wirkungen fürstlicher Largesse hinzuweisen und träumten von einem Goldenen Zeitalter des Mäzenatentums[12]. Doch war zum Beispiel Vasari keineswegs
blind für die Bedeutung des Wettbewerbs unter Künstlern
und schilderte ihn sehr lebhaft im ›Leben des Perugino‹[13].

[9] L. Fox (Hrsg.), English Historical Scholarship in the 16th and 17th Centu-
ries. Oxford 1956.
[10] Arnaldo Momigliano, ›Ancient History and the Antiquarian‹, in: Journal of
the Warburg and Courtauld Institutes 13 (1950), S. 285–315.
[11] Siehe meinen Artikel ›Künstler und Kunstgelehrte‹, in: Meditationen über
ein Steckenpferd. Frankfurt 1978.
[12] Siehe meinen Aufsatz ›Die Renaissance und das Goldene Zeitalter‹, in: Die
Kunst der Renaissance I. Norm und Form. Stuttgart 1985.
[13] Siehe meinen Aufsatz ›The Leaven of Criticism in Renaissance Art‹ (1967),
in: The Heritage of Apelles. London 1976, S. 111–131.

Und doch läßt sich behaupten, daß das Interesse an der Verschiedenheit kultureller Zustände allein niemals zur Entstehung der Kulturgeschichte geführt hätte, wenn nicht ein weiteres Element dazugekommen wäre: nämlich der Glaube an den Fortschritt. Er allein war imstande, die Geschichte der Menschheit zu einer Einheit zusammenzufügen.

Im 18. Jahrhundert, als die Worte »Kultur« und »Zivilisation« zum ersten Mal gebraucht wurden und sich dann rasch verbreiteten, waren diese Ausdrücke eindeutig wertender Natur. Sie wurden als Gegensätze zu Barbarei, Wildheit oder Rohheit angewandt[14]. Die Geschichte der Kultur oder der Zivilisation war die Geschichte des Aufstiegs der Menschheit von einem tierähnlichen Zustand zur gesitteten Gesellschaft, zur Pflege der Künste, zur Anerkennung sittlicher Werte und der freien Ausübung der Vernunft. Das bedeutete, daß die Kultur sich höher entwickeln, aber auch verfallen und untergehen konnte. Beides, Aufstieg und Verfall, war ein legitimer Gegenstand der Geschichtsschreibung. So hatten Vico in seiner ›Scienza nuova‹ und Voltaire in seinem ›Essai sur les mœurs‹ das Problem aufgefaßt, ohne jedoch selbst die Worte *cultura* beziehungsweise *culture* zu verwenden[15].

In England war es jener optimistische Fortschrittsglaube, den Professor Butterfield als die »Geschichtsauffassung der Whigs« bezeichnete, der zu den ersten Essays in diesem Genre führte, darunter insbesondere William Roscoes im Jahre 1795 erschienenen ›Life of Lorenzo de' Medici‹, ein Werk, das in der Tat eine Kulturgeschichte des Mediceischen Florenz der Frührenaissance darstellt. Der große englische Historiker Macaulay setzte diese Tradition fort: Das berühmte Kapitel in seiner ›History of England‹, in dem er die Zustände des Jahres 1685 schildert, wurde ausdrücklich in der Absicht geschrieben, seinen Lesern im Jahre 1849 das Ausmaß der Besserung vor Augen zu führen, das in dem dazwischenliegenden Zeitraum stattgefunden hatte.

Aber in gewissem Sinne führte gerade diese optimistische Geschichtsauffassung dazu, daß man zwischen Zivilisation und Kultur unterscheiden zu müssen glaubte. War es tatsächlich der Fall, daß alle Aspekte eines zivilisierten Lebens

---

[14] Siehe Pflaum, »Zivilisation«, und F. Rauhut, ›Die Herkunft der Worte und Begriffe »Kultur«, »Zivilisation« und »Bildung«‹, in: Germanisch-Romanische Monatsschrift, N.F., 3,1 (1953), S. 81–91.
[15] Siehe Weintraub, Visions of Culture.

immer gleichmäßig Fortschritte machten? Daß die Künste, die Wissenschaften, die guten Sitten und die Humanität im Zuge der kulturellen Entwicklung stets miteinander Schritt hielten? Solche Zweifel finden sich andeutungsweise schon bei Vico, aber erst Rousseau hat sie bewußt ausgesprochen. Die Bedeutung, die man im 18. Jahrhundert der Aufklärung und damit der Schaffung von kulturfördernden Bedingungen zumaß, brachte es mit sich, daß man sich mit steigendem Interesse vergangenen Kulturen zuwandte. Winckelmanns Begeisterung für die Kunst Griechenlands war von der Überzeugung getragen, daß die griechische Kultur in ihrer Gesamtheit diese Blüte hervorgebracht hatte. Er schloß daraus auf das Supremat der antiken Kultur, der alle anderen nacheifern sollten. Es war freilich nicht schwer, dieses Argument der Griechenschwärmer umzukehren und ihnen vorzuhalten, daß ihren eigenen Voraussetzungen gemäß diese Zustände nie mehr wiederkehren könnten. Wenn Kunst in die Kultur eingebettet sei, müßten wir uns mit der Tatsache abfinden, daß jede Kultur ihre eigene Kunst hervorbringen müsse. Für das Klima des Nordens und den christlichen Glauben sind Tempel ungeeignet; dafür trieben die neuen Verhältnisse die neue Blüte der gotischen Kathedrale. Wie bekannt, war es vor allem Herder, der so argumentierte und die Idee ablehnte, es gebe Grade von Vollkommenheit, an denen man Kulturen messen könne[16]. Dennoch war Herder kein vollkommener Relativist. Er hielt fest an dem Glauben an einen göttlichen Plan, der die Menschheit zur Humanität führen werde, aber da es die Geschichte sei, die diesen großartigen Weltplan widerspiegele, wäre es anmaßend, frühere Stufen zu vernachlässigen; wie könnten wir das auch wagen, wo doch Gott sich selbst den jüdischen Hirten offenbart hatte?

Diese Anschauungen Herders, die sich in seinen weitschweifigen, jedoch von einem humanen Geist erfüllten Schriften verstreut finden, wurden von Georg Friedrich Hegel[17] in ein metaphysisches System gebracht, für das er die Schlüssigkeit der Logik in Anspruch nahm.

[16] Siehe Isaiah Berlin, Vico and Herder. Two Studies in the History of Ideas. London 1976.
[17] Ich hatte eine unerwartete Gelegenheit, mich mit den hier besprochenen Problemen von einer anderen Seite her zu befassen, als ich den Hegelpreis der Stadt Stuttgart für das Jahr 1976 erhielt – obwohl ich das Komitee auf meine Schriften über seine Philosophie aufmerksam gemacht hatte. Meine Ansprache

Das Hegelsche System

Es gibt eine Anzahl Menschen, die auf Hegel allergisch reagieren, und ich gestehe, daß ich ihn auch nur in kleinen Dosen vertragen kann. Aber ich will hier nicht wiederholen, was Arthur Schopenhauer, Bertrand Russell[18] und mein Freund Karl Popper[19] mit viel größerer Autorität über ihn gesagt haben. Noch weniger habe ich die Absicht, gegen diejenigen zu polemisieren, die durch die scharfe Kritik der genannten Philosophen sich veranlaßt fühlten, Hegel in Schutz zu nehmen[20]. Ich will hier nur zu erklären suchen, woher es kommt, daß wir heute eine Krise der Kulturgeschichte erleben[21]. Wie ich zu zeigen versuchen werde, befinden wir uns in einer Krise, weil die Kulturgeschichte, wissentlich oder unwissentlich, auf hegelianischen Fundamenten aufgebaut wurde, die unter uns zusammengebrochen sind.

Es ist bekannt, daß Hegel diese Fundamente nach einem metaphysischen Plan errichten wollte, welchen er aus Kants Kritiken der Metaphysik abgeleitet zu haben behauptete. In unserem Zusammenhang ist es jedoch noch wesentlicher, daß er dabei auf theologische Gedanken zurückgriff. Allerdings muß man seine Theologie als ketzerisch bezeichnen, denn Hegel verneint das christliche Dogma von der Erschaffung der Welt als einem einmaligen Ereignis und ebenso die Lehre von der Inkarnation als einer einzigartigen und einmaligen Begebenheit. Die Geschichte des Universums war für ihn die Geschichte der Selbstschöpfung Gottes und die Ge-

---

›Hegel und die Kunstgeschichte‹ erschien in: Die Neue Rundschau 2 (1977), S. 202–219.

[18] In: History of Western Philosophy. London 1946.

[19] Siehe ›What is Dialectic?‹ (1940), in: Conjectures and Refutations. London 1963; und Die offene Gesellschaft und ihre Feinde. Bern 1957, 1958.

[20] Zum Beispiel J. N. Findlay, Hegel. A Re-Examination. London 1958; Bruce Mazlish, The Riddle of History. The Great Speculators from Vico to Freud. New York und London 1966.

[21] Siehe Jacques Barzun, ›Cultural History as a Synthesis‹, in: The Varieties of History. Hrsg. von Fritz Stern (1956), S. 387–402; R. L. Colie, ›Johan Huizinga and the Task of Cultural History‹, in: American Historical Review 69 (1964), S. 607–630; Felix Gilbert, ›Cultural History and its Problems‹, in: Comité International des Sciences Historiques. Rapports (1960), Bd. 1, S. 40–58; Carlo Ginzburg, ›Da A. Warburg a E. H. Gombrich. Note su un Problema di Metodo‹, in: Studi Medievali 7 (1966), S. III; Gerhard Ritter, ›Zum Begriff der Kulturgeschichte‹, in: Historische Zeitschrift 171 (1951), S. 293–302.

schichte der Menschheit in demselben Sinne eine fortlaufende Fleischwerdung des Geistes.

In seinem Buch ›The Great Chain of Being‹ (1936) beschreibt Arthur Lovejoy, wie im Laufe des 18. Jahrhunderts die neue Idee des Fortschritts allmählich mit der alten Vorstellung eines hierarchisch aufgebauten Universums verschmolz. Die Stufenleiter des Daseins von den Steinen zu den Pflanzen, von den Pflanzen zu den Tieren und von dort hinauf zu den Menschen und weiterhin durch die Geisterwelt der Engelschöre zur Gottheit an der Spitze wurde nicht mehr als statisch und unveränderlich aufgefaßt, sondern als ein Prozeß des Aufstiegs, der die Schöpfung zu ihrer Kulmination im Göttlichen führt. Hegel übersetzte diesen Aufstieg in eine Terminologie logischer Kategorien und verwandelte damit den kosmischen Prozeß in eine Progression des göttlichen Geistes, der sich selbst denkt, wobei der Zwang, Widersprüche aufzulösen, ihn treibt, zu immer höheren Ebenen des Bewußtseins aufzusteigen. Die Weltgeschichte, und damit die Entwicklung der Kultur, ist ein Teil dieses Prozesses: Ja, sie wiederholt Schritt für Schritt seine wesentlichen und unausweichlichen Stufen in der Form eines Aufstiegs durch die logischen Kategorien, bis das Göttliche schließlich im Kopf von Herrn Professor Hegel zum Bewußtsein seiner selbst gelangt.

Ich weiß, daß diese letzte Schlußfolgerung nicht von allen akzeptiert wird. Aber zweifellos gehört es zu Hegels Auffassung der Geschichte als einer Entfaltung der Weltvernunft, daß alles, was wirklich ist, auch vernünftig sein muß – vernünftig in der Bedeutung von sinnvoll als ein Schritt zur Selbstschöpfung des Geistes.

Es ist klar, daß innerhalb dieses Systems der Gegensatz zwischen »Kultur« als einem wertenden und einem bloß beschreibenden Ausdruck keinen Platz hat; die Hegelianer würden sagen: Er wird auf jener höheren Ebene »aufgehoben«, in der jede Kultur als eine notwendige Stufe Sinn und Berechtigung besitzt. Der Weltgeist hat immer recht. Das gilt für die Gegenwart genauso wie für die Vergangenheit. Man kann die Zeichen der Zeiten beobachten, aber man hat kein Recht, über sie zu urteilen. Jeder Mensch kann zum Sprachrohr, ja sogar zur Inkarnation des Geistes werden. Hegel nannte Napoleon »den Weltgeist zu Pferde«, und Gertrude Stein behauptete, eine Verkörperung des Zeitgeistes zu sein. Aber in einem gewissen Sinn gilt das für alles. Genauer gesagt, kann alles (und jedermann) ein Werkzeug des Geistes werden. Nach Hegels Ansicht war die Erfindung des Schießpulvers eine solche Manifestation des Göttlichen. »Die Menschheit bedurfte seiner, und alsobald war es da.« Die Menschheit brauchte es, weil das Feudalsystem reif zur Auflösung war, und so sonderbar uns das auch anmuten mag, führte die Erfindung den Krieg auf eine höhere, das heißt auf eine abstraktere Ebene, »denn beim Gebrauch des Schießpulvers wird ins Allgemeine hineingeschossen, gegen den abstrakten Feind und nicht gegen besondere Personen«[22].

Und doch möchte ich behaupten, daß diese recht gotteslästerliche und ketzerische Deutung des Weltgeschehens eine Fortführung oder doch eine Perversion der christlichen Idee vom Wirken der Vorsehung in der Geschichte ist. Sowohl in der jüdischen als auch in der christlichen Überlieferung wurde die Geschichte als Teil eines göttlichen Plans betrachtet, das heißt, die Handlungen von Individuen und von Nationen wurden als Manifestationen des göttlichen Willens aufgefaßt. Nicht nur die Geschichte des Auserwählten Volkes wurde so gedeutet, sondern auch die der römischen Eroberer, denn der Ratschluß der Erlösung konnte erst Wirklichkeit werden, »als die Zeit erfüllet war«, das heißt, sobald die Ökumene durch eine gemeinsame Sprache so weit geeint war, daß sie reif war, die frohe Botschaft von der Menschwerdung Christi aufzunehmen[23]. Seit dieser Zeit ist die Geschichte natürlich der Schauplatz, auf dem der Kampf zwischen der Ecclesia militans und ihrem Widersacher ausgefochten wird; der Ausgang dieses Kampfes ist durch die Wiederkehr Christi außer Zweifel gestellt, die sich durch schreckliche Vorzeichen ankündigen wird. Sie bedeutet das Ende der Geschichte in unserem Sinn. Der mittelalterliche Abt Joachim von Fiore hat diese Prophezeiungen genauer gefaßt. Entsprechend der Lehre von der Dreieinigkeit teilte

---

[22] Georg Wilhelm Friedrich Hegel, ›Vorlesungen über die Philosophie der Geschichte‹, in: Sämtliche Werke. Hrsg. von H. Glockner. Bd. 11, Stuttgart 1928, S. 508.
[23] A. Funkenstein, Heilsplan und natürliche Entwicklung, Formen der Gegenwartsbestimmung im Geschichtsdenken des hohen Mittelalters. München 1965; Ernest Lee Tuveson, Millenium and Utopia, a Study in the Background of the Idea of Progress. Berkeley und Los Angeles 1949.

er den geschichtlichen Zeitraum in drei Teile: Das Alte Testament repräsentierte das Reich des Vaters und die christliche Zeitrechnung das des Sohnes; dieses war bestimmt, seinerseits sehr bald durch das Zeitalter des Heiligen Geistes abgelöst zu werden – das »dritte Reich«. Dieser schicksalsschwangere Ausdruck ist ein Beweis für die suggestive Macht, die chiliastische Hoffnungen zu allen Zeiten auf die Interpreten der Geschichte ausgeübt haben. Die Visionen des Abtes werden von Lessing erwähnt[24], und ähnliche mystische und speziell trinitarische Gedankengänge haben in Hegels früher Entwicklung eine Rolle gespielt[25].

Inwieweit diese Einflüsse in seinen ›Vorlesungen zur Philosophie der Geschichte‹ zum Ausdruck kommen, harrt noch der Aufklärung. Man denke insbesondere an die Stelle, wo er von der Wiederkunft Christi spricht; dort heißt es: »Die Identität des Subjekts und Gottes kommt in die Welt, als die Zeit erfüllt war. Das Bewußtsein dieser Identität ist das Erkennen Gottes in seiner Wahrheit.«[26]

Es dürfte kaum überraschen, daß es für Hegel die germanischen Völker sind, die das Instrument und Gefäß des neuen Geistes darstellen. Dieser offenbart sich in drei Stadien: der Eroberung des Römischen Reiches, der Feudalmonarchie des Mittelalters und einer letzten Phase, die von der Reformation eingeleitet wird. Diese Stadien können, wie er sagt, »als die Reiche des Vaters, des Sohnes und des Heiligen Geistes bezeichnet werden«.[27] Dieselbe Folge könne, wie er rückblickend erklärt, auch in der vorchristlichen Epoche erkannt werden. Die Perser stellten Gott Vater dar, die Griechen Gott Sohn und die Römer den Heiligen Geist, jedoch selbstverständlich auf einer entsprechend niedrigeren Ebene.

Jedes dieser Völker verkörperte, wie wir gesehen haben, eine notwendige Phase des aufwärtsstrebenden Geistes; ihr individueller Geist, ihr Volksgeist, war eine vorübergehende Form des absoluten Geistes auf seinem Wege durch die Geschichte. Hier bin ich bei dem Aspekt von Hegels Philo-

[24] Frank E. Manuel, Shapes of Philosophical History. Stanford 1965.
[25] Galvano della Volpe, Hegel, Romantico e Mistico. Florenz 1929; Georg Wilhelm Friedrich Hegel, ›Vom göttlichen Dreieck‹, in: Dokumente zu Hegels Entwicklung. Hrsg. von J. Hoffmeister. Stuttgart 1936, S. 303–306; und ›Vorlesungen über die Philosophie der Religion‹ II, in: Sämtliche Werke, Bd. 16.
[26] Hegel, Philosophie der Geschichte, S. 415.
[27] Ebd., S. 441 f.

sophie angelangt, der in meinem Zusammenhang entscheidend ist. Ich zitiere darum seine eigenen Worte, wie sie von den Hörern seiner Vorlesungen über die Philosophie der Geschichte aufgezeichnet wurden: »Die Weltgeschichte stellt ... die Entwicklung des Bewußtseins des Geistes und seiner Freiheit dar ... Hier haben wir nur dieses aufzunehmen, daß jede Stufe als verschieden von der anderen ihr bestimmtes eigentümliches Prinzip hat. Solches Prinzip ist in der Geschichte Bestimmtheit des Geistes – ein besonderer Volksgeist. In diesem drückt er als konkret alle Seiten seines Bewußtseins und Wollens, seine ganze Wirklichkeit aus; sie ist gemeinsames Gepräge seiner Religion, seiner politischen Verfassung, seiner Sittlichkeit, seines Rechtssystems, seiner Sitten, auch seiner Wissenschaft, Kunst und technischen Geschicklichkeit. Diese speziellen Eigentümlichkeiten sind aus jener allgemeinen Eigentümlichkeit, dem besonderen Prinzip eines Volkes, zu verstehen, so wie umgekehrt aus dem in der Geschichte vorliegenden faktischen Detail jene allgemeine Besonderheit herauszufinden ist.«[28]

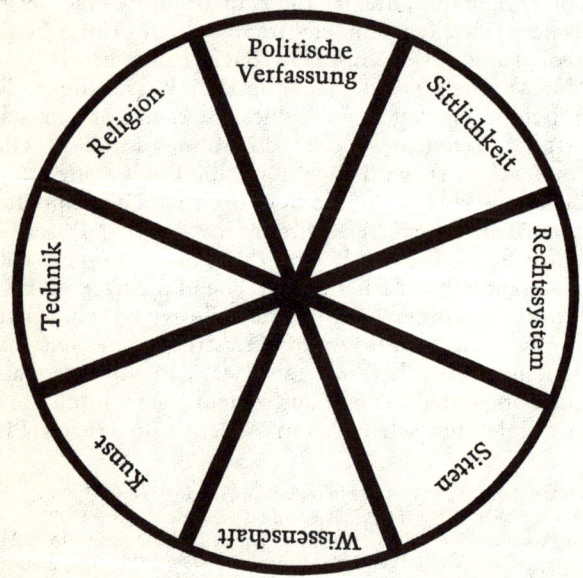

[28] Ebd., S. 101 f.

Ich stelle mir gerne den Inhalt dieses grundlegenden Abschnitts diagrammatisch vor, und zwar als ein Rad, von dessen Nabe acht Speichen ausgehen. Diese Speichen repräsentieren die verschiedenen konkreten Manifestationen des Volksgeists, in Hegels Worten: »alle Seiten seines Bewußtseins und Wollens«, das heißt: seine Religion, seine politische Verfassung, seine Sittlichkeit, sein Rechtssystem, seine Sitten, seine Wissenschaft, seine Kunst und seine Technik.

Diese Manifestationen, die an der Peripherie meines Raddiagramms aufscheinen, müssen in all ihren individuellen Eigenheiten als Verwirklichungen des Volksgeistes verstanden werden. Sie weisen alle auf einen gemeinsamen Mittelpunkt hin. Gleichgültig, von welchem Sektor der Peripherie des Rades man ausgeht, um das Wesen der betreffenden Manifestation zu ergründen, man kommt notwendigerweise zu demselben zentralen Punkt. Wenn das nicht der Fall ist, wenn die Wissenschaft eines Volkes ein anderes Grundprinzip zu haben scheint als etwa sein Rechtssystem, so ist das ein Zeichen, daß man irgendwo in die Irre gegangen ist.

Hegel gibt zu, daß man diese Geschichtsauffassung nur praktisch anwenden kann, wenn man im Besitze der A-priori-Erkenntnis ist, die sich aus seinem System deduzieren läßt, aber er behauptet, daß dasselbe auch für Astronomen wie Kepler gelte, die die a priori-Gesetze der Geometrie kennen müßten, um die Bewegungsgesetze der Weltkörper zu entdecken. Dieser Vergleich ist natürlich irreführend, und ich möchte ihn deshalb durch einen anderen ersetzen. Hegelianische Historiker betreiben Exegese. Ihre A-priori-Erkenntnisse haben nichts mit denen eines Astronomen zu tun, sondern gleichen vielmehr denen frommer Bibelausleger, für die es keines Beweises bedarf, daß alle Ereignisse, die im Alten Testament beschrieben sind, als Vorhersagen von Ereignissen in den Evangelien gedeutet werden können. Die Durchschreitung des Roten Meeres durch die Juden ist der »Typus« für den »Antitypus« der Taufe Christi. Wenn Melchisedek Abraham Brot und Wein anbietet, so »bedeutet« das das Sakrament des Abendmahls. Denn Gott hat seinen Ratschluß nicht nur durch den Mund der Propheten kundgetan, sondern auch durch die Ereignisse selbst, die er geschehen ließ.

Ich habe diese Technik der Exegese weiter oben an Hegels Deutung der Erfindung des Schießpulvers exemplifiziert. Ich kann hier nur noch ein weiteres Beispiel kurz anführen: seine Deutung der großen ägyptischen Sphinx. Die Sphinx, heißt es bei ihm, könne man als ein Symbol des ägyptischen Geistes ansehen. Der Menschenkopf, der sich einem Tierleib entringt, stellt den Geist dar, der sich den Fesseln der Natur zu entwinden beginnt, ohne sich jedoch ganz zu befreien. Und ebenso wie der erfinderische Scharfsinn der allegorischen Auslegungen der Heiligen Schrift uns oft Bewunderung abgewinnt, müssen wir Hegels Geschicklichkeit bewundern, mit der er jeden Aspekt der altägyptischen Zivilisation im Sinne seiner vorgefaßten Ansichten deutet: Die Schrift der Ägypter sei noch hieroglyphisch, aus sinnlichen Bildern, nicht abstrakten Buchstaben aufgebaut; die ägyptische Religion bete Tiergestalten an, weil der verdumpfte und trübe Geist der Ägypter sich noch nicht zu höheren Ideen erheben konnte, und obwohl die Ägypter die ersten gewesen seien, die an Unsterblichkeit geglaubt hätten, hätten sie doch am Körper, an der Mumie, festgehalten.

Nicht alle Deutungen Hegels erscheinen uns heute so gezwungen und prokrustesartig wie seine Erklärung der ägyptischen Kultur. Im Gegenteil: Das Geschick, mit dem er es verstand, die verschiedensten kulturellen Ereignisse in sein Schema einzupassen, muß sehr groß gewesen sein, sonst ließe sich der Einfluß, den seine Geschichtsauffassung auf die nachfolgenden Generationen hatte, kaum erklären. Was er über ›Kunst und Wissenschaft als Auflösung des Mittelalters‹ schreibt, zeigt das sehr deutlich. Herder folgend sieht er in der Renaissance[29] »einen weiteren, konkreten Aufschwung ... zu edlerer Menschlichkeit. ... Man hat das Grab, das Tote [des Geistes] und das Jenseits aufgegeben. Das Prinzip des Dieses, welches die Welt zu den Kreuzzügen getrieben, hat sich vielmehr in der Weltlichkeit für sich entwickelt. ... Die Kirche aber ist geblieben und hat an dieser Äußerlichkeit festgehalten. Doch auch an ihr ist geschehen, daß es nicht als Äußerlichkeit in seiner Unmittelbarkeit in ihr geblieben, sondern verklärt worden ist durch die *Kunst*. Die Kunst begeistert ... das

[29] Die folgenden Zitate: Ebd., S. 515–518.

bloß Sinnliche mit der Form, welche Seele, Empfindung, Geist ausdrückt ...« (S. 515)

»Es ist etwas ganz anderes, wenn der Geist ein bloßes Ding, wie die Hostie als solche, oder irgendeinen Stein, Holz oder schlechtes Bild vor sich hat, oder ein geistvolles Gemälde, ein schönes Werk der Skulptur, wo sich Seele zu Seele und Geist zu Geist verhält. Dort ist der Geist außer sich, gebunden an ein ihm schlechthin anderes, welches das Sinnliche, Ungeistige ist. Hier aber ist das Sinnliche ein Schönes und die geistige Form das in ihm beseelende und in sich selbst wahres ...« (ebd.)

»So ist die Kunst schon aus dem Prinzip der Kirche herausgetreten. Da sie aber nur sinnliche Darstellung hat, so gilt sie zunächst als etwas Unbefangenes. Daher ist die Kirche ihr noch gefolgt, trennte sich aber dann von dem freien Geiste, aus dem die Kunst hervorgegangen war, als derselbe sich zum Gedanken und zur Wissenschaft erhob ...« (S. 516)

»Denn unterstützt und gehoben wurde die Kunst zweitens durch das *Studium des Altertums* (der Name *Humaniora* ist sehr bezeichnend, denn in jenen Werken des Altertums wird das Menschliche – die Menschenbildung geehrt) ...; an die Stelle des scholastischen Formalismus trat ein ganz anderer Inhalt: Plato wurde im Abendland bekannt, und in diesem ging eine neue menschliche Welt auf ...« (S. 516 f.)

»Eine dritte Haupterscheinung, die zu erwähnen ist, wäre dieses *Hinaus* des Geistes, die Begierde des Menschen, *seine* Erde kennenzulernen ...; der Schiffahrt war das neu erfundene technische Mittel der Magnetnadel zugute gekommen ...; das Technische findet sich, wenn das Bedürfnis vorhanden ist.

Diese drei Tatsachen, die sogenannte Restauration der Wissenschaften, die Blüte der schönen Künste und die Entdeckung Amerikas, sind der Morgenröte zu vergleichen, die nach langen Stürmen zum erstenmal wieder einen schönen Tag verkündet. Dieser Tag ist der Tag der Allgemeinheit, welcher endlich nach der langen, folgenreichen und furchtbaren Nacht des Mittelalters hereinbricht ...« (S. 517 f.)

In Hegels System verkündet dieses Morgengrauen den großen »allesverklärenden Sonnenaufgang der Reformation« und damit die Neuzeit, in deren Beschreibung diese Theodizee ihren Höhepunkt erreicht.

Die Deutung der Kulturgeschichte in diesen ›Vorlesungen

zur Philosophie der Geschichte‹ werden in Hegels ›Vorlesungen über Ästhetik‹ ergänzt und teilweise ausgebaut. Seine Darstellung der Entwicklung der Künste als eines logischen Prozesses, der die Entfaltung des Geistes begleitete und widerspiegelte, zeugt von großem Scharfsinn und sogar von poetischer Begabung. Das ganze System der Künste wird hier zu einer zeitlich gestaffelten Hierarchie. Sie beginnt mit der Architektur, der am meisten der »Materie verhafteten« Kunst, der wir zum erstenmal in den Riesenbrocken der Pyramiden begegnen, schreitet fort zur Bildhauerei, die selbstverständlich in Griechenland ihren Gipfel erreicht, und dann zu der noch mehr vergeistigten, entmaterialisierten Kunst der Malerei, die nach Hegels Ansicht dem christlichen Zeitalter des Glaubens entspricht. Aber die Malerei ihrerseits strebte immer mehr in die Richtung der noch mehr entkörperten Kunst der Musik, die selbst wieder der Poesie weichen muß, in der es um reine Bedeutung geht. Es ist bekannt, daß Hegel glaubte, die Dichtkunst selbst würde sich auflösen, sobald der Geist zu seiner Offenbarung keiner Bilder mehr bedürfe, und würde schließlich durch das reine Denken, also durch die Philosophie, ersetzt werden.

Auf die Richtigkeit der einzelnen Deutungen, die oft mit großer Überzeugungskraft vorgetragen werden, kommt es hier nicht an. Denn die Technik war es, von der eine so ungeheure Wirkung ausging. Diejenigen, die Hegels Logik akzeptierten, hatten nun einen Beweis für etwas, was bisher nur eine Sache der Intuition war: daß jede Kunst und jede Kultur ihre Eigenberechtigung hatte und nicht mit anderen Maßstäben gemessen werden konnte. Besonders wichtig war dabei, daß dieser Beweis nicht unvereinbar war mit der ebenso intuitiven Überzeugung, daß die Geschichte der Zivilisation eine Geschichte von zunehmenden Werten, das heißt eine Geschichte des Fortschritts war und ist.

Für keinen anderen Historiker ist diese Auffassung so wichtig wie für den Kunsthistoriker. Ja, man könnte sogar behaupten, daß eine Geschichte der Kunst der Vergangenheit im eigentlichen Sinn (im Gegensatz zu einer kritischen Wertung) erst durch diese Geschichtsauffassung möglich wurde. Für Vasari sowohl als für Winckelmann war es klar, daß die Künste aufblühten, sobald die Umstände günstig waren, aber verfielen, wenn sie sich zum Schlechteren wandten. Jetzt gab es keinen Verfall mehr, sondern nur das logische Fortschreiten des Geistes, dem die Veränderung in den Denkmälern der Vergangenheit zuzuschreiben sind. Die verschiedenen Kunststile wurden dadurch zu sichtbaren Zeichen eines sich wandelnden Geistes. Dieses hegelianische Glaubensbekenntnis hat ein heute fast vergessener deutscher Kunsthistoriker, Carl Schnaase, in der Einleitung seiner im Jahre 1843 erschienenen ›Kunstgeschichte‹ wie folgt formuliert[30]: » Auch die Kunst gehört zu den notwendigen Äußerungen der Menschheit; ja man kann sagen, daß in ihr der Genius der Menschheit sich noch vollständiger und eigentümlicher ausspreche als in der Religion selbst ...« (S. 83)

»Der scharfe Blick des Beschauers dringt zwar auch bei der Betrachtung des politischen Lebens und der wissenschaftlichen Leistungen tief ein in ihre Natur, allein die feinsten ... und eigentümlichsten Züge, die Seele des Volkes, werden wir stets nur aus seinen Kunstleistungen ... erkennen.« (S. 86)

»So ist also die Kunst einer jeden Zeit der vollständigste, zugleich aber auch der zuverlässigste Ausdruck des jedesmaligen Volksgeistes. ... Sie ist mithin gleichsam eine Hieroglyphe, ein Monogramm, in welchem sich das geheime Wesen der Völker, denen sie angehörte, zwar abgekürzt und auf den ersten Blick dunkel, aber für den, welcher diese Zeichen zu deuten versteht, vollständig und bestimmt ausspricht. ... Eine fortlaufende Kunstgeschichte gewährt daher zugleich eine Anschauung von der fortschreitenden Entwicklung des menschlichen Geistes.« (S. 87)

Der Hegelianismus Burckhardts

Der Historiker, der das 19. Jahrhundert davon überzeugte, daß der Weg zur Kulturgeschichte über die Kunst gehe, war selbstverständlich nicht Schnaase, sondern Jacob Burckhardt. Es mag unverzeihlich erscheinen, Burckhardt unter die Hegelianer einzureihen: Hat er doch selbst nicht selten seiner Abneigung gegen Hegels Art zu philosophieren Ausdruck gegeben. Er betonte immer wieder, daß er nichts von Systemen halte und nur Fakten anerkenne. Aber ich hoffe zu zeigen, daß hier Burckhardt eine wichtige methodologische

[30] Carl Schnaase, Geschichte der bildenden Künste. Bd. 1, Leipzig 1843.

Wahrheit veranschaulicht: Wer sich am meisten bemüht, alle vorgefaßten Ansichten zu vermeiden, verfällt ihnen unbewußt am leichtesten. Dafür gibt es kaum einen besseren Beweis als einen Brief, den Burckhardt im Alter von 24 Jahren an seinen Freund Karl Fresenius schrieb. Er scheint mir so wichtig, daß ich hier ziemlich ausführlich daraus zitieren will: »Lieber Junge, Du bist Philosoph geworden, und wirst mir gleichwohl folgendes müssen gelten lassen: Ein Mensch wie ich, der durchaus der Speculation unfähig und zum abstrakten Denken auch keine Minute im Jahr aufgelegt ist, thut am besten, wenn er die höheren Fragen seines Lebens und seines Studiums sich auf die Weise klar zu machen strebt, welche ihm am Nächsten liegt. Mein Surrogat ist eine täglich mehr auf das Wesentliche gerichtete, täglich sich schärfende *Anschauung*. Ich klebe von Natur am Stoff, an der sichtbaren Natur und an der Geschichte. Aber es ist mir durch unablässiges Parallelisieren der facta (was in meiner Natur liegt) gelungen, mir manches Allgemeine zu abstrahieren. Über diesem mannigfaltigen Allgemeinen schwebt, ich weiß es, ein höheres Allgemeines, und auch diese Stufe werde ich vielleicht ersteigen können. Du kannst gar nicht glauben, wie durch dieß vielleicht einseitige Streben nach und nach die facta der Geschichte, die Kunstwerke, die Monumente aller Zeiten als Zeugen eines vergangenen Entwicklungsstadiums des Geistes Bedeutung gewinnen. Glaube mir, es erregt mir oft einen ehrfurchtsvollen Schauer, wenn ich in der Vergangenheit die Gegenwart schon deutlich daliegen sehe. Die höchste Bestimmung der Geschichte der Menschheit: die Entwicklung des Geistes zur Freiheit, ist mir leitende Überzeugung geworden, und so kann mein Studium mir nicht untreu werden, kann mich nicht sinken lassen, muß mein guter Genius bleiben mein Lebenlang.«[31]

Obwohl Burckhardt der Meinung war, von beobachteten historischen Tatsachen her zu verallgemeinern, entdeckte er zum Schluß in diesen Tatsachen jenen Hegelianischen Weltgeist wieder, den er als eine spekulative Abstraktion verworfen hatte. Man muß allerdings erkennen, daß er sich über die Situation nicht völlig im unklaren war. Einige Zeilen später bemerkt er in demselben Brief, daß die Spekulation eines

---

[31] Jacob Burckhardt, Briefe. Vollständige Ausgabe. Hrsg. von Max Burckhardt. Basel 1949 ff., Bd. 1, S. 206 f.

andern, auch wenn er sie sich aneignen könnte, ihn nie trö-
sten, noch weniger fördern könnte, daß er aber von ihr berührt werde, als von dem Geiste, der in der Luft des 19. Jahrhunderts herrsche, und fährt fort: »Ja ich werde vielleicht
unbewußt von einzelnen Fäden der neuern Philosophie ge-
leitet. Laß mich auf diesem niedrigen Standpunkt, laß mich
die Geschichte empfinden, fühlen, statt sie von ihren ersten
Prinzipien aus zu erkennen.« (ebd.)

Jedoch versprach er, Hegel zu lesen, und hat es bestimmt
auch getan.

In seiner gehaltreichen Einleitung zu Burckhardts ›Grie-
chischer Kulturgeschichte‹ lenkt Professor Momigliano die
Aufmerksamkeit auf die Zusammenhänge, die sogar diese
Vorlesungen aus späteren Jahren mit dem philosophischen
Gedankengut der Romantik verbinden[32]. Er betonte besonders den Einfluß des Altphilologen A. Böckh, eines ehemali-
gen Lehrers Burckhardts, in dessen Werken die Idee des
Volksgeists im Mittelpunkt steht[33]. Es läßt sich auch mehr-
fach nachweisen, daß die Idee des Zeitgeistes vom jungen
Burckhardt als selbstverständlich angesehen wurde. Als sein
Freund Kinkel, der über die niederländische Kunst zu arbeiten beabsichtigte, ihn fragte, wie er an seine Aufgabe herangehen solle, schrieb er ihm, er müsse sich fragen: »Wie
drückt sich der Geist des 15. Jahrhunderts in der Malerei
aus?« Dann werde sich alles Weitere von selbst ergeben[34].

Man hat es oft bedauert, daß Burckhardt nie selbst eine
solche Kunstgeschichte geschrieben hat. In seinem ersten
kulturgeschichtlichen Werk ›Die Zeit Konstantins des Großen‹ (1853) spielt Kunst eher eine untergeordnete Rolle. Es
ist klar, daß Burckhardt hier sein Ideal verwirklichen wollte,
eine Geschichte zu schreiben, die ganz auf »Anschauung«
gegründet war. Er möchte erzählen, zitieren und beschreiben und so wenig wie möglich ausdrücklich interpretieren.
Es kann wohl sein, daß sich sein Thema für diese Art der
Behandlung besonders eignete. Der Leser ist sich von vornherein über die Bedeutung der Ära Konstantins als eines

---

[32] Arnaldo Momigliano, ›Introduzione alla Griechische Kulturgeschichte di
Jacob Burckhardt‹, in: Secondo Contributo alla Storia degli Studi Classici. Rom
1960, S. 283–298. Mit einem wichtigen Literaturnachweis über Burckhardt bis
1959 als Anhang.
[33] Joachim Wach, Das Verstehen. Tübingen 1926–1933.
[34] Burckhardt, Briefe, Bd. 1, S. 206 f.

Wendepunkts in der Geschichte so sehr im klaren, daß sich der allgemeine historische Rahmen beinahe von selbst ergibt. Dadurch, daß man allgemein Anzeichen des Verfalls der heidnischen Kultur und des Beginns eines neuen Zeitalters erwartet, besteht für den Historiker kaum eine Notwendigkeit, den Hintergrund deutlicher einzuzeichnen, als Burckhardt es tat.

Sicher dachte Burckhardt genauso über jenes andere Übergangszeitalter, dem er sich sodann zuwandte, dem Gegenstand seines berühmten Meisterwerks ›Die Kultur der Renaissance in Italien‹, das 1860 erschien[35]. Hier jedoch muß es jedem Leser sofort klar sein, daß Burckhardt diese Kultur durch das Medium der Kunst betrachtete.

Zu Anfang seiner Studienzeit war er für die mittelalterliche Kunst des Nordens begeistert gewesen, hatte aber dann auf seinen Reisen in Italien eine Art Bekehrung erlebt. Das Ergebnis dieser Bekehrung war sein ›Cicerone‹. Das Buch, das im Jahre 1855 erschien, trug den Untertitel: ›Ein Führer zum Genusse der Kunstwerke Italiens‹.

In diesem feinsinnigen Führer ist kaum viel Platz für Theorie, aber das Werk ist naturgemäß von jener Auffassung der Renaissancekunst durchdrungen, die in der Mitte des 19. Jahrhunderts Allgemeingut geworden war und heute noch verbreitet ist: Ich meine den Gegensatz zwischen der Vergeistigung des Zeitalters des Glaubens und der Sinnenfreudigkeit der darauffolgenden Epoche. Diese Polarität stammt von den Romantikern und spielt selbstverständlich bei Hegel eine Rolle. Wir haben ja gesehen, daß für ihn die neue Blüte der Künste und ihre Weltzugewandtheit ein wesentlicher Faktor im Niedergang des Mittelalters darstellte. Die wenigen, aber einprägsamen Zeilen, die Burckhardt im ›Cicerone‹ dem »neuen Geist« widmete, der im 15. Jahrhundert über Skulptur und Malerei gekommen war, entsprechen ganz dieser Vorstellung. »An die Stelle allgemeiner Gesichtstypen treten individualisierte: das bisherige System des Ausdrucks der Gebärden und Gewandungen wird durch eine unendlich reiche Lebenswahrheit ersetzt. ... Die Schönheit, bisher als höchstes Attribut der Heiligkeit erstrebt ..., weicht jetzt der vollbezeichnenden Deutlichkeit. ... Wo sie aber sich dennoch Bahn macht, ist es eine neugeborene sinn-

[35] Jacob Burckhardt, Gesamtausgabe. Berlin und Leipzig 1930ff., Bd. 5.

liche Schönheit, die ihren Anteil am Irdischen und Wirklichen unverkürzt haben muß.«[36]

Ebenso wie Hegel glaubte auch Burckhardt, daß der neue Geist, »aus dem Prinzip der Kirche herausgetreten« sei und dadurch mit den Anforderungen der Kirche in Widerspruch kam. Diese Anforderungen seien, so meint er, hauptsächlich negativ gewesen. Die Andacht dürfe durch nichts gestört oder abgelenkt werden, was an die Realität des weltlichen Lebens erinnere. Sobald diese Realität bewußt in das Bild hineingetragen werde, höre es auf, ein frommes Bild zu sein. Burckhardts Einstellung stand also schon fest, bevor er den Plan faßte, ein Buch über die gesamte Kultur der Renaissance zu schreiben. Es mag seltsam erscheinen, daß das vollendete Werk kein Kapitel über Kunst enthält, und Burckhardt selbst hat sich nicht darüber geäußert. Andererseits kann man sich nur schwer vorstellen, wie er diese Lücke hätte ausfüllen können, ohne viel von dem zu wiederholen, was er schon im ›Cicerone‹ gesagt hatte.

Über Burckhardts Arbeitsmethode während der Zeit, in der er an der ›Kultur der Renaissance in Italien‹ arbeitete, sind wir recht gut unterrichtet. Er wußte genau, was er suchte. Er erwähnt zum Beispiel[37], er habe über siebenhundert Exzerpte aus Vasaris ›Lebensbeschreibungen‹ gemacht und dann seine Notizbücher in kleine Zettel zerlegt, um die einzelnen Zitate an der entsprechenden Stelle verwenden zu können. Sicher verfuhr er ganz ähnlich mit anderen Schriften dieser Zeit, wie etwa den Memoiren Vespasianos oder Benvenuto Cellinis Selbstbiographie. Aber was uns schließlich unsere Bewunderung abnötigt, ist nicht so sehr die Zahl der Seiten, die er las und exzerpierte, als vielmehr der sparsame Umgang mit seinem Material und die Genialität, mit der er diese ausgewählten Exzerpte in Zeichen der Zeit zu verwandeln wußte.

In meiner Jugend galt sein Buch im deutschen Sprachgebiet noch als ein Klassiker. Es wurde von vielen gelesen, nicht nur, weil es Bildung vermittelte, sondern weil es selbst zur Bildung gehörte. Sicher ist es keine leichte Lektüre, aber trotzdem müssen die Leser viel Freude gehabt haben an der Fülle lebendiger Einzelzüge, den scharfgeschnittenen Vi-

---

[36] Ebd., Bd. 4, S. 186.
[37] Burckhardt, Briefe, hier vom 4. Mai 1847.

gnetten von Condottieri und Humanisten, den knapp geschilderten Anekdoten über Vendetten und derbe Scherze sowie an den vielen Stellen aus Dichtern oder Historikern, die ihnen die Einstellung dieser Menschen zu so verschiedenen Dingen wie Landschaft, Ehre oder Tod lebhaft vor Augen stellten. Diese Schurkereien, die Festlichkeiten, die Heldentaten und das Streben nach Ruhm – all dies ging ein in das großartige Panorama, das die ›Kultur der Renaissance‹ ausmacht. Mit diesen Szenen und Begebenheiten haben Generationen von Italienreisenden in ihrer Phantasie die Straßen von Florenz, Siena und Venedig bevölkert.

Man kann Burckhardt keineswegs den Vorwurf machen, er habe seine Leser darüber im unklaren gelassen, daß er sich bei der Auswahl und Anordnung seines Materials subjektiver Kriterien bedient habe. Schon im allerersten Kapitel des Buches, das er als einen Versuch im buchstäblichen Sinne dieses Wortes bezeichnet, heißt es: »Die geistigen Umrisse einer Kulturepoche geben vielleicht für jedes Auge ein verschiedenes Bild ..., und leicht könnten dieselben Studien, welche für diese Arbeit gemacht wurden, unter den Händen eines andern zu wesentlich verschiedenen Schlüssen Anlaß geben.«

Aber obwohl Burckhardt die Rolle, die die Interpretation in einem solchen Unterfangen spielt, klar erkannte, war weder er selbst, noch, soweit mir bekannt ist, ein einziger seiner Kommentatoren sich klar darüber, wie sehr seine Deutung auf Hegels Geschichtstheorie basierte.[38]

Die Abneigung seitens deutschsprachiger Gelehrter, diese Zusammenhänge aufzudecken, muß eine psychologische Ursache haben. Man fühlt sich in guter Gesellschaft, wenn man Hegel angreift; aber die intellektuelle Grundlage von Burckhardts Meisterwerk zu kritisieren ist etwas sehr anderes. Er ist die Vaterfigur der Kulturgeschichte, und es ist undenkbar, seine Autorität anzugreifen. Ich gestehe, daß

[38] Meine Bemerkungen sollen nicht dahin aufgefaßt werden, als wollte ich behaupten, daß Burckhardts Beziehungen zu Hegel nie vorher diskutiert worden wären: Siehe W. K. Fergusson, The Renaissance in Historical Thought. Cambridge, Mass., 1948; Werner Kaegi, Jacob Burckhardt. Basel und Stuttgart, Bd. 3, 1956, Bd. 6, 1977, S. 102 f.; H. Schulte Nordholt, Het Beeld der Renaissance. Een historiografische Studie. Amsterdam 1948. Keiner dieser Autoren hat jedoch gezeigt, daß das Grundgerüst von Burckhardts ›Kultur der Renaissance‹ hegelianisch ist.

auch meine Hand ein wenig zittert, indem ich mich anschikke, ein Werk anzutasten und zu zergliedern, das den Gründer der Bibliothek Warburg so weitgehend inspiriert hat.

Der Hauptgedanke des Buches, seine zentrale These, findet sich in jener berühmten Stelle, in der Burckhardt die Mentalität der Renaissance der mittelalterlichen Mentalität gegenüberstellt: »Im Mittelalter lagen die beiden Seiten des Bewußtseins, nach der Welt hin und nach dem Innern des Menschen selbst, wie unter einem gemeinsamen Schleier träumend oder halbwach. Der Schleier war gewoben aus Glauben, Kindesbefangenheit und Wahn; durch ihn hindurchgesehen erschienen Welt und Geschichte wundersam gefärbt, die Menschen erkannten sich nur als Rasse, Volk, Partei, Korporation, Familie oder sonst irgendeiner Form des Allgemeinen. In Italien zuerst verweht dieser Schleier in die Lüfte; es erwacht eine *objektive* Betrachtung und Behandlung des Staates und der sämtlichen Dinge dieser Welt überhaupt; daneben aber erhebt sich mit voller Macht das Subjektive, der Mensch wird geistiges Individuum und erkennt sich als solches.« (S. 95)

Man braucht kein besonderer Hegel-Kenner zu sein, um zu sehen, daß diese Polaritäten zu seinen Lieblingskategorien gehören. Hegel sprach immer wieder von dem nach innen oder nach außen gewandten Geist und von seiner Wendung vom Allgemeinen zum Besonderen. Halten wir uns Hegels These vor Augen, daß die trinitarische oder dreifache Unterteilung der christlichen Zeitrechnung auf einer höheren Ebene die Entwicklung des Geistes von den Persern zu den Griechen und von den Griechen zu den Römern wiederholt. Denn daraus ergibt sich die besondere Bedeutung der Tatsache, daß bei Hegel das allgemeine Prinzip der römischen Geschichte (welches der Renaissance entspricht) jener Wendung des Geistes nach innen zuzuschreiben ist, aus der die »subjektive Innerlichkeit« entspringt, die ihrerseits zur juristischen Idee einer abstrakten »juristischen Person« hinleitet, die sich im Privateigentum manifestiert. Diese verallgemeinerte Subjektivität ist es, die auch weiterhin das herrschende Prinzip der germanischen Völker darstellt; aber in der dritten Phase, welche das Mittelalter überwindet, kann sich der objektive Geist erheben, sobald der subjektive freie Geist beschließt, der Form anzuhangen.

Man muß Burckhardt dankbar sein, daß er dieses Gerüst

im großen und ganzen nicht sichtbar werden läßt; jedoch verbirgt er keineswegs den Hegelschen Grundgedanken: »Jede Kulturepoche, die ein in sich vollständig durchgebildetes Ganzes vorstellt, spricht sich nicht nur im staatlichen Zusammenleben, in Religion, Kunst und Wissenschaft deutlich aus, sondern sie drückt auch dem geselligen Dasein ihren bestimmten Stempel auf.« (S. 257)

Was den Staat anbelangt, so faßt er seinen bestimmten Charakter in jenem berühmten ersten Kapitel zusammen, das den Titel trägt: ›Der Staat als Kunstwerk‹. Diese sonderbare Vorstellung, über die viel diskutiert worden ist, wird sofort verständlich, wenn man sich in Erinnerung ruft, daß das dritte Kapitel in Hegels Abschnitt über die Griechen ›Das politische Kunstwerk‹ überschrieben ist. (Das vorhergehende Kapitel behandelt, nebenbei gesagt, die Gestaltung der »Schönen Individualität«).

Wie Hegel sieht auch Burckhardt im Fortschreiten des Geistes einen unaufhaltsamen Prozeß, und gleich ihm sieht er den Geist in sukzessiven »Volksgeistern« verkörpert. Daraus folgt auch seine Ablehnung der konventionellen Idee, daß die Renaissance gleichbedeutend sei mit dem Wiederaufleben der Antike: »Die Renaissance wäre nicht die hohe weltgeschichtliche Notwendigkeit gewesen, die sie war, wenn man so leicht von ihr abstrahieren könnte. Darauf aber müssen wir beharren, als auf einem Hauptsatz dieses Buches, daß nicht sie allein, sondern ihr enges Bündnis mit dem neben ihr vorhandenen italienischen Volksgeist die abendländische Welt bezwungen hat.« (S. 124)

Unter diesen Umständen hatte Burckhardt sehr wenig für die Romantiker übrig, die dem Mittelalter nachweinten. Mit dem Absoluten gibt es kein Rechten: »Daß bei großen Prozessen jener Art manche edle Einzelblüte mit zugrunde geht ..., ist gewiß; allein das große Gesamtergebnis darf man deshalb nicht ungeschehen wünschen.« (S. 124)

Denn letztendlich muß der Prozeß, von dem die Renaissance ein so wichtiger Teil war, Fortschritt sein. Zugegeben, daß Burckhardt in späteren Jahren sich immer mehr von dieser optimistischen Geschichtsauffassung entfernte. Aber im Jahre 1860 hatte er nicht nur die Formel von der Entdeckung des Menschen und der Welt, in die Michelet den Kern der Hegelschen Deutung so geschickt zusammengefaßt hatte, akzeptiert; der Beginn seiner eigenen Darstellung war von demselben hegelianischen Optimismus erfüllt: »Frei von zahllosen Schranken, die anderwärts den Fortschritt hemmten, individuell hochentwickelt und durch das Altertum geschult, wendet sich der italienische Geist auf die Entdeckung der äußeren Welt und wagt sich an deren Darstellung in Wort und Form.« (S. 202)

Das Zerbrechen der Schranken und die neue objektive Einstellung waren für ihn zwei Aspekte ein und desselben Phänomens. Der neue Realismus in der Kunst und die objektive Einstellung zur Politik, wie Machiavelli sie verkörperte, der Egoismus der Herrschenden und der Zusammenbruch der konventionellen Moral (bei der Burckhardt zuweilen geradezu genießerisch verweilt) werden als untrennbar zusammengehörig hingestellt. Vor ihm hatten schon andere, wie etwa Macaulay, darauf hingewiesen, daß in dieser Periode Freiheit mit sittlicher Zügellosigkeit Hand in Hand ging. Aber Burckhardt war es darum zu tun, jede Spur einer moralischen Verurteilung zu vermeiden. Die Entwicklung zum Egoismus war nicht die Schuld der Menschen der Renaissance; es handelte sich dabei, wie er sagte, um einen »weltgeschichtlichen Ratschluß«, dem schließlich ganz Europa gehorchen mußte: »Sie ist an sich weder gut noch böse. ... Der Italiener der Renaissance aber hatte das erste gewaltige Daherwogen dieses neuen Weltalters zu bestehen.« (S. 329)

Ich glaube, diese Zitate beweisen zur Genüge, daß das Bild, das Burckhardt von der Renaissance entwarf, für einen hegelianischen Rahmen bestimmt war. Jedoch könnte man mir den Vorwurf einer einseitigen Auswahl nicht ersparen, würde ich es unterlassen, auf eine Bemerkung hinzuweisen, in der er sich ausdrücklich von einer Hegelschen These distanziert; und zwar handelt es sich dabei um eine Rolle, die Hegel der Reformation in der Entwicklung des Geistes zuschreibt. Burckhardt stellt sich die Frage, warum es in der italienischen Renaissance mit ihrer Opposition gegen die mittelalterliche Kirche nicht zur Reformation gekommen sei, warum Italien katholisch geblieben sei, während Deutschland zum Protestantismus überging. Die Antwort, die er gab, enthält zwar keinen Zweifel an der grundlegenden Wahrheit des Hegelschen Determinismus, aber gleichzeitig ertönt eine Warnung gegen seine starre dogmatische Anwendung: »Kolossale Ereignisse wie die Reform [sic!] des

16. Jahrhunderts entziehen sich wohl überhaupt, was das Einzelne, den Ausbruch und Hergang betrifft, aller geschichtsphilosophischen Deduktion, *so klar man auch ihre Notwendigkeit im großen und ganzen erweisen kann.* [Hervorhebung von mir.] Die Bewegungen des Geistes, ihr plötzliches Aufblitzen, ihre Verbreitung, ihre Innehalte sind und bleiben unseren Augen wenigstens insoweit ein Rätsel, als wir von den dabei tätigen Kräften immer nur diese und jene, aber niemals alle kennen.« (S. 330)

Es ist sicherlich kein Zufall, daß diese behutsame Warnung sich auf das Problem der Reformation bezieht. Denn diesbezüglich hat Burckhardt tatsächlich den Gang der Geschichte anders gedeutet als Hegel. Für den Berliner Professor war die Reformation beinahe der Schlußpunkt des ganzen historischen Prozesses; aus ihr entsprang die Hegemonie der germanischen Nationen und weiterhin die des preußischen Staates, durch die der katholische Süden, der sich von der Kirche emanzipiert hatte, ohne sie loswerden zu können, ins Hintertreffen geriet. Burckhardt, der seine Laufbahn als Theologiestudent begonnen hatte, sich aber später der Geschichte zuwandte, betrachtete die Entwicklung als das Entstehen einer neuen, nichtchristlichen Weltanschauung, der modernen Philosophie.

Hier haben wir auch einen Schlüssel zu den abschließenden Seiten der ›Kultur der Renaissance‹, in denen Burckhardt versucht, zum innersten Kern der Periode durchzudringen, der für ihn durch die Wiederbelebung des Neuplatonismus im Kreise Lorenzos repräsentiert wird: »Allein in den Hymnen Lorenzos, welche wir als das höchste Resultat des Geistes jener Schule zu bezeichnen versucht sind, spricht ohne Rückhalt der Theismus, und zwar von einer Anschauung aus, welche sich bemüht, die Welt als einen großen moralischen und physischen *Kosmos* zu betrachten.

Während die Menschen des Mittelalters die Welt ansehen als ein Jammertal ..., erhebt sich hier, im Kreise ausgewählter Geister, die Idee, daß die sichtbare Welt von Gott aus Liebe geschaffen, ... und daß er ihr dauernder Beweger und Fortschöpfer bleiben werde.

Hier berühren sich Anklänge der mittelalterlichen Mystik mit platonischen Lehren und einem eigentlichen modernen Geist. Vielleicht reifte eine höchste Frucht jener Erkenntnis der Welt und des Menschen, um derentwillen allein schon die Renaissance von Italien die Führerin unseres Weltalters heißen muß.« (S. 405 f.)

Hinter der Verhaltenheit von Burckhardts letzten Sätzen erkennen wir ein Bekenntnis seines persönlichen Glaubens an einen Gott, der in und durch die Geschichte ständig schafft, und *diesen* Glauben hat er nie aufgegeben, wie sehr er sich später von dem Fortschrittsglauben Hegelscher Prägung, dem das 19. Jahrhundert huldigte, distanzierte[39]. Ob dieser Glaube auch der Lorenzos de' Medici war, ist freilich eine ganz andere Frage. Wir stehen heute nicht mehr unter demselben Zwang wie Hegel, in allen Aspekten der Renaissance Vorläufer der heutigen Welt sehen zu müssen.

Damit soll aber nicht gesagt sein, daß man Burckhardt einen Vorwurf daraus machen könnte, daß er sein Bild der Epoche auf einer »vorgefaßten Idee« aufgebaut hat. Ohne eine solche Idee könnte Geschichte überhaupt nicht geschrieben werden. Die unendliche Vielfalt von Dokumenten und Monumenten, die das Vermächtnis der Vergangenheit ausmachen, ließe sich überhaupt nicht erfassen ohne eine solche Leitvorstellung von dem, was wichtig ist, ohne eine Theorie, die Ordnung in die einzelnen Tatsachensplitter bringt. Sie gleicht dem Magnet, der aus gestaltlosen Eisenfeilspänen Figuren entstehen läßt.

Burckhardts Stärke bestand geradezu darin, daß er sein Meisterwerk auf einer Theorie aufrichtete. Hätte er es nicht getan, wäre das Buch nicht hundert Jahre lang im Zentrum der Diskussion über die Renaissance gestanden[40]. Es gibt kaum einen einzigen Zug in seinem Bild der Periode, den nicht schon jemand aus guten Gründen zu revidieren wünschte, aber selbst unter seinen Kritikern gibt es nur wenige, die erkannt haben, daß das Bild in sich zu geschlossen und folgerichtig ist für derartige stückweise Änderungen. Wenn es einer kritischen Neuwertung des Beweismaterials nicht standhält, können wir es nicht dadurch retten, daß wir es an einzelnen Stellen zu übermalen suchen. Wir müssen das methodologische Grundgerüst untersuchen, auf dem es

[39] Karl Löwith, Jacob Burckhardt, der Mensch inmitten der Geschichte. Luzern 1936.

[40] Siehe z. B. Fergusson, The Renaissance; Leona Gabel u. a., ›The Renaissance Reconsidered‹, in: A Symposium, Smith College Studies in History 64 (1964), Northampton, Mass.; Tinsley Helton (Hrsg.), The Renaissance. A Reconsideration of the Theories and Interpretations of the Age. Madison 1961.

aufgetragen wurde. Dieses Grundgerüst ist der von Hegel postulierte innere Aufbau der Kulturgeschichte und sein Korrelat, die Methode der Exegese. Von der Voraussetzung ausgehend, daß alle Manifestationen einer Kultur eine Einheit darstellen, betrachtet diese Methode verschiedene ihrer Elemente, sagen wir, griechische Architektur und Philosophie, und stellt sich die Aufgabe, nachzuweisen, daß beide der Ausdruck ein und desselben Geistes sind[41]. Am Schluß einer solchen Beweisführung steht dann wie bei Euklid ein triumphierendes *Quod erat demonstrandum*, da ja Hegel seinen Nachfolgern eben diese Aufgabe als sein Vermächtnis hinterlassen hatte: in jeder kleinsten Tatsache das allgemeine Prinzip zu finden, das in ihr waltet.

Hegelianismus ohne Metaphysik

So war es für den großen Kunsthistoriker Heinrich Wölfflin, der die Nachfolge Burckhardts antrat, nur folgerichtig, in seinem ersten Buch, ›Renaissance und Barock‹ (1888), seine Ansicht wie folgt zu präzisieren: »Einen Stil *erklären* kann nichts anderes heißen als ihn nach seinem Ausdruck in die allgemeine Zeitgeschichte einreihen, nachweisen, daß seine Formen in ihrer Sprache nichts anderes sagen als die übrigen Organe der Zeit.«[42]

Obwohl Wölfflin selbst gewisse Vorbehalte gegen diese Formulierung hatte[43], war sie dennoch für sein Werk und das vieler anderer Kunsthistoriker grundlegend, wobei sich jedoch diese Historiker ebensowenig wie Burckhardt der Hegelschen Metaphysik mit all ihren abstrusen Auswüchsen in ihrer Gesamtheit verpflichtet fühlten. Worauf es hier ankommt, ist jedoch, daß sie alle bewußt oder unbewußt das Gefühl hatten, sie könnten den Magnet, der die Konfigurationen des Kraftfeldes erzeugt hatte, nicht aus der Hand geben, weil sie fürchteten, daß die vielen disparaten kleinen Teilchen vergangener Kulturen sich sonst wieder in ungegliederte Häufchen Staub verwandeln würden.

In dieser Beziehung war die Situation für Kulturhistoriker

[41] Momigliano, Introduzione.
[42] H. Wölfflin, Renaissance und Barock. München 1888, S. 58.
[43] Siehe mein Buch Kunst und Illusion. Köln 1967; und jetzt auch Ornament und Kunst. Stuttgart 1982, Kap. 8.

viel schwieriger als für Historiker anderer Sparten. Kollegen, die etwa die Geschichte politischer oder wirtschaftlicher Entwicklungen studierten, hatten in ihrem begrenzten Gegenstand selbst einen Maßstab der Relevanz. Sie konnten der Geschichte parlamentarischer Reformen oder der Wirtschaftsbeziehungen zwischen England und Irland nachgehen, ohne sich ausdrücklich zu einer bestimmten Geschichtsphilosophie zu bekennen.

Aber Kulturgeschichte, das heißt also die Geschichte aller Aspekte des Lebens in vergangenen Zeiten, ist kaum möglich ohne irgendein ordnendes Prinzip, eine Warte im Zentrum, von der man das Panorama überblicken kann, oder aber einen zentralen Punkt, der eine Nabe für das Hegelsche Raddiagramm abgeben kann. Daher kann man die Geschichte der Kulturgeschichtsschreibung in der folgenden Periode am besten als einen Versuch bezeichnen, den Grundgedanken Hegels zu retten, ohne seine Metaphysik akzeptieren zu müssen. Gerade das war es, was der Marxismus zu leisten behauptete. Am Hegelschen Diagramm wurde mehr oder weniger festgehalten, nur daß das Zentrum nicht mehr der Geist war, sondern die sich wandelnden Produktionsbedingungen. Was in der Peripherie des Diagramms aufscheint, ist der Überbau, in dem die materiellen Zustände zum Ausdruck kommen. Die Aufgabe des Kulturhistorikers ist daher im wesentlichen unverändert. Er muß für jeden einzelnen Tatbestand der Periode nachweisen können, in welcher Weise er das Wesen ihres Wirtschaftssystems widerspiegelt[44].

Lamprecht, den ich weiter oben als einen der Lehrer Warburgs erwähnt habe, trat den umgekehrten Weg an. Für ihn bestand das Wesentliche nicht in den Produktionsbedingungen, sondern in der Mentalität eines Zeitalters[45]. Anders ausgedrückt, handelte es sich um den Versuch, Hegels »Geist« psychologisch aufzufassen. Daß er sich dabei der Terminologie der Herbartschen Assoziationspsychologie bediente, bringt es mit sich, daß seine Arbeit heute besonders altmodisch anmutet. Nichtsdestoweniger bleibt sein Versuch, Hegels Intuition zu retten beziehungsweise zu rationalisieren, auch noch für uns von Interesse. Eine ähnliche Hinwendung

[44] Siehe meine Besprechung von A. Hausers ›Sozialgeschichte der Kunst und Literatur‹ (1953), in: Steckenpferd; und ›Style‹ in: International Encyclopedia of the Social Sciences. New York 1968.
[45] Siehe Weintraub, Visions of Culture.

zur Psychologie befürwortete auch Wilhelm Dilthey, der feinsinnige Biograph Hegels, dessen kritische Einstellung dem Philosophen gegenüber ihn doch nicht daran gehindert hat, das Problem der »strukturellen Einheit der Kultur« ganz im Sinne Hegels aufzufassen, und zwar besonders deutlich in seinen nachgelassenen Fragmenten, wo es etwa von der vergleichenden Kulturwissenschaft heißt: »Auf dem Höhepunkt, von welchem immer auszugehen ist (dies der wichtigste methodische Gesichtspunkt), hat sich eine Stellung des Bewußtseins entwickelt, in welcher aus der Beziehung der Elemente der Kultur nach ihrer Struktur Werte, Bedeutung, Sinn des Lebens einen bestimmten Ausdruck gewonnen haben. Dieser findet in einem inneren Zusammenhang von anthropologischer Reflexion zu darauf gebauten Gebilden in Dichtung, Religion, Philosophie seinen Ausdruck. ... Die Begrenzung jeder Kultur ruft schon auf der Höhe derselben Forderung eine Zukunft hervor.«[46]

Dilthey ist der Begründer der deutschen Richtung in der Geschichtsschreibung, die man bezeichnenderweise »Geistesgeschichte« nennt. Diese Schule hat es sich zur Aufgabe gemacht, Kunst, Literatur, Gesellschaftsordnung und Weltanschauung gemeinsam zu betrachten[47].

In meinem Spezialfach, der Kunstgeschichte, war es Alois Riegl, der um die Jahrhundertwende auf seine eigene charakteristische Weise das Hegelsche System in eine psychologische Terminologie übersetzte[48]. Wie Hegel betrachtete auch er die Entwicklung der Künste einerseits als einen autonomen dialektischen Prozeß und andererseits als Teil eines Räderwerks, das sich innerhalb des großen Rades aufeinanderfolgender Weltanschauungen bewegte. In der Kunst handelte es sich um zwei Wendungen der Spirale, in der es jedesmal um den Übergang von einer »haptischen« Art und Weise, feste Körper zu erfassen, zu einer »optischen« ging, und

---

[46] Wilhelm Dilthey, ›Der Aufbau der geschichtlichen Welt in der Geisteswissenschaft (Plan und Fortsetzung)‹, in: Gesammelte Schriften, Bd. 7. Leipzig und Berlin 1927, S. 269.

[47] Siehe z.B. Hans-Joachim Schoeps, Was ist und was will die Geistesgeschichte? Über die Theorie und Praxis der Zeitgeistforschung. Göttingen 1959; Edgar Wind, ›Kritik der Geistesgeschichte. Das Symbol als Gegenstand kulturwissenschaftlicher Forschung‹, in: Kulturwissenschaftliche Bibliographie zum Nachleben der Antike. Einleitung. Hrsg. von der Bibliothek Warburg, I. Leipzig und Berlin 1934.

[48] Alois Riegl, Die spätrömische Kunstindustrie (1901). Wien 1907.

zwar das erste Mal in bezug auf Einzelobjekte und das zweite Mal in bezug auf ihre Stellung im Raum. In diesem System mit seinen notwendigen Stufen gibt es ebensowenig wie bei Hegel einen Platz für die Idee des Verfalls. Vom Standpunkt der klassischen Maßstäbe haptischer Klarheit mochten die Skulpturen auf dem Konstantinsbogen einen Rückschritt bedeuten; aber nur dieser Auflösungsprozeß habe einen Raffael oder einen Rembrandt möglich gemacht.

Überdies gingen diese unaufhaltsamen Entwicklungen mit Änderungen im »Weltbild« des Menschen Hand in Hand. Wie Hegel, so glaubte auch Riegl, daß sowohl die ägyptische Kunst wie die ägyptische Weltanschauung das Gegenteil von »vergeistigt« gewesen sei. Er hält die Weltanschauung der Ägypter für einen »materialistischen Monismus«, der in der Seele nichts anderes sieht als eine verfeinerte Materie. Griechische Kunst und Philosophie sind beide dualistisch, während die Spätantike wieder zum Monismus zurückkehrt, jedoch im umgekehrten Sinn, in dem, wie vorauszusehen, der Körper als eine vergröberte Seele aufgefaßt wird: »Wer in jener spätantiken Wendung (zum Irrationalismus und zur Magie) einen Verfall erblicken möchte, vermißt sich, dem menschlichen Geist heute den Weg vorzuschreiben, den er hätte nehmen sollen, um von der antiken zur modernen Naturauffassung zu gelangen. Freilich bedeutete die spätantike Wendung zur Magie einen Umweg, aber die Notwendigkeit dieses Umweges liegt völlig klar zutage.«[49]

Denn Riegl war überzeugt, daß der spätantike Glaube an Geister und Magie eine notwendige Entwicklungsstufe war, ohne die der menschliche Geist nie die Elektrizität hätte verstehen können (ebd.). Und er bewies zu seiner eigenen Zufriedenheit (und zur Zufriedenheit vieler anderer), daß dieser epochale Prozeß ebenso klar in den Ornamenten spätrömischer Fibeln zum Ausdruck kommt wie in der Philosophie Plotins.

Es ist klar, daß dieser Anspruch, die »Zeichen der Zeit« lesen und die Geheimnisse des historischen Prozesses erkunden zu können, dem Studium der Kunstgeschichte neue Impulse geben mußte. In seinen späteren Werken vertrat Max Dvořák diese Richtung so vollkommen, daß die Herausgeber seiner gesammelten Schriften für sie, mit Recht, den Titel

[49] Ebd., S. 404.

›Kunstgeschichte als Geistesgeschichte‹ wählten[50]; was Max
J. Friedländer zu der trockenen Bemerkung veranlaßte: »*Wir*
betreiben offenbar nur Körpergeschichte.« Der große
Kunsthistoriker Erwin Panofsky vertrat ähnlich wie Dilthey
eine wesentlich kritischere und tiefer durchdachte Ausfor-
mung dieser Idee, aber wenn man in seine Werke eindringt,
kann man nicht daran zweifeln, daß auch er nie die Hoffnung aufgegeben hatte, die organische Einheit aller Aspekte
einer Periode aufzeigen zu können[51]. In seinem Buch ›Gothic Architecture and Scholasticism‹[52] bemühte er sich, die
bisher stets angenommene Verbindung zwischen diesen
zwei wichtigen Aspekten der mittelalterlichen Kultur dadurch aufrechtzuerhalten, daß er das Bestehen einer »Denkweise« postulierte, die in den Schulen der Scholastiker gepflegt wurde und von dort in die Bauhütten Eingang fand.
Etwas später, in ›Renaissance and Renascence in Western
Art‹[53], verteidigte er ausdrücklich die Ansicht, daß jede Kultur ein *Wesen* besitze, gegen die Kritik von George Boas.

Aber der originellste Versuch, diese Idee zu retten, stammt
von dem wohl größten Kulturhistoriker nach Burckhardt,
seinem Bewunderer, Kritiker und Nachfolger Johan Huizinga[54].

Wir haben gehört, daß Burckhardt seinem Freund geraten
hatte, sich zu fragen: »Wie drückt sich der Geist des
15. Jahrhunderts in der Malerei aus?«

Die meisten Kunsthistoriker der geistesgeschichtlichen
Schule wären von dem Eindruck ausgegangen, den die Bilder
van Eycks auf sie machten, und hätten sodann aus den Zeug-
nissen dieser Zeit jene ausgewählt, die ihnen mit diesem Eindruck im Einklang zu stehen schienen. Das Faszinierende an
Huizinga ist, daß er genau den umgekehrten Weg ging. Er
wußte einfach viel zuviel über die Zeit van Eycks, um ohne

[50] Max Dvořák, Kunstgeschichte als Geistesgeschichte. München 1924.
[51] E. Panofsky, Aufsätze zu Grundfragen der Kunstwissenschaft. Berlin 1964.
Siehe auch mein Buch Ornament und Kunst. Stuttgart 1982, Kap. 8.
[52] E. Panofsky, Gothic Architecture and Scholasticism. Latrobe, Pa., 1951.
[53] Ders., Renaissance and Renascence in Western Art. Stockholm 1960, S. 3.
Deutsch: Die Renaissancen der europäischen Kunst. Frankfurt 1979.
[54] Colie, Huizinga. Siehe auch meinen Aufsatz ›Huizinga's Homo ludens‹, in:
Bijdragen en Mededelingen betreffende de Geschiedenis der Nederlanden 88/2
(1973), S. 275–296; diese Nummer wurde auch separat veröffentlicht unter dem
Titel ›Johan Huizinga, 1872–1972‹. Hrsg. v. W. R. H. Koops u.a. Den Haag
1973, wieder abgedruckt im ›Times Literary Supplement‹, 4. 10. 1974.

Zwang seinen Eindruck von van Eycks Bildern mit dem, was die Dokumente ihm sagten, auf einen Nenner bringen zu können. Er sah seine Aufgabe eher darin, eine neue Interpretation für den Stil des Malers zu finden, die mit dem, was er sonst von der Kultur dieser Zeit wußte, übereinstimmte. Er tat dies in seinem ungemein fesselnden Buch ›Herbst des Mittelalters‹[55], das bis in seinen Titel hinein hegelianisch ist. Drückte er ja doch die These aus, daß die mittelalterliche Kultur nach einer Hochblüte ein übersteigertes und überzüchtetes Endstadium erreicht hatte, das reif für die Sichel war. So gesehen, konnte der Realismus van Eycks nicht mehr als Vorbote einer neuen Zeit betrachtet werden. Sein Reichtum und Glanz, der an kostbare Juwelen erinnerte, sowie die liebevolle Anhäufung von Details erwiesen sich eher als ein Ausdruck desselben spätgotischen Geistes, den man auch, freilich in einer uns sehr viel weniger ansprechenden Form, in jenen weitschweifigen Schriften seiner Zeit findet, die heute nur mehr von Spezialisten gelesen werden.

Das bedeutet aber eine völlige Umkehrung alles Vorangegangenen. Die Auffassung, daß der Realismus in der Kunst der Ausdruck eines neuen Geistes sei, die von Hegel proklamiert und von Burckhardt bei seiner Deutung der Renaissance zum Ausgangspunkt genommen wurde, wurde von Huizinga erfolgreich in Frage gestellt; später widmete er einen seiner tiefschürfenden Aufsätze dieser bisher üblichen Gleichsetzung von Renaissance und Realismus[56]. Aber soviel ich daraus entnehmen kann, hat er dort nicht so sehr die methodologische Annahme angegriffen, es müsse sich nachweisen lassen, daß die Kunst einer Zeit denselben Geist atme wie ihre Literatur beziehungsweise ihre gesamten Lebensäußerungen, als vielmehr eine bestimmte Deutung.

Trotz seiner kritischen Einstellung gegenüber allen Versuchen, geschichtliche Gesetze aufzustellen, endete er doch seinen großartigen Aufsatz über ›Wege der Kulturgeschichte‹[57] mit einer Forderung nach einer »Morphologie der Kultur«, und wenn ich ihn richtig verstehe, liegt darin eine holi-

---

[55] J. Huizinga, Herbst des Mittelalters. München 1928. Huizinga hat später bedauert, diesen Titel gewählt zu haben, und zwar aus dem Grunde, den ich in ›Huizinga's Homo ludens‹ erwähnte.
[56] Ders., ›Renaissance und Realismus‹ (1926), in: Wege der Kulturgeschichte. Hrsg. v. Walter Koegi. München 1930.
[57] Ders., ›Aufgaben der Kulturgeschichte‹ (1929), in: ebd.

stische Auffassung, die mit einem Wandel von Kulturstilen operiert.

Ich bin natürlich weit entfernt zu leugnen, daß ein großer Historiker wie Huizinga alle, die Fragen der Kunstentwicklung studieren, unendlich viel über die Umstände lehren kann, unter denen ein bestimmter Stil, wie etwa der van Eycks, Gestalt gewann. Denn selbstverständlich liegt etwas Wahres in Hegels Intuition, daß nichts im Leben völlig allein steht, daß alle Ereignisse und alle Schöpfungen einer Periode mit tausend Fäden mit der Kultur zusammenhängen, in die sie eingebettet sind. Natürlich möchte man soviel wie möglich über das Leben und die Umstände von van Eycks Auftraggebern erfahren, über die Funktion seiner Gemälde, die Symbolik seiner religiösen Werke oder den ursprünglichen Zusammenhang, in dem seine weltlichen Bilder standen, von denen wir nur durch Kopien oder Berichte Kenntnis haben. Es versteht sich ja wohl von selbst, daß weder die ›Anbetung des Lammes‹ noch die verlorengegangene ›Otterjagd‹ für sich allein verstanden werden könnten, ohne etwas über zeitgenössische religiöse Vorstellungen beziehungsweise höfische Vergnügungen zu wissen.

Aber bedeutet die Feststellung solcher Zusammenhänge, daß man die Richtigkeit von Hegels Auffassung schließlich doch zugeben muß? Ich glaube nicht. Man kann die Verflochtenheit aller Erscheinungen sehen, ohne deshalb zu glauben, daß alle Aspekte einer Kultur auf eine Ursache zurückgeführt werden können, die sich in ihnen manifestiert[58].

Wären van Eycks Auftraggeber alle Buddhisten gewesen, hätte er selbstverständlich keine Anbetung des Lammes gemalt und ebensowenig eine Otterjagd; aber obwohl die Tatsache, daß er diese Themen darstellte, in einem äußerlichen Zusammenhang steht mit der Zivilisation, in der er wirkte, nötigt sie uns keineswegs, diese Werke in die Peripherie des Hegelschen Rades einzusetzen und nach einem einzigen bestimmten Grund zu suchen, der sowohl Otterjagden wie auch die Formen der Frömmigkeit des frühen 15. Jahrhunderts erklärt und auch in der neuen Malweise van Eycks zum Ausdruck kommt.

Zu den wenigen Dingen in der Kunstgeschichte, die mich

[58] Morse Peckham, Man's Rush for Chaos. New York 1966; Wind, Kritik der Geistesgeschichte.

nicht sehr verwundern, gehört der Erfolg dieses neuen Stils und die Hochschätzung, die er allgemein genoß. Das hat doch wohl weniger mit der Weltanschauung dieser Periode zu tun als mit der Schönheit und dem Glanz von van Eycks Gemälden.

Es gehört zu den unerfreulichen Folgen der exegetischen Denkweise Hegels, daß eine solche Behauptung gleichzeitig naiv und paradox klingt. Denn in Befolgung dieser Denkweise muß man nicht nur alles als mit allem in Beziehung stehend behandeln, sondern gleichzeitig auch alles als ein Symptom von etwas anderem ansehen.

Wie Hegel selbst die Erfindung des Schießpulvers als einen notwendigen Ausdruck des fortschreitenden Geistes ansah, soll der geschulte Historiker die Erfindung der Ölmalerei (oder was man damals so nannte) als ein Zeichen der Zeit behandeln. Warum dürfen wir nicht die einfachere Erklärung vorbringen, daß die Partei, die Feuerwaffen hatte, die besiegen konnte, die noch mit Pfeil und Bogen kämpften, oder daß die, die van Eycks Technik anwandten, Licht und Glanz viel besser darstellen konnten als Maler, die mit Temperafarben malten?[59] Natürlich ist die Sache mit einer solchen Antwort auch niemals endgültig erledigt. Man kann weiter fragen, warum diesen Menschen so viel daran gelegen war, ihre Feinde zu besiegen, und obwohl diese Frage bis vor kurzem naiv geklungen haben mag, wissen wir heute, daß starke Einflüsse vorhanden sein können, die sich der Einführung wirksamerer Waffen entgegenstellen. Wir wissen auch, daß die Illusion der Lebenswahrheit nicht immer als das Ziel der Malerei vorausgesetzt werden kann. Wie wir wissen, wurde dieses Ziel vom Judentum, vom Islam, von der byzantinischen Kirche und von unserer heutigen Kultur abgelehnt, wobei die Gründe in jedem Falle sehr andere waren. Ich bin überzeugt, daß es sich vom methodologischen Standpunkt aus immer lohnt, nach den Gründen zu fragen, die eine Kultur oder eine Gesellschaft dazu veranlaßten, eine Erfindung oder sonst eine Möglichkeit abzulehnen, die allem Anschein nach greifbare Vorteile in einer bestimmten Richtung zu bieten hatte. Denn bei unseren Bemühungen,

---

[59] Siehe mein Buch Kunst und Illusion und ›From the Revival of Letters to the Reform of the Arts. Niccolo Niccoli and Filippo Brunelleschi‹, in: The Heritage of Apelles, S. 93–111.

diese Fragen zu beantworten, werden wir erst entdecken, wie engmaschig jenes Gewebe ist, das wir eine Kultur nennen, und so ihrer Realität näherkommen[60].

Aber ich sehe keinen Grund, warum das Studium dieser vielfachen Verflechtungen uns zu den Hegelschen Postulaten von Zeitgeist und Volksgeist zurückführen sollte. Im Gegenteil: Ich war immer der Ansicht, daß es gerade die Denkgewohnheiten der Exegese sind, die zu geistigen Kurzschlüssen führen und uns daran hindern, auch nur die Fragen richtig zu stellen, die der Hegelianismus zu beantworten versuchte[61].

Symptome und Syndrome

Ein lebendiges Interesse für die vielfältigen Wechselwirkungen zwischen verschiedenen kulturellen Sphären ist durchaus nicht unvereinbar mit einer Ablehnung der Methode, die ich die exegetische nenne – eine Methode also, die sich bemüht, »Entsprechungen« zu finden von der Art, die die Bibelinterpreten dazu führte, den Durchgang der Juden durchs Rote Meer mit der Taufe Christi im Jordan zu verbinden. Wie wir gesehen haben, bestand für Hegel eine Wesensverwandtschaft zwischen der Sphinx – ein Sich-Lösen des Geistes von der Tiernatur – und der ägyptischen Kultur als solcher, und er verwendete dieselbe Metapher in seiner Behandlung der ägyptischen Religion und der Hieroglyphen. Für ihn stand von vornherein fest, es müsse sich eine tiefgehende Ähnlichkeit entdecken lassen, die es dem Historiker ermöglicht, die verschiedenen Aspekte einer Kultur auf eine Formel zu bringen[62]. Bei der von Huizinga so überzeugend dargestellten Morphologie seiner Epoche handelt es sich nicht nur darum, van Eycks Kunst in den Zusammenhang der Theologie und Literatur der Zeit zu stellen, sondern auch um den Nachweis, daß sie mit ihnen grundlegende Züge gemeinsam hat. Man kann diese Grundannahme bezweifeln, ohne den Kulturhistorikern die Bewunderung zu versagen, die wir dem Scharfsinn und dem Wissen schulden,

[60] Siehe meinen Aufsatz ›Vom »Jahrmarkt der Eitelkeiten«‹ in diesem Band.
[61] Siehe meinen Vortrag ›Künstler und Kunstgelehrte‹, in: Steckenpferd; und Kunst und Illusion.
[62] Siehe Peckham, Man's Rush.

mit denen sie nach anregenden und einprägsamen metaphorischen Charakterisierungen suchten. Auch leugne ich nicht, daß es sehr interessant sein kann, strukturelle Verwandtschaften zwischen verschiedenen Aspekten einer Periode aufzudecken, wie dies etwa A. O. Lovejoy für den Deismus und den Klassizismus des 18. Jahrhunderts zu tun versucht hat[63]. Aber auch hier meine ich, daß eine A-priori-Annahme des Bestehens solcher Ähnlichkeiten nur die Freude am Suchen verderben kann. Für mich gibt es kein solches ehernes Gesetz des Isomorphismus, und ich glaube nicht einmal, daß man die Sache besser macht, wenn man an die Stelle eines solchen kulturellen Determinismus eine probabilistische Methode einführt, wie es W. T. Jones in seinem Buch ›The Romantic Syndrome‹ vorschlägt[64]. Der Untertitel dieses interessanten Buches erregt unsere Aufmerksamkeit, indem er uns »eine neue Methode in kultureller Anthropologie und Ideengeschichte« verspricht. Sie besteht darin, Gegensatzpaare aufzustellen, wie etwa »statisch und dynamisch«, »Ordnung und Unordnung«, und dann gewisse Perioden auf ihre Hinneigung nach der einen oder anderen Seite zu untersuchen. Die Tendenz zu dem einen oder anderen Ende dieser Skalen sollte sich dann erwartungsgemäß statistisch an der Peripherie des Hegelschen Rades in Kunst, Wissenschaft und politischer Ideologie zeigen, wenn auch zugegeben wird, daß manche dieser Teilgebiete schwieriger einzuordnen sein würden als andere. In dem Gegensatz zwischen »scharfer und unscharfer« Einstellung würden nach Ansicht des Verfassers die Romantiker eine Tendenz zum Unscharfen in der Metaphysik, in poetischer Phantasie und in der Malerei an den Tag legen, und diese Tendenz müsse daher für die romantische Mentalität symptomatisch sein.

Solche Erwartungen stimmen gewiß recht gut mit landläufigen psychologischen Vorstellungen überein. Aber in diesem Fall bedarf es keiner statistischen Analyse, um nachzuweisen, daß das, was an dieser neuen Methode zur Rettung Hegels plausibel erscheint, trotzdem mit den historischen Tatsachen in Widerspruch steht. Denn es ist nun einmal so,

---

[63] A. O. Lovejoy, ›The Parallel between Deism and Classicism‹, in: Essays in the History of Ideas. Baltimore 1948.

[64] W. T. Jones, The Romantic Syndrome. Toward a new method in cultural anthropology and history of ideas. Den Haag 1961.

daß die Romantik es war, die die sogenannten »primitiven Maler« für sich entdeckte. Darunter verstand man zu ihrer Zeit den konturierten, »scharf-eingestellten« zeichnerischen Stil van Eycks und der frühen Italiener. Was die ersten deutschen Maler der Romantik am wenigsten leiden konnten, war die malerische, unscharfe Bravour ihrer barocken Vorläufer. Was immer auch ihre Hinneigung zur Metaphysik gewesen sein mag, in der Malerei galt ihnen eine verwischte Kontur als ein Symptom künstlerischer Unehrlichkeit und sittlicher Verworfenheit. Ihre Neigungen und Abneigungen innerhalb des Syndroms – um diesen nützlichen medizinischen Fachausdruck zu gebrauchen – basierten auf total anderen Gegensätzen, und zwar auf solchen, die sich speziell auf die Probleme der Malerei bezogen. Paradoxerweise empfanden sie das Harte und Naive als gleichbedeutend mit dem Weltabgewandten und Keuschen und die weiche Pinselführung des Naturalismus mit dem Verlust der Unschuld.

Uns ist eine ähnliche Betrachtungsweise schon früher im Zusammenhang mit der von den Kulturhistorikern so vielfach diskutierten Frage der Symptomfunktion von Stilen begegnet. Sie hätte wohl kaum so große Bedeutung erlangt, wenn die Aktualität dieser Frage nicht zeitlich und örtlich zusammengefallen wäre mit dem Wirken Hegels und den Anfängen Burckhardts. Man darf auch nicht vergessen, daß zu jener Zeit die Französische Revolution noch gar nicht weit zurücklag und daß dieses traumatische Erlebnis in gewissen Kreisen eine Sehnsucht nach dem verlorenen Paradies des Mittelalters erweckt hatte. Die deutschen Maler, die sich Nazarener nannten, betrachteten Realismus und Sinnlichkeit als untrennbar verbunden und beide als gleich sündhaft; sie strebten nach einem linearen Stil, der an Fra Angelico und seine Zeitgenossen im Norden erinnern sollte. Sie pilgerten nach Rom, wo die meisten von ihnen sich zum Katholizismus bekehrten, sich die Haare lang wachsen ließen und Samtkappen trugen, die sie aus irgendeinem Grund für »altdeutsch« hielten. In diesem Fall war der Stil dieser Künstler mit ihrer Weltanschauung offenkundig sehr eng verbunden: Ihre Art zu malen war, wie ihre Tracht, ein Abzeichen, ein Manifest, womit sie proklamierten, daß sie das 19. Jahrhundert von sich wiesen. Wäre man einem Mitglied dieses Kreises begegnet, hätte man aus seiner Kleidung allein beinahe mit Sicherheit darauf schließen können, was für Meinungen er äußern und was für Bilder er malen würde (allerdings nicht, ob sie gut oder schlecht sein würden).

Ein solches Syndrom ist charakteristisch für das, was man eine »Bewegung« nennt. Die Frage nach seinem Zustandekommen ist ein durchaus legitimes Anliegen des Kulturhistorikers. Er kann über die Geschichte von Bewegungen schreiben, ihrem Ursprung nachgehen oder über die Gründe ihres Erfolgs oder Versagens Hypothesen aufstellen. Gleichzeitig wird er sich aber auch fragen müssen, wie fest und dauernd die Verbindung zwischen einem Stil und der Gesinnung, die er zuerst ausdrückte, auch wirklich war; etwa, wie lange eine antirealistische Malweise ein sicheres Zeichen des Katholizismus blieb. In England war zum Beispiel der Zusammenhang zwischen Neugotik und Katholizismus noch sehr stark bei Pugin. Von Ruskin wurde er gebrochen, und die Präraffaeliten strebten sogar nach einem wenn auch naiven und scharfkonturierten Realismus.

Aber auch bei ihnen drückte der Stil noch eine Art Bekenntnis zum christlichen Mittelalter aus. Nach einer Stelle in Shaws Erstlingsroman zu schließen, hatte jedoch dieser Zusammenhang um das Jahr 1879, als er geschrieben wurde, zu existieren aufgehört. In diesem Roman, ›Immaturity‹, beschreibt Shaw mit Witz und Geist das Interieur der Villa eines Kunstfreundes, einen Salon mit blaßblauen Damasttapeten und hölzernen Wandverkleidungen, auf denen »Prozessionen von bleichen Mädchen Blumen zerpflückten, Bücher lasen, ekstatisch auf- oder nachdenklich niederblickten und mit ausdrucksvollen Bewegungen von Nacken und Fingern auf unmöglichen Gitarren musizierten – all das vor einem blaßgoldenen Hintergrund.« (S. 102 f.) »Leute, die Filzhüte, Tweed- oder Samtjacken ablehnten oder die Sonntagskonzerte, Aktbilder, Blaustrümpfe und agnostische Bemerkungen mißbilligten, hatten nur die Wahl, sich zu verstellen oder wegzubleiben.« Wenn Shaw recht hatte, dann hatte sich das Syndrom von einem Kult des Mittelalters zu einem ästhetischen Kult und einer mehr allgemeinen antikonventionellen Bewegung gewandelt. Burne-Jones war jetzt ein Abzeichen einer fortschrittlichen Gesinnung.

Ich hoffe, dieses kleine Beispiel wird mir die Formulierung meines Einwands gegen Huizingas hegelianische Stellungnahme zu van Eycks Realismus erleichtern. Denn wir können jetzt unsere Frage genauer fassen: Empfand man zu van Eycks Zeiten in Flandern seinen Stil als Teil eines solchen Syndroms? Anders ausgedrückt: Hätten wir, wenn wir im Hause eines vornehmen Gastgebers ein jüngst erworbenes Gemälde dieses Meisters vorgefunden hätten, bestimmte Ansichten oder Einstellungen des Hausherrn oder seiner Gäste voraussetzen können? Ich möchte das bezweifeln. Wenn das anachronistisch klingt, möchte ich zu bedenken geben, daß wir, wenn wir, nur wenig später, in ein Zimmer gekommen wären, in dem eine im Stile all'antica gemalte Venus an der Wand hing, berechtigt gewesen wären, anzunehmen, daß der Hausherr Wert darauf legte, seinen Sohn ein gutes klassisches Latein lernen zu lassen, und mehr allgemein, daß die Gesellschaft, die wir dort antreffen würden, bestrebt sein würde, die Überlieferungen der Vergangenheit abzustreifen und zu überwinden[65].

Bewegungen und Perioden

Worauf es mir hier ankommt, ist der Unterschied zwischen Bewegungen und Perioden. Hegel betrachtete alle Perioden als Bewegungen, da sie Verkörperungen des sich bewegenden Geistes waren. Er lehrte, daß sich dieser Geist in einem Kollektiv offenbare, in überindividuellen Gesamtheiten, wie Staaten oder Zeitaltern. Da nach seiner Ansicht ein Individuum nur als Teil eines solchen Kollektivs gedacht werden kann, war es für Hegelianer durchaus konsequent, anzunehmen, daß der Mensch im Laufe der Geschichte tiefgreifende Wandlungen durchgemacht habe. Niemand hat diesen Gedanken konsequenter zu Ende gedacht als Oswald Spengler, der seinen verschiedenen Kulturzyklen verschiedene Psychen zuordnete. Er hielt es für Humanitätsduselei, zu glauben, daß diese verschiedenen Arten von Menschen sich je verstehen könnten.

Dieselbe extreme Ansicht lag natürlich auch dem Anspruch der von Hegel stammenden totalitären Ideologien zugrunde, einen neuen Menschentyp zu schaffen, sei es nun der »sozialistische Mensch« sowjetischer Prägung oder der »nationalsozialistische Mensch« des Dritten Reichs. Aber

---

[65] Siehe meinen Aufsatz ›From the Revival of Letters‹, in: Apelles.

auch Kunsthistoriker, die durchaus nicht so doktrinär dachten, sprachen gern vom »gotischen Menschen« oder von der »Psychologie des Barock«, als hätte sich die Mentalität der Menschen radikal geändert, sobald die Baumeister anfingen, neue Musterbücher zu verwenden. In der Tat trug das Studium von Kunststilen sehr dazu bei, den Glauben an ein kollektives Bewußtsein zu verbreiten. Ich erinnere mich einer Diskussion, die kurz nach dem Ende des Zweiten Weltkrieges stattfand, in der junge deutsche Studenten allen Ernstes der Meinung zu sein schienen, gotische Kathedralen wären in der Zeit der Gotik in ganz Europa ohne jeden Zusammenhang zwischen den Bauhütten sozusagen spontan aus dem Boden geschossen.

Mir will scheinen, daß es dieser Glaube an die Existenz eines unabhängigen überindividuellen kollektiven Geistes war, der die Entwicklung einer wahren Kulturgeschichte verhindert hat. Ein Beispiel aus der Zoologie wird meine Meinung vielleicht verdeutlichen: Bis vor kurzem schien das Leben in Insektenkolonien so sehr von den Bedürfnissen des Gesamtkollektivs gesteuert zu sein, daß man versucht war, das Bestehen einer Art von »kollektivem Überbewußtsein« anzunehmen. »Wie könnten sonst die individuellen Mitglieder des Termitenbaus sofort auf den Tod der Königin reagieren?« argumentierte Marais in seinem Buch ›Die Seele der weißen Ameise‹[66]. Die Todesbotschaft müsse sie irgendwie auf telepathischem Wege erreichen. Heute wissen wir, daß das nicht der Fall ist. Die Botschaft verbreitet sich auf chemischem Wege, durch den Wegfall einer von der Königin ausgeschiedenen Substanz, die bei ihren Lebzeiten durch ein intensives sich gegenseitig Belecken im Bau zirkuliert, und nicht durch ein geheimnisvolles geistiges Fluidum[67]. Auch andere Beobachtungen über die Verständigung von Insekten haben unsere Kenntnisse über die Beziehungen zwischen Einzeltier und Kolonie bereichert. Wir haben wirkliche Fortschritte gemacht.

Ich glaube zuversichtlich, daß auch die Kulturgeschichte Fortschritte machen wird, wenn auch sie unbeirrt ihre Aufmerksamkeit dem Menschen als Individuum zuwendet. Zum Unterschied von Perioden werden Bewegungen von Men-

---

[66] Eugène Marais, Die Seele der weißen Ameise (1934). Berlin 1987.
[67] Colin G. Butler, The World of the Honeybee. London 1954.

schen angefangen. Manche versanden, andere zünden. In jeder Bewegung gibt es einen Kern von begeisterten Anhängern, die mit Hingebung bei der Sache sind, und daneben eine Schar von Mitläufern, und selbstverständlich darf man auch die Narren und Schwärmer am Rand nicht vergessen. Die Intensität der Bekehrung und ihre Natur kann eine ganze Skala durchlaufen; ja selbst für ein und denselben Menschen gibt es verschiedene Grade der Überzeugung und unbewußte Schwankungen in dem Maß der Identifizierung. Was einem, sagen wir, in der Hitze einer politischen oder religiösen Massenversammlung einleuchtend erscheint, kann einem auf dem Heimweg unsinnig vorkommen. Es gehört zum Wesen jeder Bewegung, daß sie Abzeichen haben und allerlei äußere Kennzeichen, bestimmte Grußformen oder eine charakteristische Art, zu sprechen oder sich zu kleiden. Wer kann jedoch die Motive erraten, die einen Menschen dazu bewegen, solche äußeren Kennzeichen ganz oder teilweise anzunehmen, und wer könnte sich getrauen, im Einzelfall mit Sicherheit zu sagen, was als Zeichen einer vollkommenen oder einer teilweisen Bekehrung zu werten ist?

Der Kulturhistoriker, der sich dieser Schranken bewußt ist, wird daher den Ansprüchen der Kulturpsychologie mit einer gewissen Vorsicht gegenüberstehen. Er wird selbstverständlich zugeben, daß der Erfolg eines bestimmten Stils für den Wandel gewisser Haltungen symptomatisch sein kann, aber er wird der Versuchung widerstehen, Stilwandlungen oder Änderungen in der Mode als Anzeiger tiefgehender psychologischer Veränderungen aufzufassen. Jedoch erst die Erkenntnis, daß wir solche Zusammenhänge nicht einfach automatisch voraussetzen können, macht es zu einer faszinierenden Aufgabe, herauszufinden, ob und wann sie bestanden haben dürften.

Es besteht zum Beispiel kein Zweifel, daß die Renaissance tatsächlich alle Merkmale einer Bewegung besaß[68]. Sie erfaßte allmählich die geistig führenden Kreise der Gesellschaft und beeinflußte ihre Haltung in verschiedener und nicht immer gleich starker Weise. Soweit ich es beurteilen kann, waren weder der Manierismus noch die Spätgotik in diesem

[68] Siehe auch meinen Aufsatz ›The Renaissance – Period or Movement?‹, in: Background to the English Renaissance. Introductory Lectures. Hrsg. v. J. B. Trapp. London 1974, S. 9–30.

Sinne Abzeichen von Bewegungen. Selbstverständlich gab es auch in diesen Perioden Bewegungen, die mit künstlerischen oder modischen Erscheinungen auf anderen Gebieten engere Beziehungen gehabt haben mögen, aber die großen Tagesfragen, die damals die Gemüter bewegten, vor allem also die religiösen Bewegungen, sind nicht notwendig mit bestimmten Stilen verbunden. Man hat sowohl für den Manierismus wie für das Barock den Anspruch erhoben, ein Ausdruck der Gegenreformation zu sein, aber weder für die eine noch für die andere Behauptung lassen sich schlüssige Beweise erbringen. Sogar das Bestehen eines charakteristischen Jesuitenstils mit propagandistischer Tendenz ist durch die eingehenden Untersuchungen Francis Haskells widerlegt worden[69].

Wir brauchen mehr derartige Untersuchungen von Spezialproblemen, die sich auf viel Zeit und Geduld erfordernde Forschungen in Archiven und Dokumenten stützen. Aber es scheint mir, daß wir nicht nur dem Ursprung von Stilen nachgehen sollten, sondern darüber hinaus ihren Assoziationen und Wirkungen. Unabhängig von der Bedeutung, die gewisse Stilelemente für die Barockkünstler selbst gehabt haben mögen, mußten diese Züge unwillkürlich im Bewußtsein protestantischer Reisender Assoziationen mit päpstlicher Macht auslösen. Wann und wo kam es zu einer bewußten Verbindung? Wie kam es dazu, daß auch in protestantischen Ländern die Macht der Mode und das Streben nach französischer Eleganz über diese Gedankenverbindungen triumphieren konnten? So schwierig es auch mitunter sein mag, solche Fragen zu beantworten, bin ich doch überzeugt, daß man die Verallgemeinerungen der Geistesgeschichte durch konkretere Studien dieser Art ersetzen sollte.

Themen und Methoden

Natürlich muß man Historikern nicht erst erzählen, daß Bewegungen vielversprechende Themen historischer Forschung abgeben. An Studien über den Aufstieg des Christentums oder des Puritanismus, über die Entstehung der Aufklärung oder das Aufkommen des Faschismus hat es nie gefehlt und wird es wohl auch in Zukunft nicht fehlen. Die

[69] Francis Haskell, Patrons and Painters. London 1963.

Tatsache allein, daß sie sich deutlich von der Kultur, in der sie entstanden sind, abheben, macht diese Bewegungen zu geeigneten Forschungsobjekten. Freilich könnte eingewendet werden, daß dieser Vorteil teuer erkauft ist, wenn er den Verzicht auf die großangelegten Schilderungen ganzer Kulturen mit sich bringt, wie Burckhardt oder Huizinga sie zu geben trachteten. In der Tat gefährdet die Kritik an Hegels Determinismus und Kollektivismus eine der Wurzeln der Kulturgeschichte. Aber das ist nicht der einzige Grund für das Unbehagen in der Kulturgeschichte.

Wer im 19. Jahrhundert etwa Ciceros ›Briefe an Atticus‹ herausgab, wußte auch ohne ein bewußtes Bekenntnis zu Hegel, was er in seiner Einführung und seinen Anerkennungen in bezug auf den »kulturellen Hintergrund« einzuzeichnen hatte. Er besaß noch jenes unbefangene, selbstverständliche Gefühl einer ungebrochenen Verbindung zwischen Vergangenheit und Gegenwart, aus der es sich für ihn von selbst ergab, was eines Kommentars bedurfte und was seinen Lesern selbstverständlich sein würde. Ein moderner Herausgeber der Briefe Ciceros hat diese unbewußte Sicherheit nicht mehr. Für ihn ist es schwer zu entscheiden, was in einem solchen Kulturdokument Vordergrund und was Hintergrund ist.

Doch bringt diese Unsicherheit der historischen Perspektive sowohl Gewinn als Verlust. Der heutige Gelehrte wird mehr theoretische Klarheit besitzen über die Formulierung der Fragen, die er an sein Material stellen will, als sein Vorgänger. Er kann die Briefe für Spezialforschungen über sprachliche, wirtschaftliche, politische und psychologische Probleme heranziehen, er interessiert sich vielleicht für Ciceros Verhältnis zu seinen Sklaven oder für Hinweise auf seine Villen. Allerdings hätte auch früher nichts den humanistischen Gelehrten daran gehindert, solche Fragen zu stellen. Jedoch ist auch das Studium der antiken Kultur heute stark von jener Aufspaltung in Spezialgebiete erfaßt, die das Studium späterer Zeitalter schon seit längerer Zeit ergriffen hat.

Die gleiche Aufspaltung bedroht auch eine andere früher sehr gebräuchliche Form der Kulturgeschichte mit dem Aussterben – ich meine jene altmodischen Biographien, die den Untertitel ›Leben und Werk‹ führten und die uns eine Persönlichkeit in der lebendigen Umwelt ihrer Zeit vorzuführen versuchten. Wahrscheinlich würde sich bei einer Untersuchung herausstellen, daß heutzutage derartige Bücher öfter von Laien als von Berufshistorikern geschrieben werden. Die meisten unserer Akademiker getrauen sich nicht mehr, einen Menschen der Vergangenheit zu schildern, der nicht selbst ein Spezialist war. Ihr Zögern macht ihnen keine Schande, denn wir sind uns nur allzu klar darüber, wie wenig wir überhaupt über Menschen wissen und wie wenig die paar Fakten, die wir über eine Persönlichkeit der Vergangenheit kennen, einen Psychologen befriedigen würden, der sich vom Charakter und von den Motiven des Mannes ein Bild machen möchte. Die wachsende Erkenntnis unserer Unwissenheit über die Motivationen menschlicher Handlungen hat zu einer Krise des Selbstvertrauens geführt.

Aber obwohl ich an Hegel, Burckhardt und Lamprecht das übergroße Selbstvertrauen kritisiert habe, mit dem sie an die Lösung der Rätsel vergangener Kulturen herangingen, muß ich doch am Ende zugeben, daß wir ohne Selbstvertrauen überhaupt nichts ausrichten könnten. Ein Gelehrter wie Warburg hätte niemals seine Bibliothek gegründet, wenn er nicht fest an die Möglichkeiten der Kulturwissenschaft geglaubt hätte. Wir können heute die Evolutionspsychologie, auf die sich sein Glauben stützte, in dieser Form nicht mehr akzeptieren, aber die Fragen, zu denen sie Anlaß gab, erweisen sich als fruchtbar für die Kulturgeschichte. Indem er als das Hauptthema seines Instituts »Das Nachleben der Antike« proklamierte, brachte er zumindest die Kunst-, Literatur- und Wissenschaftshistoriker zu der Einsicht, daß sie völlig neuer Techniken bedurften, um sich einen neuen Weg durch das schier undurchdringliche Dikkicht zu bahnen, das dieses proteusartige Problem umgab. Die Bibliothek Warburgs war eigens dazu geschaffen worden, die Handhabung solcher Hilfsmittel zu erleichtern. Was sie zu fördern bestimmt war, war aber die Grenzüberschreitung, nicht der Dilettantismus.

Warburg begann sich für sein Problem in einer Zeit zu interessieren, in der die Bedeutung der Antike für das kulturelle Leben sowohl von Nationalisten wie von der »Moderne« immer mehr angezweifelt wurde. Aber es handelte sich für ihn weniger darum, diese Überlieferung zu verteidigen, als sie zu verstehen und den Gründen nachzugehen, die ihr fast zwei Jahrtausende langes »Nachleben« erklären. Der bleibende Wert seiner Problemstellung liegt vor allem darin, daß sie uns antreibt, mehr über eine Tradition zu erfahren, die bis vor kurzem einen zentralen Platz im Kulturleben einnahm und jetzt in Vergessenheit zu sinken droht. Aber ich will damit nicht sagen, daß diese Fragestellung die einzige oder auch der beste Weg ist, in das dichte Gewebe der abendländischen Kultur einzudringen.

Aus der Tatsache, daß es keinen bevorzugten Ausgangspunkt geben kann, erklärt sich sowohl das Dilemma wie auch die günstige Position der Kulturgeschichte. Es erscheint mir durchaus natürlich, daß sich die heutige Generation der Forscher vor allem für die gesellschaftlichen Grundlagen der Kultur interessiert. Da ich selbst noch in der Regierungszeit Seiner Apostolischen Majestät, des Kaisers Franz Joseph, der im Jahre 1848 den Thron bestieg, geboren wurde, kann ich gewiß die beinahe unglaubliche Schnelligkeit des Wandels der gesellschaftlichen Zustände ermessen, die zu neuen Fragen an die Vergangenheit führt. Der alles durchdringende hierarchische Gedanke, der auch das Erlebnis der Kunst und Religion, ja sogar die Natur beeinflußte, ist für junge Menschen heute schwer faßlich geworden. Es wird die Aufgabe des Kulturhistorikers sein, dieser Vorstellung nachzugehen und sie zu erklären, wo immer dies für das Verständnis der Literatur, der Philosophie oder der sprachlichen Konventionen vergangener Kulturen notwendig ist.

Dieses Beispiel illustriert vielleicht auch den Unterschied zwischen dem Sozialhistoriker und dem Kulturhistoriker. Der erste befaßt sich mit Änderungen im gesellschaftlichen Leben an und für sich. Er verwendet Demographie und Statistik als Hilfswissenschaften, um die Wandlungen in der Organisation der Gesellschaft zu beschreiben. Der Kulturhistoriker wird alles, was derartige Untersuchungen zutage fördern, dankbar benutzen, aber sein Interesse wird nach wie vor den Beziehungen gelten, die zwischen diesen sozialen Veränderungen und anderen Aspekten der Kultur existierten. Beispielsweise werden ihn die wirtschaftlichen und sozialen Gründe der Verstädterung weniger interessieren als etwa der Wandel in der Bedeutung gewisser Ausdrücke, wie zum Beispiel »urban« oder »kleinstädtisch« oder auch, in der umgekehrten Richtung, die Bedeutung der Bezeichnung »rustikal« in der Architektur.

Aus dem Studium solcher Ableitungen, Metaphern und

Symbole in Sprache, Literatur und Kunst ergeben sich oft günstige Ausgangspunkte zu tieferem Eindringen in Probleme kultureller Wechselwirkungen[70]. Aber andererseits glaube ich, daß man auf diese Methode keine übertriebenen Hoffnungen aufbauen soll. Für sich allein kann sie keinen Ausweg bieten aus dem grundsätzlichen Dilemma, das eine Folge des Zusammenbruchs der hegelschen Tradition ist – einer Ernüchterung, die zu der schmerzlichen Einsicht führte, daß keine Kultur in ihrer Gesamtheit dargestellt werden kann, aber andererseits auch kein Element einer Kultur für sich allein zu begreifen ist. Es sieht beinahe so aus, als müsse der Kulturhistoriker von nun an ohne einen erfolgversprechenden sinnvollen Plan recht willkürlich in alten Kuriositäten herumstöbern.

Abstrakt betrachtet, sieht daher seine Position ziemlich hoffnungslos aus, aber ich glaube, daß, praktisch gesehen, die Sache nur halb so schlimm ist. Was Popper so nachdrücklich für die Naturwissenschaften hervorgehoben hat, gilt gleichermaßen für die Geisteswissenschaften[71]. Ebensowenig wie ein Physiker beginnt auch ein Kulturhistoriker seine Forschungen jemals aus dem Nichts heraus. Die Traditionen seiner eigenen Kultur, die Interessen und Ansichten seiner Lehrer oder brennende Tagesfragen werden seine Wißbegierde anregen und seinen Fragestellungen Richtung geben. Vielleicht treibt es ihn, eine bestehende Forschungsrichtung weiterzuverfolgen oder ihre Resultate anzugreifen; vielleicht ist er so gefesselt von dem Bild, das Burckhardt von der Renaissance entworfen hat, daß er bestrebt ist, einige der Lücken in dem faszinierenden Gemälde auszufüllen. Oder er hat Bedenken gegen das zugrundeliegende theoretische Konzept und fühlt sich dadurch zu der Frage gedrängt, in welchen Kreisen und in welchem Ausmaß gewisse neuplatonische Ideen als eine Alternative zum christlichen Dogma akzeptiert wurden.

Sicher ist, daß wir, ob wir es wissen oder nicht, immer an die Vergangenheit mit gewissen vorgefaßten Ideen herantreten, also mit rudimentären Theorien, die wir überprüfen wollen. In dieser wie in vieler anderer Hinsicht unterschei-

---

[70] Wind, Kritik der Geistesgeschichte.
[71] Karl R. Popper, ›Truth, Rationality and the Growth of Scientific Knowledge‹, in: Conjectures and Refutations. London 1963.

det sich der Kulturhistoriker gar nicht so sehr von seinem Vorläufer, dem Reisenden in fernen Ländern. Ich meine damit nicht Leute, die mit ihrer Reise einen ganz bestimmten Zweck verbinden, etwa die Erforschung der Verwandtschaftssysteme der Einwohner des betreffenden Landes oder die Inspektion seiner Wasserkraftwerke, sondern den aufgeschlossenen Reisenden, der das Land, in dem er sich befindet, kennenlernen will. Ein solcher Reisender, der sein Verständnis erweitern will, wird trachten, möglichst unvoreingenommen zu sein. Und genau wie er die überkommenen Klischees über den Charakter bestimmter Völker oder sozialer Typen nicht unbesehen als bare Münze nehmen wird, wird der Kulturhistoriker den abgegriffenen stereotypen Vorstellungen vom »Zeitgeist« mit Mißtrauen gegenüberstehen. Aber wir dürfen auch nicht vergessen, daß unsere Eindrücke und Beobachtungen jeweils von den ursprünglichen Annahmen gefärbt sein werden, mit denen wir nun einmal an die fremde Zivilisation herantreten. Die Fragen, die wir gegebenenfalls stellen wollen, werden daher nie zufällig sein; sie beziehen sich immer auf ein ganzes System von Annahmen und Meinungen, für die wir Bestätigung oder Widerlegung suchen. Sowohl beim Reisenden wie beim Kulturhistoriker wird das auslösende Moment gewöhnlich eine Begegnung oder sonst ein besonderes Erlebnis sein, sei es ein Kunstwerk, ein seltsamer Brauch, ein ungewöhnliches Handwerk – oder ein Gespräch mit dem Chauffeur eines Kleintaxis.

Nehmen wir irgendeinen Brief, der unsere Aufmerksamkeit erregt, sagen wir, jenen schon erwähnten Brief, den Burckhardt an Fresenius über Hegel schrieb. Es ist klar, daß wir ihn als Quellenmaterial für eine Studie über Burckhardt und seinen Freundeskreis benutzen können. Wenn wir ihn sorgfältig lesen und allem, was darin erwähnt ist, nachgehen, können wir versuchen, uns ein Bild von der »Subkultur« zu machen, in der der junge Burckhardt sich bewegte. Aber wir können den Brief auch ganz anders anpacken und ihn zum Ausgangspunkt für vollkommen andersartige Untersuchungen machen, beispielsweise für eine Geschichte des Briefstils. Hundert Jahre früher würde ein Student kaum ein Bekenntnis dieser Art an einen Freund geschrieben haben, und noch früher, in der Renaissance, wäre eine solche Selbstanalyse, für die es kein ciceronianisches Vorbild gibt, ganz undenkbar gewesen.

Wir könnten uns natürlich noch andere Themen aussuchen und zum Beispiel die Geschichte der Anredeformen behandeln oder herauszufinden trachten, ob Burckhardt noch mit einem Gänsekiel schrieb und wann man aufhörte, Gänsefedern zu benutzen. Oder wir könnten uns Gedanken machen über den Einfluß der heute bestehenden technischen Möglichkeiten auf die Formen des persönlichen Verkehrs mit Abwesenden und etwa das Telefon für den Rückgang der Kunst des Briefschreibens verantwortlich machen. Allgemein gesprochen, können wir uns entweder für einzelne Individuen, ihre Schicksale und ihre Umwelt interessieren oder für Traditionen, die von einer Unzahl anonymer Personen weitergegeben wurden. Wenn einem an Fachausdrücken gelegen ist, könnte man von Kontiguitäts- und Kontinuitätsstudien sprechen, aber selbstverständlich kann man diese beiden Arten nie völlig trennen. Die Erforschung von Kontinuitäten kann uns zu Individuen führen, die durch den Einfluß, den sie auf die Traditionen ausübten, aus der anonymen Menge herausragen, und umgekehrt stoßen wir bei biographischen Studien immer wieder auf neue Probleme, die den Ursprung und die zeitliche Geltungsdauer kultureller Konventionen betreffen.

In beiden Fällen werden wir daher vielfach in die Lage kommen, Werke über Volkswirtschaft oder Gesellschaftslehre, über Psychologie oder Kommunikationstheorie zu konsultieren. Wer das nicht tut, läuft Gefahr, unter Umständen Unsinn zu reden. Aber für unsere Fragestellungen sind die genannten Theorien nur kritische Behelfe und nicht Selbstzweck. Gewiß wird ein Kulturhistoriker darüber hinaus vielleicht einmal ehrgeizige Träume hegen und sich der Hoffnung hingeben, daß hier wie anderwärts gute Arbeit unerwarteten Gewinn bringen kann. Auch in der Kulturgeschichte kann eine wertvolle Studie über das Einzelproblem hinausführen und damit andere Forscher auf andere der unzähligen Wechselwirkungen, die zwischen den verschiedenen Aspekten einer Kultur möglich sind, hinweisen.

Unter diesen Wechselwirkungen erscheint mir die Art und Weise, wie Formen, Symbole und Worte sozusagen mit kulturellen Bedeutungen geladen werden, der besonderen Aufmerksamkeit des Kulturhistorikers wert. Ich habe schon anfangs auf dieses Problem hingewiesen, als ich auf gewisse Obertöne des Wortes »Kultur« aufmerksam machte, die man kaum in einem Wörterbuch finden wird. In unserer eigenen kulturellen Umgebung reagieren wir unmittelbar auf solche Resonanzen, die uns ohne Erklärung verständlich sind. Das Bild an der Wand, der Akzent, die Handschrift, die Art, sich zu kleiden, die Grußform und dergleichen sind für uns voll von solchen kulturellen oder sozialen Obertönen, aber wenn wir keine Hegelianer sind, wissen wir auch, daß solche Sinnverknüpfungen nicht immer psychologisch zu deuten sind. Aus diesem Grund trifft auch die Kritik, die so gern von der älteren Generation an der heutigen Jugend-Subkultur geübt wird, nicht selten daneben. Zum Beispiel ist der große Erfolg sogenannter »psychedelischer« Farben und Muster nicht wirklich eng korreliert mit der Verbreitung des törichten und selbstmörderischen Kults halluzinogener Drogen. Gewiß spüren wir dabei einen leisen Anklang dieser modischen Form der Realitätsflucht, aber deshalb sind sie, so hoffe ich wenigstens, noch lange keine Vorzeichen der Zukunft. Denn nur Hegelianer glauben, daß alles, was ist, vernünftig sein muß, und können sich daher gegen gewissen-lose und unvernünftige Menschen, die sich selbst zu Sprechern des Zeitgeistes aufwerfen, intellektuell nicht zur Wehr setzen.

Ich habe von Stilen in der Malerei, in der Kleidung und in der Ornamentik gesprochen. Aber die besten Illustrationen für das, was ich als Resonanzen bezeichne, finden sich natürlich in der Musik. Beim Jazzrhythmus, bei der Melodie im Volkston, beim Kirchenlied, beim Menuett – überall schwingen unzählige kulturelle Resonanzen mit, die man uns nicht zu erklären braucht.

Stimmt das aber noch? Ich glaube, daß meine eigenen Wurzeln tief genug in die Vergangenheit reichen, daß ich Beethovens Pastorale verstehen kann. Ich behaupte nicht, fröhliche Landleute bei Spiel und Tanz gesehen zu haben, wie Beethoven sie sah, oder daß ich mit anderen ein Dankgebet nach einem Gewitter angestimmt hätte, aber all diese Assoziationen sind für mich noch durchaus natürlich, und »Das Erwachen heiterer Empfindung bei der Ankunft auf dem Lande« verbindet sich bei mir mit der Erinnerung an Ausflüge in die Umgebung Wiens.

Aber heute verläßt man die Stadt entlang einer Autobahn, die durch neue Häuserreihen von einer Tankstelle zur nächsten führt. Fröhliche Bauern gibt es nicht mehr, nicht einmal in Büchern, und Dankgottesdienste sind, wie bekannt, meist sehr spärlich besucht. Vielleicht wird man bald den Gefühlsinhalt der Pastorale genauso erklären müssen wie heute die Stimmungen oder Gefühlsströmungen indischer Ragas.

Unsere eigene Vergangenheit bewegt sich unheimlich schnell von uns weg, und wenn es uns darum zu tun ist, die Verbindungslinien offenzuhalten, die es uns ermöglichen, die größten Schöpfungen des Menschengeistes zu verstehen, müssen wir Kulturgeschichte viel gründlicher und tiefer betreiben und lehren, als es noch vor hundert Jahren notwendig war, als man noch viel mehr mit solchen Resonanzen rechnen konnte. Wenn es keine Kulturgeschichte gäbe, müßte man sie jetzt erfinden.

Die Einstellung der Akademiker

Die akademische Welt scheint mir nur sehr langsam auf dieses wachsende Bedürfnis zu reagieren. An unseren Universitäten versteht man unter Geschichte immer noch hauptsächlich politische Geschichte und vielleicht etwas Wirtschaftsgeschichte. Gewiß gibt es heute eine Anzahl weiterer Disziplinen, denen sozusagen Parzellen im Walde der Vergangenheit zugestanden wurden, um der Geschichte der Literatur, der Musik, der Kunst oder der Naturwissenschaften nachzuspüren, aber wenn ich recht unterrichtet bin, wird den Studenten meist geraten, sich bis zum Schlußexamen und darüber hinaus genau an die ihnen zugewiesenen schmalen Pfade zu halten und nicht nach rechts oder links zu schauen, so daß auch heute noch weite Teile des Waldes unbetreten und unerforscht daliegen.

Ich würde es sehr bedauern, wenn meine Kritik an der »Geistesgeschichte« solchen Feinden der Kulturgeschichte Munition an die Hand geben sollte. Man kann es nicht oft genug wiederholen, daß die sogenannten Disziplinen oder Fächer, auf denen sich unsere akademische Organisation aufbaut, nichts anderes sind als Techniken; sie sind Mittel zum Zweck, aber auch nicht mehr. Es versteht sich von selbst, daß ein Musikhistoriker Partituren lesen können muß und ein Wirtschaftsgeschichtler imstande zu sein hat, Statistiken auszuwerten. Aber ich hoffe, es wird nie dazu kommen, daß die Techniken, die wir gelernt haben oder die wir lehren, bestimmend werden für die Fragen, die man an unseren Universitäten studieren kann.

Ein Grund dafür, daß der Kulturhistoriker im akademischen Rat nicht Sitz und Stimme hat, dürfte sein, daß er keine eigene Technik, keine Disziplin repräsentiert[72]. Aber trotzdem glaube ich nicht, daß er, wie die Kollegen von der Soziologie, danach streben sollte, seine Position durch den Ausbau einer eigenen Methode und Terminologie zu verbessern. Zwar kann er sicher auch von ihren und etwaigen anderen Methoden, die zum Studium von Zivilisationen und Gesellschaften entwickelt wurden, etwas lernen. Aber ich bin überzeugt, daß im Zentrum seines wissenschaftlichen Interesses in erster Linie das Individuelle und Einmalige stehen soll und nicht das Studium von Strukturen und Konfigurationen, die nur selten vom Hegelianischen Holismus frei sind[73]. Aus demselben Grunde würde ich es auch ungern sehen, wenn er sich für seine Wissenschaft um den unschönen Titel einer »Interdisziplinären Disziplin« bewerben würde; denn in einem solchen Titel liegt ein Bekenntnis zum Glauben an das Hegelsche Rad und damit an die Notwendigkeit, die als gottgegeben betrachteten getrennten Aspekte einer Kultur von einem privilegierten zentralen Punkt aus zu betrachten. Mir war es in diesem Vortrag darum zu tun, zu zeigen, daß Hegels Rad in Wirklichkeit nichts anderes ist als ein säkularisiertes Diagramm des göttlichen Weltplans: Die Suche nach dem Punkt, der die ganze Form und Gestalt einer Kultur »im Innersten zusammenhält«, ist daher nicht mehr und nicht weniger als der Versuch, in den Plan Gottes für die Menschheit eingeweiht zu werden. Aber ich hoffe, ich habe auch klargemacht, warum die bittere Erkenntnis, daß wir nicht allwissend sein können, uns auf keinen Fall dazu verleiten darf, uns selbst Scheuklappen anzulegen. Wir können uns einfach soviel Spezialistentum nicht leisten, wenn wir die Geisteswissenschaften retten wollen.

Ich weiß natürlich, daß Predigten gegen das Spezialistentum so billig sind wie Brombeeren; ebenso weiß ich, daß diese Predigten auf diejenigen, die wissen, wie schwer es ist, auch nur ein beschränktes Wissensgebiet zu meistern, kaum viel Eindruck machen werden. Aber hier möchte ich beto-

[72] N. Timasheff, Sociological Theory. New York 1967.
[73] Karl R. Popper, Das Elend des Historizismus. Tübingen 1965.

nen, daß in dieser Beziehung zwischen der Rolle der Forschung in den Naturwissenschaften und den Geisteswissenschaften ein grundlegender Unterschied besteht: Wenn ich die Situation richtig verstehe, arbeitet der Naturwissenschaftler immer an den Grenzen des Wissens und sucht sie voranzutreiben. Deshalb muß er sich einen schmalen Sektor aussuchen, an dem Hypothesen mit Hilfe von oft kostspieligen und langwierigen Experimenten getestet und revidiert werden können. Natürlich sollte auch er ein weiteres Feld überschauen können und in den benachbarten Gebieten gut beschlagen sein, aber das, wofür er letzten Endes geschätzt wird, sind seine Entdeckungen und nicht seine Kenntnisse. Bei den Geisteswissenschaften ist es meiner Ansicht nach ganz anders. Eine humanistische Erziehung strebt in erster Linie nach Wissen, jenem Wissen, das man früher mit dem Ausdruck »Bildung« bezeichnete[74]. In früheren Zeiten erwarb man sich Bildung hauptsächlich im Elternhaus oder auf Reisen. Die Universitäten befaßten sich nicht mit solchen Gegenständen wie Geschichte oder Literatur, Kunst oder Musik. Ihr Hauptzweck war im wesentlichen die Ausbildung für einen Beruf, und selbst das Studium der antiken Klassiker war beruflich orientiert, wenn es auch gleichzeitig von der Gesellschaft geschätzt war. Niemand dachte, daß eine Universität dazu da sei, den Studenten etwas über Shakespeare oder Dickens, Michelangelo oder Bach zu erzählen. Das waren Dinge, die gebildete Menschen eben wußten. Sie eigneten sich weder zu Prüfungsgegenständen noch zur Forschung. Ich persönlich habe sehr viel Sympathie für diese altmodische Vorstellung, denn ich glaube, daß sich die Geisteswissenschaften von den Naturwissenschaften tatsächlich durch die relative Bedeutung von Wissen und Forschung grundsätzlich unterscheiden. Es ist wichtiger, Shakespeare oder Michelangelo gut zu kennen, als über sie Forschungen anzustellen. Die Forschungsarbeit führt oft zu keiner neuen Erkenntnis, aber unsere Vertrautheit mit den Werken großer Künstler bringt Bereicherung und echte Freude. Es ist wirklich ein Jammer, daß in der Organisation unserer Universitäten dieser Unterschied nicht mehr beachtet wird. Vieles von dem Unbehagen, das die Geisteswissenschaften erfüllt, würde über Nacht verschwinden, wenn

---

[74] Siehe meinen Vortrag über ›Allgemeine Bildung‹ in diesem Band, S. 13–34.

Klarheit darüber herrschte, daß sie es keineswegs nötig haben, die Naturwissenschaften nachzuäffen, um ihre Stellung zu behaupten. Gewiß kann es auch eine Kultur*wissenschaft* geben, aber sie fällt ins Gebiet der Anthropologie und der Soziologie. Der Kultur*historiker* will Gelehrter sein, nicht Wissenschaftler. Er will seinen Studenten und Lesern den Zugang zu den Schöpfungen anderer Geister ermöglichen. Forschung ist für ihn nicht die Hauptsache – was nicht besagen soll, daß sie nie dringend notwendig ist. Etwa wenn ernste Zweifel über die Richtigkeit moderner Shakespeare-Interpretationen oder Bach-Aufführungen einen drängen, der Sache auf den Grund zu gehen. Aber für den Kulturhistoriker ist der Sinn solcher Forschung der Dienst an der Kultur und nicht der eines Treibstoffs für den akademischen Betrieb.

Ich fürchte sehr, daß dieser Betrieb ein Feind der Kultur und der Kulturgeschichte zu werden droht. Die wenigsten Menschen können gleichzeitig lesen *und* schreiben; und während wir unsere kleineren oder größeren Forschungsprojekte verfolgen, blicken die ungelesenen Meisterwerke der Vergangenheit vorwurfsvoll von den Bücherregalen auf uns herab.

Aber wer fühlt sich schon heute von diesem Vorwurf betroffen? Heutzutage ist es der »weltfremde Gelehrte«, der Grund hat, sich angegriffen zu fühlen. Kulturhistoriker, die ihre Gehälter von den Steuerzahlern beziehen, müssen trachten, ihnen auf die bestmögliche Weise zu dienen.

Ich hoffe, ich habe klar ausgesprochen, worin dieser Dienst bestehen kann und soll. Ganz gleich, ob wir es begrüßen oder bedauern, müssen wir feststellen, daß die Universitäten viel von der Funktion des Elternhauses übernommen haben, die darin bestand, die Kultur weiterzugeben. Wir können nicht erwarten, dafür mehr Dankbarkeit von seiten mancher unserer Studenten zu ernten, als dem Elternhaus in früheren Zeiten oft zuteil wurde. Selbstverständlich wollen wir, daß die Werte, die wir überliefern, gründlich sondiert und geprüft werden, aber das setzt voraus, daß die, die sie kritisieren wollen, sie auch wirklich kennen. Aus diesem Grunde sehe ich nicht ein, warum wir uns denen gegenüber verteidigen sollen, die uns ermahnen, uns doch lieber mit der Gegenwart als mit der Vergangenheit zu beschäftigen. Das Studium von Kulturen ist im wesentlichen ein Studium von

Zusammenhängen, und was wir unseren Studenten vermitteln wollen, ist mehr dieses Gefühl der ungebrochenen Kontinuität als ein unkritisches Aufnehmen von Lehrstoff. Wir wollen in ihnen eine Denkgewohnheit wecken, die überall nach solchen Zusammenhängen sucht: nicht nur in ihrem unmittelbaren Arbeitsgebiet, sondern in allen kulturellen Manifestationen, die sie umgeben.

Nehmen wir zum Beispiel den Anlaß dieses Vortrages. Als ich die ehrende Einladung erhielt, die Philip Maurice Deneke Lecture zu halten, war es für mich selbstverständlich, nach dem Ursprung dieser Einrichtung zu fragen. Ich wußte natürlich, daß diese spezielle Vortragsreihe ihre Entstehung der Freigebigkeit der Misses Deneke verdankt, die sie im Jahre 1931 zur Ehrung des Andenkens ihres verstorbenen Vaters stiftete. Aber sie folgte darin einer Sitte, die heute überall in der angelsächsischen Welt besteht, nämlich die der Stiftung von Vorträgen, die den Namen einer bestimmten Privatperson tragen, um ihn in dieser Form der Nachwelt zu überliefern.

Es scheint, daß nur jemand, der »von außen« kam, sich diese Frage stellen konnte. Meine englischen Kollegen hielten das für eine selbstverständliche Sitte und mußten erst von mir belehrt werden, daß auf dem europäischen Festland nichts dergleichen existiert.

Es stellte sich heraus, daß in England diese Vortragsstiftungen sich organisch aus den Stiftungen zur Förderung der Erziehung entwickelt hatten, für die die Colleges der alten Universitäten die besten Beispiele sind, und diese wieder entwickelten sich ganz folgerichtig aus Stiftungen für das Zelebrieren gesungener Seelenmessen. Einer parallelen Entwicklung in Frankreich verdanken wir den Namen der Sorbonne in Paris, die nach einem privaten Stifter heißt; aber bald danach war es anscheinend Fürsten und Herrschern vorbehalten, derartigen Institutionen ihren Namen zu geben. Ich selbst wurde im Theresianum in Wien erzogen, das natürlich nach der Kaiserin Maria Theresia benannt ist. Schulen, die den Namen von Privatpersonen tragen, gibt es in Österreich erst seit dem vorigen Jahrhundert. Woher kommt es, daß diese Tradition in England nicht nur erhalten blieb, sondern sogar ausgebaut wurde? Was bewog Lady Margaret Beaufort, eine Lady Margaret Readership zu stiften? Welche Rolle spielte das Treuhandsystem, eine Rechtsform, deren Bedeutung anscheinend ebenfalls auf England beschränkt ist, im Zusammenhang mit dem Fortbestand und der wachsenden Beliebtheit dieser Form der öffentlichen Wohltätigkeit?[75] Freilich muß ich gestehen, daß ich es vorzog, diese Fragen sicherheitshalber erst am Ende meines Vortrags zu stellen, denn ich kann sie nicht beantworten. Aber ich glaube, daß man die Antworten finden könnte und daß sie weder vage noch, wie es im modernen Jargon heißt, »wertfrei« sein müßten. Sie würden nicht nur einer großen Tradition den ihr gebührenden Tribut zollen, sondern würden auch dazu beitragen, dem Namen und der Aufgabe der Kulturgeschichte zu ihrem Recht zu verhelfen.

[75] W. K. Jordan, Philanthropy in England, 1480–1660. London 1959.

3. Vom »Jahrmarkt der Eitelkeiten«
Die Wandlungen von Mode, Geschmack und Stil
im Lichte der Logik

Das Problem

Im Frühjahr 1936 nahm ich in London an einer Seminarsitzung unter Professor von Hayek teil, in der Karl Popper (damals noch nicht Sir Karl) jene Argumente vortrug, die er später unter dem Titel ›Das Elend des Historizismus‹ veröffentlichte[1]. Diese vernichtende Analyse aller Formen eines gesellschaftlichen Determinismus war damals von höchster Aktualität, konnte man doch keinen Augenblick die Gefahr vergessen, die von den totalitären Ideologien ausging; aber auch für mein Gebiet, die Geschichte von Kunst und Kultur, war sie von größter Bedeutung. Ja, die Kritik Poppers richtete sich in der Tat gegen einen Denker, der auf beiden Gebieten zu Hause war, im politischen Utopismus und im historischen Holismus. Ich spreche von Karl Mannheim, dessen frühe Studien zur Soziologie der Kunst und der Stile[2] auf jene Forscher einen großen Eindruck gemacht hatten, die bestrebt waren, ihre Methoden zu verfeinern und gleichzeitig ihre Intuition zu untermauern, daß Kunstwerke nicht von selbst entstehen, sondern mit anderen Kunstwerken und mit anderen Einflüssen ihrer Zeit durch unzählige, schwer zu fassende Fäden verknüpft sind. Seit meiner Studienzeit in Wien hatte ich ihre Interessen geteilt, hatte aber im Laufe der Jahre immer mehr zur Skepsis geneigt gegenüber den Lösungen, die die neohegelianische Geistesgeschichte oder der neomarxistische Soziologismus[3] vorbrachten. Manche meiner mitteleuropäischen Kollegen, die sich stolz im Besitze eines Schlüssels glaubten, der ihnen das »Wesen« der historischen Zeitalter erschloß, hatten für meinen Skeptizismus wenig übrig. Andererseits mag er meinen neuen Kollegen

[1] Karl R. Popper, Das Elend des Historizismus. Tübingen 1965.
[2] Karl Mannheim, ›Beiträge zur Theorie der Weltanschauungs-Interpretation‹, in: Jahrbuch für Kunstgeschichte. 1 (1921/22), S. 237 f.
[3] Vgl. meinen Vortrag ›Künstler und Kunstgeschichte‹, in: Meditationen über ein Steckenpferd. Frankfurt 1978.

in England, die sich für diese Probleme wenig interessierten, übertrieben vorgekommen sein.

Heute, nach über dreißig Jahren, ist es vielleicht nicht mehr ganz so dringend, auf das Elend des Historizismus hinzuweisen als auf die Notwendigkeit, eine Alternative zu finden. In der akademischen Kunstgeschichte werden die Lösungen, die von historizistischen Theorien vorgeschlagen werden, selten sehr ernst genommen, aber es ist nichts wirklich Interessantes an ihre Stelle getreten[4]. Im Gegensatz zur Situation meiner Studienzeit ist man heute hauptsächlich auf Fakten eingestellt: Man möchte gerne Kataloge schreiben, ohne von Theorieschmieden aus dem Konzept gebracht zu werden. Niemand, der Poppers Methodologie kennt, wird darüber belehrt werden müssen, warum diese positivistische Haltung zum Scheitern verurteilt ist. Man kann nicht einmal eine bloße Chronik des Kunstschaffens – geschweige denn eine Stilgeschichte – auf dem Sammeln von Daten ohne jede Interpretation aufbauen. Da dem so ist, werden die Theorien früherer Generationen weniger verworfen als einfach stillschweigend hingenommen. Sie bilden nicht selten einen unkritisch akzeptierten Rahmen der Lehre und Forschung. Wir brauchen also neue, bessere Theorien, die wir am historischen Material testen können – soweit solche Tests überhaupt möglich sind.

Solche Alternativtheorien kann man freilich nicht aus dem Ärmel schütteln. Aber in meinem Buch ›Kunst und Illusion‹[5] habe ich wenigstens den Versuch unternommen, ein klar umgrenztes Gebiet, die Geschichte der bildlichen Darstellung, genau zu untersuchen und Gründe für das Bestehen von zeitlich verschiedenen Stilen zu finden, die einleuchtender sind als der Hegelsche »Zeitgeist«. In der Einleitung bezog ich mich auf eine Stelle aus dem ›Elend des Historizismus‹, die ich hier in etwas erweiterter Form ebenfalls zitieren möchte: »Nun habe ich für diese ›Geister‹ nicht das geringste übrig – weder für ihre idealistischen Urbilder noch für ihre dialektisch-materialistischen Inkarnationen –, und ich stimme jenen Leuten rückhaltlos zu, die sie mit Verachtung behandeln. Und doch zeigen diese Ideen meiner Auf-

---

[4] Eine aufschlußreiche Übersicht der Situation findet sich in James S. Ackermann und Rhys Carpenter, ›Art and Archaeology‹, in: Princeton Studies in Humanistic Scholarship in America. Hrsg. v. R. Schlatter. Englewood Cliffs, N.J., 1963.
[5] Köln 1967.

fassung nach zumindest die Existenz einer Lücke an, einer Stelle, an welche die Soziologie etwas Vernünftigeres zu setzen hat ... Es gibt hier Möglichkeiten für eine mehr ins einzelne gehende Analyse der *Logik von Situationen*. Über diese *Situationslogik* hinaus oder vielleicht auch in ihrem Rahmen brauchen wir so etwas wie eine Analyse sozialer Bewegungen. Wir brauchen auf dem Boden des methodologischen Individualismus stehende Studien jener sozialen Institutionen, durch die Ideen sich verbreiten und die Herrschaft über Individuen antreten können. ... unsere individualistischen und institutionalistischen Modelle von kollektiven Entitäten wie Nationen oder Regierungen oder Märkten werden zu ergänzen sein durch Modelle politischer Situationen und sozialer Bewegungen, etwa des wissenschaftlichen und industriellen Fortschritts.«[6]

Das Kapitel in ›Die offene Gesellschaft und ihre Feinde‹, das die ›Autonomie der Soziologie‹ zum Gegenstand hat, behandelt etwas ausführlicher, was Popper vorschwebt, wenn er von solchen Modellen spricht. An dieser Stelle begründet er seine Übereinstimmung mit Marx' Ablehnung des »Psychologismus« und analysiert ziemlich eingehend die Argumente, die ihn bewogen haben, »die plausible Lehre, daß alle Gesetze des sozialen Lebens letztlich auf die psychologischen Gesetze der ›menschlichen Natur‹ reduzierbar sein müßten«, abzulehnen[7].

›Kunst und Illusion‹ handelte hauptsächlich von solchen psychologischen Gesetzen. Das Buch befaßte sich nicht (oder doch nur am Rande) mit dem echt soziologischen Problem der unbeabsichtigten gesellschaftlichen Wirkungen beabsichtigter menschlicher Handlungen. Dafür gibt Popper ein einfaches Beispiel aus dem Gebiet der Nationalökonomie: »Wenn jemand dringend ein Haus kaufen möchte, dann kann man mit Sicherheit annehmen, daß er nicht wünscht, den Marktpreis des Hauses zu erhöhen. Aber gerade der Umstand, daß er als ein Käufer auf dem Markt erscheint, wird die Tendenz haben, die Marktpreise zu erhöhen.«[8]

[6] Popper, Historizismus, S. 116f.
[7] Karl R. Popper, Die offene Gesellschaft und ihre Feinde. Bd. 2, München [4]1975, S. 112.
[8] Ebd., S. 121. Siehe also bezüglich einer ähnlichen Formulierung ›Theory of Tradition‹, in: ders., Conjectures and Refutations. The Growth of Scientific Knowledge. London 1965, bes. S. 124.

Es ist der Zweck der vorliegenden Überlegungen, die Methode der Situationslogik auf einige typische Probleme in der Geschichte von Mode, Stil und Geschmack anzuwenden[9]. Wenn ich dafür Bunyans Ausdruck vom »Jahrmarkt der Eitelkeiten« (Vanity Fair) wählte, den Thackeray als Titel seines berühmten Romans übernahm, so wollte ich dabei keineswegs die Kunst ihrer Würde entkleiden. Allerdings kann der Historiker heute das modische Element in dem schnellen Wechsel der Strömungen kaum übersehen[10]. »Heute ›Pop‹, morgen ›Op‹!« ist typisch für diese Situation, die die amerikanische Zeitschrift ›The New Yorker‹ recht treffend charakterisiert, indem es einen langhaarigen Jüngling auf einer Cocktailparty sagen läßt: »Ich versteh' nichts von Kunst, aber ich weiß, was heute zieht.« Selbstverständlich darf diese Angleichung von Kunst und Mode uns nicht verleiten, die großen Meister der Vergangenheit und der Gegenwart weniger hochzuschätzen. Sie macht es uns nur leichter, die Armseligkeit jener historizistischen Richtungen der Philosophie zu erkennen, die alle Stilerscheinungen als den Ausdruck des innersten Wesens eines »Zeitalters«, sei es unser eigenes, sei es ein anderes, ansehen möchte.

Wettbewerb und Inflation

Die jüngste Form des Historizismus, die heute in den Kunstkritiken der Presse grassiert, sucht die Quellen für Änderungen im Stil und Geschmack in den dunklen Hintergründen des Kollektiv-Unbewußten. Vielleicht ist es gerade darum aussichtsreicher, unsere Untersuchung sozusagen vom anderen Ende her zu beginnen, indem wir die Methode anwenden, die Popper empfiehlt, ein Verfahren, »das man die Methode der logischen oder rationalen Konstruktion oder vielleicht die ›Nullmethode‹ nennen kann. Ich meine damit folgendes Verfahren: man konstruiert ein Modell auf Grund der Annahme, daß alle beteiligten Individuen sich

[9] Ich habe einige dieser Probleme in einem Artikel über ›Style‹ in der International Encyclopedia of Social Science, 15 (1968), S. 352–361 besprochen. Dieser Beitrag beabsichtigt nicht so sehr eine Wiederholung als eine Ergänzung dieses Artikels, auf dessen umfassendere Bibliographie hier verwiesen sein soll.
[10] Dieser Aspekt wurde von mir im letzten Kapitel meines Buches Die Geschichte der Kunst. Stuttgart ³1986 besprochen.

vollkommen rational verhalten (und vielleicht auch, daß sie im Besitze des vollständigen Informationsmaterials sind), und dann schätzt man die Abweichung des tatsächlichen Verhaltens dieser Individuen vom Modellverhalten, wobei dieses als eine Art Nullkoordinate dient.«[11]

Popper dachte dabei in erster Linie an das Wirtschaftshandeln, an Abweichungen von rationalem Verhalten im Sinne der »Geldillusion«, die bewirkt, daß viele Menschen einen ziffernmäßig höheren Lohn auch dann vorziehen, wenn seine Kaufkraft nicht größer ist als die einer kleineren Summe. Dieses Inflationsmodell ist nicht nur auf den Geldwert anwendbar, sondern erstreckt sich auf alles, was in der Gesellschaft als Zeichen für Wert fungiert, einschließlich Mode, Sprache und Kunst. Die Art und Weise, in der der Wettbewerb zu unbeabsichtigten Folgen führen kann, ist natürlich für das Studium der Mode außerordentlich wichtig. Für unser abstraktes Modell brauchen wir nichts als die Annahme, daß alles, was von der Norm abweicht, Aufmerksamkeit erregt. Wenn also ein Mitglied einer Gruppe die Aufmerksamkeit auf sich ziehen will, ist ein rationales Mittel zu diesem Zweck stets zur Hand.

In manchen geschlossenen Gesellschaften ist diese Art Wettbewerb geradezu eine gesellschaftlich geregelte und beinahe ritualisierte Einrichtung, indem das Streben, sich hervorzutun, auf gewisse Gebiete beschränkt ist, wie etwa das Sammeln von Kopf-Trophäen bei den Kopfjägern oder ähnliche Beweise männlicher Kraft und Tapferkeit. Die oft ruinös verschwenderischen Potlatch-Festlichkeiten nordamerikanischer Indianerhäuptlinge, das Ansehen, das große Viehherden bei gewissen afrikanischen Stämmen ihren Besitzern gewähren ohne Rücksicht auf die Qualität des Viehs und die Tragfähigkeit der Weidegründe, illustrieren die Abweichungen von rationalem Benehmen, die Popper vorschweben. Derartige Formen des Wettbewerbs haben oft die betreffenden Gesellschaften an den Rand des Abgrunds gebracht, und doch kann man schwer sagen, wie der einzelne in einer derartigen Situation die unbeabsichtigten Wirkungen seiner Handlungen vermeiden könnte, ohne auf das von ihm angestrebte Prestige zu verzichten. Etwas Ähnliches ist der Zwang zum sich gegenseitig Überbieten, der auf militäri-

[11] Popper, Historizismus, S. 110f.

schen, politischen und wirtschaftlichen Gebieten unter dem Begriff der Eskalation nur allzu bekannt ist.

Das Besondere auf dem Gebiet, das wir hier den »Jahrmarkt der Eitelkeiten« nennen, scheint jedoch zu sein, daß es in einer offenen Gesellschaft beliebig viele Möglichkeiten gibt, dieses Spiel zu spielen. Denn dort läßt sich nie voraussagen, welche Abweichung von der Norm die Aufmerksamkeit auf sich lenken wird. Es ist zum Beispiel bekannt, daß sich in Schulen oft ganz plötzlich gewisse »Manien« ausbreiten, von denen alle Kinder erfaßt werden – sei es eine wahre Sammelwut für Marken, Bildchen aus Zigarettenschachteln oder was immer, ein Drang zum Vollbringen von waghalsigen Taten oder sonstigen Tollkühnheiten, die sich insgesamt durch ihre Intensität und ihre Kurzlebigkeit auszeichnen[12]. Die Satiriker haben sich zu allen Zeiten über Modetorheiten lustig gemacht. Aber daß die Mode toll ist, schließt nicht aus, daß die, die mittun, durchaus rational sind. Denn man kann die Mode als ein Spiel beschreiben, in der Seltenheit Trumpf ist. Zu gewissen Zeiten mag es das Prunken mit kostbaren Spitzen gewesen sein, das Aufmerksamkeit und Wettbewerb nach sich zog, zu anderen die Gewagtheit eines Décolletés, die Höhe einer aufgebauten Coiffure oder der Umfang einer Krinoline[13]. Es hat immer wieder Zeiten gegeben, in denen der Wettbewerb die Mode zu »Exzessen« führte, die durch ihre Übertriebenheit der Lächerlichkeit anheimfielen, aber was man da einen Exzeß nennt, ist nicht ganz leicht zu definieren. Was immer die einleuchtenden Gründe sein mögen, die wir für unsere Gewohnheit des Rasierens vorbringen zu können glauben, so dürfen wir doch nicht übersehen, daß auf bärtige Perioden oder Nationen glattrasierte Gesichter nicht weniger outriert und unnatürlich wirken müssen wie auf uns das Tragen gepuderter Perücken. In all diesen Dingen muß eine Abweichung von der normalen Tracht oder Erscheinung erst durch ihre Ungewöhnlichkeit aufgefallen sein. Für die Teilnehmer an einem solchen Gesellschaftsspiel des »Imponierens« gab es der Natur der Sache nach zwei Möglichkeiten: Sie konnten einen speziellen Versuch in dieser Richtung als eine alberne Ex-

---

[12] Siehe meine Besprechung von Thomas Munros ›Evolution in the Arts‹, in: The British Journal of Aesthetics 4, Nr. 3 (1964).

[13] Dwight E. Robinson, ›Fashion Theory and Product Design‹, in: Harvard Business Review 36, Nr. 6 (1958), S. 126–138.

zentrizität betrachten und einfach ignorieren, oder sie konnten die Sache aufgreifen und trachten, den ersten Versuch nachzuahmen und womöglich noch zu übertreffen. Wenn es einmal zu dieser Entscheidung gekommen ist, liegt es in der Logik der Situation, daß die ursprüngliche Abweichung von der Norm überboten werden muß, wenn der Sinn des Spiels, die Erregung der Aufmerksamkeit, erfüllt werden soll.

Solange solche Spiele des sich gegenseitig Übertrumpfens in kleinen Kreisen vor sich gehen, wo die Menschen nichts Besseres zu tun haben, als auf solche Weise miteinander zu konkurrieren, wird dieses Auf und Ab von Modebewegungen sehr rasch vor sich gehen – vielleicht sogar so rasch, daß die übrige Gesellschaft von diesem Kräuseln an der Oberfläche gar nicht berührt wird. Aber von Zeit zu Zeit taucht etwas auf, das ansteckend wirkt, und schließlich wird ein kritisches Stadium erreicht, wo alle mitspielen. Wenn es etwa darum geht, ob man sich die Haare schneiden läßt oder nicht, ob man eine Krawatte trägt, Tee trinkt oder Ski fahren geht, dann tun auf einmal alle mit und folgen denen, die den Ton angeben. Vorausgesetzt, daß man genug Zeit und Mühe darauf verwendet und daß genügend Quellenmaterial vorhanden ist, läßt sich die Verbreitung derartiger Modeerscheinungen von den Gewohnheiten kleiner Gruppen zu dem allgemeinen Brauch der Mehrheit verfolgen. Es liegt nahe, solche Verbreitung durch Nachahmung auf psychologische Ursachen zurückzuführen, auf die allgemein menschliche Neigung, sich mit Führer- oder Vatergestalten zu identifizieren. Selbstverständlich gibt es solche Tendenzen, und sie erklären zweifellos auch nicht selten den Wunsch junger Menschen, sich den in ihrer Gruppe derzeit angebeteten Film- oder Popstars anzugleichen. Aber in unserem Zusammenhang ist es wichtiger, darauf hinzuweisen, daß auch der Wunsch, mit der Gruppe konform zu gehen, teilweise in der Logik der Situation wurzelt. Wir haben die Mode als ein »Spiel mit Seltenheitswerten« bezeichnet, das von Leuten gespielt wird, die auffallen wollen. Aber gleichzeitig gibt es gewöhnlich auch eine zweite Gruppe, deren Ziel es ist, Aufmerksamkeit zu vermeiden. Diese Gruppe hat es im Anfang natürlich sehr leicht. Ihre Vertreter machen einfach nicht mit und überlassen es den Sensationshaschern, angestarrt zu werden. Wie wir gesehen haben, ist die Sache damit nicht selten erledigt. Aber je mehr Mitglieder der Gruppe die neue

Idee nachahmen, um ihrerseits aufzufallen, desto schwerer wird die Situation der Opposition. Gewiß, die »Tonangebenden« werden sich etwas Neues auszudenken haben. Aber die Gegner der Mode werden zu ihrem Ärger feststellen müssen, daß sie es nun sind, die in dem Seltenheitsspiel auffallen und durch ihre Weigerung mitzutun eine ihnen höchst unwillkommene Aufmerksamkeit erregen. Meist wird ein Punkt erreicht, an dem selbst die konservativsten und verknöchertsten nachgeben. Auch sie werden sich schließlich die Haare pudern oder eine Perücke tragen, werden sich ihre Bärte abrasieren oder eine schwarze Halsbinde umlegen, um nur nicht angestarrt zu werden.

Zugegeben, bis es dazu kommt, wird die Mode gewöhnlich ihre übertriebensten Auswüchse abgestreift haben, und die Wellen werden nicht mehr so hoch schlagen. Trotzdem bleibt es eine Tatsache, daß etwas, was ein Geck erfunden haben mag, um anderen Gecken zu imponieren, eine Modetendenz auslösen kann, die der gesamten Gesellschaft ihren Stempel aufdrückt.

Daß es auch in der Kunst ein Element des Wettbewerbs gibt, das den Zweck hat, die Aufmerksamkeit auf den Künstler oder seinen Auftraggeber zu lenken, bedarf keiner umständlichen Beweise. Die folgenden Ziffern über die Höhen der gotischen Kathedralen in Frankreich sprechen für sich selbst: »Die Wölbung der im Jahre 1163 begonnenen Kathedrale *Notre Dame de Paris* erreichte eine Rekordhöhe von 34 m 94 cm überm Erdboden. Chartres übertraf Paris in 1194, indem es schließlich eine Gesamthöhe von 36 m 51 cm erreichte. Im Jahre 1212 begann der Bau von Rheims, der sich bis zu 38 m erheben sollte. Amiens brachte es auf 42 m 30 cm. Das Streben, den Rekord zu brechen, erreichte seinen Höhepunkt im Jahre 1247 im Chor von Beauvais, der plangemäß in einer Höhe von 47 m 85 cm über dem Erdboden eingewölbt werden sollte – dessen Wölbungen aber im Jahre 1284 einstürzten.«[14]

Die Ziffern sprechen eine beredte Sprache: Man baute um die Wette. Jede Stadt muß gewußt haben, wie hoch der bisherige Rekord war. Sie zeigen uns aber auch, daß Wettstreit in der Kunst nicht notwendig etwas Schlechtes ist. Auf dem Jahrmarkt der Eitelkeiten gibt es wunderbare Gebilde, die

[14] Jean Gimpel, The Cathedral Builders. New York 1961, S. 44.

ihre Anregung dem Wunsch verdanken, es anderen zuvorzutun, und es gibt große Kunstwerke, die sicher aus dem Wunsche der Künstler entsprangen, mit anderen Meistern zu wetteifern und die besten unter ihnen zu besiegen[15]. Es ergibt sich hier nochmals aus der Logik der Situation, daß ein an sich hohes Niveau noch höher getrieben werden kann. Schließlich sind auch übertriebene Moden durchaus nicht immer unkleidsam, was immer die Moralisten dazu sagen mögen; und wenn die Pariserin in dem Rufe steht, einen »natürlichen Chic« zu besitzen, so kommt das selbstverständlich daher, daß sie es eben gelernt hat, sich so hübsch wie möglich zu machen. Aber hier stoßen wir an die Grenze dessen, was sich voraussagen läßt. Denn es ist andererseits auch klar, daß der Wettbewerb um die Aufmerksamkeit zu dem unbeabsichtigten Resultat führt, daß das, was man früher getan hat, im Wert sinkt. Das ist ganz besonders der Fall, wenn es sich um Methoden der Betonung handelt, denn Betonung ist ein Spezialfall des Wunsches, die Aufmerksamkeit zu erregen. Die Ornamentik unterliegt besonders oft solchen inflationären Tendenzen. Es ist bekannt, daß in der Gotik der Wunsch, bestehenden Zierat an Reichtum des Details, der in spätgotischer Zeit so geschätzt war, zu übertreffen, allmählich zu den »Exzessen« des Flamboyantstils führte. Eine ähnliche Tendenz führte von der Tradition der Renaissance zu den Exzessen – wenn man es so nennen kann – der »überladenen« Ornamentik des Barock- und Rokokostils.

Im 19. Jahrhundert hat man versucht, diese wiederholt beobachteten Abläufe psychologisch zu erklären, das heißt als einen Prozeß der Abstumpfung durch Wiederholung, einen Überdruß gegenüber Formen, die man schon so oft gesehen hat, daß sie einem nichts mehr sagen, so daß ein stärkerer Reiz notwendig wird[16]. Gewiß gibt es solche psychologischen Tendenzen. Auf einem anderen Gebiet kennt man nur zu gut das Problem des Süchtigen, der immer stärkere Dosen seines Rauschgifts braucht, um den gewünschten Effekt zu

---

[15] Vgl. meinen Aufsatz ›Der Fortschrittsgedanke im Kunstleben der Renaissance‹, in: Die Kunst der Renaissance I. Norm und Form. Stuttgart 1985, S. 11 bis 23.
[16] Adolf Göller, Zur Ästhetik der Baukunst (1887). Zusammenfassend zitiert in: Cornelius Gurlitt, Die deutsche Kunst des neunzehnten Jahrhunderts. Berlin 1899, S. 491.

spüren. Aber auch hier mag ein logisches Element zu der Tragödie beitragen. Die Gewöhnung schafft ein Erwartungsniveau, das zu einem neuen »Normalzustand« wird, über den man »hinaus« will.

Wie dem auch sein mag, es gibt eine Menge Beispiele von Inflation außerhalb des Gebiets der Kunst, bei denen das Vorherrschen der Situation als solcher außer Zweifel steht. Sehr klar ist das bei Orden und Auszeichnungen. In einer stabilen Gesellschaft wird es niemandem »fad« vorkommen, eine seltene Auszeichnung zu empfangen. Aber sobald Inflation einsetzt, führt sie zur Entwertung des ganzen Systems. Aus diesem Grunde erregte zum Beispiel in England die Verleihung von Auszeichnungen an die Beatles unliebsames Aufsehen. Man fürchtete eben die Folgen eines solchen Präzedenzfalls.

In der Armee Hitlers gab es im Zweiten Weltkrieg eine besonders rapide Inflation dieser Art. Am Anfang des Krieges war das Eiserne Kreuz die deutsche Auszeichnung für Tapferkeit. Bald gab es darüber das »Eiserne Kreuz mit Schwertern«, das wieder vom »Eisernen Kreuz mit Eichenlaub und Schwertern« übertroffen und schließlich vom »Eisernen Kreuz mit Schwertern und Diamanten« in den Schatten gestellt wurde. Jeder neue Zusatz drückte natürlich die Empfänger der früheren Auszeichnung um eine Stufe herab, und der Empfänger der letzten fragte sich wohl auch, was für neue Zusätze der nächste Held erhalten würde.

Dieses Beispiel macht das Dilemma, das mit jedem Streben nach besonderer Emphase verbunden ist, besonders deutlich und leitet damit hinüber zu dem Kernproblem des ganzen Komplexes, dem Problem der Sprache. In der Korruption der Sprache sind, glaube ich, beide Elemente, die wir besprochen haben, am Werk und dazu noch einige andere. Wenn wir uns der Terminologie Bühlers bedienen[17], die in der Sprache zwischen der Kundgabefunktion, der Auslösefunktion und der Darstellungsfunktion unterscheidet, so wirkt sich im allgemeinen der Einfluß der Mode hauptsächlich auf die erste Funktion aus, indem er die Aufmerksamkeit auf den Sprecher lenkt. Hierher gehört der affektierte Gebrauch »ausgefallener« Wörter. Wir haben alle schon öfter erlebt, wie gewisse Ausdrücke erst einmal als »smart« gelten und

[17] Karl Bühler, Sprachtheorie. Jena 1934.

dann immer mehr allgemein in Umlauf kommen, bis sie schließlich von anderen abgelöst werden oder in den allgemeinen Sprachschatz eingehen. Dieser Umsatz von Wörtern ist bei allen städtischen Bevölkerungen rapid. Zur Zeit Horaz' scheint in Rom die Berechtigung von Neuprägungen eine vieldiskutierte Frage gewesen zu sein: »Wenn es nötig sein sollte, bisher verborgene Dinge mit neuen Namen zu bezeichnen, ... wird die Erlaubnis dazu gegeben werden, vorausgesetzt, daß dies in bescheidenem Umfang geschieht. ... Es war immer erlaubt, und wird es auch weiter bleiben, Wörter neuester Prägung zu gebrauchen. Wie die Wälder ihre Blätter erneuern, wenn das Jahr zu Ende geht und die alten Blätter fallen, beenden auch greise Wörter ihr Dasein, und neugeborene Wörter blühen und gedeihen wie junges Leben. ... Alles, was von Menschen geschaffen ist, muß vergehen, und auch der Glanz und das Ansehen der Sprache wird nicht bestehen. Viele Wörter, die versunken sind, werden wieder aufleben, und andere, die heute in Ehren gehalten werden, werden versinken, wenn der Sprachgebrauch es fordert, denn der Sprachgebrauch ist Schiedsrichter und entscheidende Norm der Sprache.«[18]

Allerdings spielt in der hier beschriebenen fließenden Sprachveränderung das Modeelement des »Imponieren-Wollens« eine ziemlich untergeordnete Rolle. Andererseits ist es durchaus möglich, daß auch die Auslösefunktion unterhöhlt wird – denken wir an die Fabel vom Hirtenjungen, der öfter, als gut für ihn war, aus Mutwillen »Hilfe! Der Wolf kommt!« rief. Vom Standpunkt der Situationslogik ist aber sein eigenes, trauriges, wenn auch selbstverschuldetes Schicksal weniger interessant als das der anderen Hirtenjungen, deren Warnungsrufe durch ihn wirkungslos geworden waren. Wie konnten sie von nun an den Dorfbewohnern klarmachen, daß ihr Hilferuf nicht ein dummer Scherz war?

Entwertung durch Inflation geht gewöhnlich vom Wunsch nach Steigerung und emphatischer Betonung aus, den wir bei den »Eisernen Kreuzen« beobachten konnten. Im Sprachlichen hat dieser Vorgang tatsächlich eine mehr als oberflächliche Ähnlichkeit mit der Währungsverschlechterung. Wörter, die ursprünglich für Ausnahmefälle geprägt

---

[18] Ars poetica, Z. 48 ff. Übers. in Anlehnung an die engl. Übers. v. H. Rushton Fairclough in der Loeb Classical Library, London 1947.

worden waren, um höchste Emphase auszudrücken, wandeln sich beinahe über Nacht zur Scheidemünze der Marktschreier oder der Halbwüchsigen. Dabei kommt es nicht darauf an, ob wir Ankündigungen wie »Einmaliges Angebot!«, »Riesenerfolge« oder »Unerhörte Sensationen« als Signale auffassen, die sich gegenseitig überschreien und dabei ihre Wirung abstumpfen, oder als Beschreibungen. In beiden Fällen fallen sie einem selbstzerstörerischen Effekt zum Opfer, wie in dem wahren Beispiel einer Zahnpasta, die in drei Größen verkauft wurde: »Groß«, »Jumbo« und »Mammut«. »Groß« bedeutete buchstäblich die kleinste erhältliche Tube. Eines ist sicher: Unter solchen Umständen hat es keinen Sinn, die anderen überschreien zu wollen. Die einzige Möglichkeit, die einem vernünftigen Menschen übrigbleibt, ist betonte Sachlichkeit und Nüchternheit als ein Versuch, zum ursprünglichen Goldstandard zurückzukehren[19]. Wenn wir uns vornehmen, nur solche Dinge groß zu nennen, die wirklich groß sind, können wir vielleicht wieder einen Zustand erreichen, in dem die Verständigung möglich ist.

Popper hat oft darauf hingewiesen, daß jeder einzelne für die Klarheit der Ausdrucksweise eine große Verantwortung trägt, weil die Sprache, wie jede gesellschaftliche Institution, sehr leicht korrumpiert werden kann[20]. Ihre besondere Verwundbarkeit ergibt sich aus der Tatsache, daß die Einführung eines jeden neuen Wortes oder auch die Anwendung eines Wortes in einer neuen Bedeutung im ganzen Instrument der Sprache eine feine, aber dauernde Veränderung bewirkt[21].

Denn jedes neue Wort erzeugt eine Alternative und erhöht dadurch die dem Benutzer der Sprache zur Verfügung stehenden Ausdrucksmöglichkeiten. Von da an bedeutet die Verwendung eines der beiden Wörter (sei es das alte, sei es das neue) die Ablehnung des anderen, und der Empfänger einer Mitteilung wird dieses neue Element bei seiner Beurteilung in Betracht ziehen müssen. Als man anfing, statt Automobil meist Auto oder auch Wagen oder Kraftwagen zu sagen, änderte das Wort Automobil nicht seine Bedeutung,

---

[19] Vgl. meinen Aufsatz ›Verhaltensrituale und Ausdrucksgebärde in der Kunst‹, in: Bild und Auge. Stuttgart 1984, S. 63–77.
[20] Popper, Offene Gesellschaft, Bd. 2, S. 50, 389 und ›Theory and Tradition‹, in: Conjectures and Refutations, bes. S. 135.
[21] Vgl. mein Buch Kunst und Illusion. Köln 1967, Kap. 11.

aber in gewissen Zusammenhängen klang es eher ungewohnt oder affektiert. Sobald aus einem Barbier ein Friseur wurde und aus dem Mistbauer meiner Jugend in Wien die städtische Müllabfuhr, klang die frühere Bezeichnung oft nicht nur altmodisch, sondern auch weniger fein. Einer der Gründe, warum es so schwer ist, eine Sprache gut genug zu beherrschen, um den Stil eines Autors würdigen zu können, ist ja, daß man wissen muß, was die von ihm getroffene Wahl zwischen ihm zur Verfügung stehenden Ausdrücken besagt. Im Deutschen muß man zum Beispiel wissen, daß Haupt und Kopf zwar denselben Körperteil bezeichnen, daß aber Kopf der gewöhnliche Ausdruck ist und Haupt der gehobenen oder poetischen Sprache angehört. Inwieweit wir in einem bestimmten Fall das Wort Haupt als angemessen oder als gespreizt empfinden, wird unter anderem von unserer Vertrautheit mit den verschiedensten Sprachgewohnheiten abhängen. Aber auch unser Sprachgefühl läßt uns im Stich, wenn uns die Generation und die Herkunft des Sprechers, seine soziale Stellung oder der engere Kreis, zu dem er gehört, nicht bekannt sind. Dadurch, daß sie kleine Wellenkreise von Unsicherheit um sich verbreiten, bedrohen neue Wörter jenes Gefühl für feine Nuancen, das die wichtigste Grundlage für eine kultivierte Ausdrucksweise darstellt. So ist es nicht erstaunlich, daß diejenigen, denen ihre Sprache sehr am Herzen liegt, Neologismen besonders scharf verurteilen. Denn durch jede Neuprägung wird der Wert der schon bestehenden Wörter irgendwie herabgesetzt. Leider ist es jedoch wesentlich leichter, Sprachreinheit zu predigen, als ihre Befolgung durchzusetzen. Daher sind Sprachpuristen und Klassizisten nicht selten auch Anhänger autoritärer Systeme.

Niemand hat die Zusammenhänge zwischen einer Furcht vor Neuerungen und einer autoritären Ideologie gründlicher durchleuchtet als Popper. Angefangen von der Zeit, in der Platon alle Neuerungen in der Musik verdammte, kann man tatsächlich feststellen, daß Konservativismus in Sprache und Kunst oft mit einem strengen Regiment liiert ist. Entrüstungsschreie wie »Das widerspricht den guten Sitten!« und »Das sollte man verbieten!« können wir zwar nicht billigen, aber wir können sie verstehen, wenn es sich um eine Bedrohung der Sprache handelt. Aus dem Wunsch, Veränderungen in Sprache und Kunst einzudämmen, entstanden in vielen Ländern »Königliche Akademien«. Sie dienten einer Sprache, die an sich gut war. Aber das Opfer, das eine solche »Stabilisierung der Währung« gefordert hätte, war, wie auch sonst so oft, zu groß.

Ähnlich verlief die Sache bei allen Versuchen, Mode und Wettbewerb in freien Gesellschaften einzuschränken, wie etwa bei den Luxusgesetzen mittelalterlicher Stadtobrigkeiten, die uns heute so bizarr erscheinen, oder bei ihren Beschränkungen der Höhe von Gebäuden und anderen Formen großtuerischer Verschwendung. Es scheint, daß sich solche Dinge nur durch die Mittel eines Polizeistaats im Zaum halten lassen.

Aus dem Vorhergehenden läßt sich meines Erachtens die Hoffnung ableiten, daß die Situationslogik und die Nullmethode wenigstens teilweise imstande sein werden, die Lücke zu schließen, die Poppers vernichtende Kritik des Historizismus und seiner unabänderlichen historischen Gesetze in die Methodik des Studiums von Bewegungen und Trends gerissen haben.

Die beste Möglichkeit, diese Methoden zu überprüfen, bietet wohl das Studium der Sprache selbst, und wir können in diesem Zusammenhang kaum etwas Besseres tun, als uns an die antiken Autoren und Redner zu halten. Diese scharfsinnigen und feinfühligen Kenner sprachlicher Probleme haben uns eine reiche Vielfalt von aufschlußreichen Beispielen über rhetorische Inflation und ihre Konsequenzen hinterlassen. Über die Gründe unserer Freude an Neuheit und Abwechslung in der Kunst der Rede sagt etwa Quintilian sehr treffend: »Neue Wendungen und Abwechslung in der Rede erregen Gefallen, und alles Unerwartete erhöht unseren Genuß. Das hat dazu geführt, daß wir alle Schranken durchbrochen haben und durch übergroßes Haschen nach Effekt seinen Reiz zunichte gemacht haben.«[22]

Zur Zeit, als Quintilian dies schrieb, war die Einführung von Glanzeffekten ein in der Rhetorik viel diskutiertes Problem. Viele Lehrer waren von dem sogenannten »asiatischen Überschwang« derart angewidert, daß sie eine Rückkehr zu

---

[22] »Est enim grata in eloquendo novitas et emutatio, et magis inopinata delectant. Ideoque iam in his amisibus modum et gratiam rei nimia captatione consumpsimus.« Institutio Oratoria, VIII, vi, 51. Übers. in Anlehnung an die engl. Übers. v. H. E. Butler in der Loeb Classical Library, London 1959.

»attischer Reinheit« forderten[23]. »Die Fanatiker unter ihnen«, meinte Quintilian, »vermeiden und verachten alle gefälligen Effekte in ihrer Ausdrucksweise und billigen ausschließlich das Einfache, Schmucklose und Ungezwungene.« Er vergleicht sie mit Menschen, die sich so fürchten, hinzufallen, daß sie nie vom Boden aufstehen, und fragt: »Ist ein gutes Epigramm wirklich ein solches Verbrechen?« Zugegeben, die Redner der alten Zeit hätten nichts dergleichen verwendet. Aber bis wann rechne man die »alte Zeit«? Selbst Demosthenes habe Neuerungen eingeführt. Wie könne man Cicero billigen, wenn man der Meinung sei, daß alles genauso sein müsse wie zur Zeit von Cato und den Gracchen? Und dabei sei vorher die Sprache noch einfacher gewesen. »Ich selbst betrachte solche Glanzlichter als die Augen der Beredsamkeit. Ich würde es auch nicht gerne sehen, daß der ganze Körper voller Augen wäre, denn dann müßten die anderen Teile des Körpers zu funktionieren aufhören. Wenn ich wirklich gezwungen wäre zu wählen, würde ich die rauhe Einfachheit der Alten der neuen Zügellosigkeit vorziehen. Aber auch hier gibt es, wie in anderen Dingen des Lebens, einen Mittelweg.«[24]

Es gibt noch eine andere Stelle, die vielleicht noch wichtiger für uns ist, in der Quintilian mit Geist und Humor über die Ähnlichkeit von Sprache und Mode spricht und daraus für sich selbst Konsequenzen zieht.

Obwohl er hundert Jahre nach Cicero als Lehrer wirkte, war Cicero für ihn nach wie vor das unerreichte Vorbild aller Redner. Er war jedoch bereit, zuzugestehen, daß man den Kritikern Ciceros in einem Punkt recht geben müsse: Die Anwendung einer etwas größeren Anzahl von Epigrammen als die, die der Meister einzuflechten pflegte, würde den Genuß, den eine Rede geben könne, noch erhöhen. Er fährt dann fort: »Das ist durchaus möglich, ohne daß man dadurch mit unseren Argumenten und Behauptungen in Widerspruch geraten muß, vorausgesetzt allerdings, daß diese Glanzlichter mit Maß gebraucht werden und nicht in ununterbrochener Folge, wodurch sie sich selbst um ihre Wirkung bringen würden. So viel will ich zugestehen, aber wei-

[23] J. F. d'Alton, Roman Literary Theory and Criticism. New York 1931. Ich besprach gewisse Folgen dieses Streits in ›Die Historiographie des Manierismus. Der geschichtliche Hintergrund‹, in: Renaissance I, S. 130–139.
[24] Institutio, VIII, v, 34.

ter soll man nicht in mich dringen. Ich schicke mich in die Zeit insofern, als ich keine Toga aus rauhem Zeug trage, aber ich gehe nicht so weit mit, daß ich eine seidene Toga tragen würde; ich lasse mir die Haare schneiden, aber nicht kunstvoll frisieren und kräuseln.«[25]

Do tempori: Ich schicke mich in die Zeit, ich unterwerfe mich der Mode. In dieser knappen Formulierung präzisiert Quintilian seine persönliche Stellungnahme zu Situationen, die mit dem Problem des »Zeitgemäßen« zusammenhängen, dessen Gefangener jedermann ist. Gewiß: Er hätte sich nicht zu beugen brauchen. Er hätte sich weigern können, Epigramme in seine Reden einzuflechten oder sich die Haare schneiden zu lassen, und niemand hätte ihn gehindert, eine Toga aus rauhem Stoff zu tragen. Aber er fürchtete, auf diese Weise erst recht aufzufallen, und das unliebsamste war für ihn der Gedanke, als affektiert zu gelten. Daher wählte er den Mittelweg: Er machte nicht alles mit, was *dernier cri* war, aber er stemmte sich nicht gegen Dinge, die allgemein akzeptiert waren. Eine durchaus rationale Einstellung.

Kritische Antithesen in der Kunst

Das Problem Quintilians, das Problem des ständigen Wechsels und der damit so oft verbundene peinliche Zwang zur Stellungnahme, dürfte ein Problem der »offenen Gesellschaften« sein. Womit nicht gesagt sein soll, daß in den geschlossenen Gesellschaften primitiver Stämme Stiländerungen nie vorkommen. Aber gewöhnlich gehen dort solche Änderungen allmählich und sozusagen unmerklich vor sich; sie sind nicht etwas, was man diskutiert oder was einen zwingt, Partei zu ergreifen. Wo der Brauch souverän ist und einheitliche Maßstäbe gelten, wird Neues gewöhnlich abgelehnt; wenn man früher Togas aus rauhem Zeug getragen hat, wird die nächste Generation dasselbe tun. Zumindest werden neue Moden oder Stile nicht mit großem Aplomb eingeführt werden.

Aber in offenen Gesellschaften können sich alle Abweichungen von überkommenen Verhaltensweisen zu Problemen entwickeln. Wir alle kennen nur zu gut jene Art Dilem-

[25] Ebd., XII, x, 47.

ma, das sich aus der Logik gewisser Situationen ergibt. An sich würde es uns vermutlich nicht viel ausmachen, an einem kalten Tag, sagen wir, den Straßenkehrer aufzufordern, mit uns zu essen. Was uns von dieser lobenswerten Tat abhält, ist jedenfalls nicht dieselbe Art bindender sozialer Tradition, die eine solche Handlung für einen Brahmanen undenkbar machen würde. Der Grund, warum wir es vermutlich nicht tun werden, ist eher das Bewußtsein, daß es bei dem einen Mal nicht bleiben würde, selbst wenn wir ein andermal weder Zeit noch Lust hätten. Wenn wir die Einladung nicht wiederholen, wird sich der arme Mann fragen, ob er etwas falsch gemacht habe. Sollten wir, um diesen unbeabsichtigten Eindruck zu vermeiden, ihn nochmals hereinholen, sind wir auf dem besten Wege, daraus eine Gewohnheit zu machen, die mit der Zeit nicht mehr gebrochen werden kann, weil dann eine Unterlassung der Einladung als Verweigerung gedeutet wird.

Bis zu einem gewissen Grade handeln wir alle wie furchtsame Beamte, die einem gerne helfen würden, aber Angst haben, einen »Präzedenzfall« zu schaffen. Und man muß zugeben, daß eine solche Angst aus der Logik der Situation heraus nur zu berechtigt ist. Wenn man einmal eine Ausnahme macht, mögen die Gründe noch so zwingend sein – sagen wir, daß wir einen begabten Studenten immatrikulieren lassen, obwohl seine Papiere nicht ganz in Ordnung sind –, erschwert man nicht nur sich selbst, sondern auch seinem Nachfolger für alle Zeiten die strikte Befolgung der geltenden Vorschriften. Kein Wunder, daß derartige Konzessionen oft unter der Bedingung gemacht werden, daß niemand davon erfahren dürfe. Eine Regel, von der man weiß, daß sie durchbrochen wurde, ist eine Regel, die gebrochen werden kann. Noch schlimmer ist aber, daß, wer sich einmal hat erweichen lassen, doppelt hart erscheint, wenn er sich weigert, es ein andermal wieder zu tun. Solange es keine Alternative gab, gab es auch keinen Grund zur Klage; aber sobald die Existenz einer Alternative einmal zugegeben wurde, ist die Klage nur zu berechtigt.

Hier kommt noch eine psychologische Tatsache dazu: Eine Erwartung, die enttäuscht wurde, macht anscheinend einen viel tieferen Eindruck als eine erfüllte Erwartung. Es ist durchaus möglich, daß diese stärkere Wirkung des Negativen mit der Bedeutung negativer Erfahrungen im Kampf ums Dasein zusammenhängt, die Popper uns sehen gelehrt hat.

Es gibt unzählige Redensarten, die auf die Gefahr hinweisen, eine Situation zu schaffen, aus der man nicht mehr leicht heraus kann. »Wo würde das hinführen?« sagt der sich weigernde Bürokrat. In Österreich drückt man sich noch deutlicher aus: »Fang dir nichts an, du kannst dir das nicht einführen.«

Das »das«, von dem in solchen Fällen die Rede ist, ist immer das Entstehen einer neuen Tradition, die zur Wiederholung einer Handlung oder einer Vergünstigung zwingt, die als etwas Einmaliges gedacht war.

Der Zusammenhang zwischen diesem Problem und dem der Inflation ist klar. Was als Ausnahme einen besonderen Effekt zu machen bestimmt war, wird zur Norm und muß überboten werden, wenn der Effekt erhalten bleiben soll. Wenn man jemand einmal eine Weihnachtskarte geschrieben hat, wird er jede Weihnachten eine erwarten, und wenn er keine bekommt, wird er beunruhigt oder enttäuscht sein. Es wäre auch nicht viel anders, wenn man im Anfang am Ersten jeden Monats, an jedem Sonntag oder jeden Tag geschrieben hätte. Es handelt sich eben nicht um die Häufigkeit, sondern um die Abweichung von einem eingebürgerten Rhythmus.

Unsere Reaktionen auf Kunstwerke sind nun ganz besonders stark beeinflußt von der Erfüllung unserer Erwartungen oder ihrer Enttäuschung[26]. Damit verbunden ist einerseits die große Bedeutung von festen Normen auf diesem Gebiet und andererseits die Gefahr der Inflation, die im vorigen Abschnitt besprochen wurde. Aber wie sehr auch dieser Umstand sich oft zugunsten von Klassizismus und Konservativismus geltend macht, kann er doch das Aufkommen neuer Ideen nicht verhindern und damit das Entstehen von Präzedenzfällen, die die ganze Situation unwiderruflich von Grund auf umgestalten.

So ist es nicht erstaunlich, daß solche neuen Ideen die Gemüter wirklich erhitzen können, und zwar sowohl auf der Seite derer, die am Alten festhalten wollen, als auch der der Neuerer, die eine neue Tradition begründen wollen. Der Kunsthistoriker, der sich mit Stilwandlungen in offenen Ge-

---

[26] Vgl. meine Meditationen über ein Steckenpferd, Registerstichwort »Erwartungen«.

sellschaften befaßt, kennt viele Situationen dieser Art. Die Neuerer scharen sich um ihr Banner, und zwischen ihnen und den Gegnern der »Revolution« entbrennt ein hitziger Kampf, der oft die ganze Welt der Kunst in seinen Bann zieht.

Das Maß von Haß und gegenseitiger Verachtung zwischen den beiden Lagern läßt sich oft nur mit dem Eifer religiöser Fanatiker vergleichen. Für die klassischen Dramatiker Frankreichs war die Gültigkeit der aristotelischen Einheiten von Ort, Zeit und Handlung etwas Unverbrüchliches und ihre Mißachtung ein Ärgernis und eine Barbarei. Für die Anhänger Shakespeares, die entschlossen waren, diese Hochburg des Konservativismus zu brechen, waren die Einheiten ein rotes Tuch. Für Verfechter idealer Schönheit in der Malerei waren die »Naturalisti«, die zur Schule Caravaggios gehörten[27], gefährliche subversive Elemente: Dem spanischen Kunstschriftsteller des 17. Jahrhunderts, der erklärte, Caravaggio sei der Antichrist der Kunst[28], war es damit todernst. Zu Ende des 19. Jahrhunderts herrschte in Wien unversöhnliche Feindschaft zwischen den Anhängern Wagners und denen von Brahms. Als einmal Hugo Wolf in einer Gesellschaft begeistert von Brahms reden hörte, setzte er sich auf die Tastatur eines offenstehenden Klaviers und sagte: »So spiel' *i* den Brahms!«[29]

Diese und ähnliche Kämpfe in der Welt der Kunst drehten sich um gewisse Prinzipien, die ich »kritische Antithesen« nennen möchte. Nicht jede Herausforderung der Konvention entwickelt sich zu einem solchen Brennpunkt der Polarisation. Manche entgehen der Aufmerksamkeit oder werden nicht ernst genommen; andere wieder sind derart erfolgreich, daß die Opposition zusammenbricht, bevor sie Gelegenheit hatte, sich zu sammeln. Wenn wir zeitgenössischen Berichten glauben können, war dies das Resultat der Veröffentlichung von Cervantes' ›Don Quichotte‹, jener vernichtenden Satire auf Amadis von Gaulla und ähnliche Ritterro-

[27] G. B. Bellori wandte diesen Ausdruck in seiner Idea 1672 auf die Nachfolger von Caravaggio an. Übers. ins Engl. in: Elizabeth Holt, A Documentary History of Art. New York 1958, Bd. 2, S. 103. Soviel ich weiß, ist dies das erste Mal, daß eine künstlerische Richtung als ein »-ismus« bezeichnet wurde.
[28] Vincenzio Carducho, Dialogos de la pintura. Madrid 1633. Engl. in: Holt, Documentary History, Bd. 2, S. 209.
[29] Meine Mutter, die dabei war, erzählte mir von diesem Zwischenfall.

mane. Es wäre durchaus möglich gewesen, daß die gebildete Welt für und gegen Amadis Partei ergriffen hätte. Aber anscheinend wurde dieses Überbleibsel einer mittelalterlichen Tradition mit einem Schlag tödlich getroffen: Nicht eine einzige Nachahmung der Amadisromane erschien nach ›Don Quichotte‹, aber dafür unzählige Fortsetzungen und Nachahmungen von Cervantes. Eine neue Mode hatte am Jahrmarkt der Eitelkeiten triumphiert.

Gewisse Aspekte der Stilgeschichte lassen sich tatsächlich als solche Triumphe beschreiben, die manchmal nach vorangegangenem Kampf und manchmal ohne Widerstand zustande kamen. Die Verbreitung der Renaissance war die Unterwerfung ganz Europas unter die Parole »all'antica«. Der Sieg des Klassizismus war der Triumph des Ideals der »edlen Einfalt«, das Winckelmann auf seine Fahne geschrieben hatte, über die verspielte Überladenheit des Rokokostils. Der Klassizismus erlag seinerseits der Modebewegung der Romantik, die Abwechslung und Originalität auf ihre Fahnen geschrieben hatte, und diese wieder wurde von Realismus und Impressionismus übertrumpft, die sich auf »Wissenschaftlichkeit« beriefen.

Historiker, die bestrebt sind, solche Wandlungen zu ihren Anfängen zurückzuverfolgen, sollten sich meines Erachtens besonders dafür interessieren, die kritischen Antithesen, die zur Polarisation führen, sozusagen in statu nascendi zu beobachten. Eine Stelle aus den Memoiren eines englischen Malers, der vor dem Ersten Weltkrieg unter den Künstlern der Avantgarde in Paris verkehrte, veranschaulicht recht gut die Art der historischen Dokumentation, die mir vorschwebt. Auch wenn man den Bericht nicht als hundertprozentige Wahrheit ansieht, kennzeichnet er doch epigrammatisch jenes Element des Stilwandels, das ich hier unter dem Schlagwort »Jahrmarkt der Eitelkeiten« subsumiert habe: »Bei meinen wiederholten Besuchen in Paris zu Anfang dieses Jahrhunderts pflegten meine Künstlerfreunde im Quartier Latin mir zu erklären, nur meine schlechten und schlampigen Sehgewohnheiten seien daran schuld, daß mir manches an ihren Bildern sonderbar vorkomme. Wenn ich daraufhin schüchtern bemerkte, Schatten seien doch grau und nicht violett, meinten sie: ›Das kommt dir nur so vor, weil du deine Augen nicht aufmachst‹, und wenn wir dann zusammen die Boulevards entlangschlenderten ..., entdeckte ich, daß sie recht hatten und ich unrecht.

Aber zehn oder zwölf Jahre später mußte ich feststellen, daß die jungen Künstler ihre Einstellung zur Kunst total geändert hatten. Wenn ich etwa über das Sehen sprach, gingen sie überhaupt nicht darauf ein, sondern sagten: ›Ja, ja, gewiß; aber worauf es ankommt, ist doch nicht, daß man malt, was man sieht, sondern daß man malt, was man fühlt!‹ ...

Meine Freunde sprachen nicht viel über sichtbare Dinge, aber um so mehr über Ideen und Theorien. Ein neuer Ausdruck konnte eine Inspiration bedeuten, jedes neue Wort einen beglückenden Fund. Eines Tages begleitete ein Maler, den ich kannte, einen seiner Freunde, der Naturwissenschaften studierte, zur Sorbonne und hörte dort eine Vorlesung über Mineralogie. Von diesem Bildungsausflug brachte er ein neues Wort mit: das Wort *Kristallisation*. Es war ein magisches Wort, und das Schicksal wollte, daß es zu einem Talisman der modernen Malerei wurde. Einige Abende später saß ich mit ein paar Freunden in der *Closerie des Lilas* am Boulevard Saint-Michel. Ohne mir viel dabei zu denken, ließ ich die Bemerkung fallen, daß ich Velazquez sehr bewundere. ›Velazquez!‹ fiel mir der Extremste unserer kleinen Gruppe sofort ins Wort. ›Der hat doch überhaupt keine Kristallisation!‹ Er entwickelte ad hoc eine neue Kunsttheorie, die auf der These beruhte, daß der Kristall die Urform aller Dinge darstelle. Velazquez, so erklärte man mir, gehöre zu den ›sekundären‹ Malern, weil er gerundete, das heißt sekundäre Formen anwandte, Die ›primären‹ Maler (also die Künstler ersten Ranges) bewahrten die Schärfe der Kanten ihrer Flächen und betonten die Eckigkeit ihrer Körper.«[30]

Der Autor ist natürlich nicht frei von Vorurteilen, und man darf seine Behauptung, ein Wort, das ihnen zufällig untergekommen sei, habe die jungen Maler zu Cézanne geführt, nicht allzu ernst nehmen. Es war wohl umgekehrt ihr Bestreben, eine Alternative zum Impressionismus zu finden, die sie Cézanne entdecken ließ und sie trieb, nach einer neuen Theorie und einer neuen Parole zu suchen[31]. Und doch scheint mir, daß diese kleine Vignette vom Jahrmarkt der Eitelkeiten mehr besagt als so manche prätentiöse Geschich-

[30] Frank Rutter, Evolution in Modern Art. London 1926, S. 82 ff.
[31] Vgl. meinen Vortrag ›Psychoanalyse und Kunstgeschichte‹, in: Steckenpferd.

te der modernen Kunst, in der die Entstehung des Kubismus als ein Symptom eines neuen Zeitalters gedeutet wird.

Ich glaube, auch hier sollte sich der Historiker vornehmlich mit dem befassen, was Popper die Situationslogik nennt. Er befürwortet die Konstruktion von »individualistischen und institutionellen« Modellen[32], die uns gestatten, eine Situation vom rein soziologischen – im Gegensatz zum psychologischen – Standpunkt zu erfassen. Meines Erachtens besitzen wir schon ein fast ideales Modell einer solchen polarisierenden »kritischen Antithese«. Ich denke an Jonathan Swifts berühmte Beschreibung des Kriegs zwischen Liliput und Blefuscu. »Die Sache fing folgendermaßen an: Man ist sich darüber einig, daß man ursprünglich Eier am dickeren Ende aufschlug, um sie zu essen. Aber als der Großvater Seiner Majestät des jetzigen Kaisers noch ein Knabe war, wollte er einmal ein Ei essen, und als er es in der herkömmlichen Weise aufschlug, geschah es, daß er sich in den Finger schnitt. Daraufhin erließ der damalige Kaiser, sein Vater, ein Edikt, das unter Androhung schwerster Strafe allen seinen Untertanen befahl, Eier von nun an am schmalen Ende aufzuschlagen. Dieses Gesetz verdroß das Volk so sehr, daß es, wie die Chronisten berichten, aus diesem Grund zu nicht weniger als sechs Aufständen kam; dabei kam ein Kaiser ums Leben, ein anderer um seinen Thron. Diese Unruhen wurden die ganze Zeit von den Herrschern von Blefuscu geschürt. Und wenn sie niedergeschlagen wurden, suchten die Verbannten stets Zuflucht in deren Reich. Man hat ausgerechnet, daß elftausend Menschen zu verschiedenen Zeiten lieber den Tod litten, als daß sie sich bereit erklärten, Eier am schmalen Ende zu öffnen. Hunderte dicker Folianten sind über diese Streitfrage geschrieben worden: Aber die Bücher der Dick-Ender sind seit langem verboten und sie selbst von allen Ämtern ausgeschlossen. Im Zuge dieser Streitigkeiten ließen die Kaiser von Blefuscu nicht selten durch ihre Gesandten Vorstellungen machen, in denen sie uns anklagten, Ketzer zu sein, insofern als wir gegen eine grundlegende Doktrin unseres großen Propheten Lustrog verstießen, die im vierundfünfzigsten Kapitel des Blundecral (das ist der Name ihres Korans) niedergelegt ist. Aber das wird als eine Auslegung angesehen, die dem Text Gewalt

[32] Popper, Historizismus, S. 117.

antut; denn die Worte lauten: *daß alle Rechtsgläubigen ihre Eier am geeigneten Ende aufschlagen sollen.* Aber welches Ende das geeignete ist, sollte man nach meiner bescheidenen Meinung dem Gewissen jedes einzelnen überlassen oder doch wenigstens dem Ermessen des Vorsitzenden der Friedensrichter.

Letztlich haben die dickendigen Flüchtlinge am Hof des Kaisers von Blefuscu so viel Förderung genossen und gleichzeitig so viel Hilfe und Zuspruch von ihren Parteigenossen im eigenen Land, daß schon seit sechsunddreißig Monden ein blutiger Krieg zwischen den beiden Kaiserreichen mit wechselndem Glück im Gange ist. In dieser Zeit haben wir vierzig große Schlachtschiffe und eine viel größere Zahl kleinerer Fahrzeuge der Kriegsmarine verloren sowie dreißigtausend unserer besten Seeleute und Soldaten. Man schätzt, daß die Verluste des Feindes die unseren übersteigen.«[33]

Was Swift zu schreiben beabsichtigte, war zweifellos eine Parabel von menschlicher Torheit, eine Geißelung von Tollheit im psychologischen Sinn. Aber er hat mehr getan. Er erfand eine überzeugende Karikatur einer sozialen Situation, mit einer ihr eigenen inneren Logik. Für unsere Analyse können wir Swifts Bericht über Terror und Verfolgung außer acht lassen. Denn selbst ohne Zwang von außen kann man sich nicht leicht aus der Verlegenheit ziehen. Nicht nur der törichte Liliputaner ist hoffnungslos in den Eierstreit verstrickt. Selbst der gescheiteste seiner Landsleute muß, wenn er ein kernweiches Ei essen will, es irgendwo aufschlagen, und mag er sich auch drehen und wenden, kann er doch die Handlung nicht ihres Sinnes berauben, das heißt, sie wird ihn notwendig zum patriotischen Liliputaner oder zum Anhänger von Blefuscu stempeln. Und wenn er es mühsam in der Mitte öffnet, um seine Neutralität zu beweisen, läßt er sich von einer idiotischen Situation zwingen, selbst wie ein Idiot zu handeln. Dasselbe würde der Fall sein, wenn er sich entschlösse, überhaupt keine weichen Eier mehr zu essen; kaum eine sehr gute Lösung, besonders wenn er sie gern ißt. Überdies wären Situationen denkbar, etwa anläßlich eines offiziellen Frühstücks, in denen sein Ausweichversuch von beiden Seiten als ein Affront gedeutet werden würde. Vielleicht tut er noch am besten daran, sich verrückt zu stellen,

[33] Jonathan Swift, Gullivers Reisen. Kap. 3.

um damit seine Handlungen jeder sozialen Bedeutung zu entkleiden. Aber die Notwendigkeit, einen so verzweifelten Ausweg in Betracht ziehen zu müssen, unterstreicht nur den unerbittlichen Zwang einer Situation, in der es keine Möglichkeit gibt, sich auszuschließen.

Natürlich muß man aber auch vorsichtig sein und nicht zu viel zu beweisen suchen. Denn wenn alles genau so wäre, müßten alle kritischen Antithesen zu unlösbaren Konflikten führen, und der Eierkrieg würde nie ein Ende finden. Aber hier kommt vielleicht schließlich doch die Psychologie zu Worte; denn meist kommt eine Zeit, in der die Menschen das Interesse an alten Streitfragen verlieren, besonders wenn ihre Aufmerksamkeit durch neue Konflikte abgelenkt wird. Überdies stimmt es auch nicht ganz, daß selbst ein weiser Liliputaner nichts dazutun könnte, den Zwang der Situation zu brechen, besonders wenn er Swifts Talent besäße, das Lächerliche der ganzen Sache aufzuzeigen. Aber trotzdem bleibt es wahr, daß er sich irgendwie damit befassen muß, wenn er zu der Gesellschaft gehört, in der der Streit sich abspielt.

Manche Historiker neigen dazu, die Relevanz des ganzen Problems anzuzweifeln. Der Eierstreit, sagen sie, sei ja doch nur ein Vorwand, eine nichtssagende Nebensache im Vergleich zu der uralten Feindschaft zwischen Blefuscu und Liliput. Der Konflikt drehe sich in Wirklichkeit um Machtfragen und nicht um ein lächerliches Märlein, das man der Bevölkerung aufgebunden habe. Die Geheimarchive der beiden Nachbarinseln sind anscheinend unwiederbringlich verloren; aber man muß zugeben, daß diese Hypothese sehr plausibel klingt. Wenn die Bewohner von Blefuscu die Liliputaner nicht ohnehin gehaßt hätten, hätten sie wohl vom Edikt des feindlichen Kaisers überhaupt keine Notiz genommen und hätten seinen Gegnern nicht Vorschub geleistet. Aber unsere Analyse hätte uns auch nichts anderes erwarten lassen. Und das Bestehen dieser Feindschaft beweist in keiner Weise, daß nicht unabhängig davon eine eigenständige, explosive soziale Situation existierte, deren Ursache der polarisierende Eierstreit war. Dazu kommt, daß keine noch so gründliche Analyse der Interessenkonflikte zwischen den beiden Inselreichen es uns ermöglichen könnte, vorherzusagen, daß diese bestimmte Streitfrage auftauchen würde, und mindestens ebensowenig, welches der beiden Länder sich für das dicke und welches sich für das dünne Ende entscheiden würde. Das einzige, was man hätte vorhersagen können, wäre gewesen, daß in jeder etwa auftretenden Kontroverse die Lager sich nach den bestehenden Fronten zwischen den Parteien scheiden würden.

Übrigens erzählt Swift im selben Kapitel noch eine andere Geschichte – diesmal über die Innenpolitik von Liliput –, die diese Interpretation bestätigt. Zwei sich bekämpfende Parteien – die selbstverständlich den Whigs und den Tories oder den »Cavaliers« und »Roundheads« nachgebildet sind, unterscheiden sich durch ein Merkmal ihrer Kleidung. Dieses »Parteiabzeichen« ist so absurd, daß es nur willkürlich gewählt sein kann. »Seit etwa siebzig Monden gibt es in diesem Reich zwei sich bekämpfende Parteien, die nach der Höhe der Absätze an ihren Schuhen, durch welche sie sich voneinander unterscheiden, *Tramecksan* und *Slamecksan* genannt werden. Man behauptet, daß die Träger hoher Absätze am besten zu unserer altehrwürdigen Verfassung passen. Aber wie dem auch sei, habe Ihro Majestät beschlossen, in der Regierung nur die Träger niederer Absätze anzustellen und ebenso in allen Ämtern, deren Verleihung der Krone zusteht, wie man nicht umhin kann festzustellen. Ebenso steht fest, daß Seiner Majestät allerhöchste Absätze mindestens um ein *Drurr* niedriger sind als die seiner Höflinge (ein *Drurr* ist etwa ein vierzehntel Zoll). Die Feindschaft zwischen den beiden Parteien geht so weit, daß sie nicht miteinander trinken oder speisen, ja nicht einmal reden. Wir schätzen, daß die *Tramecksan* oder Hochgestöckelten uns zahlenmäßig überlegen sind; aber die Macht ist ganz in unseren Händen. Allerdings müssen wir befürchten, daß Seine Kaiserliche Hoheit, der Thronfolger, eine gewisse Neigung zu den Hochgestöckelten an den Tag legt; zumindest können wir beobachten, daß einer seiner Absätze deutlich höher ist als der andere, so daß er beim Gehen humpelt.«

Man kann sofort sehen, daß die beiden Geschichten nicht ganz gleich aufgebaut sind. In der Außenpolitik, wie beim Aufschlagen der Eier, gibt es nur die Wahl zwischen zwei Alternativen; in der Innenpolitik erstreckt sich ein Spektrum zwischen den beiden Extremen. Aber das Bestehen eines allmählichen Übergangs ändert nur wenig an der Logik der Situation. Jeder Liliputaner, der sich ein paar Stiefel machen läßt, kommt nicht darum herum, seinem Schuhmacher die heikle Frage zu beantworten, wie viele *Drurr* hoch seine Absätze sein sollen. Selbst wenn er, wie Quintilian, sich für eine mittlere Lösung entscheidet, muß er sich irgendwo entlang der Skala einstufen.

Es fällt nicht schwer, Anwendungen für diese Modelle auf dem Gebiet der Kunst zu finden. Die hervorstechendste »kritische Antithese« in der heutigen Malerei ist ein gutes Beispiel. Ich spreche natürlich von der umstrittenen Frage der »abstrakten Malerei«. Ob er will oder nicht, muß ein moderner Künstler in dieser Frage Partei ergreifen. Natürlich kann er sich weigern, ungegenständliche Bilder zu malen; aber er kann es nicht verhindern, daß in der heutigen Situation seine gegenständlichen Bilder als »nicht-ungegenständlich« erscheinen. Er mag sich noch so sehr nach der goldenen Zeit der Unschuld zurücksehnen, in der das Bild eines Apfels und eines Kruges nichts anderes bedeutete als einen Apfel und einen Krug. Aber solange diese kritische Antithese besteht, gibt es diesen Zustand der Unschuld nicht. Wenn er ein Stilleben malt, so bedeutet das unter anderem eine Stellungnahme in einem Streit, den er nicht gesucht hat. Und auch wenn er sich mit Worten gegen die Künstlichkeit dieses Gegensatzes richtet, zwingt ihn das nur, der Sache noch mehr Aufmerksamkeit zuzuwenden. Auch hier ist es naheliegend, die Spannung, mit der der Gegenstand geladen ist, Machtkonflikten zuzuschreiben. Denn im großen und ganzen kann man sagen, daß die geographische Grenze zwischen den aktivsten Vertretern der beiden Richtungen mit den Fronten des »kalten Krieges« zusammenfällt. Gewiß gibt es Ausnahmen, aber sie bestätigen nur die Regel. Es ist mehr politisch als künstlerisch interessant, daß in Polen und Jugoslawien die abstrakte Kunst gepflegt wird, um damit die Unabhängigkeit ihrer Regierungen von der offiziellen Parteidoktrin zu betonen, die sowohl in Rußland wie in China noch immer den sozialen Realismus fordert. Obwohl diese spezielle »kritische Antithese« also in dieser Weise in die politische Arena gezerrt wurde, wäre es trotzdem irreführend, die beiden Einstellungen gleichzusetzen. Es besteht kein innerer Grund, warum Kommunisten gegen abstrakte Kunst und nicht für sie sein sollten. Wie sehr sie auch jetzt bemüht sind, ihre Ablehnung im Sinne marxistischer Ästhetik zu rationalisieren, bleibt es doch eine Tatsache, daß in einer früheren Phase die Sowjetunion (in Malewitsch) einen Maler hatte, der eine extrem abstrakte experimentelle Richtung vertrat, die prompt von der Rechten als »Kulturbolschewismus« gebrandmarkt wurde.

Es versteht sich wohl von selbst, daß man aus der Tatsache, daß die Einstellung politischer Parteien in einem solchen Konflikt eine zufällige sein kann, nicht folgern kann, daß sie immer zufällig sein muß, und noch weniger, daß sie als zufällig empfunden werden muß. Es ist durchaus möglich, Gründe anzugeben, warum die Kunstpolitik der Sowjets vom Modernismus zum sozialen Realismus umschwenkte, ebenso wie man begründen kann, warum »experimentelle« Kunst auf der anderen Seite des Eisernen Vorhangs offiziell gefördert wird.

Möglicherweise wäre es schwer vorauszusagen gewesen, welche Partei in Liliput hohe Absätze tragen würde. Aber es leuchtet ein, daß die Angehörigen des Mittelstands im Englischen Bürgerkrieg für das lange Haar der »Cavaliere« nichts übrig hatten und somit den Namen »Rundschädel« erhielten, ebenso wie ihre noch radikaleren französischen Nachfolger zu »Sansculotten« wurden.

Die Hegelianer suchen nach dieser Art von einleuchtenden Zusammenhängen für die Erklärung von Stilen in der Kunst. Sie wollen die Eleganz der Gotik mit aristokratisch-höfischem Gebaren gleichsetzen und die darauf folgende realistische Reaktion mit dem harten Geschäftssinn des Bürgertums. Sie sind überzeugt, daß die Frivolität des Rokokostils die Dekadenz einer dem Untergang geweihten Aristokratie ausdrückt und die herbe Strenge des Klassizismus den Idealen der Klassen entspringt, die in der Französischen Revolution triumphierten. Man kann es den Historikern kaum übelnehmen, wenn die Primitivität und Trivialität solcher Deutungen ihren Skeptizismus wachruft[34]; aber obwohl die deterministischen Theorien des Hegelianismus und des Marxismus hier ebenso irreführend sind wie auf anderen Gebieten, kann man gleichzeitig ohne weiteres zugeben, daß auch in der Kunst die Vorkämpfer nicht immer unvoreingenommen sind. Es kommt vor, daß in künstlerische Streitfragen Komponenten eingehen, die mit sozialen oder politischen Spannungen verschmelzen.

---

[34] Vgl. meine Besprechung von Arnold Hausers ›Sozialgeschichte der Kunst und Literatur‹, in: Steckenpferd.

So wurde ein bestimmter Stil des Kirchenbaus als dem Protestantismus und ein anderer als dem Katholizismus entsprechend empfunden, und obwohl man heute nachgewiesen hat, daß die Vorstellung von einem besonderen Jesuitenstil, der der Glaubenspropaganda dienen sollte, unzutreffend ist[35], so bleibt es wohl eine Tatsache, daß die betonte Strenge der Protestanten in Fragen der Kunst einen Gegensatz darstellte, der das katholische Lager antrieb, die Wirkungen von Bildern und reicher Ornamentik für sich auszunutzen.

Es ist sogar durchaus möglich, daß die jungen Künstler des Jahres 1912, die sich um die Parole der »Kristallisation« scharten, sich einerseits vom Prestige der Wissenschaft vage angezogen fühlten und andererseits, wenn auch nicht klar bewußt, solche harten, kalten Formen mit einer antiromantischen Grundeinstellung in anderen Lebensfragen identifizierten. Anders ausgedrückt: Es kann vorkommen, daß solche »kritischen Antithesen« Symbole oder Metaphern für andere Gegensätze werden, die weniger scharf formuliert sind. Es kann, aber es muß nicht der Fall sein. Daher ist es ratsam, an diesem Punkt diesen Gedankengang nicht weiterzuverfolgen, um nicht am Ende von der Logik der Situation in den Morast psychologischer Spekulationen abgelenkt zu werden.

Kunst und technischer Fortschritt

Wenn es sich um Sprache oder Kunst handelt, fühlen wir uns prinzipiell berechtigt, die Einführung umstrittener Neuerungen zu beklagen und uns ihnen zu widersetzen (was uns allerdings nicht viel hilft). Auf anderen Gebieten gilt das nicht, denn wir sind uns klar darüber, daß manche Neuerungen wirkliche Verbesserungen darstellen können, die Leben retten und Leiden lindern helfen oder auch (hier denke ich an die Naturwissenschaften) uns der Wahrheit, die wir suchen, näherbringen. Wenn solche Ziele, über die im wesentlichen Einigkeit herrscht, vorhanden sind, ist es oft nicht schwer, vorauszusagen, welche Abweichungen vom Herkommen in einer rationalen Gesellschaft Annahme finden werden. Die Geschichte des technischen und wissenschaftli-

[35] Francis Haskell, Patrons and Painters. London 1963, Kap. 3.

chen Fortschritts ist daher gewissermaßen die Geschichte rationaler Entscheidungen in offenen Gesellschaften. Da Bronze erwiesenermaßen besser schneidet als Stein, Eisen besser als Bronze und Stahl besser als Eisen, gingen rationale Menschen sehr schnell zu den neuen, besseren Werkstoffen für ihre schneidenden Werkzeuge über, sobald sie erfunden beziehungsweise ihnen zugänglich waren[36]. Im selben Sinn spricht Popper von den sozialen Bedingungen, die den Fortschritt der Wissenschaft hindern oder zum Stillstand bringen können, wie etwa ein Verbot der Forschungsfreiheit[37]. Dagegen kommt es auch vor, daß gewisse Gesellschaften sich weigern, technische Verbesserungen zu übernehmen. Auch dies ist ein aktuelles Problem, denn es ist zum Beispiel oft gar nicht leicht, bessere landwirtschaftliche Methoden in den sogenannten Entwicklungsländern einzuführen. Ich zitiere aus einem unlängst gesendeten Rundfunkvortrag: »Sie haben noch nicht einmal die erste intellektuelle Hürde übersprungen, das heißt, sie sind noch nicht so weit, sich vorstellen zu können, daß Änderungen und Verbesserungen etwas Mögliches sind. Der jährliche Ablauf der landwirtschaftlichen Arbeiten ist aufs innigste mit dem ganzen Lebensrhythmus verbunden und nicht selten durch religiöse Vorschriften geregelt. Die Saaten müssen in einer bestimmten Weise gesegnet werden; man soll nicht vor dem Festtag eines bestimmten Heiligen mit dem Pflügen beginnen; das Ästen der Olivenbäume ist Männern vorbehalten; das Ernten der Oliven den Frauen usw. Jede Abweichung vom Herkommen erzeugt große Angst vor eventuellen furchtbaren Folgen. Auch Menschen, die in der wissenschaftlichen Kultur des Westens aufgewachsen sind, können für diese Dinge Verständnis haben. Ein Fruchtbarkeitszauber ist gewöhnlich viel eindrucksvoller als eine Düngung mit Ammoniumsulfat – und meist auch schöner und festlicher.«[38]

Genaue Analysen von Situationen, in denen Verbesserungen auf Widerstand stoßen, wären vielleicht ein ausgezeichnetes Mittel, Poppers »Null-Methode« auf ihre Eignung hin zu untersuchen, das Studium kultureller Zusammenhänge aus seiner Abhängigkeit von organizistischen Ganzheits-

[36] Vgl. meine Besprechung von Munro, Evolution, a. a. O. (Fußn. 12).
[37] Historizismus, Kap. 32.
[38] R. P. Dore, ›The Special Problem of Agriculture‹, in: ›The Listener‹, 9. 9. 1965, S. 367.

theorien zu befreien. Kurz gesagt handelt es sich um die Tatsache, daß Dinge oder Handlungen, die einer Vielzahl von Zwecken dienen, viel weniger leicht zu ändern und daher zu verbessern sind. Wie wir gesehen haben, kann man ein Schneidewerkzeug dadurch verbessern, daß man seine Schneide schärfer und härter macht. Aber ein Messer, das man auch als Papiermesser verwenden will, darf nicht zu scharf sein, denn sonst kann man leicht die Seiten des Buches beschädigen. Was in einer Beziehung eine Verbesserung bedeutet, macht das Werkzeug in einer anderen ungeeignet. Wenn dies schon bei so einfachen und vollkommen rationalen Zweckverbindungen der Fall ist, ist es leicht einzusehen, daß die Situation enorm viel schwieriger wird, wenn unter den Zwecken auch solche vorkommen, die mit Affekt geladen sind. Man erzählt, daß Picasso eine Zeitlang die Gewohnheit hatte, jedesmal beim Rasieren Linien in den Seifenschaum zu ziehen und sein Gesicht in die Maske eines Clowns zu verwandeln. Wir dürfen annehmen, daß er, solange diese Gewohnheit anhielt, kaum viel Geld für einen elektrischen Rasierapparat ausgegeben hätte, trotz der unleugbaren Vorteile, die das neue Gerät bietet. Natürlich dürfte es kaum technologische Verbesserungen geben, die nicht irgendeine Gewohnheit durchbrechen oder einen anderen Aspekt des Hergebrachten bedrohen.

Es ist daher oft so, daß technologische Veränderungen zuerst auf eindeutig praktische Funktionen beschränkt bleiben, während sie selbst in unserer Gesellschaft in andere Sphären langsamer oder überhaupt nicht Eingang finden. Der zeremonielle Ritterschlag wird von der englischen Königin noch immer mit dem technisch überholten Schwert vorgenommen und nicht mit dem Kolben eines automatischen Gewehrs. In den Kirchen werden noch immer Wachskerzen angezündet, und schwere Siegel werden umständlich an wichtige Urkunden geheftet, obwohl man leicht an verschiedene Methoden denken könnte, denselben Zweck bequemer und wohl auch dauerhafter zu erzielen.

Jedoch liefert die besondere Aura, die von dem technisch Veralteten und dem Archaischen ausgeht – sei es die Perücke des englischen Richters, der Talar des akademischen Würdenträgers oder die anachronistische Galauniform des Militärs –, einen weiteren Beweis für die Bedeutung, die eine vergrößerte Anzahl von Alternativen für die Skala symbolischer Ausdrucksmöglichkeiten besitzt. Erst die Erfindung des Papiers hat Pergament zu etwas Feierlichem gemacht.

Die Idee des Fortschritts in irgendeiner Form (nicht so sehr die einer unpersönlichen treibenden Kraft als die einer vorhandenen Möglichkeit) ist von der der offenen Gesellschaft nicht zu trennen. Ihre Mitglieder müssen überzeugt sein, daß man über Dinge und Einrichtungen diskutieren kann und daß Verbesserungen möglich sind. Es ist daher begreiflich, daß ihre Vorkämpfer für ihre Gegner, die sich für den Status quo um jeden Preis einsetzen, wenig Geduld zeigen. Seit die Aufklärung sich zu dem Glauben an die Vervollkommnungsmöglichkeit des Menschen und der menschlichen Gesellschaft bekannte, ist das Problem des Fortschritts, ob wir es wollen oder nicht, zum Hauptproblem der abendländischen Gesellschaft geworden. Es ist ja genugsam bekannt, daß die Französische Revolution die zentrale Stellung dieses Problems dadurch konsolidierte, daß sie die Einstellung zu dieser Frage zur Grundlage der politischen Polarisierung machte – mit den »Radikalen« auf der linken und den »Reaktionären« auf der rechten Seite. Und ebenso, wie in Liliput Eier und Stiefelabsätze zu »kritischen Antithesen« wurden und die Menschen sich im Hinblick auf diese vorherrschenden Spannungen in feindliche Lager teilten, so hat sich auch die Kunst dem politischen Zentralproblem des 19. Jahrhunderts nicht entziehen können, so daß es zu einer Polarisierung zwischen fortschrittlichen und konservativen Schulen kam. Es ist nicht verwunderlich, daß auch eine Befürwortung technischer Neuerungen in der Kunst als ein Zeichen des Radikalismus gedeutet wurde und daß ein Kritiker durch Ablehnung solcher Neuerungen sich dem Vorwurf der Rückständigkeit aussetzte. Bemerkenswerter ist jedoch, daß sich künstlerische und politische Einstellung oft auch nicht deckten[39]. Künstler der »Avantgarde« (wie Degas und Cézanne) standen nämlich manchmal politisch weit rechts, während ihre fürs Mittelalter schwärmenden Gegner (wie William Morris) politisch links eingestellt waren.

Die »Armseligkeit« eines Historizismus, der die Fortschrittsidee auf die Kunst anwenden will, ist schon oft schärfstens kritisiert worden, aber trotzdem noch nicht be-

[39] Geraldine Pelles, Arts, Artists and Society. Englewood Cliffs 1963.

schworen. Vielleicht kann auch hier die Methode der Situationslogik und die Null-Methode zur Aufklärung dieses überaus wichtigen Problems beitragen.

Was man in primitiven Kulturen als Kunst bezeichnet, ist offenbar so tief in das Leben und die rituellen Gepflogenheiten der Gemeinschaft eingebettet, daß die vielfältige Funktion dieser Erscheinung jede Änderung zu einem sehr gewagten Unternehmen machen muß. Malerei und Schnitzerei können zum Beispiel sowohl magischen und religiösen wie schmückenden und Prestigezwecken dienen. Oft wird das Alter gewisser Traditionen als eine Garantie ihres Wertes und ihrer Wirksamkeit angesehen; und da es keine rationalen Kriterien geben kann, mit deren Hilfe man feststellen könnte, ob dieses oder jenes Bildwerk größere Kräfte besitzt, müssen etwaige Änderungen, die im Laufe der Zeit auftreten, als zufällige »Mutationen« aufgefaßt werden.

Aber es kann vorkommen, daß eine solche ritualistische Auffassung von bildender Kunst in einer Gesellschaft, die vielen Einflüssen von außen ausgesetzt ist, stark an Bedeutung verliert. Reisende Kaufleute mögen bei ihrer Rückkehr von Bildwerken erzählen, die ihrer Meinung nach alles übertreffen, was die kunstfertigen Handwerker zu Hause je geschaffen hatten. (In dieser Betonung der Rolle, die der Zusammenstoß mit anderen Kulturen bei der Entwicklung offener Gesellschaften gespielt hat, folge ich natürlich den Ideen Poppers[40].) Wenn auf diese Weise die Bindung der Kunst an den vielschichtigen Verband anderer kultureller Faktoren gelockert wurde, kann die Frage nach Verbesserungsmöglichkeiten einen neuen Sinn gewinnen.

Ich habe an dieser Stelle darzustellen versucht, daß in der ersten offenen Gesellschaft, der der Griechen, ein technisches, ja sogar ein wissenschaftliches Element in die Kunst Eingang fand – etwas, was immer eintreten kann, wenn eine bestimmte rationale Zielsetzung allen anderen gegenüber den Vorrang gewinnt. Ich habe dort die Hypothese aufgestellt, daß dieses Ziel für die Griechen darin bestand, die Szenen der heiligen Mythen so darzustellen, wie sie sich einem Augenzeugen dargeboten hätten[41].

---

[40] Karl R. Popper, Die offene Gesellschaft und ihre Feinde. München ⁴1975, Bd. 1, Kap. 10.
[41] Kunst und Illusion, Kap. 4.

Wo eine ganz bestimmte Forderung dieser Art an die Darstellung gestellt wird, ist technischer Fortschritt in Richtung ihrer Erfüllung durchaus möglich[42]. Die Stilentwicklung der griechischen Kunst von den archaischen Bildwerken des sechsten Jahrhunderts zu den illusionistischen Illustrationen des dritten ist das berühmteste Beispiel einer solchen fortschreitenden Entwicklung. In der Malerei der Renaissance von Giotto bis Leonardo da Vinci wiederholte sich derselbe Vorgang. Freilich operiert eine Hypothese wie diese, die eine Absicht postuliert, aus der sich die sukzessiven Stilwandlungen erklären lassen, mit den Kenntnissen, die nur der Rückblick verleiht. Wir können nicht nachweisen, daß die Bildhauer des Tempels von Ägina die menschliche Figur so naturalistisch darstellen wollten wie ihre Nachfolger an den Giebeln des Parthenons, und ebensowenig können wir den Beweis liefern, daß Giotto Leonardo bewundert hätte. Aber wir können zeigen, daß naturalistische Errungenschaften sich ebenso rasch verbreiteten wie andere technische Erfindungen. Die Beherrschung der nackten menschlichen Figur in der griechischen Kunst beeinflußte Künstler bis hinein nach Afghanistan und Gandhara; die Entdeckung der Perspektive in Florenz eroberte Frankreich und Deutschland innerhalb eines Jahrhunderts.

Aber selbst in solchen Fällen war der zersetzende Einfluß, den dieser Fortschritt auf andere künstlerische Funktionen hatte, äußerst störend.

Der Eindruck der Tiefe bedrohte die dekorative Einheit von Malereien, die ihre klaren, bilderschriftartigen Darstellungen auf Goldgrund darboten. Die Beherrschung des menschlichen Körpers in der griechischen Kunst führte hinweg von der Schlichtheit und Größe der Form, die wir an ägyptischen Statuen bewundern.

Mehr allgemein gefaßt, heißt das, daß die neuen technischen Errungenschaften für die Aufgabe des Künstlers, eine vielfältige und ästhetisch befriedigende Ordnung aus seinen bewährten Elementen zu schaffen, eine Bedrohung bedeuten[43]. Auf diese Weise kommt es in der Kunst durch Fortschritt zu einer polarisierenden Konfliktsituation, einer »kri-

[42] Vgl. meinen Aufsatz ›Visuelle Entdeckungen durch die Kunst‹, in: Bild und Auge, S. 11–39.
[43] Vgl. meinen Aufsatz ›Norm und Form‹, in: Renaissance I, S. 108–129.

tischen Antithese«, wie wir es nannten, denn der Maler oder Bildhauer wird gezwungen, sich für eine Rangordnung seiner Ziele zu entscheiden. Er muß sich zum Beispiel fragen, ob er gewillt ist, im Interesse größerer Naturtreue eine Auflösung der angestrebten Ordnung zu riskieren, oder ob er es vorzieht, sich in seiner Arbeit an die bewährten Spielregeln zu halten. Natürlich ist Kunst kein Spiel. Aber sie hat mit dem Spiel zwei wichtige Eigenschaften gemein: In beiden Fällen gibt es Regeln und Meisterschaft. Man erringt die Meisterschaft durch jahrelange Übung, durch die man alle innerhalb des Regelsystems gegebenen Anfangsmöglichkeiten beherrschen und die in ihnen liegenden Entwicklungspotenzen auszuschöpfen lernt. Meisterschaft in diesem Sinne beruht in hohem Grade auf einer genauen Kenntnis aller zur Verfügung stehenden Mittel. Gewicht und Größe von Tennisbällen sind ebenso festgelegt wie die Ausmaße des Tennisplatzes und des Netzes. Innerhalb dieser durch Konvention festgelegten Grenzen entwickelt der Meister seine Gabe der Voraussage und Berechnung. Selbstverständlich wird der gute Spieler durch kleinere Änderungen der Konventionen nicht aus dem Konzept gebracht. Aber die Idee, Tennis dadurch »verbessern« zu wollen, daß man dem Ball mehr Sprungkraft verleiht oder irgendeinen »Verstärker«mechanismus am Rakett anbringt, würde er einfach als Unsinn abtun. Und die Bewunderer der Tennismeister, die sich nach Wimbledon drängen, würden sicher fassungslos dreinschauen, wollte man ihnen erklären, die Zeiten hätten sich geändert und sie müßten eben lernen, einem neuen verbesserten modernen Spiel zu folgen. Wahrscheinlich würden sie sagen, daß sie, sollten sie an einem neuen Spiel Gefallen finden, auch bereit sein würden, seine Feinheiten zu erfassen und zu würdigen; aber sie seien dazu in keiner Weise verpflichtet und sie ließen sich dazu nicht zwingen.

Wenn die Kunst nur ein Spiel wäre, hätte man mit diesem Vergleich alle historisierenden Argumente der Kunstkritik vollkommen demoliert. Weder die aktiven noch die passiven Teilnehmer an einem Spiel haben ein Interesse daran, Spielregeln zu ändern und, noch weniger, das Spiel selbst. Es ist nicht ausgeschlossen, daß Kunst nur unter solchen Umständen wirkliche Verfeinerung erreichen kann. Der gelehrte Chinese, der ein paar auf Seide gemalte Bambushalme betrachtet, hat mit dem Kenner und Liebhaber bestimmter

Spiele eine hochentwickelte Freude an Raffinement und Eleganz gemein. Beide würden vermutlich den Vorschlag, daß die betreffende Kunst durch neue Utensilien oder Medien »verbessert« werden könnte, als barbarisch bezeichnen.

Aber wie dem auch sei: Die Rolle der Kunst in unserer Gesellschaft ist nicht nur die eines solchen raffinierten Spiels. Einerseits enthält sie durch ihre Funktionen ein technisches Element, das seiner Natur nach nicht stabil sein kann, und andererseits hat sie mit der Sprache eine Tendenz zur Inflation gemein. In der Tat mögen diese beiden Quellen der Instabilität zusammenhängen. Sicher ist jedenfalls, daß beide die Möglichkeit der Entstehung von Unruheherden jener Art in sich tragen, die ich als »kritische Antithesen« bezeichnete. Was der einen Seite als eine Verbesserung erscheint, wird von der anderen als »zersetzend« empfunden. Aber wenn die Initiative einmal auf die Neuerer übergegangen ist, wird die Verteidigung des Status quo von Tag zu Tag schwieriger. Wenn immer mehr Künstler die neuen naturalistischen Methoden anwenden, wird das alte »Spiel« bald preziös und altväterisch erscheinen. Immer mehr begabte junge Menschen werden die Lust verspüren, mit den ungewohnten Problemen des Spiels in seiner neuen Form zu ringen, und schließlich wird es auf den alten Spielplätzen an Spielern und Zuschauern fehlen. Vielleicht hält sich die ursprüngliche Form eine Zeitlang in archaisierenden und rituellen Veranstaltungen von fanatischen Konservativen, die zwar alle richtigen Argumente auf ihrer Seite haben, aber keinen Zulauf. Ihre Entschlossenheit, ihren kleinen Kult aufrechtzuerhalten, wird von ihren Zeitgenossen als preziös und affektiert empfunden. Wenn dieser Moment eintritt, kann es nach der Logik von »Vanity Fair« zu zwei gleich unerwünschten Entwicklungen kommen: Entweder das Spiel stirbt aus, oder die Preziosität zieht die Snobs an, und es kommt wieder in Mode, aber mit völlig veränderten sozialen Vorzeichen. Und ob man will oder nicht, kann man diese Vorzeichen nicht gut außer acht lassen.

In den letzten Jahren des 19. Jahrhunderts war die umstrittenste Frage in der Architektur, ihre »kritische Antithese«, die Frage von Eisen- und Stahlkonstruktionen. War der Eiffelturm Architektur oder bloß ein Kunststück der Ingenieure? Die Sache war mehr als ein Streit um Worte. Die Architekten fühlten, daß das innerste Wesen ihrer Kunst durch das neue Material bedroht war. Vielleicht wird diese Einstellung verständlicher, wenn wir das Problem im Sinne des im ersten Kapitel Gesagten betrachten. Denn Architektur, als Kunst gesehen, operiert ebenfalls mit Akzenten der Betonung. Ein hoher Turm, ein weitgespannter Bogen sind die stärksten Ausdrucksformen im Sprachschatz des Architekten. Auch heute noch stehen wir voll Bewunderung vor den großartigen Wölbungen der römischen Baumeister und der Erbauer mittelalterlicher Kathedralen. Diese berühmten Bauten legten die Größenskala fest, innerhalb deren der Architekt zu wirken suchte. Die Verwendung von Eisen und Stahl war ein Angriff auf diese Größenordnung und bedrohte die gesamte Hierarchie ihrer Werte. Beinahe jede Bahnhofshalle besaß eine größere Spannweite als die monumentalsten Bauwerke der Vergangenheit.

Damals, um die Wende des Jahrhunderts, schrieb ein deutscher Kunsthistoriker, Cornelius Gurlitt, die folgenden Zeilen, in denen meines Erachtens das wichtigste Problem, mit dem wir es hier zu tun haben, kurz zusammengefaßt ist: »Es hat nicht viel Zweck, diesen Eindruck als minderwertig zu bezeichnen. Sind wir doch auf dem besten Wege, daß die Mehrzahl des Volkes und ein großer Teil der Bauenden diese Eindrücke als ästhetisch befriedigend hinnehmen. Daß sie anderen, kunsttheoretisch Gebildeten nicht behagen, könnte diese sehr leicht in einen Widerspruch mit der fortschreitenden Welt bringen, bei dem sie unbedingt unterliegen werden. Es handelt sich also nicht um die Frage: ›Wie bilden wir das Eisen?‹, sondern um die viel wichtigere: ›Wie bilden wir unser Empfinden, daß es dem Eisen entspreche?‹«[44]

Auf den ersten Blick sieht das wie eine zynische Aufforderung aus: »Geh mit der Mode, und mach gute Miene zum bösen Spiel.« Als ich einmal diese Stelle vor einer Gruppe

[44] Gurlitt, Deutsche Kunst, S. 466.

von Architekten zitierte, wurde mein Publikum geradezu ausfällig. Nicht weil sie etwas gegen Eisen hatten, sondern weil sie mit Recht mißtrauisch waren gegen den Relativismus, der in diesem Rat enthalten zu sein schien. Er wendet sich anscheinend gegen den Glauben, daß es objektive Lösungen gibt, die deshalb gefallen, weil sie gut sind, und untergräbt die Idee, daß die Kunst ein autonomes Reich ist, dessen Werte von technischen Veränderungen unabhängig sind und bleiben sollen. Als Anhänger der Sozialphilosophie Poppers reagierte auch ich zuerst auf diese Erklärung durchaus negativ. Sie schien mir der Ausdruck eines historizistischen Opportunismus. Ich erinnere mich überdies an eine wichtige Stelle im ›Elend des Historizismus‹, in der Popper in einem ähnlichen Zusammenhang gegen Mannheim polemisiert. Mannheim hatte behauptet, das Problem der Politik bestehe darin, menschliche Impulse so zu organisieren, daß sie ihre Energien auf die wichtigsten strategischen Punkte konzentrieren und auf diese Weise zur Umformung der Gesellschaft in der gewünschten Richtung führen. Popper erklärt dort: »Dem wohlmeinenden Utopisten scheint zu entgehen, daß in diesem Programm schon das Eingeständnis des Mißerfolges liegt … Denn es ersetzt die utopistische Forderung nach Errichtung einer Gesellschaft, in der die Menschen leben können, durch die Forderung, diese Menschen so umzuformen, daß sie in die neue Gesellschaft passen. Es ist klar, daß damit jede Möglichkeit der Prüfung des Erfolges oder Mißerfolges der neuen Gesellschaft wegfällt. Denn die Menschen, denen das Leben in ihr nicht behagt, geben damit nur zu, daß sie noch nicht geeignet sind, in ihr zu leben, daß ihre ›menschlichen Impulse‹ noch weiter ›organisiert‹ werden müssen. Sobald es aber keine Möglichkeit der Prüfung gibt, verliert jeder Anspruch auf eine ›wissenschaftliche‹ Methode seine Grundlage. Der Holismus ist mit einer wahrhaft wissenschaftlichen Haltung unvereinbar.«[45]

Als ein Bewunderer von Poppers Methodologie habe ich jedoch auch gelernt, daß man seine eigenen Reaktionen ebenfalls kritisch betrachten muß. »Vielleicht ist an der Formulierung dieses Kunsthistorikers etwas Wahres dran?« Vielleicht können wir – und müssen wir sogar hie und da – unseren Geschmack umformen. Gewiß wäre das, wenn es

---

[45] Historizismus, S. 56.

wahr sein sollte, eine Quelle der Schwäche für die Kunst – aber trotzdem dürfte es lehrreich sein, diese Möglichkeit zu untersuchen.

Es ist klar, daß wir in der Architektur eine jener Mehrzwecktätigkeiten vor uns haben, in denen die künstlerische Zielsetzung nur eine unter vielen ist. Wenn ein neues Material wie Eisen es uns ermöglicht, vielen Menschen bessere Wohngelegenheiten zu schaffen, hat man kein Recht, es aus ästhetischen Gründen abzulehnen. (Dabei spielt es in unserem Zusammenhang selbstverständlich keine Rolle, ob das Material, das sich schließlich im Wohnbau durchsetzte, Eisen oder Eisenbeton war.) Damit will natürlich nicht gesagt sein, daß wir nicht der Zeit des Holzbaus oder den schönen vorindustriellen Steinbauten nachtrauern dürfen. Für einen Architekten von heute sind jedoch solche Gefühle irrelevant. Aber sollte man nicht vielleicht doch die neue Bauweise nicht nur als ein unvermeidliches Übel in Kauf nehmen, sondern sich eben auch damit abfinden, daß Kunst den Anforderungen von Hygiene und Wirtschaftlichkeit zu weichen hat? Was Architekten betrifft, so bin ich überzeugt, daß sie das nicht nur nicht müßten, sondern auch nicht sollten. Denn sie stellt die neue Bauweise vor eine schwierige, aber dabei ungemein interessante Aufgabe, mit der sie fertig werden müssen. Der Architekt muß versuchen, sich das Material zu unterwerfen und daraus Ordnung und Schönheit zu schaffen; er muß ein neues Spiel erfinden, das man mit dem neuen Werkstoff spielen kann. Je schwerer ihm das wird, desto mehr Gefallen wird er schließlich daran finden. Vor allem muß *er* die Möglichkeiten entdecken, die in dem Werkstoff beschlossen liegen. Aber wenn ihm das gelungen ist, kann es sein, daß auch wir verstehen lernen, was er damit sagen will, und daß uns sein Werk schließlich auch gefällt – vorausgesetzt natürlich, daß wir bereit sind, ihn auf seiner Entdeckungsfahrt zu begleiten. Mit anderen Worten: Die Bildsamkeit unserer ästhetischen Reaktionen, die von Gurlitt stillschweigend vorausgesetzt wird und die uns zuerst so anstößig erschien, ist vielleicht eine Tatsache, sosehr uns ein solcher Gedanke auch beunruhigt. Müssen wir jeden Geschmack als etwas Erlerntes ansehen?

Die Beantwortung dieser Frage wird vielleicht unseren Gleichmut weniger stören, wenn wir uns daran erinnern, wie sich die Probleme der Kunst von technischen und wissenschaftlichen Problemen unterscheiden. In der Technik kann man Fortschritte feststellen, sobald über die Ziele Klarheit herrscht; in der Wissenschaft ist das Ziel, die Suche nach Wahrheit, gegeben. Wenn es in der Kunst etwas Entsprechendes gäbe, müßte es die Schaffung von Dingen sein, die uns »gefallen« können. Man hat in der Tat den Versuch gemacht, Kunst als eine Technik für die Erzielung bestimmter Lustgefühle zu beschreiben, für die Erzeugung jenes berühmten »ästhetischen Erlebnisses«, über das so viel Tinte verspritzt wird[46]. Es wäre schön, wenn das wahr wäre; dann wäre unsere spontane Reaktion auf ein Kunstwerk nicht nur das einzige, sondern auch ein verläßliches Kriterium seines Werts. Wie gerne würde ich mich zu der These bekennen, daß Mozart Mittel und Wege gefunden hat, Menschen echten Genuß zu bereiten, die ebenso objektiv ihrem Zweck entsprechen wie Aeroplane dem Zwecke des Fliegens; daß Fra Angelico Methoden entdeckte, Andacht auszudrücken, oder Rembrandt, tiefe Mysterien anzudeuten, die jeder sehen lernen kann, weil sie einfach »da« sind.

Aber ich weiß aus der Geschichte und aus persönlicher Erfahrung, daß es eine große Zahl von Menschen gab und gibt, denen Mozart, Fra Angelico oder Rembrandt nie gefallen haben und die völlig außerstande waren oder sind, das Wunder ihrer Leistungen zu würdigen.

Hier ist es vielleicht wichtig zu betonen, daß der Glaube an das Bestehen objektiver Werte in der Kunst nicht notwendig durch die unleugbare Tatsache widerlegt wird, daß die Vorlieben und Abneigungen der Menschen subjektiv sind. Es ist klar, daß Leute, die für ein bestimmtes Spiel nichts übrig haben, sich kein gutes Urteil über die Spieler aneignen können und daß Menschen, die aus was immer für einem Grund keinen Wein trinken, kaum die besten Kenner der einzelnen Jahrgänge sein werden. Gefallen an einer Sache ist fast immer Voraussetzung für verständnisvollen Genuß. Nur wenn das Genre ihnen Genuß verspricht, werden die meisten Menschen die Mühe aufbringen, dem einzelnen Werk ihre Aufmerksamkeit zu schenken. Es kann sein, daß ihnen Ballett gefällt, aber Oper nicht, daß ihnen die Musik des 18. Jahrhunderts, aber nicht die der Romantiker zusagt

---

[46] Thomas Munro, Evolution in the Arts. The Cleveland Museum of Art 1965, Kap. 20.

oder daß ihnen chinesische Kunst lieber ist als indische. Selbstverständlich werden sie nicht den Anspruch erheben, in Künstlern oder Perioden, die sie »kalt lassen«, hervorragende Werke von mittelmäßigen unterscheiden zu können. Für Menschen, die sich berufsmäßig mit Kunst befassen, ist die Sache natürlich etwas anders. Ein Kritiker oder Kunsthistoriker kann sich Mühe geben, diese subjektive Reaktion zu überwinden, und wird gelegentlich imstande sein, Leistungen individueller Künstler oder ganzer Perioden zu würdigen, die an sich für ihn wenig anziehend sind. Es kann sein, daß ihm Rubens wenig sympathisch ist und daß er trotzdem mit der Zeit seine Verve, sein souveränes Können und seine Phantasie bewundert oder daß er, obwohl ihm persönlich Poussin wenig sagt, verstehen lernt, was seine Bewunderer in ihm sehen.

Und doch kann man behaupten, daß eine solche »kalte« Würdigung von Kunstwerken, an denen uns nichts liegt, nur ein schwaches Surrogat ist für das echte Erlebnis, das ein Kunstwerk für uns sein kann. Zu einem solchen Erlebnis gehört die Liebe. Es enthält ein Element unmittelbarer, spontaner Hingabe, das man vielleicht mit dem vergleichen kann, was die Psychoanalytiker Übertragung nennen. Dazu gehört die Bereitschaft, auf Kritik zu verzichten, sich dem Kunstwerk hinzugeben und seine Reichtümer und Feinheiten mit Liebe zu erforschen. Wenn wir bloß den Versuch machen, dem Werk »unvoreingenommen« gegenüberzutreten, werden wir nie entdecken, was das Werk uns zu bieten hat.

Wir wissen überdies von Popper, daß die Forderung voraussetzungsloser Objektivität methodologisch völlig unmöglich und abwegig ist. Die Objektivität der Wissenschaft besteht nicht darin, daß die Wissenschaftler keine vorgefaßten Meinungen oder Theorien haben, sondern in ihrer Bereitschaft, ihre Theorien zu überprüfen und den Argumenten Gehör zu schenken, durch die sie widerlegt werden könnten. Wenn ich daher mit meiner Annahme recht habe, daß in Fragen künstlerischer Werturteile eine solche kritische Einstellung die Testbedingungen stört und die Überprüfung unmöglich macht, wird es auch verständlicher, warum in Dingen der Kunst Dogmatismus und Subjektivismus so vorherrschend sind. In dieser Beziehung haben künstlerische Überzeugungen tatsächlich viel mehr Ähnlichkeit mit religiösen Glaubenssätzen als mit wissenschaftlichen Theorien. Die Gefühle der Ehrfurcht und der Tröstung, die so wichtige Elemente des religiösen Erlebens ausmachen, sind untrennbar mit einer solchen Empfangsbereitschaft des Gläubigen verbunden und stammen zum großen Teil aus der gemeinsamen Überlieferung. Wer in einer Gemeinschaft aufwächst, lernt auch, was er zu verehren und was er zu verabscheuen hat, und wenn er nicht sicher ist, wird er sich ängstlich in der Gemeinde umschauen, um festzustellen, ob er das Richtige anbetet und sich rituell richtig benimmt. Die Kultstätten anderer Sekten werden ihm nicht nur nichts bedeuten, sondern verabscheuungswürdig erscheinen. Aber die einzige Möglichkeit, die er hat, das Heilige vom Gottlosen zu unterscheiden, besteht in der Beobachtung der Reaktionen seiner Glaubensgenossen.

Diese Prüfung der Reaktionen der Gruppe ist es, was ich hier »soziales Testen« nennen möchte. Es handelt sich meist durchaus nicht um ein direktes Befragen – wir lernen sehr schnell gefühlsmäßig zu verstehen, wie unser Betragen oder unsere Äußerungen von unserer Umgebung aufgenommen werden. Und wir sollten uns klar darüber sein, daß dieses soziale Testen nicht nur in der Religion das Normale ist, sondern auch bei allgemeinen Verhaltensfragen und selbst bei ganz gewöhnlichen Ansichten eher die Regel als eine Ausnahme darstellt. Kinder probieren Ansichten aus und beobachten dabei das Gesicht der Mutter oder etwas später das der Spielgefährten, um herauszufinden, ob sie »etwas Dummes« gesagt haben. In den meisten Fällen haben sie tatsächlich keine andere Möglichkeit, sich eine Meinung zu bilden. Zum Beispiel sind die meisten von uns durch soziales Testen zu der Überzeugung gelangt, daß es keine Hexen gibt, ebenso wie unsere Vorfahren auf demselben Wege zur umgekehrten Überzeugung kamen. Popper hat darauf hingewiesen, daß selbst ein Rationalist einen Großteil dessen, was als Wissen gilt, ungeprüft übernimmt[47]. Er unterscheidet sich vom Dogmatiker nur dadurch, daß er sich seiner eigenen Begrenzungen und der Begrenzung anderer bewußt ist. Er ist aber zumindest im Prinzip immer bereit, jede Meinung zu überprüfen und andere Beweise zu verlangen als die übereinstimmende Ansicht seiner sozialen Gruppe.

Und hier liegt auch der wesentliche Unterschied zwischen

---

[47] ›On the Sources of Knowledge and of Ignorance‹, in: Conjectures and Refutations, bes. S. 143–150.

wissenschaftlichen Behauptungen und dem Geschmack in der Kunst. Denn in Sachen der Kunst gibt es nichts, was der systematischen Prüfung der Gründe für eine wissenschaftliche Behauptung entsprechen würde. Debatten über den Wert eines Kunstwerks sind zwar meiner Meinung nach nicht sinnlos, aber sie sind meist umständlich und selten überzeugend. So ist es kaum verwunderlich, daß es wenige Gebiete gibt, auf denen das soziale Testen eine so große Rolle spielt wie bei ästhetischen Urteilen. Ein junger Mensch kommt sehr schnell darauf, daß seine Gruppe ihm das Leben sehr sauer machen kann, wenn er zugibt, daß ihm etwas gefällt, was bei den Kameraden tabu ist. Man stelle sich vor, daß etwa ein junger Spanier im ersten Jahrzehnt des 17. Jahrhunderts sich nach längerer Abwesenheit im Ausland mit seinen alten Freunden trifft und nebenher sagt, daß Ritterromane seine Lieblingslektüre seien. Auf einmal wird ihm von allen Seiten spöttische Aufmerksamkeit zuteil; man nennt ihn Don Quichotte oder den Ritter von der Traurigen Gestalt, und es kann sein, daß er sich von der Blamage nie wieder erholt. Es würde schon ein außergewöhnlicher Mut dazu gehören, in einer solchen Situation sich für Amadis von Gaulla einzusetzen und die künstlerischen Vorzüge dieses Buches hervorzuheben, die bis vor kurzem von niemandem angezweifelt wurden. Ja, selbst wenn unser Held den Versuch unternehmen wollte, würde er ihn wohl bald aufgeben. Er würde auf einmal selbst geneigt sein zu glauben, daß Amadis vielleicht wirklich ein schrecklicher Blödsinn ist und daß er sich nicht von diesem Bombast hätte einfangen lassen sollen.

Je ernster man in einer Gruppe die Kunst nimmt, desto stärker wird der Zwang zur Konformität, der von ihr ausgeht. Denn etwas Falsches schön zu finden ist in solchen Kreisen gleichbedeutend mit Götzenanbetung. Wer in dieser Prüfung versagt, kann in den Kreis der Erwählten nicht aufgenommen werden. In Anbetracht dieser unbestreitbaren Tatsache staunt man ein wenig über die Ansicht Kants, ästhetische Urteile seien »interesselos«, das heißt völlig frei von egoistischen Nebengedanken, und gründeten sich nur auf die Überzeugung, daß eine Sache allen gebildeten Menschen gefallen würde. Man fragt sich, ob dies sogar auf den großen Königsberger Philosophen selbst zutraf. Ob nicht auch er in seinem Urteil von seinem Kreis und von dem, was in diesem Kreis als »guter Geschmack« galt, beeinflußt war.

Wahrscheinlich war ihm der Zusammenhang zwischen ästhetischer und sozialer Billigung nie aufgefallen, weil er in einem verhältnismäßig geschlossenen Milieu lebte und nicht viel mit künstlerischen Dingen zu tun hatte. Sonst hätte er sicher Gelegenheit gehabt, die verzweifelten Anstrengungen sozial unsicherer Menschen zu beobachten, die »richtigen« Dinge schön zu finden, ebenso wie das typische Gefühl der Angst, das sich so oft einstellt, wenn ein Kunstwerk ohne Namen und äußeren Zusammenhang zur Schau gestellt wird, das anscheinend in keines der bisher bekannten ästhetischen Fächer eingeordnet werden kann. Im Gegensatz zu Kants Formulierung sieht es in solchen Situationen manchmal aus, als ob die Bemerkung »Mir gefällt's« in Wirklichkeit besagen will: »Ich glaube, das ist etwas, was in dem Kreis, dem ich angehöre (oder angehören will), gebilligt wird. Da ich diesen Kreis gern habe, habe ich auch das Werk gern.«

Hier sind die Wurzeln der »Unheiligen Allianz« zwischen Snobismus und Kunst, die keinem Beobachter unseres gesellschaftlichen Lebens entgangen sein kann. Es ist durchaus berechtigt, die Affektation und Verlogenheit, zu der sie führt, anzuprangern; aber es ist deshalb noch lange nicht alles Snobismus, was mit diesem Stigma gebrandmarkt wird.

Zum Beispiel ist sehr viel darüber gesprochen und geschrieben worden, wie leicht sich Kunstliebhaber für Fälschungen begeistern und wie sie sie dann voller Verachtung fallenlassen, sobald sich der Betrug herausstellt. Man pflegt dann den Verdacht auszusprechen, dieses Umkippen von Gefallen zu Mißfallen beweise, daß die ursprüngliche Bewunderung auch nichts anderes gewesen sei als eine snobistische Ziererei. Der Verdacht ist leicht zu verstehen und sicher in vielen Fällen auch nicht ganz falsch; aber insofern er auf der Forderung einer völlig objektiven Kunstbetrachtung beruht, ist er unberechtigt. Wir sind niemals völlig unbeeinflußt von unseren früheren Erfahrungen und unseren Erwartungen. Wir können nicht an alle Kunstwerke ohne jede Theorie herangehen, noch können wir den Ruf eines jeden Künstlers jedesmal von neuem prüfen. Es fehlt die Zeit oder vielleicht besser das Ausmaß der uns zur Verfügung stehenden Erlebnismöglichkeit, um an jedes Kunstwerk mit einer solchen Kombination von Aufgeschlossenheit und kritischer Objektivität heranzutreten. Auf diesem Gebiet bedeutet die Tradition, auch wenn man sie nicht bedingungslos akzeptiert, eine wichtige Kraftersparnis. Es kann nicht ohne Einfluß auf uns bleiben, zu wissen, daß unter den unendlich vielen Dingen unseres kulturellen Erbes die Werke Homers, Shakespeares oder Rembrandts denen, die sich ihrem Zauber hinzugeben wußten, erlesenen Kunstgenuß geboten haben. Wenn mir jemand erzählt, die Zeichnung vor mir sei von Rembrandt, werde ich mich ihr mit der Erwartung nähern, vor einem Meisterwerk zu stehen. Ich werde nach Zeichen der Meisterschaft Ausschau halten, auf die ich früher einmal bei einem Rembrandt reagiert hatte, und werde mich dem erwarteten Genuß hingeben. Das bedeutet nur, daß ich zu Rembrandt Vertrauen habe und daher auch den Linien seiner Zeichnung vertrauensvoll folge, selbst wenn sie mir zuerst etwas befremdlich erscheinen. Kann man es mir verargen, daß sich mein Genuß in Verlegenheit, ja Widerwillen verwandelt, wenn sich herausstellt, daß mein Vertrauen mißbraucht wurde?

Denken wir zum Beispiel an die Gedichte Ossians, die im 18. Jahrhundert mit dem größten Enthusiasmus begrüßt wurden, und zwar nicht nur von Snobs, sondern von Menschen, denen man kaum Unkenntnis der Dichtkunst vorwerfen kann – etwa Goethe. Man stellt sich doch natürlich ganz anders ein, wenn man sie als Poesie eines primitiven heldenmütigen Stammes betrachtet, als wenn man weiß, daß sie in Wirklichkeit kaum mehr sind als geschickte Fälschungen eines begabten und raffinierten Lokalhistorikers. Die Umstände, unter denen dieser Betrug unkritisch akzeptiert wurde, sind übrigens in unserem Zusammenhang sehr lehrreich. Denn damals stand die literarische Welt unter dem Zeichen einer typischen »kritischen Antithese«. Die Reaktion gegen die Herrschaft des klassischen Dogmas in der Dichtkunst war damals das brennendste Problem, und zwar besonders in den Ländern nichtromanischer Zunge, denen der Anspruch der Franzosen, die Hüter der einzig wahren klassischen Tradition zu sein, ein Dorn im Auge war. Wenn die Anwendung der klassischen Regeln dazu führte, daß man Shakespeare als »barbarisch« ablehnte, lag die Antwort nahe, die Franzosen seien eben vielleicht nicht »barbarisch genug«! Man konnte sich bei einem solchen Gegenangriff auf Rousseau stützen, der dafür reichlich Munition geliefert hatte. Was habe übrigens Homer, der Sänger eines heroischen Zeitalters, von diesen Regeln und eleganten Konventionen gewußt? Und seien nicht Volkslieder die reinste Poesie? Aus dieser Debatte heraus ist es nicht nur erklärlich, warum eine große Zahl barbarischer Gedichte aus den wilden schottischen Bergen gefälscht wurde, sondern auch, warum die Fälschung so begeistert aufgenommen wurde. Ossian war geradezu ein Geschenk des Himmels, eine Bestätigung der Theorien, die das antiklassizistische Lager zu formulieren sich bemühte. Und überdies bedeutete er eine willkommene Stütze für die Selbstachtung und das Selbstvertrauen jener Völker, die sich nicht auf eine Abstammung von den Römern berufen konnten. Kann man sich wundern, daß den Vorkämpfern dieser Bewegung Ossian »gefiel« und daß sie die aufgebaute Pathetik und falsche Emphase nicht bemerkten, die uns heute sofort irritiert?

Nun, das sind eben die Freuden und Gefahren des Jahrmarkts der Eitelkeiten. Die Klassizisten, die an Vergil, Racine und Poussin geschult worden waren, befaßten sich überhaupt nicht mit anderen künstlerischen Überlieferungen, da ihnen gewisse äußerliche Unregelmäßigkeiten zu sehr »gegen den Strich« gingen, wie man sagt. Vielleicht hätten sonst manche von ihnen die Genugtuung gehabt, auf den Ossian-Schwindel nicht hereinzufallen – aber sie hätten sie vermutlich mit ihrer Unfähigkeit bezahlt, Shakespeare zu würdigen.

Hier nähern wir uns dem Problem der polarisierenden Antithesen von einer anderen Seite[48]. Eine solche Situation ist nämlich dazu angetan, aus sich heraus ästhetische Theorien hervorzubringen, die sich selbst bestätigen. In beiden Lagern wird man dazu neigen, jedes Kunstwerk, das einem unterkommt, vorerst einmal auf ein Merkmal oder Abzeichen hin zu untersuchen, aus dem sich entnehmen läßt, wo es im herrschenden Meinungsstreit hingehört. Wenn sich Anzeichen dafür finden, daß es aus dem eigenen Lager kommt, wird man es mit großer Wärme begrüßen. Diese Begrüßung wird an sich ein genußreiches Erlebnis sein und zweifellos zu größerem Genuß führen, sobald das Werk seine Eigenschaften weiter entfaltet. Ein Kunstwerk müßte in der Tat recht armselig sein, wenn es unter solchen günstigen Umständen nicht gefallen würde. Sollte aber das Werk schon

---

[48] Vgl. meinen Aufsatz ›Die abstrakte Malerei als Modebewegung‹, in: Steckenpferd.

in seiner äußeren Aufmachung seine Herkunft aus dem feindlichen Lager anzeigen, wird man es kaum der Mühe wert finden, es auch nur auszupacken und anzusehen. In einem solchen Klima ist es nur zu wahrscheinlich, daß selbst ein hervorragendes Werk nicht Wurzel schlagen kann. Allerdings haben wir auch historische Berichte über bemerkenswerte Ausnahmen. Hugo Wolf, der, wie erwähnt, Brahms mit der größten Verachtung zu behandeln pflegte, wurde anläßlich der Erstaufführung einer Brahms-Symphonie überhört, wie er vor sich hin brummte: »Teufel! Mir gefällt's!«[49] Was man vom Einfluß der Planeten gesagt hatte, gilt auch für den Druck gesellschaftlicher Kräfte: »Sie können lenken, aber nicht zwingen.«

Wenn wir mit unserer Analyse recht haben, sind die ästhetische Situation und die ethische Situation einander nicht unähnlich. In beiden Wertbereichen beeinflussen die Haltungen der Gemeinschaft unsere Entschlüsse, in beiden werden sie verinnerlicht als die Stimme des Gewissens oder dessen, was die Psychoanalytiker das Über-Ich nennen. Irgendwo in unserm Innern sitzt ein ängstliches kleines Wesen, das immer fragt: »Darf ich das tun?« oder »Darf mir das gefallen?« Aber in anderer Beziehung sind Ästhetik und Ethik natürlich sehr verschieden. Wo es um moralische Fragen geht, müssen wir uns mit aller Kraft gegen Gleichschaltung zur Wehr setzen und unsere geistige Unabhängigkeit gegenüber jedem sozialen Druck bewahren, soweit das überhaupt menschenmöglich ist. Denn die Sittlichkeit ist kein Teil von »Vanity Fair«.

Kunst ist auch etwas sehr Wichtiges; und diejenigen, die davon überzeugt sind, müssen sich die größte Mühe geben, in ihren eigenen Reaktionen so kompromißlos ehrlich zu sein, wie Hugo Wolf es sein konnte. Sie müssen mit aller Kraft bestrebt sein, auch ihre liebsten Vorurteile auszuschalten, und es für möglich halten, daß es auch auf der anderen Seite große Leistungen geben kann. Auch wenn die Pseudogotik der Devotionalienkunst des 19. Jahrhunderts durchaus nicht nach unserem Geschmack ist, sollten wir beim Besichtigen solcher Kircheneinrichtungen und Glasfenster uns dessen bewußt sein, daß unsere Ablehnung dieser Form religiö-

---

[49] Ich glaube, ich las diese Anekdote in einem Feuilleton des Wieners A. F. Seligmann, der vermutlich dabei war.

ser Kunst einen sozialen Hintergrund hat; unsere Bereitwilligkeit, Kinderkunst zu bewundern, sollte uns wiederum nicht erwachsene Standards vergessen lassen. Aber dieser Prozeß der Selbstkritik in Fragen des Geschmacks hat seine Grenzen, und es kann schon sein, daß wir das Vorhandensein eines sozialen Elements in unseren Reaktionen als den Preis betrachten müssen, den wir für ungetrübten Genuß zu bezahlen haben. Hugo Wolf war, wie wir gesehen haben, in seinem Kunstgenuß nicht ungetrübt. Anders ausgedrückt, muß man vielleicht zugestehen, daß dieser Genuß irgendwie auch zum Jahrmarktsvergnügen gehört. Ich glaube nicht – und das möchte ich hier ausdrücklich wiederholen –, daß ein solches Zugeständnis unseren Glauben an objektive künstlerische Werte zunichte machen müßte. Es ist vielleicht nicht einmal gut für die Kunst, wenn wir sie auf ein Piedestal hoch über dem Getümmel des Marktplatzes stellen. »Ernst ist das Leben, heiter ist die Kunst.«[50] Zu viel feierlicher Ernst tut ihr nicht gut.

Der Historizismus im Musikleben

Ich habe das Problem der Musik an den Schluß gestellt, nicht nur, weil ich da eigentlich nicht zuständig bin, sondern auch, weil die Musik einen Sonderfall darstellt: Das Besondere an der Musik, als Spiel und Kunst, besteht darin, daß der Hörer das Gehörte im Ohr behalten muß; denn nur sein Gedächtnis ermöglicht es ihm, Erwartung aufzubauen und sich an den Umwandlungen und Bereicherungen zu erfreuen, die der Komponist einführt. Es liegt daher in der Natur der Sache, daß für weniger musikalische Menschen ein Werk durch wiederholtes Hören an Schönheit gewinnt und daß die so gewonnene Vertrautheit für viele geradezu die Voraussetzung vollkommenen Genusses ist. Und wenn schon nicht Vertrautheit mit dem Werk selbst (das ist der Idealfall), so doch wenigstens Vertrautheit mit dem Idiom des Komponisten, denn sie erleichtert es dem Hörer, der Musik zu »folgen«, selbst wenn ihm das Fachwort und die Funktion der verschiedenen technischen Kunstgriffe, die er wiedererkennt, nicht bekannt sind. Aber eben weil Musik in dieser

[50] Schiller, Prolog zu Wallenstein.

Hinsicht ein Sonderfall ist, gibt sie uns Gelegenheit, jenen Mechanismus der Selbst-Intensivierung besonders deutlich zu beobachten. Nur wenige Musikliebhaber hören sich gern ein Werk an, dessen Stil ihnen fremd oder doch wenig sympathisch ist; und die Zahl derer, die es sich ein zweites Mal anhören wollen, ist noch viel kleiner. Darum klagen die Musikkritiker stets darüber, daß das Publikum moderne Musik einfach boykottiert und nur kommt, um Werke zu hören, die sie verächtlich als »abgedroschene Reißer« abtun – wie etwa die Symphonien von Beethoven oder Händels ›Messias‹–, und daß man, wenn man ein Stück eines modernen Komponisten aufs Programm setzt, ein finanzielles Debakel geradezu herausfordert.

Da ich selbst noch immer gerne Beethoven-Symphonien höre und meist lieber wegbleibe, wenn ein neues Werk angekündigt ist, muß ich den Kritikern sachlich recht geben, aber ich lasse mir ihren Ton nicht gern gefallen. Daß sie sich diese Symphonien öfter anhören müssen, als ihnen lieb ist, gehört bei ihnen eben zum Berufsrisiko und hat mit dem Problem als solchem so gut wie nichts zu tun. Im übrigen sind die Argumente, die da gewöhnlich – *explizit* oder *implizit* – vorgebracht werden, der reine Historizismus, und zwar in einer Form, die heutzutage durch Popper wirklich ein für alle Male erledigt sein sollte. Wir werden belehrt, wir müßten »mit der Zeit gehen«; jedes Zeitalter habe seine eigene Sprache und seinen eigenen Stil, und Beethoven, dessen Bedeutung für das frühe 19. Jahrhundert man nicht in Abrede stellen wolle, habe der zweiten Hälfte des 20. Jahrhunderts nichts zu bieten.

Popper hat öfter im Gespräch auf den vernichtenden Einfluß hingewiesen, den Wagners hegelianische Doktrin der »Zukunftsmusik« diesbezüglich auf die Theorie der Musik ausgeübt hat. Wagner trägt die Hauptverantwortung für die »Polarisation« musikalischen Denkens im vorigen Jahrhundert. Er war es, der den historizistischen Glauben an Fortschritt und Evolution, der das 19. Jahrhundert so intensiv beschäftigte, mit der Genniereligion der Romantiker vermählte und aus sich selbst das Hauptbeispiel eines Genies machte, das von der Menge verhöhnt, aber von den Weisen angebetet wird. Ich erinnere mich, daß eine alte Dame, die in den fünfziger Jahren des vorigen Jahrhunderts geboren worden war, mir erzählte, wie sehr Wagners Schriften und Prophezeiungen sie und ihre Freunde von Jugend auf beeindruckt hatten und wie sie dadurch eine Wagnerianerin geworden war, lange bevor sie Gelegenheit hatte, Wagners Musik zu hören. Sie erinnerte sich noch deutlich, wie befremdet und geradezu schockiert sie gewesen war, als ›Die Walküre‹ das erste Mal in Wien aufgeführt wurde und in der Ouvertüre nicht eine einzige erkennbare Melodie vorkam. Sollten die Kritiker, die Wagner angriffen, doch recht haben, oder war sie am Ende selbst ein Philister? Sie befand sich in einer für sie höchst unangenehmen Lage. Aber soviel ich weiß, gelang es ihr sehr bald, sich herauszuarbeiten. Da sie konditioniert war, Wagner zu schätzen, suchte sie in seiner Musik nach Zügen, die ihr gefallen konnten, und bald konnte sie sich im Kreise jener geistreichen und bedeutenden Leute, die sie bewunderte und liebte, wieder wohl fühlen. »*Brainwashing*«, das heißt hier Gleichschaltung durch intensiven geistigen und psychologischen Druck, ist in der Kunst durchaus möglich. Und wenn man sich anstrengt, kann man sich sicher oft dazu überwinden, an etwas Gefallen zu finden, wofür man vorher nichts übrig hatte. Wir Konservativen in der Musik – ich weiß, daß Popper auch zu ihnen gehört – können uns nur schwer des Verdachts erwehren, daß viele Kritiker und Anhänger der Zwölftonmusik auch Opfer einer ähnlichen psychologischen Zwangsbekehrung sind. Sie waren zuerst vom Hegelianismus und Futurismus bekehrt worden, das heißt zur Lehre vom Fortschreiten des Geistes zu einem vorherbestimmten Ziel, und hielten es sodann für ihre Pflicht, zeitgenössische Experimente zu bejahen. Je mehr ihre Selbstachtung davon abhing, daß sie das, was sie theoretisch billigten, auch wirklich gern hatten, desto größer die Anstrengungen, die sie machten, diese Experimente zu verstehen und zu schätzen. Wenn sie am Ende hätten beschämt gestehen müssen, daß sie trotz aller Anstrengungen, die sie aus anderen Gründen gemacht hatten, mit der neuen Kunst nichts anfangen konnten, wären sie sich als Verräter an ihrer Sache vorgekommen. Ich habe den Verdacht, den wir musikalischen Antihistorizisten hegen, hier unumwunden ausgesprochen; aber ich bin mir bewußt, daß er sowohl verletzend als auch selbstbestätigend ist. Ich kann die Behauptung, daß Schönberg manchen Leuten wirklich gefällt, nicht widerlegen. Es scheint sogar erwiesen, daß dem so ist. Natürlich könnte ich mich selbst mit einem atonalen Schönberg-Stück ernsthaft beschäftigen und es gründlich testen. Aber hier steht mir mein Verdacht im Wege. Es ist ja auch nicht so, als hätte ich nie den Versuch gemacht, zuzuhören. Aber gewöhnlich ließen meine Bemühungen nach einiger Zeit nach, sei es, daß ein besonders unschöner Klang, sei es, daß ein besonders penetrant historizistisches Argument mir alle weitere Lust nahm. Ich weiß, daß Popper, der in seiner Jugend im Schönberg-Kreis verkehrte, sich größere Mühe gegeben hat und trotzdem seinen Verdacht bestätigt fand, daß die treibende Kraft hinter diesen Neuerungen der Historizismus war. Es ist durchaus möglich, daß seine persönlichen Erlebnisse und die anderer Freunde nun umgekehrt in mir eine unüberwindliche Voreingenommenheit erzeugten, die es mir erschwerte, die andere Seite dieser Streitfrage zu sehen beziehungsweise zu hören. Zugegeben: Theoretisch ist es nicht ausgeschlossen, daß ungeachtet des historizistischen Unsinns, der von den Anhängern Schönbergs vorgebracht wird, in dem neuen Spiel mit Tonreihen faszinierende Möglichkeiten stecken, die sich auch mir erschließen würden, wenn ich mir nur durch häufiges konzentriertes Zuhören die nötige Vertrautheit mit dem System erwerben würde. Und ich muß meinen Gegnern zugeben, daß ich mir diese Mühe nicht gebe, weil ich der dogmatischen Überzeugung bin, daß Mozart jedesmal die Mühe besser lohnen würde. Gleichzeitig muß ich aber weiterhin zugeben, daß es eine der unbeabsichtigten Folgen meines Dogmatismus ist, daß sich die Situation heute lebender Komponisten verschlechtert. Denn wenn meine hier vertretenen Argumente richtig sind, ist es nicht nur ihr Historizismus, der sie hindert, heute im Stile Beethovens oder Mozarts zu schreiben. Auch wenn sie die Neuerungen, die Wagner oder Schönberg in die Sprache der Musik einführten, verfluchen oder doch bedauern, können sie sie nicht mehr aus der Welt schaffen. Natürlich steht es jedem frei, auch heute in einem klassischen oder vorklassischen Stil zu schreiben; ich hoffe, daß ich kein Geheimnis verrate, wenn ich hier erwähne, daß Popper diesen Weg gewählt hat. Er schreibt Fugen im strengen Stil von Bach. Ich weiß allerdings nicht, ob er es täte, wenn er von Beruf Komponist wäre und nicht Philosoph. Wie dem auch sei, könnte er auf keinen Fall verhindern, daß die Wahl seines Ausdrucksmittels etwas ganz anderes bedeuten würde, als sie zu Bachs Zeiten bedeutet hätte. Damit will ich gewiß nicht sagen, daß Johann Sebastian selbst ein Avantgarde oder gar ein Modekomponist war. Im Gegenteil. Er war sogar nicht völlig auf der Höhe seiner Zeit, was die letzten Neuerungen betraf. Aber er versuchte auch nicht, wie Lassus oder Palestrina zu schreiben.

Ich selbst könnte keine Fugen schreiben, auch wenn ich es wollte. Aber ich bin nicht sicher, ob ich nicht, selbst wenn ich's könnte, mich von der Erwägung beeinflussen ließe, die in dem Sprichwort ausgedrückt ist: »Wenn zwei dasselbe tun, ist es nicht dasselbe.« Ich müßte mich mit dem Problem auseinandersetzen, wieweit ich mich »in die Zeit schicken« solle.

Diese in der Situation selbst liegende Logik ist es, die Künstler und Kunstschriftsteller für die Lehren des Historizismus so empfänglich macht. »Warum sollen wir«, meinen sie, »wenn wir die Vergangenheit nicht zurückbringen können, nicht freudig mit dem Strom gehen, der in die Zukunft führt?« Die Hegelschen Theorien, auf die sie sich so gerne berufen, sind, von dieser Seite her gesehen, nicht viel anderes als Rationalisierungen im psychoanalytischen Sinn. Sie erlauben ihnen mit großen Gesten das zu tun, wofür Quintilian ein Achselzucken genügte. Sie sind weder weise genug noch bescheiden genug, seine Argumente anzuerkennen. Denn »Konzessionen machen« ist für sie das Verwerflichste, was es gibt, »Engagement« und »kompromißloser Einsatz« das Höchste.

Vielleicht könnte hier der Nicht-Historizist zu helfen versuchen, indem er darauf hinweist, daß das Leben daraus besteht, Konzessionen zu machen, und daß es in der Kunst Situationen geben kann, die nach Konzessionen verlangen, wenn auch freilich nicht als Tugenden, so doch auch nicht als schreckliche Verbrechen.

Alle Künstler müssen Opportunisten sein, wenn wir unter Opportunismus den Wunsch verstehen, zu gefallen, gehört und ernst genommen zu werden, besonders im Kreise von Freunden und den Freunden von Freunden. Auf diese Weise wird die Polarisation der Meinungen meist einen Künstler beeinflussen, der seine Werke womöglich nicht in einer Aufmachung erscheinen lassen will, die seine Freunde abstößt. Der Unterschied zwischen einem echten Künstler und einem Opportunisten im schlechten Sinn ist hier nicht, daß der eine seinen Weg geht, ohne sich um irgend jemanden zu kümmern, während der andere den Menschen, die Macht und Einfluß haben, zu gefallen sucht. Es handelt sich darum, daß beim echten Künstler Konzessionen hauptsächlich darin bestehen werden, daß er gewisse Dinge vermeidet. Er wird sich unwillkürlich von Methoden oder Stilen abwenden, die ihm irgendwie abgedroschen oder doch wenig vielversprechend vorkommen; aber sobald er sein Problem gefunden und angefangen hat, mit seinem Material zu ringen, werden alle solche Erwägungen für ihn wegfallen. Mit anderen Worten: In einer Situation, in der es durch die Unsicherheit des Geschmacks und die Korrumpierbarkeit seines Mediums keine festen Maßstäbe gibt außer seinem künstlerischen Gewissen, wird der echte Künstler schlicht versuchen zu tun, was er kann. Er wird nicht verzweifelt einer verschwundenen Vergangenheit nachtrauern, noch wird er seine Hoffnung auf eine Zukunft setzen, die vielleicht niemals kommen wird, sondern er wird mit dem Material arbeiten, das ihm zur Hand liegt. Wie mir ein Maler einmal sagte, der selbst der abstrakten Malerei kritisch gegenüberstand, aber dann doch mitmachte: »Man muß dort hin, wo gekämpft wird!« Das mag eine Rationalisierung sein oder auch nicht, jedenfalls ist es schwer einzusehen, wie eine solche Reaktion in der Situation, in der sich die Künstler heute befinden, ganz vermieden werden kann. Selbst nachdem der Historizismus seine Geltung verloren haben wird – was hoffentlich nicht allzulange auf sich warten lassen wird –, wird sich das Karussell der Mode am Jahrmarkt der Eitelkeiten weiterdrehen. Wie ich zu zeigen versuchte, liegt es in der Logik der Situation, daß diejenigen Künste, die nicht mehr in praktischen Funktionen verankert sind, am leichtesten in diese schwindelerregende Bewegung hineingerissen werden. Hier haben wir eine typische ungewollte Folge jener Emanzipation von dem Zwang anderer als künstlerischer Zielsetzungen vor uns, nach der so viele große Künstler gestrebt haben. So ist es nur allzu verständlich, daß Künstler heute nicht nur Historizisten zu sein pflegen, sondern auch Romantiker, die sich nach dem Schutze einer geschlossenen Gesellschaft sehnen, sei es eine vergangene oder eine künftige. Aber wenn das die einzige Alternative ist, dann ist der Jahrmarkt immer noch dem Kasernenhof vorzuziehen!

Die Resultate, zu denen ich hier gelangt bin, stehen mit meinen eigenen Neigungen und Vorurteilen recht wenig im

Einklang. Ich würde es bedauern, wenn sie denen Waffen an die Hand liefern, die von der »Unvermeidlichkeit« bestimmter Entwicklungen in der modernen Kunst sprechen, aber ebensowenig würde ich Opportunisten und Wetterwendische auf ihrem Weg zum Erfolg anfeuern wollen. Ich hätte mich auch nie darauf eingelassen, solche gefährlichen Schlußfolgerungen aus den fadenscheinigen Prämissen von »Vanity Fair« zu ziehen, wenn ich nicht hoffte, damit Sir Karl Popper zu einer kritischen Erwiderung zu veranlassen, die die Unabhängigkeit der Kunst vom Druck sozialer Kräfte und die Objektivität ihrer Werte erfolgreich verteidigt[51].

London, November 1965

---

[51] Poppers Antwort findet sich auf Seite 1174 der Originalveröffentlichung Philosophy of Karl Popper.

4. Mythos und Wirklichkeit in den deutschen Rundfunksendungen der Kriegszeit

Die Wahl eines Themas, das unvermeidlich mit so bösen und schmerzlichen Erinnerungen verbunden ist, bedarf einer kurzen Erklärung. Gewiß, das Studium von Mythen gehört durchaus ins Arbeitsgebiet des Warburg-Instituts, und wie Sie wissen, haben sich meine eigenen Forschungen speziell mit der Beziehung zwischen Wirklichkeit und Illusion befaßt. Aber diese Studien haben mich in die verschiedensten Wissensgebiete geführt, und als ich den ehrenvollen Auftrag erhielt, diesen Vortrag zu halten, der dem Andenken eines großen Historikers gewidmet ist, wollte ich naturgemäß ein historisches Thema wählen, in dem ich mich wirklich spezialisiert habe. Ich konnte leider nur ein einziges finden. Von meinem 30. bis zu meinem 36. Lebensjahr befaßte ich mich täglich mit dem Material, das ich Ihnen heute vorführen möchte. Vom Dezember 1939 bis zu meinem Austritt im Dezember 1945 arbeitete ich ununterbrochen im Abhördienst der BBC – zuerst als sogenannter »Monitor« direkt am Radioapparat und später als »Supervisor« in einer überwachenden und koordinierenden Stellung[1]. Während dieser

[1] Der Monitoring Service (Abhördienst) des Britischen Rundfunks veröffentlichte in erster Linie zwei Publikationen: den zweiteiligen ›Daily Digest of Foreign Broadcasts‹, eine umfangreiche, mechanisch vervielfältigte Zusammenfassung, und den ›Monitoring Report‹, eine konzise Analyse der Sendungen jedes Tages. Seit 1941 brachte der täglich erscheinende ›Deutschlandspiegel‹ eine Auswahl wörtlicher Niederschriften. Diese wichtigen Dokumente sind heute selbst in der British Library nicht leicht zugänglich. University Microfilms Ltd. haben angekündigt, daß der Digest und der Report demnächst als Mikrofilm veröffentlicht werden.
Der Historiker, der beabsichtigt, diese wahrhaft unschätzbaren Quellen zu benutzen, sollte vielleicht darüber informiert sein, unter welchen Umständen sie zustande kamen. Der Empfang war oft schlecht, und die Aufgabe, vor die wir »Monitoren« gestellt waren, das Gehörte unter Zeitdruck zu übersetzen oder zusammenzufassen, war alles andere als leicht, besonders wenn man bedenkt, daß viele von uns des Englischen nur unvollkommen mächtig waren. Noch schwerer war das Problem für die Redakteure, von denen ursprünglich erwartet wurde, daß sie dieses systematisch repetitive Material nach den bei Zeitungen üblichen Methoden zusammenstreichen sollten, die jedoch dabei nur allzu oft von uns »Monitoren« beschuldigt wurden, besonders vielsagende Äußerungen unterdrückt oder bis zur Unkenntlichkeit verwässert zu haben. Aber obwohl Fehler im Abhören, Übersetzen und Redigieren unvermeidlich waren, ist die

Zeit muß ich einen sehr großen Teil alles dessen, was vom deutschen Rundfunk damals ans deutsche Volk gesendet wurde, abgehört, aufgenommen, übersetzt oder gelesen haben. Als Historiker erlebte ich diesen Krieg nicht nur durch das Medium des britischen Nachrichtendienstes und den Alltag des Lebens in einem kleinen Ort »irgendwo in England«, wie man damals sagte, sondern ich sah ihn auch in dem Zerrspiegel, in dem ihn Goebbels dem deutschen Volke zeigen wollte.

Wie Ihnen vielleicht bekannt ist, ist vor verhältnismäßig kurzer Zeit frisches Material zugänglich geworden, das diese meine persönlichen Erlebnisse der Kriegszeit um eine weitere Dimension bereichert. Ich beziehe mich auf die Geheimprotokolle der Konferenzen, die Goebbels fast täglich mit seinem Propagandastab abhielt. Für die Periode Oktober 1939 bis 19. Juni 1941 liegen sie in extenso[2] und für die Periode bis 13. März 1943, das heißt bis nach Stalingrad, wenigstens in großen Auszügen im Druck vor[3]. Ich glaube, nicht zu übertreiben, wenn ich sage, daß durch diese Veröffentlichungen alle bisher erschienenen Bücher über Goebbels und die deutsche Propaganda als überholt anzusehen sind.

Lassen Sie mich Ihnen ein Beispiel geben. Wir »Abhörer« waren nur allzu vertraut mit der Gewohnheit des deutschen Rundfunks, die programmgemäßen Sendungen durch »Sondermeldungen« zu unterbrechen, in denen immer wieder neue Siege zu Lande, zu Wasser oder in der Luft verkündet wurden. Diese triumphierenden Kommuniqués, die den Siegeszug der deutschen Waffen in Norwegen, am Balkan, in Nordafrika und in Rußland feierten, wurden stets von einer

vollständige Dokumentation des Ätherkriegs, die in den fast 2000 Nummern dieser Publikationen niedergelegt ist, auch heute noch etwas einzig Dastehendes.

In meinen Ausführungen stütze ich mich hauptsächlich auf Memoranden, die von der Gruppe von »Monitoren« damals zusammengestellt wurden. Eine dieser Schriften, ›The German Wireless at War‹, wurde einzelnen Forschern auf diesem Gebiet zugänglich gemacht; eine stark erweiterte Version, für die ich selbst Material über Nachrichten, Kommentare und andere Sendungen gesammelt hatte, wurde nie verbreitet.

[2] Willi A. Boelcke, Kriegspropaganda 1939–1941. Geheime Ministerkonferenzen im Reichspropagandaministerium. Stuttgart 1966. Im folgenden zitiert als Boelcke, 1966.

[3] Ders., Wollt ihr den totalen Krieg? Die geheimen Goebbels-Konferenzen, 1939–1943. Stuttgart 1967. Im folgenden zitiert als Boelcke, 1967.

Trompetenfanfare eingeleitet und durch ein Kriegslied abge-
schlossen, wobei jeder dieser Feldzüge seine eigene Fanfare
und seinen eigenen Triumphgesang hatte. Es stand immer
außer Zweifel, daß diese dramatische Aufmachung sehr
sorgfältig durchdacht war – aber die neuen Goebbels-Doku-
mente brachten dazu weitere interessante Streiflichter. Als
im Juni 1940, kurz nach Dünkirchen, ein übereifriger deutscher Redakteur einer illustrierten Wochenschrift einen Artikel über diese Sondermeldungen brachte, in dem man sehen konnte, wie jemand die Schallplatte mit den Siegesfanfa-
ren auf den Plattenteller legte, war Goebbels außer sich vor
Wut. Wenn ein solches desillusionierendes Bild je wieder
erscheinen sollte, würde er nicht zögern, den verantwortli-
chen Redakteur in ein KZ zu schicken und den Zensor, der
es hatte durchgehen lassen, zu verhaften[4]. Wollte Goebbels
wirklich, daß die Hörer dachten, daß bei jeder Siegesbot-
schaft eine Militärkapelle parat stand und in Jubelklänge aus-
brach? Selbstverständlich nicht! Er wollte, daß sie überhaupt
nicht dachten. Sie sollten sich der hypnotisierenden Wirkung der Sendung willenlos hingeben und sich hinreißen
lassen von der Begeisterung des Augenblicks; jede desillu-
sionierende Realität war auszuschalten.
    Denn für Goebbels war Propaganda selbstverständlich ei-
ne Kunstform; er sah sich selbst als einen großen Künstler,
der auf den Gefühlen der Nation spielen konnte wie auf den
Saiten eines Instruments. Wie ein Künstler verteilte er seine
Höhepunkte mit größter Sorgfalt. Zum Beispiel war vorgesehen, daß während der bevorstehenden Balkankampagne es
nicht mehr als zwei – höchstens drei – ganz groß aufgemach-
te Siegesmeldungen mit Trommelwirbel und Dankgesängen
geben würde, damit die Wirkung sich nicht abschwäche[5].
Ich persönlich glaube freilich, daß er sich nicht hätte zu
sorgen brauchen. Denn die Wirkung, groß oder klein, war
letzten Endes doch mehr den Siegen zuzuschreiben als den
Siegesmeldungen. Allerdings war Goebbels' Glaube an die
Allmacht der Propaganda nicht nur auf die übertriebene
Vorstellung zurückzuführen, die er von seiner eigenen Bedeutung hatte. Er hatte diesen Glauben von seinem Herrn
und Meister Adolf Hitler übernommen. Wenn man die vie-

[4] 9. Juni 1940, Boelcke, 1966 und 1967.
[5] 12. April 1941, Boelcke, 1966.

len schwülstigen Seiten in ›Mein Kampf‹ liest, in denen Hitler seine Zuversicht in die Macht des Wortes darlegt, versteht man, wie dieser Mythos entstehen konnte. Hitler war überzeugt, daß die deutsche Armee niemals in ehrlichem Kampfe besiegt worden war. Der Krieg sei im Hinterland verloren worden, weil die Feinde Deutschlands die Schwarze Magie psychologischer Kriegsführung entdeckt hatten, der die Deutschen, arglos und ehrlich wie sie waren, wehrlos ausgeliefert gewesen seien. Diese Ansicht trieb Hitler dazu, die damals populären Studien über Massenpsychologie zu befragen, insbesondere Le Bons berühmtes Werk aus dem Jahre 1896. Aus diesem Buch schöpfte er seine Überzeugung, daß die Masse nicht denkt, sondern fühlt und immer extrem ist[6]. Um auf die Menschen einer Masse einen dauernden Eindruck zu machen, müsse sich die Propaganda auf ganz wenige Themen und Schlagworte beschränken, aber diese müßten, sagte Hitler, *ständig* wiederholt werden: »Jede Abwechslung darf nie den Inhalt des durch die Propaganda zu Bringenden verändern, sondern muß stets zum Schlusse das gleiche besagen.«[7] Hitlers Glaube an die Unbezwinglichkeit dieser Methode war jedoch nicht bloß aus Büchern geschöpft. Er hatte sie selbst erlebt (so glaubte er wenigstens) in jenen politischen Massenversammlungen, in denen er die Wirkung ständiger Wiederholung in seinen Angriffen auf die Juden und auf die »Schmach von Versailles« erlebte und erlernte, wodurch er jene Gefühlsstürme entfesseln konnte, die die Theorie vorausgesagt hatte. Die Massenversammlung war es, die Hitler und Goebbels von Tag zu Tag höher emportrug und ihnen schließlich zum Sieg durch Intrige und Einschüchterung verhalf. Es ist daher kaum verwunderlich, daß beide das neue Instrument des Rundfunks vor allem als ein Mittel ansahen, die Zahl der Zuhörer zu vergrößern und auf diese Weise die ganze Nation in *eine* gigantische Massenversammlung zu verwandeln, die an den Lippen des Führers hing und zum mindesten im Geiste teilnahm an dem Begeisterungsjubel und den ekstatischen Sprechchören.

Ich bin nicht sicher, daß sich die Sendungen für das deutsche Volk je von der Vorstellung frei machten, der Radio-

[6] Werner Maser, Hitlers ›Mein Kampf‹. München 1966, S. 83 ff.
[7] A. Hitler, Mein Kampf. München 1933, Kap. 6, S. 203.

147

lautsprecher sei überhaupt nichts anderes als der Lautsprecher bei einem politischen Treffen. In den ersten Kriegsjahren waren die als Höhepunkte angekündigten Sendungen immer höchst sorgfältig inszenierte Übertragungen von Hitler- oder Goebbels-Reden, die stets vor einem enthusiastischen und gut einexerzierten Publikum stattfanden. Man richtete es so ein, daß die Bevölkerung in Gruppen, in Fabriken oder in Kasernen zuhören würde. Denn die Idee eines Hörers allein auf seinem Zimmer, wo er eventuell sogar abdrehen konnte, war dieser Theorie Anathema. Auf den Gegensatz zwischen dieser Vorstellung einer die ganze Nation umfassenden Monsterversammlung und Roosevelts Vorliebe für das, was er einen »Fireside Chat« nannte, ist schon oft hingewiesen worden. Hier gab der Sprecher vor, seinen Zuhörer zu einem »gemütlichen Plausch« in seinem eigenen Heim zu besuchen – dort wurde das Heim in den Sportpalast gefegt.

Es versteht sich von selbst, daß Hitlers Reden, besonders nach der Machtergreifung, als welthistorische Ereignisse ganz groß aufgezäumt wurden – als Staatsakte, die das Geschick der Nation und der ganzen Welt bestimmten. Ich glaube kaum, daß die Jüngeren unter Ihnen sich von diesen Veranstaltungen eine richtige Vorstellung machen können, selbst wenn Ihnen kurze Auszüge aus Radiosendungen oder Wochenschauen bekannt sind. Denn es liegt in der Natur der Sache, daß solche Ausschnitte sich auf die emotionellen Höhepunkte konzentrieren und daher hauptsächlich Hitlers erschreckendes hysterisches Kreischen festhielten. Aber diese hemmungslosen Ausbrüche waren sorgfältig vorbereitet und hoben sich bewußt ab von den langen, oft eintönigen, mit tiefer Stimme vorgetragenen Teilen der Rede, in denen Hitler die Rolle des Staatsmannes spielte, der der Nation Rechenschaft ablegte.

Im deutschen Rundfunk der Kriegszeit wurden diese zwei so verschiedenen Stile ursprünglich auf zwei Stellen verteilt. Das Oberkommando der Wehrmacht gebrauchte einen straffen, lakonischen Stil, den die Propaganda als »soldatische Zurückhaltung« verherrlichte. Die Kommentatoren andererseits stellten nicht nur die Fanfaren, sondern auch das Begeisterungsgeschrei und die Empörung der verletzten Unschuld. Denn der Krieg, den Hitler durch seinen Angriff auf Polen im Herbst 1939 entfesselt hatte, sollte der erste Krieg sein, in dem die neuentwickelte Methode der Massenkommunikation, der Rundfunk, dazu dienen würde, die ganze Nation »das Walten der Weltgeschichte« miterleben zu lassen. Die neun Nachrichtensendungen am Tag – Sondermeldungen nicht eingerechnet –, die politischen Kommentare durch hervorragende Publizisten wie Hans Fritzsche, die vielen Sendungen von der Front und aus dem Hinterland, ja sogar die sorgfältig verteilten Programme von abwechselnd ernster und militärischer Musik und die eingestreuten Stunden der Erhebung und Sammlung waren alle darauf abgestimmt, im Hörer das Gefühl zu erwecken, er oder sie lebe in einer großen Zeit weltbewegender Ereignisse und der Rundfunk biete ihnen die einzigartige Gelegenheit, »dabeizusein«, wenn Geschichte gemacht wurde[8].

Inzwischen haben uns Radio und Fernsehen an diesen Anspruch geradezu gewöhnt – erinnern wir uns nur an unser Miterleben der ersten Mondlandung –, aber im Jahre 1939 war das Klischee noch nicht so verbraucht. In der Tat gab es damals wie auch heute Augenblicke, in denen der Anspruch nicht ohne Berechtigung gewesen sein mag. Tatsächliches Geschehen und Propaganda, Mythos und Wirklichkeit schienen manches Mal in eins zu verschmelzen – besonders während jenes sorgfältig in Szene gesetzten historischen Melodramas, in dem die Kapitulation der französischen Armee zu einem symbolischen Akt ausgestaltet wurde, der eigens dazu bestimmt war, das Resultat der deutschen Kapitulation des Jahres 1918 in ihr Gegenteil zu verkehren. Wie Sie wissen, wurde der Eisenbahnwaggon, in dem die erste Kapitulation stattfand, eigens aus einem Pariser Museum nach Compiègne gebracht, und von dort machten ekstatische Beschreibungen die ganze Welt zu Zeugen der Zeremonie, in der die angebliche Schmach der Vergangenheit durch das Genie des Führers ausgelöscht wurde. Eine ausgezeichnete Besprechung der Art und Weise, in der der Rundfunk diese Episode behandelte, die sich auf das von uns abgehörte Material stützte, findet sich in dem Buch ›Die deutsche Radiopropaganda‹ von meinem verstorbenen Freund Ernst Kris und Hans Speier, das im Jahre 1944 erschien[9]. Man darf nicht

---

[8] D. Sington und A. Weidenfeld, The Goebbels Experiment. London 1942; E. Kris und H. Speier, German Radio Propaganda. Oxford 1944.
[9] Ebd., S. 347–353.

vergessen, daß, wenn England damals Hitlers Friedensange-bot angenommen hätte, dieses gestellte Theater tatsächlich zu einem welthistorischen Ereignis geworden wäre, statt ei-ne Episode zu bleiben, an die wir alle lieber nicht denken.

Von Deutschland aus gesehen, war die Weltgeschichte da-mals die Erfüllung eines vorbestimmten Schicksals, die Ein-lösung eines Versprechens. Dieses Versprechen lag still-schweigend beschlossen im Sieg der nationalsozialistischen Bewegung in Deutschland, es war der Sinn jener »Kampf-zeit«, auf die Hitler und Goebbels in guten wie in schlechten Tagen sich immer wieder zu berufen pflegten. Denn ebenso wie ihr kometenhafter Aufstieg über die korrupten Gegner auf der Rechten wie auf der Linken triumphiert hatte, würde die wiedergeborene Nation über die neidischen und deka-denten Kriegshetzer im Westen triumphieren, die immer als »Plutokraten« bezeichnet wurden. Denn wie Sie wissen, ge-hörte es zum Nazimythos, daß der Nationalsozialismus eine revolutionäre Weltanschauung ist. Zwischen dem Ersten und Zweiten Weltkrieg sei überhaupt kein Vergleich mög-lich, schrieb Goebbels, »da die deutsche Armee heute (was auch psychologisch von ungeheurer Bedeutung ist) den Zau-ber der Unbesiegbarkeit und die Magie einer glorreichen Revolution vor sich herträgt«[10]. Es waren vor allem diese Glaubenssätze und weniger die mehr esoterischen Seiten der nationalsozialistischen Ideologie, die von der Propaganda in den Vordergrund gerückt wurden. Die verstiegenen Ideen eines Rosenberg oder eines Himmler würden sicher einen Großteil der noch christlich empfindenden Deutschen abge-stoßen haben, und eine zu starke Betonung der rassischen Überlegenheit des nordischen Herrenvolks hätte leicht zu diplomatischen Verwicklungen mit Italien und Japan führen können. Aber das Schlagwort von den »jungen Nationen« war vage genug, um anpassungsfähig zu sein, und gleichzei-tig genügend gefühlsbetont, um begeisternd zu wirken. Und so ließ man denn die deutschen Armeen gegen Frankreich marschieren zu den Klängen des Frankreichlieds: »Wir kommen und schlagen zu Scherben ihre alte verrottete Welt.«[11] In dieser ursprünglichen Deutung war also der

[10] Das Reich, 26. 5. 1940. Nach Boelcke, 1966, S. 364.

[11] »Sie wollten das Reich uns verderben, doch der Westwall, der eherne, hält, wir kommen und schlagen zu Scherben ihre alte verrottete Welt.« Nach Boelcke, 1966, S. 364.

150

Krieg, der selbstverständlich Deutschland aufgezwungen worden war, nicht viel mehr als eine bedauerliche Reibungserscheinung – Geburtswehen der neuen Ära –, und die Überlegenheit der deutschen Moral und der deutschen Ausrüstung war danach so offenkundig, daß der Kriegsschauplatz kaum etwas anderes war als eine Bühne für die Zurschaustellung deutscher Tapferkeit und Ritterlichkeit. Mitte Mai hatte das Oberkommando die Weisung erlassen, daß in Filmen von der Front alle Anblicke, die Schrecken, Abscheu oder Ekel erwecken könnten, zu vermeiden seien[12]. In den Rundfunkberichten von der Front schienen Kampfhandlungen ebenso selten Verwundung und Tod mit sich zu bringen. Um so eindrucksvoller sind dann die Ausnahmen, und ein Beispiel eines Berichts über einen Tod in der Schlacht mag Ihnen eine Vorstellung geben von dem Stil, in dem der deutsche Mythos dem deutschen Volk präsentiert wurde – soweit das durch einen kleinen Ausschnitt möglich ist.

Als das deutsche Schlachtschiff ›Blücher‹ im Frühjahr 1940 an der Küste Norwegens versenkt wurde, hatte das Oberkommando gemeldet, daß der Großteil der Besatzung und der Soldaten auf dem Schiff gerettet worden sei. Das mag sogar wahr gewesen sein, aber immerhin ging daraus hervor, daß es Tote gegeben hatte. Hören wir, wie der Frontreporter Heinz Laubenthal den letzten Augenblick des Schlachtschiffs schildert – so wie er ihm angeblich von einem Oberstleutnant, der dabeigewesen war, beschrieben worden war: »Plötzlich steht das Heck steil auf, sicher bis neun Meter kerzengrad nach oben. Wir erkennen es deutlich: Da steht ein Mann, straff und steil, die Hand zum deutschen Gruß erhoben. Ich habe Standbilder gesehen, eherne Ritter des Mittelalters, legendenumwobene Galionsfiguren, aber ich werde nie dieses lebendige Standbild eines deutschen Soldaten vergessen, der in seiner Todesstunde, als das Schiff tiefer und tiefer sinkt, so dasteht.

Wir auf der Insel waren gepackt bis ins Mark. Ein deutscher Soldat, der zu sterben weiß. Aus uns ringt sich etwas los. Wir schreien Hurra, und aus heißem Herzen bricht es hervor: ›Deutschland, Deutschland über alles‹.«[13] (Originaltext)

[12] Ebd., S. 129, Anm.
[13] Heinz Laubenthal, Mit dem Mikrophon am Feind. Dresden 1942, S. 9.

Der Tod feindlicher Soldaten war natürlich etwas ganz anderes. Jedoch bestand eine gewisse Tendenz, etwa erwähnte gefallene Norweger, Engländer und Franzosen als arme Betrogene hinzustellen, die von den verantwortungslosen Anstiftern dieses Krieges in den Tod geschickt worden waren. Aber selbst in diesen ersten Kriegsmonaten gab es eine Ausnahme: Französische Kolonialtruppen aus Afrika waren von jeher von den deutschen Nationalsozialisten mit ganz besonderem Haß verfolgt worden. Und als derselbe Heinz Laubenthal ihre Leichen vorfand, nachdem ihre Stellung an der Somme von deutschen Sturzkampffliegern vernichtet worden war, beschrieb er, wie er die Toten, mit verzerrten und zerfetzten Gesichtern, in Haufen liegen sah: »Tier, das ist ein Ehrenname und paßt nicht für diese Scheusale in Menschengestalt, wulstige Lippen und Zähne, die weit vorstehen, abgeplattete Nasen und Kräuselhaar ... das sind die Merkmale dieser Ungeheuer.«[14] (Originaltext)

Ein derart hemmungsloses Sich-Weiden am Tod von Individuen blieb jedoch eine Ausnahme. Anders war es hingegen, wenn von Städten oder ganzen Ländern die Rede war und man die »schwere Vergeltung« schilderte, die alle diejenigen zu erwarten hätten, die sich der deutschen Macht entgegenzustellen wagten. Warschau und Rotterdam hatten dieses Verbrechen begangen. Bald sollte London an die Reihe kommen.

Während des Entscheidungskampfes um den englischen Luftraum im Herbst 1940 übernahm der oberste Beamte im Propagandaministerium, Eugen Hadamovsky, persönlich die Rolle des ersten Reporters. Am 11. September 1940 berichtete er direkt von einem Bomber über London: »Wir sehen eine unendliche Kette von Lichtern. Es sieht in der Tat so aus, als ob London durch eine riesige Illumination beleuchtet wäre. Aber das ist keine von Churchill angeordnete Festbeleuchtung. Obwohl wir es nicht hören können, wissen wir, daß da unten, unter unserm Flugzeug, unaufhörlich die furchtbarsten Szenen sich abspielen müssen ...

Wir sehen die brennende Metropole von England, das Zentrum der Plutokraten und der Sklavenhalter, die Hauptstadt des Weltfeinds No. 1. ... Jetzt fallen die Bomben, sie haben ihr Ziel gefunden; aber wir kreisen noch einige Male

[14] Ebd., S. 49.

über der Stadt, damit die da unten hören, daß wir da sind. ...« (18.00)[15]

Wie Sie sich vorstellen können, war ich nicht sehr geneigt, deutschen Rundfunksendungen zu glauben, aber ich erinnere mich noch des freudigen Gefühls der Erleichterung, das ich empfand, als ich bald danach London besuchte und feststellen konnte, daß die Stadt noch stand.

Goebbels war sich dieser Diskrepanz bewußt. Er erließ sogar eine Weisung, daß Ausdrücke wie »London in Flammen« zu vermeiden seien[16], wenn auch hoffentlich nur für kurze Zeit. Am 7. September[17] erklärte er seinem Stab, man müsse sich darüber klar sein, daß die Vernichtung Londons wohl die größte Menschheitskatastrophe der Geschichte darstellen würde und daß diese »Maßnahme« – wie er es nannte – vor der Welt irgendwie gerechtfertigt erscheinen müsse. Man müsse also hoffen – das waren seine Worte –, daß eine derartige Möglichkeit durch einen der englischen Flugangriffe möglichst bald gegeben werde.

Ich weiß nicht, inwieweit die Royal Air Force seinen Wünschen nachkam, aber es scheint, daß am 19. September das Kinderspital Bethel getroffen wurde und neun Personen dabei getötet wurden. Selbstverständlich wurde die Weisung gegeben, dieses Ereignis »gründlich auszuschlachten«[18]. Was wir hörten, war folgendes: »Mord auf Mord ist die Losung der britischen Kriegsanstifter. Churchill läßt seine Flieger gegen die Zivilbevölkerung los. Mit einer Brutalität, die für die Engländer typisch ist, läßt er sie Gebäude angreifen, die als Stätten christlicher Nächstenliebe mit einem roten Kreuz gekennzeichnet sind. Dem deutschen Volk sind ein für allemal die Augen geöffnet worden: Es ist die Absicht Churchills, deutsche Frauen und Kinder auszurotten. Churchill, der vorgibt, für die Interessen Europas zu kämpfen, hat seine europäischen Verbündeten ins Unglück gestürzt. Churchill, der sich einst anmaßte, sich als den Beschützer des deutschen Volkes aufzuspielen, zeigt sich jetzt in seinen wahren Farben; er haßt die Deutschen aus dem Grunde seiner Seele. Dieser brutale Haß, den wir früher einmal nicht

---

[15] Wenn nicht anders vermerkt, stammen die Zitate aus den Sendungen des Deutschlandsenders für Deutschland.
[16] 9. September 1940, Boelcke, 1966.
[17] Ebd.
[18] Ebd., 19. September 1940.

153

begreifen konnten, wird jetzt von uns erwidert. Das Blut, das Churchills Söldner in Deutschland vergossen haben, das Blut deutscher Mütter und Kinder, schreit nach Rache und strenger Vergeltung, die bisher erst am Anfang steht.« (20. 9. 1940, 22.00)

Ich habe diese Tirade hier kürzen müssen, denn es liegt in der Natur der Sache, daß ich Ihnen hier unmöglich ein vollständiges Bild von dem Stil geben kann, der die Nachrichtensendungen für deutsche Hörer geradezu in Ströme von Schmutzwasser verwandelte. In Befolgung von Hitlers Maxime der Wiederholung und Aufpeitschung waren sie selbstverständlich nicht nur dazu bestimmt, die schwache Stimme der Vernunft zu übertönen, sondern auch die stärkere Stimme feindlicher Sendungen im Ätherkrieg, wie man das später nannte. Denn die deutsche Propagandamaschine mußte, ob sie wollte oder nicht, den Unterschied berücksichtigen, der zwischen Teilnehmern an einer Massenversammlung und einer Hörerschaft bestand, die die Möglichkeit hat, von einer Wellenlänge auf eine andere umzuschalten.

Natürlich war es während des Krieges ein schweres Vergehen, ausländische Sendungen zu hören. Aus den Konferenzprotokollen geht jedoch hervor, daß Goebbels sich diese Möglichkeit, ja Wahrscheinlichkeit ständig vor Augen hielt. Sorgfältig dosierte Meldungen über schwere Gefängnisstrafen, die gegen »Schwarzhörer« verhängt wurden, hatten alle paar Wochen gebracht zu werden, aber es durften auch nicht zu viele sein, denn wenn sie alle publik gemacht worden wären, hätte die Häufigkeit dieses Delikts im offenbaren Widerspruch zum Mythos gestanden. Vor allem aber kam es Goebbels darauf an, daß jedes Wort der feindlichen Propaganda durch einen Wortschwall aus deutschen Lautsprechern erwidert oder besser übertönt werde. Solange der Krieg für die Deutschen gutging, waren solche polemischen Ausstrahlungen sogar Wasser auf seine Mühle. Sie boten ihm willkommene Anlässe für die Wiederholung derselben Schlagworte, an die er, genauso wie sein Führer und Lehrer, unbeirrt glaubte. Die einzige Abwechslung, die einem Sprecher im deutschen Rundfunk in dieser bewußten programmgemäßen Monotonie offenstand, war die Wahl zwischen Hohn und Verdächtigung, zwischen hochnäsiger Verspottung und wüster Beschimpfung. Für die erste Methode sei hier ein Beispiel geboten: »Die geflüchtete Großherzogin von Luxemburg sprach im englischen Rundfunk zum Jahrestag des deutschen Einmarsches. In lächerlichen Ausflüchten bezeichnete sie ihre und ihrer Regierung Flucht aus Luxemburg als ein Gebot der Pflicht und Ehre ...

Natürlich konnte in diesem trauten Verein der demokratischen Emigranten die holländische Wilhelmine nicht fehlen. Sie hielt gleich zwei Reden im englischen Rundfunk, die sich durch einen Schwall nichtssagender Phrasen auszeichneten.« (11. 5. 1940, 14.00; Originaltext)

Zwei Dinge erscheinen mir für diese alberne Notiz, die ich fast willkürlich auswählte, charakteristisch. Erstens einmal, daß sie keine eindeutige Lüge enthält. Ich zweifle nicht, daß die Großherzogin im Rundfunk sprach, und ich habe keinen Grund, daran zu zweifeln, daß sie vom Gebot der Pflicht und Ehre redete. Der Sinn solcher Meldungen war ja schließlich, solchen Reden ihre Schärfe zu nehmen, sollte sie jemand gehört haben. Das zweite, was auffällt, ist, wie ordinär und billig der Sarkasmus ist; das ist ebenfalls beabsichtigt. Hitler und Goebbels hatten nichts als Verachtung übrig für die ästhetischen Skrupel Intellektueller, die nicht begriffen, daß unverfälschte Vulgarität für eine effektvolle Propaganda notwendig ist. Hier kommt auch die Verleumdung zu ihrem Recht, wie eine Nachricht vom 14. September 1941 deutlich zeigt: »Gangsterfiliale Roosevelts in Argentinien: Judas-Thronanwärter für die Weltherrschaft, Mr. Roosevelt, hat sich in Argentinien zur Durchführung seiner dunklen Ziele ein übles Subjekt gedungen. Ein ehr- und würdeloser argentinischer Abgeordneter namens Taborda hat im Auftrag Roosevelts ein Verbrecherkollegium gegründet. Aufgabe dieser Gangsterbande ist es, die deutsche Botschaft und andere deutsche Einrichtungen in Argentinien mit Schmutz zu bewerfen. Mit gefälschten Akten, Eingriffen in die diplomatischen Rechte und üblen Verleumdungen arbeiten Taborda und seine Kumpane an dem Plan, den Roosevelt ausgeheckt hat. ... Deutschland wird es nicht ohne Rückwirkungen hinnehmen, wenn sein offizieller Vertreter zum Opfer der Rooseveltschen Gangsterverschwörer gemacht werden soll.« (21.00; Originaltext)

Vergessen Sie nicht, daß das, was ich Ihnen soeben vorlas, Teil einer Nachrichtensendung war, wenn auch der Informationsgehalt der Meldung minimal war. Man kann sich schwer vorstellen, daß im Herbst 1941, als das Schicksal des russischen Feldzuges auf der Waagschale lag, irgendein Mensch in Deutschland sich für die angeblichen Machenschaften eines Señor Taborda zugunsten der Alliierten interessieren konnte. Aber Information war damit auch nicht beabsichtigt. Der Zweck war einfach der, die Assoziation Roosevelt – Gangster so lange einzuhämmern, bis sie automatisch wurde. Noch im Frühjahr 1942 empfahl Hitler in seinen Tischgesprächen, daß Roosevelt immer ein Verbrecher genannt werden solle und Churchill ein Säufer[19]. Aber vielleicht war er damals nicht mehr ganz im Bilde. Denn auch für diese Technik kommt offenbar ein Punkt, an dem die Wirkung sich abschwächt. Es mag schon sein, daß es während des Blitzkrieges sehr wirkungsvoll gewesen war, die Gegner pausenlos als Verbrecher hinzustellen. Mit der Zeit müssen aber die Hörer dieser gemachten Entrüstung schließlich doch überdrüssig geworden sein. Tatsächlich bemerkten wir »Monitors«, als sich der Krieg ins dritte Jahr hinzog, eine gewisse Abnahme der wüsten Beschimpfungen. Gegen Ende des Jahres 1942 hörten wir dann zu unserem Erstaunen folgenden Kommentar zur Ermordung Darlans: »Das gewaltsame Ende des französischen Verräteradmirals Darlan bildet weiter das Gesprächsthema der Weltöffentlichkeit. Zu dem von Churchill befohlenen Attentat auf den französischen Ex-Admiral und zur Lage in Französisch-Nordafrika nach der Ermordung Darlans liegen folgende Meldungen vor: New York: Der Mörder Darlans wurde gestern vor das Kriegsgericht gestellt. Anglo-Amerikanisches Hauptquartier Nordafrika: Der Mörder Darlans wurde gestern abend zum Tode verurteilt. ... Der Name des Täters wird geheimgehalten.« (26. 12. 1942, 12.30; Originaltext)

Und so fort mit weiteren kurzen Zitaten aus typischen Agenturmeldungen, die aus Algier oder London datiert waren.

Uns schien dieser völlige Umschwung ein Zeichen zu sein, daß es in Deutschland zu einer tiefen Vertrauenskrise gekommen sein müsse, die den deutschen Nachrichtendienst zwang, wenigstens die Form der sachlichen alliierten Nachrichtenbulletins nachzuahmen. Ich habe zwar keine bestimmten Weisungen gelesen, die diese Umstellung anordne-

---

[19] Henry Pickers, Hitlers Tischgespräche (1941/42). Bonn 1951, S. 273 f.

ten, aber wir wissen, daß im November, das heißt nach dem Sieg der Alliierten von El-Alamein, als die deutsche Armee vor Stalingrad gerade noch aushielt und die Alliierten in Nordafrika gelandet waren, Goebbels zugab, daß die deutsche Propaganda es unter diesen Umständen »nicht leicht habe«, wir er sich ausdrückte[20]. Er war besonders aufgebracht gegen das deutsche Oberkommando, weil es den Fall von Tobruk verheimlicht hatte[21]. Die Gefahr einer sehr ernsten Vertrauenskrise sei nunmehr, wenigstens auf dem Gebiete der Nachrichtenpolitik, gegeben. Diese Krise war es, die zu einem mehr nüchternen Stil der Nachrichtendarbietung führte, der sich schon vorher langsam angebahnt hatte.

Aber es scheint mir wichtig, daß wir uns davor hüten, uns von Hitlers oder Goebbels' Erklärungen über das Wesentliche ihrer Propaganda täuschen zu lassen. Der repetitive Stil, in dem die Nachrichten gebracht wurden, konnte ohne weiteres aufgegeben werden, ohne den Kern der Methode zu berühren oder den Endzweck aller nationalsozialistischen Propaganda zu gefährden. Denn dieser bestand nach wie vor darin, jeder einzelnen Meldung und jedem Ereignis ihren Platz anzuweisen in jener von vornherein feststehenden Konzeption der weltgeschichtlichen Entwicklung, die ich den Mythos genannt habe. Dabei kommt es nicht darauf an, ob der Propagandist brüllt oder sachlich informiert: Wichtig ist nur, daß er sich sorgfältig bemüht, diese Konzeption dem Geiste seines Hörers einzuprägen. Zum Beispiel: »Roosevelt setzt die Ausplünderung der kleinen süd- und mittelamerikanischen Staaten systematisch fort. Wie das Reuterbureau aus Washington erfährt, ist nach anderen mittelamerikanischen Staaten nun auch Honduras durch ein soeben in Washington unterzeichnetes Abkommen gezwungen, seine gesamte Gummiernte bis zum Jahre 1946 den Vereinigten Staaten zu verkaufen.« (5. 8. 1942, 20.00; Originaltext)

Beachten Sie, daß dadurch, daß er etwas, was an sich die deutschen Hörer kaum interessieren würde, der allgemeinen Idee »Systematische Ausbeutung wehrloser Staaten durch Roosevelt« dienstbar machte, der Propagandist imstande war, diese Meldung in eine neue Anklage gegen Roosevelt zu verwandeln. Alles, was er zu tun hatte, war, das Wort »ge-

[20] 12. November 1942, Boelcke, 1967.
[21] 14. November 1942, Boelcke, 1967.

zwungen« in den Text der Reutermeldung einzufügen. Damit war diese Meldung der Alliierten zur Aufnahme in den Nachrichtendienst für Deutschland geeignet. Oder: »Bezeichnend für die fortschreitende Bolschewisierung Englands ist der Vorschlag, den ein englischer Sozialpolitiker in einem Brief an die ›Times‹ machte: Er verlangt darin, die sozialpolitische und wirtschaftliche Umgestaltung Englands nach dem Kriege einem wirtschaftspolitischen Sowjet zu übertragen.« (3. 8. 1942, 17.00; Originaltext)

Der Schlüssel zu diesem letzten Beispiel ist das einleitende Wort »bezeichnend«. Dieses Wort ist der Zauberstab, durch den der uninteressanteste Bericht oder Vorfall in eine wichtige Nachricht verwandelt werden kann.

Im Zuge meiner Abhörtätigkeit kam ich allmählich zu einer Formulierung, die Goebbels meines Wissens nie selbst in Worte gekleidet hat: Sie besagt, daß, was immer es aus dem deutschen Lager zu berichten gebe, dies, wenn irgend möglich, als ein Symbol deutscher Kraft und deutschen Heldenmuts darzustellen sei – wie etwa die zum »deutschen Gruß« erhobene Rechte des Soldaten auf dem sinkenden Schiff –, dagegen alles, was aus dem feindlichen Lager gemeldet wurde, als ein Symptom der Verworfenheit und inneren Schwäche des Feindes gedeutet werden müsse.

Es gibt einen Geisteszustand, für den diese Art des Reagierens charakteristisch ist. Ich meine die Art und Weise, wie jemand, der an Verfolgungswahn leidet, seine Umgebung nach Zeichen absucht, die seine Vorstellungen von Verfolgung und Niedertracht bestätigen. Ich möchte daher hier die Behauptung aufstellen, daß das, was die Nazipropaganda auszeichnete, nicht so sehr ihre Lügenhaftigkeit war als das Hineinlesen einer paranoischen Interpretation in alle Ereignisse. Damit soll nicht gesagt sein, daß sich Goebbels je scheute, zu Lügen zu greifen, wenn er eine Lüge für zweckdienlich ansah, aber die wirklich rein erfundenen Meldungen waren meist den sogenannten »Schwarzen Sendern« vorbehalten, die vorgaben, abtrünnige Gruppen der Alliierten zu repräsentieren. Ihre Aufgabe war meist kurzfristig, wie etwa die Verbreitung von Panikmeldungen während eines Angriffs. Goebbels wußte ja nur zu gut, daß Falschmeldungen wie »London in Flammen« zu leicht widerlegt werden können, um auf lange Sicht von strategischem Nutzen zu sein. Ob er sich selbst über die Verwendung der Paranoia als einer

Propagandastrategie bewußt Rechenschaft gab, kann ich natürlich nicht wissen, aber er konnte unmöglich im unklaren gewesen sein über die Technik, die Jahr für Jahr prinzipiell angewendet wurde, um Tatsachen in Propagandamaterial umzuformen. Diese Technik war für die fürs Ausland bestimmten Sendungen nicht weniger charakteristisch als für die des deutschen Heimatfunks. Nehmen wir einen verhältnismäßig untergeordneten Vorfall wie die Besetzung Madagaskars durch die Alliierten im Mai 1942. Den deutschen Hörern erzählte man: »... Der feige Überfall auf Madagaskar sollte zwei Absichten dienen: einerseits die Aufmerksamkeit von der Reihe militärischer Niederlagen der letzten Tage abzulenken, die in dem soeben verlautbarten japanischen Sieg bei Corregidor gipfelte, und andererseits einen Flottenstützpunkt zu schaffen, um die unvergleichlich wertvolleren britischen Stützpunkte zu ersetzen, die man als Gegenleistung gegen die Überlassung von 50 veralteten Zerstörern an die Vereinigten Staaten abgetreten hatte.« (6. 5. 1942, 12.40)

Den Hörern in Brasilien wurde eine etwas andere Deutung geboten: »Die wahre Ursache für die Besetzung Madagaskars durch Großbritannien ist der Wunsch, sich einen guten Flottenstützpunkt zu sichern, bevor es alle seine Stellungen in Indien verliert.« (Zeesen, 9. 5. 1942, 01.15)

Eine spanische Sendung nach Lateinamerika ließ noch ein anderes Motiv durchblicken: »Glauben Sie, der Prestigeerfolg in Madagaskar wird Genossen Stalin zufriedenstellen, das heißt seine Forderung nach einer zweiten Front erfüllen?« (Zeesen, 6. 5. 1942, 04.15)

Derselbe Kommentator sagte dann zwei Tage später: »... durch seinen Angriff auf diese wehrlose Insel hat Großbritannien bewiesen, daß es an einem schweren Minderwertigkeitsgefühl leidet.« (Zeesen, 8. 5. 1942, 04.15)

Das Interessante an dem letzten Zitat ist natürlich die Gewandtheit, mit der sich der Propagandist der Terminologie bedient, die die moderne Psychologie für die Interpretation von Motiven entwickelt hat, nämlich der psychoanalytischen Deutung menschlicher Beweggründe. Es wäre eine interessante Aufgabe für einen Historiker, den Methoden wirklicher oder vorgegebener Analyse nachzugehen, die sich auf Psychoanalyse und Marxismus stützen. Man hat diese so überaus einflußreichen Denkweisen als Enthüllungs- und

Entlarvungsmethoden bezeichnet[22]. Beide lassen sich selbstverständlich dazu mißbrauchen, bestimmte historische Ereignisse in tendenziöser Weise zu deuten. Die Geschichte der Anwendung dieser Techniken im Rahmen der psychologischen Kriegführung wäre zweifellos ein interessantes Forschungsobjekt. Freilich wäre es keine leichte Aufgabe, denn wir sind alle in so hohem Maße von derartigen Vorstellungen beeinflußt, daß ihre Anwendung für uns geradezu selbstverständlich erscheint. Ich selbst habe Ihnen soeben ein Beispiel dafür geliefert. Denn obwohl ich nichts von Psychiatrie verstehe, habe ich mich nicht gescheut, die Nazipropaganda als »paranoisch« zu diagnostizieren. Vielleicht bin *ich* es, der ihr solche Motive unterschiebt, obwohl es sich um ehrliche Interpretation handelte?

Die Pilatusfrage »Was ist Wahrheit?« ist nie leicht zu beantworten – am allerwenigsten in den Wirren eines Krieges. Aber als Historiker weiß man, daß es bestimmte eindeutige Methoden gibt, die man zur Aufdeckung tendenziöser Verzerrung anwenden kann, denn während es sich bei Ereignissen und Motiven um schwer zu fassende Dinge handelt, deren objektive Beurteilung und Deutung selten möglich ist, liegt die Sache bei Texten ganz anders. Lassen Sie mich Ihnen ein Beispiel geben, das mich aus persönlichen Gründen naturgemäß besonders interessiert. Am 21. Juli 1943 berichtete der deutsche Heimatdienst wie folgt: »Berlin: Am 6. Juli befürchtete der ›Daily Sketch‹ Bombenangriffe auf Rom. Aus den Argumenten des Blattes kann man entnehmen, daß die vorsätzliche Zerstörung von europäischen Kulturdenkmälern zum Teil einem Minderwertigkeitsgefühl der Briten und Amerikaner entspringt. Es heißt dort: ›Wir haben Rom mit seinen riesigen Gebäuden, Toren, Straßen und Triumphbögen immer als bedrückend empfunden. Wenn alle diese Denkmäler unversehrt blieben, würde der Wunsch bestehenbleiben, ihre alte Bedeutung wiederherzustellen. Wir in London würden daher das Verschwinden dieser Denkmäler von Rom begrüßen.‹ – Die englische Zeitung verlangt daher die Zerstörung der Kulturdenkmäler Roms, weil es in London, New York oder Washington nichts dergleichen gibt.« (14.00)

[22] Karl R. Popper, Die offene Gesellschaft und ihre Feinde. Bd. 2, München [4]1975, S. 330.

Ich fand diesen Bericht so erstaunlich, daß ich mir die Mühe nahm, den ›Daily Sketch‹ des betreffenden Tages nachzulesen. Es versteht sich von selbst, daß die Zeitung nicht für die Zerstörung Roms eintrat. Sie brachte jedoch einen Brief von einem Mr. E. G. Bisseker, der gegen einen anderen Korrespondenten polemisierte, dem offenbar viel daran gelegen war, daß Rom wegen seiner Bedeutung für unsere Kultur und Zivilisation verschont bleibe. Er schreibt: »Ich habe Rom mit seinem Bombast, seinen Foren, seinem König-Emmanuel-Denkmal, seinen Triumphstraßen und Triumphbögen immer als bedrückend empfunden. Wenn alle Denkmäler, die den siegreichen Cäsaren errichtet wurden, unversehrt bleiben sollen, wird der Wunsch, daß sie noch einmal etwas Ähnliches bedeuten sollen wie einst, nie zur Ruhe kommen. Wir haben es in London viel besser, wo wir nicht ständig in so übertriebener Weise an kriegerische Taten erinnert werden. Es wäre vielleicht gar nicht so schlecht, wenn diese Denkmäler aus Rom verschwänden. Die wahre Kultur Italiens ist in Siena, Florenz und ähnlichen Städten, und ich würde ihre Zerstörung durch Bombenangriffe fast ebensosehr bedauern wie die Zerstörung Coventrys.«

Nun will ich bestimmt nicht behaupten, daß dieser Brief sehr vernünftig war. Aber eines steht fest: Er hat niemals verlangt, man solle die Kulturdenkmäler Italiens zerstören, weil London, New York und Washington nichts Vergleichbares aufzuweisen hätten. Ebenso sicher ist es, daß der Kommentator seine Interpretation nicht diesem Text entnahm. Sie stammte aus einer Rede, die Goebbels zehn Tage vor dem Erscheinen dieses Briefs gehalten hatte. Anläßlich der Eröffnung einer Münchener Kunstausstellung am 26. Juni dieses Jahres hatte er erklärt: »Ein toll gewordener Minderwertigkeitskomplex versucht in unseren Ländern das zu zerstören, was er selbst nicht schaffen kann und auch in der Vergangenheit niemals schaffen konnte. ... Sie verwüsten die Städte Europas, weil sie ihnen in Chicago und San Francisco nichts Ebenbürtiges an die Seite stellen können ...« (Originaltext)

Eine solche Rede mußte selbstverständlich als eine Direktive behandelt werden. Von nun an war es die Aufgabe des Propagandisten, die darin enthaltene Idee immer wieder aufs neue seinen Hörern einzuhämmern. Der Brief im ›Daily Sketch‹ fügt sich so gut in dieses Schema ein, daß man sich fast fragen könnte, ob er nicht irgendwie von Deutschland her in die Zeitung geschmuggelt worden war. Man weiß, daß Goebbels sich nicht scheute, solche Mittel anzuwenden, besonders wenn es an geeigneten Zitaten aus der neutralen Presse fehlte, aber ich glaube doch nicht, daß wir in diesem Fall einen solchen Verdacht hegen müssen. Ein gewissenhafter Propagandist, der die einlaufenden Nachrichten sorgfältig nach geeignetem Material durchsucht, wird fast immer etwas finden, was er in das verlangte Schema einpassen kann.

In diesem wie in manchen anderen Punkten ist die Schwarzkunst der Hetzpropaganda technisch gar nicht so weit entfernt von den Methoden, mit denen die wahre Kunst operiert. In meinem Buch über ›Kunst und Illusion‹[23] habe ich zu zeigen versucht, daß der Künstler gewisse Formen anwendet, die ich Schemata genannt habe, und daß er seine Umwelt nach Motiven absucht, die sich seinem vorgegebenen Vokabular anpassen lassen. Unbewußte Projektion geht in bewußte Veränderung über. Manches Mal wird das Schema das darzustellende Motiv automatisch verändern; zu anderen Zeiten wird die Umwandlung bewußt im Interesse einer bestimmten künstlerischen Absicht vorgenommen, wie etwa im Falle der Karikatur.

Ich erwähnte schon das Karikieren Roosevelts und Churchills als Gangster beziehungsweise als Säufer. Aber genauso wie der Karikaturist muß auch der Propagandist es verstehen, Gruppen oder Völker zu personifizieren und solche Personifikationen immer wieder aus fast beliebigem Material herzustellen[24]. In dieser Kunst war besonders Hans Fritzsche geradezu ein Meister. Nachdem im April 1942 verlautbart wurde, Fritzsche würde seine Stelle als Rundfunkredner aufgeben und in die Armee eintreten, stellte er sich entrüstet über das Erstaunen und die Suche nach Gründen, die die Nachricht angeblich in England ausgelöst hatte: »Die englische Behauptung, es sei etwas noch nie Dagewesenes, daß Männer, die politische Arbeit leisten, Soldaten würden ..., zeigt mit blendender Klarheit den Unterschied zwischen den beiden Weltanschauungen ..., die in diesem Krieg aufeinanderprallen.«

[23] New York und London, 1960.

[24] Hierzu und zum Folgenden vgl. auch meinen Artikel ›Das Arsenal der Karikaturisten‹, in: Meditationen über ein Steckenpferd. Frankfurt 1978, S. 223 bis 248.

Von da war es nicht weit zu einer Personifizierung Englands, die bewies, daß dieses Erstaunen durchaus im Einklang stand mit den wohlbekannten Eigenschaften dieses Landes: »England, das jahrhundertelang viel Geld in seine Kriege investierte, aber das Kämpfen Söldnern und Hilfsvölkern überließ, ist auch in diesen seinen Schicksalskampf wieder in Gestalt einer moralisierenden, Tee trinkenden Gouvernante eingetreten, die in Ohnmacht fällt, wenn jemand ihrem Schoßhündchen auf den Schwanz tritt, doch das Aushungern der Frauen und Kinder einer ganzen Nation – wenn es gelungen wäre – als eine gottgefällige, ja sogar als eine höchst humane Tat angesehen hätte, weil beim Tod durch Verhungern kein Blut vergossen wird.« (28. 4. 1942, 19.45)

Sie sehen, wie geschickt der Propagandist von der Interpretation zur Personifizierung des Feindes übergeht. Er verbindet seinen Kommentar mit dem alten vertrauten Zerrbild – das »perfide Albion« als eine hartherzige, Tee trinkende Gouvernante, die nur in dieser typisch bösartigen Art und Weise zu reagieren und zu handeln vermag.

Mit anderen Worten: Als ich für meinen Vortrag den Titel ›Mythos und Wirklichkeit‹ wählte, war es mir nicht nur darum zu tun, eine Formel zu finden, die etwas weniger derb klang als das unverblümte »Lügen und Wahrheit«. Denn genauso wie die primitiven Mythen, die von den Ethnologen studiert werden, die Tendenz haben, die Kräfte der Natur zu wohlwollenden oder bösartigen Geisterwesen zu personifizieren, verwandeln die nationalsozialistischen Propagandisten die Welt der Politik in einen Konflikt zwischen Personen und Personifikationen ...

Vom deutschen Standpunkt aus gesehen, war der Krieg also nichts anderes als ein mythisches Drama, in dem Jung Siegfried heldenhaft gegen die Mächte der Finsternis kämpft, die ihn nicht aufkommen lassen wollen. Aber von diesem Gesichtspunkt aus lag in der Schlechtigkeit dieser karikierten Personifikationen gleichzeitig auch etwas Gutes. Denn in ihr lag der Keim ihres Untergangs. Es lag in ihrem Wesen, daß sie sich schließlich gegenseitig umbringen würden. Der Verfolgungswahnsinnige projiziert seine eigene Paranoia in seine Umwelt hinein.

Natürlich hat England seine Kriege immer bis zum letzten Franzosen, Griechen oder Russen geführt – oder was immer die letzte Version dieser alten Verleumdung sein mag. Aber die Engländer haben in den Amerikanern ihre Meister gefunden, die nur auf die tödliche Erschöpfung ihrer Bundesgenossen warten, um die Weltherrschaft anzutreten; diese wieder sind nur Gimpel, die den Bolschewiken auf den Leim gehen, und die Bolschewiken würden schließlich die Sieger bleiben, wenn die Deutschen den Krieg verlören. Unter den Bolschewiken versteht jedoch der Eingeweihte nicht das russische Volk, denn letztendlich ist dieses ja von den Juden versklavt worden. In der Entlarvung ihrer teuflischen Verschwörung kulminiert die Technik der nationalsozialistischen Propaganda.

Lassen Sie mich hier zur Bekräftigung nur ein paar Titel politischer Kommentare zitieren, die ein gewisser Peter Aldag zwischen April und Juni 1941 im deutschen Rundfunk vorgelesen hat und später gesammelt herausgab[25]: ›Kämpft England Amerikas Schlachten?‹ – ›Südamerika in den Krallen der Plutokratie‹ › Plutokratie und Bolschewismus morden vereint die Schutzlosen‹ – ›Smuts im Solde von Plutokratie und Judentum‹ – ›Wer finanzierte die bolschewistische Revolution?‹ – ›Wer trieb die Vereinigten Staaten in den Weltkrieg?‹ – ›Sidney Hillman, ein Symbol der Dreieinigkeit von Plutokratie, Judentum und Bolschewismus‹ – ›Die Dreiheit Plutokratie, Judentum und Bolschewismus‹ – ›Churchill und die Bolschewiken‹ – ...

Selbstverständlich ist der Antisemitismus nicht von den Nationalsozialisten erfunden worden. Selbst die Protokolle der Weisen von Zion, die angeblich einen geheimen Plan zur Unterjochung aller Völker ausgeheckt hatten, sind ja eine berüchtigte alte Fälschung, die von Hitlers Propaganda nur übernommen und verbreitet wurde[26]. Und trotzdem könnte man sehr wohl behaupten, daß, wenn es die Juden nicht gegeben hätte, Hitler sie hätte erfinden müssen. Die Einheitlichkeit und Konsequenz des Mythos verlangte nach einem Zement, der alles zusammenhielt. Die Juden hatten sich als Sündenböcke in der innenpolitischen Propaganda bewährt, denn da manche Juden reich sind und andere arm, manche konservativ und andere radikal, kann jede antisemitische Bewegung alle anderen Parteien als »verjudet« hinstellen. Und

[25] Peter Aldag, Worüber berichten wir heute? Aus dem Zeitgeschehen des Großdeutschen Rundfunks. Berlin 1941.
[26] Norman Cohn, Warrant for Genocide. The Myth of the Jewish World Conspiracy and the Protocols of the Elders of Zion. London 1967.

genau dasselbe gilt auf der internationalen Ebene. Denn da die Juden über die ganze Welt verstreut sind, lieferten sie auch in der Außenpolitik das vereinheitlichende Element, das noch gefehlt hatte. Als Hitler ohne Warnung am 22. Juni 1941 in Rußland einmarschierte, erklärte er daher, wie Sie wissen, daß er »ein Komplott der jüdisch-angelsächsischen Kriegsanstifter und der ebenso jüdischen Machthaber der bolschewistischen Moskauer Zentrale« vereitle[27]. Dieser gigantische Verfolgungswahn, dieser paranoische Mythos war es, was die verschiedenen Fäden der deutschen Propaganda zusammenhielt.

Wenn ich hier von Paranoia spreche, möchte ich aber gewiß nicht den Eindruck erwecken, als wollte ich etwa eine abstruse und weit hergeholte neue Theorie aufstellen, wonach die Nazis bewußt der Verbreitung einer bestimmten geistigen Erkrankung Vorschub geleistet hätten. Denn unter Paranoia versteht man ja nicht nur eine Krankheit im klinischen Sinn, wie etwa Typhus. In der Bedeutung, in der ich das Wort hier gebrauche, ist sie vielmehr die pathologische Verstärkung einer Einstellung, der wir alle nur allzuleicht unterliegen, weil sie in dem Gegensatz zwischen dem Individuum und seinen Mitmenschen wurzelt, der nun einmal eine gegebene Tatsache ist. Selbstverständlich bin *ich* ein guter und rechtschaffener Mensch und arbeite, soviel ich kann; und wenn meine Wünsche trotzdem unerfüllt bleiben, so kann das nur an den *andern* liegen, die mir überall in den Weg treten und mich nicht aufkommen lassen. Jede Enttäuschung kann in jedem von uns derartige irrationale Reaktionen hervorrufen. Ich gestehe, daß, wenn ich sehr lange auf einen Autobus warten muß, nicht viel dazu gehört, mich zu überzeugen, daß »London Transport« es darauf angelegt hat, alle anständigen Menschen überallhin zu spät kommen zu lassen, und wenn dann noch der Autobus, wenn er endlich kommt, »komplett« ist und mich nicht mitnimmt, werde ich über Mittel und Wege brüten, das ganze verbrecherische System zu entlarven, dessen Ziel es ist, das Leben Londons abzuwürgen. Daß wir gleichzeitig über unsere Phantasien lachen können, kommt, glaube ich, daher, daß wir wissen, daß es sonst andere Leute täten. Aber wenn man diese Sicherheitsvorrichtungen ausschaltet und jeden Zweifel

---

[27] Zitiert in Boelcke, 1967, S. 235.

an dem paranoischen Mythos streng verbietet, fördert man automatisch die Tendenz zur Regression im Sinne der psychologischen Terminologie, das heißt ein Zurückfallen in die primitiveren geistigen Zustände, die Le Bon für die Menschen in der Masse postulierte. Die Sprache, die wir sprechen, ist von Mythen durchsetzt, und es fällt uns daher nicht schwer, zu jener animistischen Denkweise zurückzukehren, in der Abstraktionen als etwas Lebendiges empfunden und Klassen oder Nationen zu mythischen Wesen werden. Wenn man alle Menschen dazu bringt, dieselben Parolen im Chor zu wiederholen, dieselben Abzeichen und Uniformen zu tragen, und dazu noch ihr Selbstgefühl durch Schmeichelei und das Erlebnis der Gemeinschaft erhöht, wird auch der Gegner automatisch riesengroß anwachsen, denn wie ließe es sich sonst erklären, daß die Welt unsere Überlegenheit und unser Recht nicht anerkennt? Ich sage: »der Gegner«, denn selbstverständlich erscheint in diesem Zustand der Regression die Außenwelt, die sich uns entgegenstellt, nicht mehr als ein zusammengewürfeltes Gemisch der verschiedensten unbequemen Tatsachen, sondern als ein negatives Abbild unserer eigenen Wünsche und Bestrebungen. *Sie* sind genauso eine Einheit, wie wir selbst es sind. Und wenn wir sie nicht als eine Einheit wahrnehmen können, so kann das nur daher rühren, daß sie sich hinter so vielen Masken verstecken. Aber hier haben wir wieder einen Beweis unserer Überlegenheit. Uns kann man nicht betrügen, wir wissen alles. Komm zu uns, und laß dich von uns in das Geheimnis einweihen, das deine und meine Leiden erklärt! – Sie sehen, daß jahrelange Beschäftigung mit Propaganda mich in diesen Dingen zu einem Pessimisten gemacht hat. Die Bewahrung unserer geistigen Gesundheit ist nie eine leichte Sache, denn der Mensch hat es nicht leicht auf dieser Welt, und Material für solche künstlichen Psychosen gibt es immer mehr als genug. Zur Zeit, als Hitler (selbst ein Mensch, der typisch war für die vielen Nachkriegsmenschen, die sich ungerecht benachteiligt fühlten) diese Massenpsychose ins Rollen brachte, war die Lage in Deutschland wirklich furchtbar. Sie wurde noch viel schlimmer, nachdem es ihm gelungen war, die Stimme der Vernunft im eigenen Lande niederzutrampeln, und er es zuwege gebracht hatte, die ganze Welt gegen sich zu mobilisieren. Aber wenigstens hatte er für alles eine Erklärung.

166

Sie erinnern sich an die Meldung: »Judas-Thronanwärter für die Weltherrschaft, Mr. Roosevelt ...« Du glaubst vielleicht, Roosevelt sei der gewählte Vertreter des amerikanischen Volkes? Wie naiv du bist! Er ist in Wirklichkeit das Werkzeug der jüdischen Weltverschwörung. Du glaubst, Churchill sei der Premierminister von England? Keine Rede! Er ist ein Plutokrat, der sich den Bolschewiken verkauft hat. Du denkst, die Bolschewiken wären das russische Volk? Wieder falsch! Die Russen werden von jüdischen Kommissaren mit der Knute in die Schlacht getrieben. Aber sind nicht die Amerikaner Kapitalisten und die Russen Kommunisten? Wieder deine Naivität! All das ist natürlich nichts als Tarnung. Sie stecken alle unter einer Decke, und ihre einzige Absicht ist, die jungen und kraftvollen Nationen nicht aufkommen zu lassen, sie zu knechten und auszurotten. Aber wenn alle Völker sich ihrer wahren Interessen bewußt wären, würde der Friede in der Welt bald wiederhergestellt sein, denn der Krieg ist nur ein Krieg gegen den Teufel in Menschengestalt, den Juden.

Ich glaube, daß paradoxerweise dieser Teil der Propaganda nicht ganz ohne Effekt geblieben ist. Was sich von diesem schrecklichen Krieg im Bewußtsein der Menschen erhalten hat und was die Jungen davon wissen, ist vor allem das Wüten Hitlers gegen die Juden. Durch das unvorstellbare Grauen der Vernichtungslager, denen sechs Millionen Juden zum Opfer fielen, wurde beinahe alle Erinnerung an die vielen Schreckenstaten ausgelöscht, die die Nazis gegen buchstäblich ungezählte Millionen von Sklavenarbeitern aus den Oststaaten, russischen Kriegsgefangenen und zahllosen anderen Menschen verübten, die sich ihnen in den riesigen von ihnen besetzten Gebieten, die von der atlantischen Küste bis zur Wolga und vom Nordkap bis zu den Toren Ägyptens reichten, entgegenstellten. Sie wollen wahrscheinlich wissen, wieviel von dieser grauenhaften Realität man in die deutschen Nachrichten durchsickern ließ. Eigentlich habe ich die Antwort ja schon gegeben. Der Mythos schloß solche Schattenseiten aus. Die einzige Ausnahme, an die ich mich erinnere – wie könnte ich sie je vergessen! –, war die Meldung, daß als Repressalie gegen den Mord an Heydrich die ganze männliche Bevölkerung von Lidice hingerichtet und die Frauen und Kinder des Ortes in ein Konzentrationslager verschickt worden waren; aber auch diese Meldung war auf die Regionalwelle von Böhmen beschränkt. Soweit ich mich erinnere, wurden Konzentrationslager im Rundfunk fürs deutsche Hinterland erst ganz gegen Ende des Krieges erwähnt. Damals wurden sie als Lager zur Umerziehung durch harte Arbeit beschrieben, vermutlich mit der zweifachen Absicht, die Bevölkerung in Deutschland einerseits einzuschüchtern, andererseits zu beruhigen[28]. Was mit den Juden geschah, die nach dem Osten abtransportiert wurden, war etwas, wonach man besser nicht fragte. Als ein Bruchteil des gräßlichen Geschehens im Westen bekannt wurde, wußte Goebbels keinen besseren Rat zu geben als die Anwendung der alten Bumerangtechnik, seinerseits den Gegnern Greueltaten vorzuwerfen[29]. Je grausamer er die Gegner hinstellte, desto mehr würde der Mythos darin seine Bestätigung finden, und um so verzweifelter und entschlossener würde das deutsche Volk gegen die drohende Niederlage kämpfen.

Denn in gewissem Sinne ist das allerfurchtbarste an dem Mythos, daß er sich selbst bestätigt. Wenn man einmal in dieser Welt der Illusion gefangen ist, wird sie schließlich zur Wirklichkeit. Denn wessen Hand gegen jedermann erhoben ist, gegen den wird jedermanns Hand erhoben sein, und je weniger Gnade man walten läßt, desto mehr zwingt man seine Seite, bis zum bitteren Ende zu kämpfen. Aus diesem wahrhaft höllischen Teufelskreis gibt es kein Entrinnen. Im Vergleich dazu fallen die Methoden der kommerziellen Reklame und die Massensuggestion in der Kriegspropaganda kaum ins Gewicht. Denn was man auf diese Weise Menschen tun oder glauben machen kann, hat sehr bestimmte Grenzen. Vor allem kann man nicht sehr lange Niederlagen als Siege ausgeben, ohne das Vertrauen der Hörer zu verlieren, und man kann niemandem erzählen, daß keine Bomben fallen, wenn er seine eigene Stadt in Trümmern sieht. Wir haben gesehen, daß die deutsche Propaganda dazu überging, ihren marktschreierischen Stil aufzugeben, als sich das Glück der deutschen Waffen im dritten Kriegsjahr verschlechterte. Aber dieser Stilwandel hatte keinerlei Einfluß

[28] Die infame Meldung im Kommuniqué des Oberkommandos der Wehrmacht vom 12. April 1945, daß General Lasch zum Tode durch den Strang verurteilt worden sei, weil er Königsberg übergeben habe, und daß seine Familie »haftbar gemacht werde«, kam kurz vor dem Ende des Krieges.
[29] 16. Dezember 1942, Boelcke, 1967.

Abb. 1. Sheldonian-Theater, Oxford, Innenansicht (Blick nach Süden).

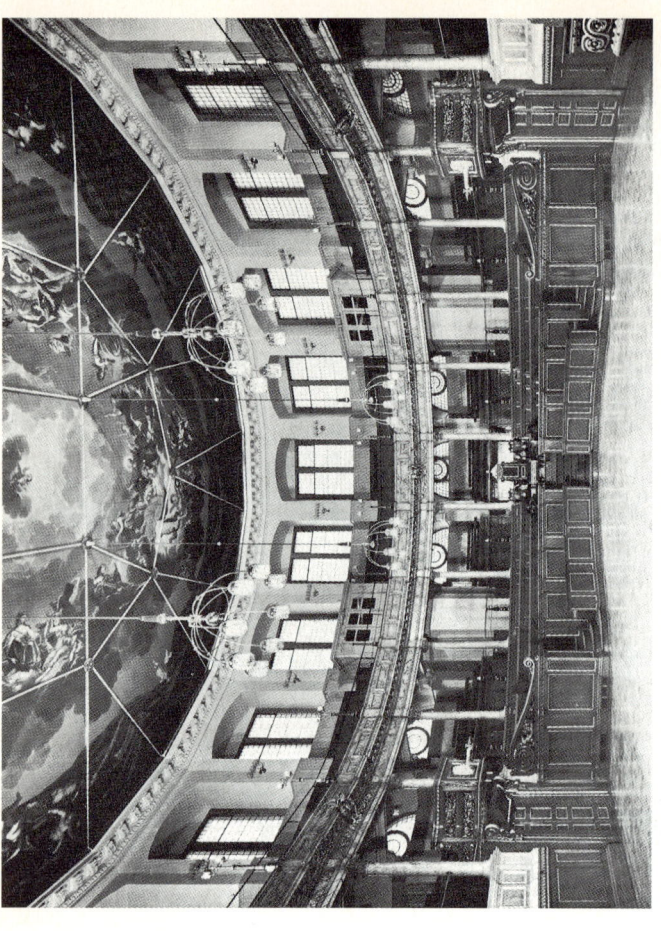

Abb. 2. Sheldonian-Theater, Oxford, Innenansicht (Blick nach Norden).

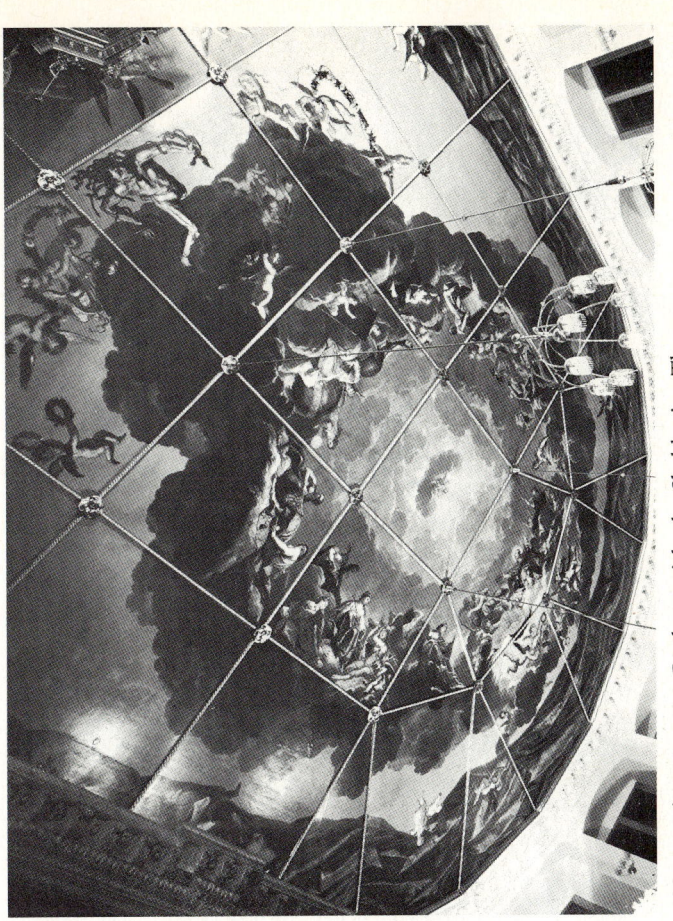

Abb. 3. Robert Streeter: Deckenansicht des Sheldonian-Theaters.

Abb. 4. Die »Theologie fleht die Wahrheit an« (Detail aus Abb. 3).

Abb. 5. Ein für die Proktoren bestimmtes Rostrum (siehe auch Abb. 2).

Abb. 6. Jan Vermeer: ›Ansicht von Delft‹. Den Haag, Mauritshuis.

Abb. 7. Euthymides: Amphora. München, Staatliche Antikensammlungen und Glyptothek.

Abb. 8. Euphronios: Calyx-Krater. Berlin, Staatliche Museen Preußi-
scher Kulturbesitz.

Abb. 9. Hellenistischer Bronzekopf. Florenz, Museo Archeologico.

Abb. 10. Margaritone d'Arezzo: ›Thronende Muttergottes mit Kind, biblische Szenen‹. London, National Gallery.

auf das grundlegende paranoische Konzept. Denn die Bombenangriffe können noch immer als Bestätigung für die teuflische Grausamkeit des Feindes dargestellt werden, und die Weigerung der russischen Armeen, sich geschlagen zu geben, als Zeichen der furchtbaren Gefahr, die vom bolschewistischen Terror droht. Hitler selbst hatte schon in ›Mein Kampf‹ diese Schlüsse aus der Lektüre der alliierten Kriegspropaganda im Ersten Weltkrieg gezogen, die er bewunderte und »psychologisch richtig« fand. Indem sie die Deutschen als Barbaren und Hunnen hinstellte, meinte er, hätte sie ihre eigenen Soldaten auf das Schlimmste vorbereitet. Selbst die entsetzlichste Waffe, die nun gegen sie zur Anwendung käme, erschiene ihnen nurmehr als Bestätigung der vorherigen Aufklärung[30]. Von diesem Standpunkt aus kann der Propagandist eine Entwicklung nur begrüßen, in der die Drohung des Mythos sich immer mehr in Realität verkehrt.

Die Protokolle der Goebbels-Konferenzen spiegeln diese Praxis wider. Die optimistischen Vorhersagen, denen Hitler sich das erste Mal im Herbst 1941 hingegeben hatte, als er verkündigte, der russische Feind liege am Boden und würde sich nie wieder erheben, und dann noch ein zweites Mal, als er sich hatte hinreißen lassen, zu versprechen, daß die deutschen Truppen Stalingrad nehmen würden, setzten natürlich die Propagandamaschine in die furchtbarste Verlegenheit. Als sich der russische Ring um die Sechste Armee vor Stalingrad immer mehr schloß und kein Zweifel mehr übrig war, daß kein Einsatz möglich sei, hören wir, daß Goebbels vom Hauptquartier des Führers mit der »guten Nachricht« zurückkehrte, Hitler billige eine Politik der »restlosen und uneingeschränkten Offenheit«[31]. Er selbst nannte es eine Befreiung. Endlich habe unsere Propaganda wieder festen Boden unter den Füßen. Er erinnerte seine Mitarbeiter daran, daß während der Krise von Dünkirchen Churchill mit bewundernswerter Offenheit dem englischen Volk die reine Wahrheit gesagt habe. In Deutschland habe man das damals nicht begreifen können, aber durch diese Taktik habe Churchill die selbsterhaltenden Kräfte der Nation auf den Plan gerufen. Indem Goebbels in dieser Weise versuchte, die britische Propaganda nachzuahmen, bekannte er sich natürlich

[30] Ebd., S. 199.
[31] 24. Januar 1943, Boelcke, 1967.

gleichzeitig zu Hitlers lang gehegter Überzeugung, die Engländer seien Meister der psychologischen Kriegführung. Er überbot sich an Düsterkeit und tragisch-feierlicher Stimmung und befahl den deutschen Nachrichtenmedien, aus Stalingrad einen Mythos entstehen zu lassen, der von nun an zu den kostbarsten Besitztümern des deutschen Volkes gehören würde[32]. Presse und Rundfunk erfüllten alle an sie gestellten Erwartungen; mit Rundfunkstille, feierlicher Musik, erhebenden Ansprachen und Loyalitätsbekenntnissen brachten sie es fertig, das schauerliche Bild einer halb erfrorenen, zerbrochenen und vernichteten Armee in ein Symbol patriotischer Selbstaufopferung umzugestalten[33].

Goebbels hoffte, auf diese Weise nicht nur die Stimmung zu schaffen, die für die totale Mobilisierung nötig war, sondern auch dem übrigen Europa einen solchen Schrecken einzujagen, daß es sich mit der deutschen Herrschaft abfinden würde.

Es war eine Strategie, die unsere Propagandisten damals »Kraft durch Furcht« tauften. Es wird Ihnen klar sein, daß es sich dabei eigentlich nicht um etwas grundsätzlich Neues handelte; denn Furcht gehört zu allen Zeiten zum geistigen Bild der Paranoia. Selbst in Augenblicken des Sieges fühlten sich die Nazis gezwungen, ihre Aggression durch Berufung auf mythische Komplotte ihrer Feinde zu rechtfertigen. Aber woher nimmt dieser düstere Mythos schließlich die Zuversicht, daß die Weltverschwörung am Ende doch überwunden werden könne?

Sie werden sich erinnern, daß von allem Anfang an die Nazipropaganda diese Zuversicht dem Plan der Weltgeschichte entnahm. Adolf Hitler, den das Schicksal dazu ausersehen hatte, der Bewegung zum Sieg über ihre inneren Feinde zu verhelfen, werde dasselbe Wunder ein zweites Mal vollbringen: Unter seiner Führung werde Deutschland über die ganze feindliche Welt triumphieren. Als sich die Kriegssituation verschlechterte, wurde das stolze Gefühl, an einem welthistorischen Prozeß teilzunehmen, naturgemäß von den harten Tatsachen eines sich stets verschlimmernden Alltags überschattet[34], doch das Bewußtsein, in einer großen Zeit zu

<hr />

[32] 3. Februar 1943, ebd.

[33] Kris und Speier, German Radiopropaganda, S. 431 ff.

[34] Es ist charakteristisch, daß das Hauptgewicht der Propaganda sich vom Rundfunk auf das geschriebene Wort verlagerte. Goebbels hatte zu seinem Kum-

leben, blieb bestehen und damit auch das historische Versprechen.

Das Versprechen war jedoch zu dieser Zeit nicht mehr ein unbedingtes. Goebbels erklärte seinen Mitarbeitern, sie dürften niemals den Eindruck erwecken, daß das deutsche Volk den Krieg nicht verlieren können[35]. Selbstverständlich könne es den Krieg verlieren, wenn nicht alle Kräfte für den Einsatz mobilisiert würden. Aber auch diese Lehre konnte man im Buche der Geschichte nachlesen. Vor allem war es Carlyles ›Leben Friedrichs des Großen‹, das in dieser schweren Zeit geradezu zu einem kanonischen Text erhoben wurde. Lehrte es doch, wie der König von Preußen im Siebenjährigen Krieg in einer anscheinend hoffnungslosen Situation unbeirrt ausharrte, bis der unvorhergesehene Umschwung Rußlands unter Katharina der Großen ihn rettete[36]. Selbstverständlich waren die Nazis nicht die ersten, die sich ihre patriotische Inspiration aus der Geschichte ihres Volkes holten. Aber sie betrachteten die Geschichte nicht bloß als eine Schatzkammer anfeuernder Beispiele. Ihre Geschichtsphilosophie war die der deutschen Romantik, das heißt, sie sahen in der Geschichte der Menschheit eine Fortsetzung der kosmischen Entwicklung. Man kann die tiefe geistige Fehlentwicklung, die ihren Ausdruck im Mythos des Nationalsozialismus fand, nur schwer verstehen, wenn man sich nicht klar vor Augen hält, daß nach ihrer Geschichtsauffassung die großen Führergestalten den ehernen Gesetzen folgen müssen, die das Schicksal der Menschheit bestimmen, aber durch keine anderen Gebote, weder göttliche noch menschliche, gebunden sind[37]. Vieles von dem, was Friedrich Gundolf[38], bei dem Goebbels in Heidelberg studiert

mer keine vollkommene Gewalt über die Presse, aber er benutzte seine wöchentlich in der Zeitschrift ›Das Reich‹ erscheinenden Leitartikel, die regelmäßig über den deutschen Heimatfunk verlesen wurden, nicht nur dazu, zu ermahnen und anzufeuern, sondern auch als ein Sicherheitsventil für Beschwerden, die niemand anderer hätte lautwerden lassen dürfen.

[35] 4. Januar 1943, Boelcke, 1967.

[36] Kris und Speier, German Radiopropaganda, S. 176 f., 419, 431.

[37] Popper, Die offene Gesellschaft 2, S. 93 ff.

[38] Friedrich Gundolf, Caesar. Geschichte seines Ruhms. Berlin 1924. »Der Historiker ... kann nicht gute Politik machen, nicht die fruchtbaren Entschlüsse fassen im werdenden Schicksal von Stunde zu Stunde. Doch die Luft kann er regen helfen, worin einsichtige Taten gedeihen, und Geister werben für kommende Helden. In diesem Sinne ruft er die Geschichtskräfte und ihre Leiber, die Völker und Führer ...« (S. 7) Bei seiner Besprechung des Wahrheitsgehalts von

hatte, in seinem Buch über Julius Caesar schrieb, würde Sie sicher in diesem Zusammenhang recht nachdenklich stimmen. In seinem Buch ›Goebbels und die nationalsozialistische Propaganda 1925–1945‹[39] hat Ernest K. Bramstedt einige dieser Appelle an die historische Vorsehung übersichtlich zusammengestellt. Aber soweit mir bekannt ist, hat weder er noch sonst jemand den dramatischsten dieser Appelle der Nachwelt zugänglich gemacht. Es handelt sich um eine Rundfunkansprache Goebbels' an das deutsche Volk vom 28. Februar 1945, zu einem Zeitpunkt also, an dem sowohl im Westen wie im Osten Teile Deutschlands schon von den Alliierten besetzt waren[40]. Nachdem er von einem deutschen Mädchen erzählt hatte, die ihre trotzige Verachtung ihren amerikanischen Richtern ins Gesicht geschleudert hatte, machte Goebbels aus dieser Gestalt ein Symbol von Deutschlands ungebrochenem Geist und endete schließlich mit der folgenden persönlichen Erklärung: »Ich sage, daß ich fest und unerschütterlich daran glaube, daß unsere Sache am Ende den Sieg davontragen wird, daß, wenn das nicht der Fall wäre, die Göttin der Geschichte nur eine Hure des Geldes und feige Anbeterin der Zahl wäre, daß die Geschichte selbst dann aber auch keine höhere Moral besäße und die Welt, die sie aus den furchtbaren Wehen dieses Krieges hervorgehen ließe, keine tiefere Daseinsberechtigung mehr hätte, daß das Leben in ihr schlimmer wäre als die Hölle, daß ich es nicht mehr für wert hielte, gelebt zu werden, weder für mich noch für meine Kinder, noch für alle, die ich liebte ..., daß ich ein solches Leben persönlich gerne und mit Freuden von mir werfen würde, weil es nur noch Verachtung verdiente.« (Originaltext)

Caesars Schriften schreibt Gundolf: »Kleinen Schwindel übe kein großer Mann. Auch wo Caesar ›die Tatsachen preßt‹, muß er freigesprochen werden von ›nutzsüchtigem Verstand‹.« (S. 9) Die als selbstverständlich angenommene Rassenlehre, der Ton, in dem vom »germanischen Reich« gesprochen wird, und die geradezu würdelose Verhimmelung Napoleons stimmen den Leser heute um so trauriger, als der Verfasser, der dazu verhalf, »die Luft zu regen«, selbst dem entfesselten Sturm zum Opfer gefallen wäre, wäre er nicht bereits im Jahre 1931 gestorben.

[39] Frankfurt 1971.

[40] Ich möchte an dieser Stelle meinem Freund Dr. Lux Furtmüller vom Monitoring Service meinen Dank dafür aussprechen, daß er mir behilflich war, die Rede im ›Deutschlandspiegel‹ aufzufinden. Bramstedt erwähnt sie, ohne sie zu zitieren. Der ungekürzte Text erschien im ›Völkischen Beobachter‹ (Münchener Ausgabe) vom 2. März 1945.

Aber, sagte Goebbels weiter, die Geschichte habe uns nie Grund gegeben für solche Gedanken. Sie sei immer gerecht gewesen, vorausgesetzt, daß die Völker ihr die Möglichkeit dazu gegeben hätten. Sie habe immer diejenigen am grausamsten geprüft, die sie zum Höchsten bestimmt hatte, aber nachdem sie sie bis an den Rand der Verzweiflung gebracht habe, sei sie noch jedesmal herabgestiegen und habe ihnen gnädig die Palme des Sieges überreicht. Auch heute könne sie nicht anders sein, denn wenn auch Zeiten, Nationen und Menschen sich ändern könnten, bleibe die Geschichte unwandelbar.

Die Wirklichkeit vernichtete auch diese letzte Zuflucht des Mythos.[41] Zwei Monate später, als die Russen in das brennende Berlin einmarschierten, folgten Goebbels und seine Gattin Hitler freiwillig in den Tod, nachdem sie ihren sechs Kindern tödliche Einspritzungen hatten geben lassen.

»Die Göttin der Geschichte nur eine Hure!« Noch heute klingen mir seine Worte und seine Stimme in den Ohren ...

Ich glaube, daß der Creighton Lecturer die Pflicht hat, die Geschichte gegen das verdammende Urteil ihres enttäuschten Anbeters in Schutz zu nehmen.

Die Geschichte ist keine Hure, aber bestimmt auch keine Göttin. Klio kann weder Versprechen machen noch Bestechungen annehmen. Bescheiden und widerstrebend verzeichnet sie bloß die Verbrechen, die in ihrem Namen begangen werden.

[41] Nie ganz und gar; denn der Mythos konnte immer gerettet werden durch die Behauptung, daß das Volk und nicht die Geschichte am Ende versagt hatten. Hans Fritzsche berichtet, daß Goebbels in der Tat sich in seiner letzten Konferenz am 21. April 1945 auf diesen Standpunkt stellte; er beschuldigte zuerst die Offiziere des Verrats und legte dann gegen das deutsche Volk als Ganzes los, das sein Schicksal selbst gewollt habe. Bei der Volksentscheidung über den Austritt aus dem Völkerbund habe es in freier Wahl für eine Politik »des kühnen Wagnisses« entschieden. Er habe auch niemanden gezwungen, sein Mitarbeiter zu sein. Sie sollten sich keinen Illusionen hingeben: Jetzt werde ihnen »das Hälschen durchgeschnitten«. Es ist durchaus möglich, daß Goebbels diese Äußerungen, die oft zitiert werden, tatsächlich gemacht hat, aber der ganze Bericht sollte mit Vorsicht behandelt werden, da es Fritzsche darum zu tun war, nachzuweisen, daß Goebbels sich erst bei dieser letzten Konferenz in seiner wahren Gestalt entpuppt hat. Er (Fritzsche) habe ihn vorher immer für einen echten Patrioten gehalten. (Es sprach Hans Fritzsche. Hrsg. von Hildegard Springer. Stuttgart 1949, S. 28 ff.)

5. Das Problem der Forschung in den Geisteswissenschaften: Ideale und Idole

Der Ausdruck »Forschung« hat seine Geltung sowohl in den Naturwissenschaften wie in den Geisteswissenschaften. Aber obwohl ich strenggenommen nur in den Geisteswissenschaften kompetent bin, scheint mir, daß die Rolle der Forschung in den exakten Naturwissenschaften sich grundlegend von der in meinem eigenen Erfahrungsbereich unterscheidet. Die Idee, daß die Naturwissenschaften eine Akkumulation von Tatsachen darstellen, ein Korpus von Daten sozusagen, ist heute überholt. Nicht die Fakten, die in den Lehrbüchern stehen, machen die Naturwissenschaften aus, sondern die Fragen, die gestellt werden, und die Probleme, die nach Lösung verlangen[1]. So betrachtet, ist die Naturwissenschaft eine Tätigkeit, und Forschung ist für sie wesentlich, weil sie nur weiterbestehen kann, wenn sie sich entwickelt. Sie ist wie ein Fahrrad, das umfällt, wenn man es zum Stehen bringt.

Natürlich sollen die Geisteswissenschaften auch nicht stagnieren. Aber obwohl ich hier die These verfechten werde, daß der Glaube, sie müßten, was Forschung anbelangt, mit den Naturwissenschaften wetteifern, zu schweren Mißbildungen führen könnte, will ich zur Beruhigung meiner Kollegen vor allem anderen feststellen, daß nichts mir ferner liegt, als unserer Sache zu schaden oder gar dafür einzutreten, daß man die mageren Dotationen, die wir bisher erhalten, noch weiter kürzt. Und doch bleibt es eine Tatsache, daß die Vorstellung von einem Korpus systematisch geordneter Kenntnisse, einem Schatz von Wissen, auf manche Geisteswissenschaften nicht ganz so unanwendbar ist wie auf die exakten Naturwissenschaften. Die Humanisten der Renaissance befaßten sich mit einer Gruppe von Texten und Denkmälern, die sie wiederauffinden, bewahren und richtig interpretieren wollten. Sie strebten danach, die Sprache dieser Texte zu meistern und ihre Kenntnisse dessen, worauf sie

---

[1] Bezüglich dieser Auffassung der Wissenschaft und des entscheidenden Anteils Karl R. Poppers an ihrer Formulierung siehe John C. Eccles, ›The Discipline of Science with Special Reference to the Neurosciences‹, in: Daedalus 102,2 (1973), S. 85–101.

sich bezogen, zu erweitern, denn sie bewunderten die Kultur der Antike und wollten aus diesem Erbe Gewinn ziehen. Die Texte und Denkmäler, mit denen der heutige Humanist sich befaßt, sind natürlich nicht nur viel zahlreicher, sondern auch bedeutend vielfältiger, aber im Grunde sind seine Beweggründe auch heute noch dieselben geblieben. Auch heute befaßt er sich viel mit Sprachen (dieses Wort ist hier *sensu lato* gebraucht), und jedes Vokabular ist schließlich ein »Korpus von Kenntnissen«. Vermutlich erwartet der Herausgeber dieses Hefts auch, daß seine Leser mit dem Namen Daedalus gewisse Vorstellungen verbinden und sich über seine Beziehung zu dem schematischen Labyrinth auf dem Umschlag der Zeitschrift im klaren sind[2]. Diese Art von Kenntnissen wird von den humanistischen Wissenschaften auch ohne Forschung am Leben erhalten.

Nehmen wir ein Beispiel aus meinem engeren Fachgebiet, der Kunstgeschichte: Ohne eine gewisse Kenntnis der biblischen Geschichte und der wichtigsten Legenden und Sagen des klassischen Altertums würden die Werke Michelangelos oder Tizians nicht mehr zu uns sprechen können. Einem Menschen, der keinerlei Vorstellung hätte, wer eigentlich Moses war, würde die Mosesstatue Michelangelos in der Kirche S. Pietro in Vincoli höchst sonderbar vorkommen, und für jemanden, der noch nie von Zeus' Liebesabenteuern gehört hat, würden Tizians ›Europa und der Stier‹ sogar noch rätselhafter sein. Dabei handelt es sich selbstverständlich nicht um ikonographische Forschung, sondern einfach darum, daß man die Symbole kennt, die einer bestimmten Kultur geläufig waren. Gewiß kommt es dabei auch auf den Grad an. Niemand kann *alle* diese Anspielungen verstehen, und Gelehrsamkeit besteht zum Teil darin, daß man Wörterbücher zu konsultieren versteht, wobei dieser Ausdruck natürlich ebenfalls in einem erweiterten Sinn gebraucht wird.

Solange eine Zivilisation ihre eigenen Werte nicht selbst in Frage stellt, braucht man über die Notwendigkeit, den Kontakt mit den kanonischen Schriftstellern und Denkmälern der Vergangenheit zu pflegen, kein Wort zu verlieren. Ich bin alt genug, um mich noch an eine Generation von Ärzten und Rechtsanwälten, Staatsbeamten und Bankiers zu erin-

---

[2] Ursprünglich war dieser Aufsatz als Beitrag zu einer Sondernummer der Zeitschrift Daedalus erschienen.

nern, die es als selbstverständlich ansahen, daß man die antiken Autoren im Original las. Diese Menschen konnte man unbedenklich als echte Humanisten bezeichnen, obwohl sie in ihrem Leben nie ans »Forschen« gedacht hatten. Auch Lehrer an Gymnasien und alten Universitäten betrachteten es als ihre Lebensaufgabe, ihr Wissen, ihren Enthusiasmus und ganz allgemein ihre Liebe zu diesem Erbe weiterzugeben, ohne sich verpflichtet zu fühlen, selbst neue Entdeckungen zu machen.

Ich gebe zu, daß diese unkritische Einstellung nicht ganz ungefährlich war. Der Hüter der kanonischen Schriften kann so leicht zum Pedanten werden, dessen wichtigtuerisches Herumreiten auf den nebensächlichsten Kleinigkeiten seit Jahrhunderten ein Gegenstand des Spotts ist. Man hat den Pedanten schon lange nicht zu Unrecht vorgeworfen, sie seien selbst daran schuld, wenn die ihrer Obhut anvertrauten Texte zu toten Buchstaben würden. Aber wo Menschen lebhaften Geistes sich mit dem Erbe der Vergangenheit beschäftigten, wird auch der Humanismus etwas Lebendiges sein. Für die gebildeten Laien, von denen ich eben sprach, waren die Autoren auf ihren Regalen ein Teil ihrer geistigen Welt. Manche hatten sie gern, andere konnten sie nicht leiden; sie machten sich Gedanken über ihre Bedeutung und stritten über Interpretationen[3]. Diese Menschen bildeten daher auch die natürliche Leserschaft der Berufsphilologen, deren Ausgaben sie benutzten und über deren Meinungen sie diskutierten. Nur hatten die Akademiker mehr Zeit und technisches Können, um die ständige Revision der Texte vorzunehmen. Es war das Kennzeichen eines echten Gelehrten, daß er nicht imstande war, einen Text zu lesen oder ein Bild zu betrachten, ohne dabei das Gefühl zu haben, daß er über die Sache viel zuwenig wisse, und damit den Wunsch, mehr darüber herauszufinden. Das führte ihn nicht selten in eine Bibliothek, um etwas nachzulesen, hie und da auch in ein Archiv. Vielleicht beschloß er, Jahre darauf zu verwenden, in bestimmten alten Dokumenten nach der Antwort zu fahnden. Vielleicht tat er auch im Augenblick gar nichts, als sich das Problem einzuprägen, und verließ sich auf die nicht unbegründete Hoffnung, daß er plötzlich eines Tages die Lösung finden werde, wo er sie am wenigsten erwartete. Im

---

[3] Siehe meinen Aufsatz ›Allgemeine Bildung‹, in diesem Band, S. 13–34.

großen und ganzen war das wohl die Art und Weise, wie die Gelehrten früherer Generationen jene Tätigkeit ausübten, die man heute als Forschung bezeichnet.

Es ist ein Ausdruck, den man wohl kaum auf das Wirken und die Lebensweise eines typischen Gelehrten und Humanisten, wie etwa Jacob Burckhardt, anwenden würde. Seine Vorträge und seine Schriften legen Zeugnis ab von dem unendlich weit gespannten Bogen seiner systematischen Lektüre. Alles, was er berührte, erwachte unter seinen Händen zum Leben. Aber seine ungeheure Produktivität bestand mehr in seiner Fähigkeit, bekannte Texte und Quellen neu zu beleuchten und frisch zu deuten, als in der Entdeckung von Neuland. Ich glaube, wenn wir die speziellen Probleme der Geisteswissenschaft verstehen wollen, dürfen wir eine schöpferische Geistigkeit nicht mit der Produktion von neuen Forschungsresultaten verwechseln.

Die Autoren dieses Heftes wurden aufgefordert, die folgende Frage zu beantworten: »Auf welchen Gebieten ist der Gelehrtentypus des 19. Jahrhunderts, der allein arbeitende Gelehrte, noch vorherrschend? Wie drückt sich die Wertung dieses Typus in der Art und Weise aus, wie Gelder zugeteilt und Verdienste anerkannt werden?«

Aber obwohl ich zugeben muß, daß ich eine gewisse Sehnsucht nach dem Gelehrtendasein des 19. Jahrhunderts nicht unterdrücken kann, glaube ich nicht, daß etwa eine andere Art, Gelder zu verteilen oder Verdienste anzuerkennen, allein etwas zurückbringen könnte, was eben im Grunde ein völlig anderer Lebensstil war. Denken wir zum Beispiel an das Lebenswerk von Burckhardts Nachfolger Heinrich Wölfflin, dem großen Interpreten der Stilentwicklung in der bildenden Kunst. Man kann sich nicht leicht vorstellen, daß er um ein Stipendium angesucht hätte, um die Kompositionsmethoden Raffaels zu studieren, oder daß der Gedanke an Ehren oder Anerkennung irgendeinen Einfluß auf seine Arbeit hätte haben können. Andererseits war er, zugegeben, als ordentlicher Professor der Universität Basel nicht nur frei von materiellen Sorgen, sondern wahrscheinlich auch vieler der drückenden Pflichten enthoben, die heute den Chef einer Abteilung belasten.

Als ich noch in Wien studierte, besuchte der alte Wölfflin einmal meinen Lehrer, den großen Gelehrten Julius von Schlosser. Als die beiden Herren gemeinsam des Professors

Sanctum verließen, wo sie zusammen konferiert hatten, wies der Gastgeber auf die Räume des Kunsthistorischen Instituts, wo wir Studenten saßen und arbeiteten, und sagte mit mehr Offenheit als Takt: »Also hier beginnt das Grauen.« Unter dem »Grauen« verstand er uns – obwohl die Professoren es damals sehr gut verstanden, sich ihre Studenten vom Leibe zu halten.

Über die Selbstherrlichkeit der früheren deutschen Universitätsprofessoren ist schon viel geschrieben worden, und die Kehrseiten des alten Systems sind so bekannt, daß ich sie nicht herzuzählen brauche. Wichtig ist jedoch in unserem Zusammenhang, daß trotz aller seiner Fehler das System für die Wissenschaft gut war[4]. Es gibt zwei diametral entgegengesetzte Vorstellungen von dem, was eine Universität ist und wozu sie da ist, die heute irgendwie miteinander verquickt worden sind. Grob gesprochen, läßt sich sagen, daß die eine auf die mittelalterlichen Universitäten des europäischen Festlandes zurückgeht, die einen »Lehrstuhl« oder eine »Lehrkanzel« einem großen Gelehrten zur Verfügung stellten, der sich bereit erklärte, sein Wissen an die Scholaren weiterzugeben, die gewillt waren, »zu seinen Füßen« zu sitzen. Wenn er sie enttäuschte, hinderte sie nichts, weiterzuziehen (wie etwa ich ein Semester lang die Lehrkanzel Schlossers verließ, um in Berlin Wölfflin zu hören). Abstrakt betrachtet ist an der Idee, daß ein großer Mann die moralische Verpflichtung habe, einen Teil seiner Zeit statt seiner eigenen Arbeit der Unterweisung seiner Schüler zu widmen, nichts auszusetzen. Aber leider gab und gibt es nie genug wirklich große Männer, um alle Lehrstühle zu besetzen. Man mußte sich wohl oder übel mit kleinen Männern zufriedengeben, die sich dann aufbliesen, um groß zu erscheinen, und die dadurch korrumpiert wurden.

Im englischen College-System war diese Gefahr weniger akut. Denn der »Don« war in erster Linie ein Hofmeister für die jungen Gentlemen, die zu Juristen oder Geistlichen ausgebildet werden sollten. Während sich die Professoren anderer europäischer Universitäten in erster Linie ihrem Fach verpflichtet fühlten, sahen die Lehrer an englischen Univer-

---

[4] Eine ausgezeichnete Beschreibung der guten und schlechten Seiten dieses Systems findet sich in Richard B. Goldschmidt, The Golden Age of Zoology. Seattle 1956, Kap. 1.

sitäten ihre Hauptaufgabe in der Betreuung ihrer Studenten, die die ganze Zeit unter ihrer Obhut blieben (es sei denn, daß sie relegiert wurden). Diese Idee des Lehramts hat sowohl vom moralischen wie vom sozialen Standpunkt aus viel für sich, aber es scheint mir sehr wahrscheinlich, daß der Versuch, die beiden Systeme zu verschmelzen, an vielen der verwirrenden Probleme schuld ist, für die man krampfhaft nach Abhilfe sucht und die zu diskutieren wir aufgefordert wurden.

Bei uns in den angelsächsischen Ländern beruhen Ernennungen und Beförderungen auch heute grundsätzlich auf dem, was man die Präsumption wissenschaftlicher Bedeutung nennen könnte. So stipuliert die Anstellungsurkunde meiner Universität unter anderem, durchaus mit Recht, daß es zu den Pflichten unseres Amtes gehört, uns dem »Fortschritt unseres Faches« zu widmen. Aber gleichzeitig haben wir die Lasten und Verantwortungen der College-Erzieher für das geistige Wohl und den Fortgang unserer Studenten übernommen. Es ist kein Geheimnis, daß die Spannungen zwischen diesen beiden Pflichtenkreisen zu Konflikten führen, die viel Unruhe und Unzufriedenheit erzeugt haben. Es war schlimm genug für einen deutschen Professor von ehedem, das Gefühl zu haben, man erwarte von ihm, ein »großer Mann« zu sein. Es ist viel schlimmer für jedes Mitglied eines akademischen Lehrkörpers, sich stets vor Augen halten zu müssen, daß seine berufliche Bewertung abhängig ist von der Zahl der in einem Jahr publizierten Artikel und der empfangenen Einladungen zu Symposien und dergleichen. Dieser Druck ist die Ursache dessen, was man den akademischen Betrieb nennt, ein Betrieb, der nur selten dem Fortschritt der Wissenschaft förderlich ist und ihn gar zu oft geradezu aufhält.

Es ist leicht, diesen Betrieb zu kritisieren, aber viel schwerer, die Mißbräuche abzustellen. Denn schließlich gehören wir ja alle irgendwie dazu. Wir leben in einer Welt, in der nur Resultate zählen. Die Jahresberichte unserer Abteilungen und Institute trachten, diese als Stätten unermüdlicher Aktivität darzustellen. Mehr Sonderabdrucke werden verschickt und als Gegengabe empfangen, als je jemand zu lesen hoffen kann; wir geben gelehrte Zeitschriften heraus, und, was noch schlimmer ist, wir schreiben oft sogar Bücher. Wie andere Industriebetriebe auch leiden wir unter dem Problem der Überproduktion und sind, wenn wir ehrlich sind, überdies eine Gefahr für unsere Umwelt. Die »Verschmutzung«, die von unseren Betrieben ausgeht, ist der prätentiöse Jargon, der die Sprache verunreinigt. Noch deprimierender ist, daß der überhitzte Apparat außerstande zu sein scheint, seine Produktion den Bedürfnissen anzupassen, zu deren Befriedigung er ursprünglich bestimmt war. Es gibt leider viel zu viele Gebiete, in denen wir der Verpflichtung des Humanisten, die von mir als die Auffindung, Pflege und Interpretation des kulturellen Erbes definiert wurde, nicht nachkommen. Heute wie ehedem können diese Pflichten nur von denen wahrgenommen werden, die das dazu nötige Rüstzeug besitzen, und es ist uns allen bekannt, daß sogar die Kenntnis der klassischen Sprachen besorgniserregend zurückgeht. Ein noch viel krasseres Beispiel solchen Versagens ist das Schicksal der Denkmäler und Manuskripte Indiens. Viele von ihnen verschwinden durch Plünderung und mangelnde Pflege, bevor auch nur ihre Existenz registriert wurde[5].

Man muß sich darüber im klaren sein, daß in einer solchen Situation Geldmangel vielleicht nicht einmal das Hauptproblem ist. Geld ist neutral. Es kann ebenso leicht – oder vielleicht noch leichter – die Folgen der Überproduktion verschlimmern wie gegen das Versagen der humanistischen Funktion Abhilfe schaffen. Was die Geisteswissenschaften brauchen, ist nicht so sehr eine Agitation für größere Dotationen und mehr Stipendien als vielmehr ein geeignetes Forum für einen ernsten Gedankenaustausch darüber, worin sinnvolle Forschung besteht und was die Gefahren sind, die ihre gesunde Entwicklung bedrohen.

Francis Bacon hat in seinem ›Novum Organum‹ vier Gruppen von »Idolen« genannt, von falschen Göttern, deren Anbetung er als dem Fortschritt der Wissenschaft feindlich ansah. Ich weiß, daß seine Auffassung der Naturwissenschaft heute als naiv kritisiert wird, aber das hindert nicht, daß er ein glänzender Publizist war, der es verstand, seinen

---

[5] Es macht die Sache nicht viel besser, daß die Behörden im Lande selbst einen Teil der Verantwortung tragen. Die wenigen Gelehrten, die versuchen, hier rettend einzugreifen, finden weder im Osten noch im Westen viel Unterstützung. Ja sogar in berühmten europäischen Bibliotheken ist das indische Material, das sie besitzen, zum großen Teil nicht katalogisiert.

Ideen Nachdruck zu verleihen[6]. Ich will bei ihm eine Anleihe machen und ebenfalls vier Klassen von Idolen beschreiben, die nach meiner Überzeugung die humanistischen Wissenschaften von ihrer rechten Bahn ablenken.

Ich möchte die erste Gruppe die *Idola quantitatis* nennen. Eigenartigerweise stammen sie aus derjenigen Theorie der Naturwissenschaft, die mit dem Namen Francis Bacons innig verknüpft ist, nämlich aus der Theorie der Induktion. Sie besagt, daß man auf dem Wege des Generalisierens von einer Akkumulation von Daten zu wahren Erkenntnissen gelangen kann. Heute wissen wir, daß das ein eitler Traum ist. Neutrale Daten gibt es nicht. Wir können nur Beweismaterial sammeln, wenn wir es auf eine bestimmte Hypothese beziehen wollen, und in solchen Fällen dürfen wir nie vergessen zu prüfen, ob der Aufwand in einem angemessenen Verhältnis zum zu erwartenden Resultat steht[7]. Zum Beispiel dürfte es kaum sinnvoll sein, alle existierenden Aufzeichnungen über Geburten und Todesfälle durch einen Supercomputer laufen zu lassen, um den Satz zu beweisen zu suchen, daß alle Menschen sterblich sind.

Natürlich gibt es sowohl in den Naturwissenschaften wie in den Geisteswissenschaften große Datensammlungen, die sehr viel Arbeit ersparen. Ich habe Wörterbücher in diesem Zusammenhang schon erwähnt, und auch die Bedeutung von anderen Forschungshilfen, wie Nachschlagewerke, Bibliographien oder sorgfältig redigierte Texte, muß wohl nicht eigens betont werden. Aber diejenigen, die sich dankbar solcher Werke bedienen, wissen auch, daß es keinen Sinn hätte, von ihnen jedesmal Vollständigkeit zu erwarten. Dieses Bestehen auf Vollständigkeit, die Meinung, daß die Sammlung aller irgendwie auffindbaren Daten allen anderen Forschungsvorhaben in den humanistischen Fächern voranzugehen habe, ist ein Irrglaube, den ich mit dem Kult der *Idola quantitatis* verbinde. Brauchen wir wirklich ein *vollständiges* Verzeichnis aller vorhandenen Türklopfer? Ich stelle diese Frage nicht etwa, weil ich Türklopfer uninteressant finde. Im Gegenteil; die Häufigkeit des Vorkommens

---

[6] Karl R. Popper, ›On the Sources of Knowledge and of Ignorance‹, in: Conjectures and Refutations. London 1963, S. 3–30.

[7] Professor Karl W. Deutsch machte mich darauf aufmerksam, daß das Sammeln von Daten seine Bedeutung für das Testen neuer Theorien nicht verloren hat. Gewiß akzeptiere ich das, besonders was die Sozialwissenschaften anlangt.

von drohenden Masken, Schlangen oder anderen apotropäischen Motiven hat mich einmal sehr interessiert. Worum es sich hier handelt, ist nur, ob viel dabei gewonnen wäre, wenn man, sagen wir, eine statistische Untersuchung aller vor dem Jahre 1700 datierenden Türklopfer durchführen wollte, um die genaue Verteilung und relative Häufigkeit dieser Motive zu eruieren. Nichtsdestoweniger könnte ich mir unschwer vorstellen, daß ein solches Projekt von irgendeinem Institut akzeptiert würde. Vielleicht würde man Teams von Mitarbeitern organisieren und fotografische Archive anlegen, obwohl zu dem Zeitpunkt, an dem das Projekt sich seiner Vollendung näherte, möglicherweise kein Mensch sich mehr für das Nachleben magischer Vorstellungen interessieren würde; ja, vielleicht könnte sich dann sogar niemand mehr so recht erinnern, zu welchem Zweck das ganze großartige Projekt eigentlich aufgezogen worden war. Andererseits wäre es denkbar, daß man sich dann intensiv für die Beziehung von Türklopfern zu elektrischen Klingeln interessiert, aber zur Beantwortung dieser neuen Frage würde sich vermutlich die ganze mühevolle Arbeit als unbrauchbar herausstellen. »Man muß wieder ganz von vorn anfangen!« Muß man wirklich?

Die Anbetung der *Idola quantitatis* ist nicht nur selbst unfruchtbar. Sie zerstört auch die Fruchtbarkeit ihrer Anbeter, und ganz besonders der jungen unter ihnen. Wie viele gute Ideen werden schon im Keime erstickt, weil die Priester dieses Kultes darauf bestehen, daß sie auf dem Weg der Induktion verfolgt werden müssen! Dieser »Induktivismus« ist es, der in so vielen jungen Menschen das Gefühl erweckt, daß sie nie genug wissen werden, und sie schließlich so einschüchtert, daß sie überhaupt keine vernünftige Frage mehr zu stellen wagen. Die Folge ist, daß sie sich immer mehr auf kleinste Gebiete beschränken und zu Spezialisten werden, »die über immer weniger immer mehr wissen«.

Meine zweite Gruppe von Idolen kann man die *Idola novitatis* nennen. Auch hier führt die Nachahmung der exakten Naturwissenschaften zu Fehlinvestitionen der Produktivität. Wenn es wahr ist, wie ich zu zeigen versuchte, daß der Humanist auch heute im wesentlichen ein Hüter von klassischen Texten ist, dann gehört Originalität nicht zu seinen vornehmsten Zielen. Gewiß liegt eine ungeheure Befriedigung darin, in einem wohlbekannten Text eine neue Deutung eines Wortes oder eine Redewendung zu finden, die unzählige Kommentatoren bisher übersehen hatten und die neues Licht auf eine dunkle Stelle wirft. Aber selbst die besten Konjekturen oder Entdeckungen können nur einen bescheidenen Platz unter den Fußnoten einnehmen. Der Kommentar bleibt immer Dienst am Text. Diesbezüglich hat der Humanist als Interpret unseres kulturellen Erbes eine gewisse Ähnlichkeit mit dem ausübenden Künstler, der auf der Bühne oder im Konzertsaal auch einen Text interpretiert. Von beiden wollen wir, daß sie uns den Sinn des Werks getreulich vermitteln, aber nicht bloß der Neuheit zuliebe etwas Neues bringen. Es ist gar nicht sehr schwer, eine neue Lesart vorzuschlagen, wenn man sich Freiheiten mit dem Text herausnimmt und die Intentionen seines Schöpfers außer acht läßt – mit anderen Worten, wenn es einem mehr um Originalität als um getreue Auslegung zu tun ist. Leider ist der Universitätsbetrieb so beschaffen, daß selbst die absurdeste neue Deutung in den Fußnoten verewigt wird. Jemand, dem es gelingt, in einer geachteten Zeitschrift einen gelehrten Artikel unterzubringen, der angeblich beweist, daß die Mona Lisa in Wirklichkeit Cesare Borgia in Frauenkleidung darstellt, kann fest damit rechnen, daß alle späteren diesbezüglichen Arbeiten zu seiner »Theorie« Stellung nehmen werden. Wer das bezweifelt, sei daran erinnert, daß der Lausbubenstreich Marcel Duchamps, einen Schnurrbart auf eine Reproduktion dieses Bildnisses zu malen, noch heute in Einführungskursen erwähnt wird – und schließlich auch hier!

Ganz nahe bei den *Idola novitatis* stehen im Tempel der Gelehrsamkeit die *Idola temporis*, die Idole des Zeitalters. Darunter verstehe ich die verführerische Anziehungskraft neuentwickelter Techniken mechanischer oder methodischer Natur, deren »Anwendung« in den Geisteswissenschaften Prestige und Ansehen zu versprechen scheinen. Ich möchte hier nicht mißverstanden werden; ich wende mich hier nicht gegen die betreffenden Methoden oder Behelfe an sich. Es handelt sich mir ebensowenig um den Wahrheitsgehalt des Marxismus, der Psychoanalyse, des Strukturalismus oder sonst einer Bewegung wie um den Gebrauch von Filmen, Tonbändern oder Computern in den Gebieten, in denen sie sachlich wichtiges Material beizusteuern imstande sind. Ich will auch nicht leugnen, daß das Vorhandensein dieser modernen Hilfsmittel die älteren Geisteswissenschaften zu benachteiligen scheint. Was würden wir nicht alle dafür geben, ein Interview mit Shakespeare auf Tonband zu besitzen oder einen Film der Erstaufführung von ›Hamlet‹! Aber es ist eben ein Charakteristikum dieser Wissenschaften, daß ihr Beweismaterial lückenhaft ist und sie sich mit zufällig überlieferten Brocken von Informationen zufriedengeben müssen. Wir haben uns resigniert mit der Tatsache abzufinden, daß uns über Shakespeares Liebesleben, Eßgewohnheiten, Einnahmen und politische Gesinnung so gut wie nichts bekannt ist und daß wir daher sein Leben und seine Werke leider keiner Analyse nach den Methoden einer der heutigen psychologischen Theorien unterwerfen können. Begreiflicherweise wählen sich Soziologen, Psychologen, Anthropologen und Sprachwissenschaftler für ihre Studien Themen, wo die Beweisquellen weniger spärlich fließen. In vieler Beziehung ist es lohnender, das Mönchswesen im heutigen Sri Lanka zu studieren, indem man sich von einer großen Zahl buddhistischer Mönche erzählen läßt, was sie glauben[8], als über die Zisterzienserklöster im europäischen Mittelalter zu arbeiten. Aber obwohl die Aufzeichnungen und Denkmäler dieses Ordens viel zu lückenhaft sind, um eine Unterlage für eine der modernen Studienmethoden abzugeben, wird sie der humanistische Gelehrte nicht vernachlässigen wollen. Denn schließlich haben diese Mönche sehr viel zur Gestaltung der physischen und geistigen Landschaft beigetragen, in der wir heute leben. Wir studieren sie in unserem ständigen Bestreben, unser eigenes Erbe besser zu verstehen.

Gewiß versuchen wir aus den Resultaten aller Wissenschaften zu lernen; aber dazu gehört, daß wir wissen, wo wir selbst stehen, und uns unserer Stärken und Beschränkungen bewußt sind. Es gibt kaum etwas Trostloseres als die mechanische Anwendung einer Formel auf einen Gegenstand nach dem anderen. Die Widerstandslosigkeit gegen intellektuelle Moden scheint mir einer der deprimierendsten Effekte des Drucks, der vom akademischen Betrieb ausgeht. Auch hier ist der Kult für die Jungen besonders gefährlich, weil sie sich so leicht von einem neuen Jargon, der in den gerade führen-

---

[8] Richard F. Gombrich, Precept and Practice. Traditional Buddhism in the Rural Highlands of Ceylon. Oxford 1971.

den Kreisen en vogue ist, beeindrucken lassen. Die *Idola novitatis* mögen wenigstens eine wenn auch eher hektische Originalität begünstigen; die *Idola temporis* versprechen nur Originalität, um ihre Anbeter dann in einen vorauszusehenden Konformismus zu verstricken.

Mag sein, daß diese Warnungen recht konservativ klingen. Ich hoffe aber, diesen Eindruck damit zu entkräften, daß ich nunmehr die letzte Gruppe meiner Idole nenne, nämlich die *Idola academica*. Der Ursprung dieser Idole, die sich an den Universitäten einen festen Platz erobert haben, liegt im Lehrbetrieb der humanistischen Fächer selbst. Aus administrativen Gründen pflegen Universitäten in Abteilungen unterteilt zu sein, die Kurse über den Lehrstoff eines bestimmten Fachs abhalten, über den dann Prüfungen abzulegen sind. Andere Organisationsformen sind hie und da versucht worden, aber an sich ist gegen dieses System nicht viel einzuwenden, wo es sich um den Erwerb bestimmter Fertigkeiten handelt. Wenn wir das Autofahren, das Flötespielen, die chinesische Sprache oder die assyrische Keilschrift erlernen wollen, müssen wir unter sachkundiger Leitung systematisch von den Anfangsgründen bis zur Beherrschung des Gegenstandes fortschreiten, und die erreichte Stufe läßt sich jeweils verhältnismäßig leicht durch Prüfungen feststellen. Auch bei den alten Fakultäten der Theologie, Medizin und Jurisprudenz, bei denen die Vertrautheit mit bestimmten Techniken und Kenntnissen Voraussetzung der Zulassung zu einem Beruf ist, mag diese Organisationsform des Lehrens und Prüfens sinnvoll sein. Aber für die Gegenstände der humanistischen Geisteswissenschaften, die an den philosophischen Fakultäten gelehrt werden, ist diese Einteilung in Fächer und Abteilungen etwas sehr Ungünstiges, das zu Verzerrungen führt. Zwar habe ich selbst weiter oben gesagt, daß die humanistischen Wissenschaften zum Teil wenigstens aus einer Sammlung von Wissen bestehen, aber dieses Wissen ist ein zusammenhängendes Ganzes und kann eine Aufspaltung nicht überleben. Die Sonette Shakespeares studiert man in dem englischen Kurs, die des Petrarca im italienischen, die Form des Sonetts im Kurs über vergleichende Literaturwissenschaft und die lateinischen Schriften Petrarcas überhaupt nicht. Mir geht es aber hier nicht darum, »interdisziplinären Disziplinen« das Wort zu reden. Ich habe anderswo dargelegt, warum ich dieses Unding von einem Wort geradezu für eine *petitio principii* halte, weil es nämlich das Bestehen von Disziplinen voraussetzt[9]. Jeder, der sich mit einem Text aufmerksam beschäftigt, wird auf Schritt und Tritt Fragen begegnen, zu deren Lösung er das eine Mal Sprachwissenschaft, das andere Mal Geschichte und das dritte Mal vielleicht Soziologie wird heranziehen müssen. Aber obwohl das eine Selbstverständlichkeit ist, würde man wahrscheinlich einem Studenten abraten, sich ein Thema zur Forschung auszusuchen, das außerhalb seines eigentlichen Fachgebiets liegt, und sollte er darauf bestehen, würde er sich bald den Grenzwächtern, wie Aby Warburg sie nannte, gegenübersehen, die seine Legitimation inspizieren wollen. In dieser Einstellung liegt mehr akademischer Zunftgeist, als oft zugegeben wird. Denn mit einigem Eifer und Fleiß kann der geistig geschulte Mensch sich fast immer die Kenntnisse aneignen, die er zum Studium seines Problems braucht. Aby Warburg lernte genug Astrologie und Rudolf Wittkower genug Musiktheorie und Proportionslehre, um einerseits die Ikonologie, andererseits die Architekturgeschichte von Grund auf umzugestalten.

Aber es scheint mir, daß die heimtückischen Wirkungen der *Idola academica* über diesen ängstlichen Respekt vor Demarkationslinien weit hinausgehen. Es ist unvermeidlich, daß das, worüber man seine Vorlesungen zu halten hat, einen besonders beschäftigt und daß die so entstehende Einseitigkeit sich auch auf die Forschung überträgt. Alles dreht sich um den Lehrplan. Weil man Material für die Vorlesungen braucht – der Karren darf ja nicht stehenbleiben –, werden alle Themen bewußt erst auf ihre Eignung als »Treibstoff« geprüft. Aus den Autoren, deren Studium im Lehrplan vorgesehen ist, müssen geeignete Themen für Seminararbeiten zurechtgeschnitten werden. Auch trachtet man, sich eine Forschungsarbeit auszusuchen, die sich gerade im Laufe der sechsmonatigen Sabbaticums bewältigen läßt und die womöglich auch für die Kollegen von Nutzen sein wird, die mit ihren Studenten denselben vorgeschriebenen Text lesen. Es ist nur zu wahrscheinlich, daß die Vorstellungen des Lehrers über die Aufgaben eines Forschers auf seine Studenten abfärben werden – auch sie werden glauben, daß ihre Arbeit und ihre Methode im engen Zusammenhang mit

[9] In diesem Band, S. 86.

dem Gegenstand als Unterrichtsfach zu stehen haben. Das Thema einer Doktorarbeit, auf das sich solch ein Student mit seinem Lehrer einigt, wird dann nach demselben engen Gesichtspunkt ausgewählt sein.

Die steigende Bedeutung, die, wie genugsam bekannt, seit einigen Jahrzehnten dieser Prüfungsarbeit zur Erlangung des Doktorats der Philosophie beigemessen wird, ist mit Recht vielfach sehr scharf kritisiert worden. Ich glaube aber nicht, daß eine solche Examensarbeit an sich unbedingt etwas Schädliches sein muß, solange man sie schlicht als ein Gesellenstück betrachtet. Man ist durchaus berechtigt, von denjenigen, deren zukünftige Aufgabe es einmal sein soll, Forschungsarbeiten anderer zu beaufsichtigen, zu verlangen, daß sie wissen, wie man dabei zu Werke geht. Aber statt einer Art von Fahrprüfung zur Erlangung eines Führerscheins ähnelt die Doktorarbeit heute mehr und mehr einem jener barbarischen Initiationsriten, bei denen Kraft und Ausdauer des Kandidaten auf die schwersten Proben gestellt werden, und die akademische Lehrerschaft einem Priesterkollegium, das sein Ansehen dadurch zu bewahren sucht, daß es die Aufnahme in seine Reihen von den schwierigsten und qualvollsten Bedingungen abhängig macht. Das bringt es mit sich, daß die Entwicklungsjahre eines angehenden Gelehrten oft damit verbracht werden, unter den größten Anstrengungen etwas zu produzieren, was – wie es offiziell heißt – »die Prüfungskommission befriedigt«. Wenn er soweit ist, ist der ursprünglich bildsame Ton hart geworden. Sein Geist ist so sehr auf eine bestimmte Forschungsrichtung festgelegt, daß es ihm oft schwerfallen wird, sich davon loszulösen. Daraus ergibt sich dann für den einzelnen die Tendenz, sich selbst zu wiederholen, und für die Allgemeinheit eine Überfüllung gewisser Gebiete, mit der, wie wir oben feststellten, eine Vernachlässigung anderer Forschungszweige Hand in Hand geht. Ja, jene humanistischen Autoren, die aus guten pädagogischen Gründen in jeder Kultur an erster Stelle stehen müssen – Dante in Italien, Goethe in Deutschland und Shakespeare in den angelsächsischen Ländern –, werden von denen, die auf eine akademische Anstellung reflektieren, bis auf den letzten Tropfen auf Forschungsthemen ausgepreßt. Es gibt sogar Zeitschriften, die sich darauf spezialisieren, auf »Forschungsmöglichkeiten« in diesen durch Übernutzung erschöpften Gebieten hinzuweisen, während ringsum jungfräuliches Land nur danach schreit, beackert zu werden.

Aber auch mit dieser Unausgeglichenheit, so bedauerlich sie ist, sind noch nicht alle negativen Effekte der *Idola academica* aufgezählt. Die Methoden des Unterrichts selbst, die Art und Weise, wie man die Studenten in die Lektüre eines Autors einführt, haben den Forschungsstil und das Ziel der Forschung beeinflußt. Das Ausmaß, in dem die Routinemethoden des Lehrbetriebs die praktische Forschertätigkeit gestalten und geradezu verzerren, scheint mir für die humanistischen Wissenschaften besonders charakteristisch zu sein. Die Weigerung der deutschen Professoren von ehedem, ihre Vorlesung dem Fassungsvermögen ihrer Studenten anzupassen, mag vom moralischen Standpunkt zu mißbilligen gewesen sein. Aber für die Wissenschaft werden sich die gegenteiligen Bemühungen begeisterter Lehrer vielleicht am Ende als viel größere Katastrophen herausstellen. Pädagogische Behelfe, die erfunden wurden, um das Interesse von Anfängern wachzurufen, werden zu Forschungsmethoden erhoben. Ich denke hier in erster Linie an das Analysieren von formalen Beziehungen in der Malerei, von bildlichen Ausdrucksweisen in der Poesie und von Wortbedeutungen in der Philosophie. Für einen Lehrer, der eine Stunde auszufüllen hat und seine Studenten dazu bringen muß, sich aufmerksam und ausdauernd mit einem Text oder einem Gemälde zu beschäftigen, mögen sie unentbehrlich sein, aber ich glaube nicht, daß sie viel zum »Fortschritt der Wissenschaft« beitragen.

Wie kann aber dieses begehrenswerte Ziel doch gefördert werden? »Der Wind bläst, wo er will«, und ich glaube nicht, daß man die Geburt guter Ideen auf organisatorischem Wege günstig beeinflussen kann. Aber es sollte nicht unmöglich sein, durch bewußte Anstrengungen ein Klima zu schaffen, in dem solche Ideen nicht verkümmern müssen. Sehr vieles, was heute zur Unfruchtbarkeit des akademischen Betriebes beiträgt, läßt sich ganz einfach auf Angst zurückführen. Die Existenz akademischer Primadonnen oder »Superstars«, der drückende Alptraum vom »Publizieren oder Untergehen«, die Aussichtslosigkeit mit der stets wachsenden Fachliteratur Schritt zu halten, die übergroßen Lehrverpflichtungen und dazu noch die handwerklichen und häuslichen Betätigungen, die in unserer auf Selbsthilfe eingestellten Gesellschaft immer mehr Zeit beanspruchen, sind so schwere Belastungen, daß man sich tatsächlich wundert, wie die ausgezeichneten jungen Gelehrten, die es trotzdem noch gibt, es schaffen konnten. Leider aber nehmen unter diesen Umständen allzu viele ihre Zuflucht zu »unriskanten« Themen, während andere ihre Unsicherheit hinter einer aggressiven Originalität zu verbergen trachten. Wenn man diesen und ähnlichen Zuständen abhelfen will, muß man das Übel an der Wurzel packen und die Angst beseitigen. Aber dafür bietet selbst die Einrichtung von Stätten ungestörter, sorgenfreier Arbeitsmöglichkeiten für hervorragende Gelehrte keine Lösung. Die Rolle des Weisen, dem ein ewiger Sabbat gebührt, ist selbst für die Bedeutendsten keine leichte.

Was wir brauchen, sind akademische Einrichtungen, in denen kleine Gruppen von humanistisch interessierten Menschen verschiedenen Alters miteinander arbeiten und einen zwanglosen Ideenaustausch pflegen können, ohne daß einer dem anderen zu viel oder auch zu wenig imponiert; in denen die Mitglieder nicht so vollständig von Alltagspflichten und Routinebeschäftigungen befreit sind, daß sie sich die ganze Zeit fragen müssen, ob sie diese Privilegien weiterhin verdienen, aber andererseits auch nicht durch Lehrverpflichtungen und Administration völlig überlastet sind. In Gemeinschaften dieser Art gibt es keine »Stars«, die man mit übertriebener Ehrfurcht behandelt, und kein Anfänger braucht sich zu fürchten, seine Ansichten auszusprechen. Dazu gehört auch, daß es jedem freistehen muß, seine Ideen in jeder beliebigen Richtung zu verfolgen, ohne Angst zu haben, daß ihm jemand sagen könnte: »Das gehört nicht in dein Gebiet!« Nur so kann man hoffen, daß hie und da sich frische Durchblicke öffnen werden, aus denen sich neue Forschungseinrichtungen in den humanistischen Wissenschaften entwickeln können.

Wenn mein Rezept einem idealisierten Porträt des Warburg-Instituts verblüffend ähnlich sieht, kommt es daher, daß ich eben nur meine kleine Gemeinschaft wirklich gut kenne. Aber was ich in meiner sechsunddreißig Jahre während der Verbindung mit dieser Gruppe von Gelehrten gelernt zu haben glaube, ist, daß diese Art von Institut verhältnismäßig wenig kostet. Damit möchte ich zwar gewiß nicht den Eindruck erwecken, als fehlte es mir an der gebührenden Anerkennung für die finanzielle Unterstützung seitens der

Universität London, die schon seit vielen Jahren großzügig die laufenden Ausgaben eines Instituts bestreitet, dessen Bestimmung sich nicht leicht in einer Form beschreiben läßt, die bei Finanzkommissionen auf sofortiges Verständnis rechnen kann. Ebenso fern liegt es mir, sagen zu wollen, daß ein Institut dieser Art ein größeres Budget nicht sehr gut brauchen könnte. Alles, was ich in diesem Zusammenhang betonen möchte, ist nur, daß im Vergleich zu den Kosten eines Zyklotrons oder einer großen EDV-Anlage selbst eine erstklassige geisteswissenschaftliche Bibliothek keine exorbitante Dotierung braucht, besonders wenn der Einkauf in den sicheren Händen eines tüchtigen Bibliothekars liegt, der selbst ein Gelehrter ist und es versteht, selektiv zu sein. Ich muß allerdings zugeben, daß diesbezüglich meine Erfahrungen nicht ganz allgemeingültig sind. Denn die Bibliothek des Warburg-Instituts ruht auf einem Grundstock von Büchern, die von Aby Warburg gesammelt wurden, und sie wurde nach seinem Tod durch eine Reihe von Jahren von der Familie Warburg weiter finanziert. Dazu kommt noch der unschätzbare Vorteil der Nähe des Britischen Museums, mit dessen Bibliothek wir weder konkurrieren könnten noch müssen. Aber diejenigen, die unsere Bibliothek benutzen, haben gefunden, daß sie nicht bloß der Forschung dient, sondern auch zu neuen Ideen anregt, und dasselbe gilt auch für unsere fotografische Sammlung. Die Handvoll von Gelehrten, aus denen der akademische Stab des Instituts besteht, braucht natürlich Muße, diesen neuen Ideen nachzugehen, aber solange sich die Beanspruchung in vernünftigen Grenzen hält, sind sie gerne bereit, Studierenden unterer oder höherer Stufen lehrend und beratend zur Seite zu stehen. Außerdem benötigt man eine bescheidene Summe für Reisestipendien, um die Mitglieder des Instituts ansuchen können, und für die Dotierung von mehrjährigen Stipendien für Forschungszwecke jüngerer oder gereifter humanistischer Wissenschaftler, ohne die die Kontinuität der Arbeit des Instituts nicht gewährleistet werden könnte. Aber damit sind die finanziellen Bedürfnisse des Instituts aufgezählt.

Ich glaube, daß vom Standpunkt des Kosten- und Leistungsvergleichs der Beitrag eines solchen Instituts zur Förderung der Geisteswissenschaft hinter dem größerer Zentren nicht zurückstehen müßte. Unleugbar besteht für eingefleischte Individualisten, die sich abseits der intellektuellen

Heerstraßen ihre eigenen Wege suchen, eine gewisse Gefahr akademischer Isolierung – aber heute kann man auch nicht mit Sicherheit sagen, daß die überfüllten Gebiete die besten Aussichten auf Anstellung bieten. Daher glaube und hoffe ich, daß man auch von diesem praktischen Gesichtspunkt aus keine Skrupel haben muß, wenn man die jungen Leute zu bewegen sucht, den Kult von falschen Göttern mit der wahren Religion des Gelehrten zu vertauschen.

WERTE IN DER KUNST

6. Das Überpersönliche in der Kunst

Einem Humanisten, der sich so vielen Vertretern der exakten Naturwissenschaft gegenübersieht, darf man ein gewisses Gefühl der Unsicherheit wohl kaum verdenken. Und was die Kunstwissenschaft anlangt, ist es leider nur zu berechtigt. Ihr systematischer und philosophischer Zweig, die Ästhetik, existiert nun schon seit über zweihundert Jahren, aber ich persönlich stehe ihr mit derselben Skepsis gegenüber wie Pater Vincent Turner SJ, der seinen Aufsatz über diese Bestrebungen ›The Desolation of Aesthetics‹[1] nannte. Als Kunsthistoriker fühlt man sich auf etwas festerem Boden, aber auch hier sind unsere individuellen Urteile über Stile und Zuschreibungen selten überprüfbar und oft einfach Vermutungen. Bei näherer Überlegung scheint es mir trotzdem, daß die Anwesenheit eines Vertreters der Kunstwissenschaft bei einer Konferenz, die sich mit Wertproblemen beschäftigt, keiner Entschuldigung bedarf. Denn wenn auch die Ästhetik mit ihren hochtrabenden Phrasen über das Schöne, das Erhabene und das Ausdrucksvolle es nicht weit gebracht hat und wenn auch die Kritiker und Kenner sich immer wieder über alte und neue Meister täuschen, vermag der Historiker der Kunst Ihnen wenigstens zu berichten, was die Künstler selbst über Werte dachten, und kann seinerseits über diese Ansichten Betrachtungen anstellen.

Hier müssen wir zunächst von der Gedankenwelt Platos Kenntnis nehmen, die paradoxerweise die abendländische Kunstphilosophie beherrscht. Ich sage: paradoxerweise, weil Platon selbst bekanntlich die Künstler aus seinem Idealstaat verbannt wissen wollte, sah er sie doch als bloße Gaukler an, deren Tricks niemals an die intelligible Welt der Ideen heranreichen konnten, die auch die Welt der Werte darstellte. Und doch schöpften die Künstler ihren Glauben an eine solche Welt aus dem Gedanken an eine transzendente Vollkommenheit, als dem einzigen Maßstab, an dem ihr Werk gemessen werden sollte.

Bevor er den Anstieg zum *Paradiso* beschreibt, erklärt

---

[1] M. Todd (Hrsg.), The Arts, Artists and Thinkers. An Inquiry into the Place of the Arts in Human Life. London 1958.

Dante (den diese Gedanken in ihrer Aristotelischen Fassung erreichten), daß die Absicht der Kunst oft durch die Sprödigkeit der Materie vereitelt wird[2]. Die Idee läßt sich in keinem Medium voll verwirklichen. Die Hand des Künstlers, sagt er an einer anderen Stelle, ist nicht unfehlbar; sie wird immer zittern und daher die Idee nie vollkommen wiedergeben[3]. Dies gilt ganz besonders, wenn es das Ziel des Künstlers ist, vollendete Schönheit zu beschreiben oder darzustellen; so hoch er sich auch emporschwingt, wird er doch nie an die Wirklichkeit heranreichen, und jeder Künstler muß resigniert das Streben nach Vollendung aufgeben[4].

Die Geschichte lehrt uns, wie sich diese philosophische Überzeugung in der Renaissance in den Künstlerwerkstätten verbreitete[5] und zum akademischen Dogma wurde. Anton Raphael Mengs, ein Freund Winckelmanns, formulierte diese Doktrin in seinen ›Gedanken über die Schönheit und den Geschmack in der Malerei‹ aus dem Jahre 1762 in seiner authentischen platonischen Form wie folgt: »Da die Vollkommenheit mit der Menschheit nicht bestehen kann, und allein bei Gott ist, von dem Menschen aber nichts wirklich begriffen wird, als was unter die Sinne fällt, so hat

---

[2] Ver'è ome forma non s'accorda
  molte fiate alla intenzion dell'arte
  perch'a risponder la materia è sorda'.
  Nicht immer kann der Künstler zwar erzwingen,
  Daß sein Gebild' sich ganz der Absicht füge,
  Läßt spröder Stoff sich geistig nicht durchdringen.
Paradiso, I, 127–129; Übersetzung: Dantes Werke, neu übertragen und erläutert von Richard Zoozmann. Leipzig 1921.
  [3] Ma la natura la dà sempre scema,
  similimente oerando all'artista
  ch'ha l'abito dell'arte e man che trema.
  Doch immer gibt Natur es mangelhaft,
  Dem Künstler ähnlich, der zwar kunsterfahren,
  Doch dem die Hände zittern, wenn er schafft.
Paradiso, XIII, 76–78, Übersetzung wie oben.
  [4] Ma or convien che il mio seguir deista
  più dietro a sua bellezza, poetando,
  come all'ultimo suo ciascuno artista.
  Jetzt kann so hoch kein Dichterflügel tragen,
  Dem letzten Ziel noch hier ihr Lob zu singen,
  Muß ich, wie jeder Künstler, stumm entsagen.
Paradiso, XXX, 33; Übersetzung wie oben.
  [5] E. Panofsky, ›Idea. Ein Beitrag zur Begriffsgeschichte der älteren Kunsttheorie‹, in: Studien der Bibliothek Warburg. Hrsg. von F. Saxl. Hamburg 1924.

ihm der Allweise einen sichtlichen Begriff der Vollkommenheit eingeprägt, und dieses ist, was wir Schönheit nennen.«

Mengs zieht die Geometrie zum Vergleich heran. Der euklidische Punkt hat keine Ausdehnung und kann weder gesehen noch vorgestellt werden. Ein »Punkt« auf dem Papier ist natürlich nicht wirklich ein Punkt, sondern eine bloße Veranschaulichung. Dasselbe gilt für die Vollkommenheit. Sie kann sich »... in keiner Materie finden, denn so lange sie eine Materie ist, muß sie unvollkommen sein. ... Wenn unsere Sinne ihre Unvollkommenheit nicht mehr begreifen können ..., benennen wir dieses Gleichniß der Vollkommenheit mit dem Namen Schönheit. ... Die wahre Vollkommenheit ist nur in Gott, aber die Schönheit spiegelt Etwas von der göttlichen Realität wieder.«[6]

In unseren Geschichtsbüchern wird der Kampf gegen diese akademische Lehre gewöhnlich als ein Befreiungskampf gegen einen überholten Klassizismus dargestellt. Aber ich glaube, daß man am wirklichen Drama vorübergeht, wenn man sich keine Rechenschaft gibt von dem schweren psychischen Trauma, das der Wegfall jener metaphysischen Stütze für die Selbstachtung des Künstlers bedeutete. Die Entdeckung, daß Schönheitsideale über Zeit und Ort schwanken, legte den Gedanken nahe, daß alle Normen in der Kunst subjektiv sein müßten und daß die Idee einer unwandelbaren Welt der Vollkommenheit in der Kunst ebenso nur ein Traum gewesen sei wie in der Religion. Der einzige Wert, an den sich der Künstler halten konnte, war die Treue zu sich selbst. In einem Brief aus dem Jahre 1854 brachte Courbet dieses Glaubensbekenntnis in stolzen Worten zum Ausdruck: »Ich hoffe, in meinem Leben ein noch nie dagewesenes Wunder wahrzumachen. Ich hoffe, mich mein ganzes Leben lang durch meine Kunst zu ernähren, ohne auch nur einen Zollbreit von meinen Prinzipien abzuweichen, ohne auch nur einen einzigen Augenblick mein Gewissen zu betrügen und ohne je auch nur ein handgroßes Stück Leinwand wem immer zu Gefallen mit Farbe bedeckt zu haben, um es zu verkaufen.«[7]

Man sieht, daß Courbet, der sagte, er könne keine Engel

[6] A. R. Mengs, Gedanken über die Schönheit und den Geschmack in der Malerei. Zürich 1762.
[7] P. Courthion, Courbet raconté par lui-même II. Genf 1950, S. 78 f.

malen, weil er nie einen Engel gesehen habe, genauso leidenschaftlich an die Verwirklichung von Werten glaubte wie
nur je ein »akademischer« Künstler. Aber der Verlust der
metaphysischen Unterbauung machte es viel schwerer, den
Glauben aufrechtzuerhalten, und wenn diese Behauptung
eines Beweises bedürfte, könnte ich Sie auf zahlreiche Äußerungen von führenden Künstlern des 20. Jahrhunderts, wie
Kandinsky, Klee oder Mondrian, verweisen, die versuchten,
auf irgendeine Form einer platonisierenden Mystik zurück-
zugreifen, um die Gültigkeit und Heiligkeit ihrer künstlerischen Mission zu beweisen[8]. Leider kann man die meisten
ihrer Äußerungen intellektuell nicht sehr ernst nehmen, und
ich bin der letzte, der sie Ihnen empfehlen wollte. Und doch
frage ich mich, ob wir wirklich diese Art von Metaphysik
brauchen, um eine mehr als subjektive Kunsttheorie zu
rechtfertigen, eine Theorie, die die Forderung nach dem
Überpersönlichen und damit auch irgendeine Fassung des
Vollkommenheitsbegriffes erklärt und anerkennt.

Ich möchte Sie hier auf zwei Aufsätzes meines Freundes
Karl Popper verweisen, in denen er das Entstehen von Problemen sowohl in der Natur als auch in der Geschichte als
das Entstehen einer »dritten Welt« bezeichnet, »die weder
die Welt der Dinge oder Tatsachen noch die Welt subjektiver Empfindungen ist«[9]. Denn Probleme können gelöst werden, einmal besser, einmal schlechter – und manchmal sogar
vollständig.

Nehmen wir ein ganz einfaches künstlerisches Problem,
das vielleicht bis in die Urzeit zurückreicht: einen Topf mit
einer Reihe gleichmäßig verteilter Kerben zu verzieren. Unabhängig von der Frage, ob ein subjektiver »Schmucktrieb«
den Töpfer antreibt oder nicht, muß er sich mit der objektiven Realität seines Problems befassen und die Zahl und Ab-
stände seiner Kerben variieren, bis sie »passen«. Ein kompli-
ziertes Muster, das eine größere Fläche bedeckt, würde die
Berücksichtigung einer größeren Zahl von begrenzenden
Faktoren, die dabei mitspielen, erfordern. Aber die aufge-

[8] S. Ringbom, ›Art in the Epoch of the Great Spiritual. Occult Elements in the
Early Theory of Abstract Painting‹, in: Journal of the Warburg and Courtaulds
Institutes 29 (1966).
[9] Karl R. Popper, ›Epistemology Without a Knowing Subject‹ (1968) and ›On
the Theory of the Objective Mind‹ (1968), beide in: Objective Knowledge, an
Evolutionary Approach. Oxford 1972, S. 106–152 und 153–190.

wendete Mühe würde wahrscheinlich durch die Entdeckung neuer, ursprünglich unbeabsichtigter Beziehungen zwischen den dekorativen Elementen belohnt werden, die nun ihrerseits wieder ausgenutzt und eingepaßt werden können. Dieses Modell zeigt auch deutlich, wie die Erfahrung des Handwerkers sich in verhältnismäßig einfachen Regeln niederschlagen kann, die sodann eine Überlieferung bilden, mit deren Hilfe die nächste Generation gewisse Probleme mühelos bewältigt und sich ungehindert der Lösung neuer Probleme zuwenden kann, die in ihrer Absicht kaum ausbleiben werden.

Mir ist klar, daß das Problem, das ich hier als Beispiel verwendet habe, seinem Typus nach viel zu einfach ist. Es ist bestenfalls eine handwerkliche zum Unterschied zu einer künstlerischen Schwierigkeit. Dem Künstler – würde man vielleicht sagen – sei es nicht so sehr um die Erwerbung technischen Könnens zu tun als darum, »seine eigene Persönlichkeit auszudrücken«. Die Theorie des »abstrakten Expressionismus« konzentrierte sich in der Tat auf die vom Künstler gesetzten Zeichen als einer graphologischen Spur seiner spontanen und einmaligen Ausdrucksbewegungen, die dadurch für ihn zum Mittel der »Selbst-Enthüllung« wurden. Als Historiker muß ich allerdings antworten, daß die Probleme und Werte der Kunst – sogar die des abstrakten Expressionismus – aus den Problemen und Werten des Handwerks herausgewachsen sind. Es ist eine historisch belegte Tatsache, daß es den meisten großen abendländischen Künstlern mehr darum zu tun war, Probleme zu lösen, als ihre Persönlichkeit auszudrücken.

Lassen Sie mich Ihnen diesbezüglich hier wenigstens einen Zeugen vorführen, damit Sie sehen, wie die Sache sozusagen »von innen her« aussieht:

In einem Brief an seinen Bruder über die Tröstungen und Gefahren des Alkohols spricht van Gogh von seiner aufreibenden Arbeit: »... die geistige Anstrengung, die sechs Hauptfarben Rot, Blau, Gelb, Orange, Violett und Grün ins Gleichgewicht zu bringen. ... Das ist harte Arbeit und kühle Berechnung, bei der alle geistigen Kräfte aufs äußerste angespannt sind wie die eines Schauspielers auf der Bühne, der eine schwere Rolle spielt, weil man innerhalb einer halben Stunde an tausend verschiedene Dinge gleichzeitig denken muß.«

Danach, gibt van Gogh zu, muß er entspannen, trinken und rauchen; aber er fährt fort: »Aber ich kann mir einen betrunkenen Maler vor seiner Leinwand ebensowenig vorstellen wie einen betrunkenen Schauspieler. ... Glaube ja nicht, daß ich mich je künstlich in einen übersteigerten Zustand hineintreibe. Denk lieber dran, daß ich mit komplizierten Berechnungen beschäftigt bin, deren Resultat die schnelle Produktion vieler rapid gemalter Bilder nacheinander ist, aber nur, nachdem alles im *vorhinein* sehr gründlich ausgerechnet worden ist. Wenn Dir einer sagt, das sei zu schnell gemalt, kannst Du ihm antworten, er habe zu schnell geschaut.«[10]

Worin besteht aber dieses Rechnen und dieses Jonglieren, von dem van Gogh mit soviel Überzeugung als dem Wesentlichen seiner geistigen Arbeit spricht? Die Hoffnungslosigkeit der Ästhetik liegt ja gerade darin, daß sich das nicht so präzise formulieren läßt wie die Probleme der Naturwissenschaften oder die Regeln eines Spiels. Ja selbst wenn der Künstler Ihnen hier persönlich sein Ziel klarmachen wollte, Farben und Formen in einer ganz bestimmten Weise zu höchst komplizierten, aus Kontrasten und Konsonanzen bestehenden Konfigurationen zusammenzufügen, könnten Sie, theoretisch wenigstens (das heißt, wenn Sie sich nicht scheuten, ihn zu verletzen), nichts abhalten, ihm zu erwidern: »Na und? Wir sehen ein, daß es furchtbar schwer sein muß zu erreichen, daß alles schließlich so ist, wie Sie es wollen, aber lohnt sich auch diese riesige Mühe? Hat das, was herauskommt, Wert? Ist es Kunst?«

Bedenken Sie dabei, daß, wenn Sie dies täten, Ihre Frage dieselbe wäre wie die, die junge Künstler schon so oft ihre Lehrer fragten, wenn sie ein Problem zugunsten eines anderen verwarfen, das ihnen wichtiger vorkam. Trotzdem glaube ich, daß wir unrecht hätten, daraus den Schluß zu ziehen, daß jene Werte, nach denen van Gogh – oder sonst ein Meister – mit allen seinen Kräften rang, deshalb etwas völlig Subjektives und Illusorisches waren.

Das Problem, das er sich gestellt hatte, war nicht die willkürliche Ausgeburt seiner eigenen Laune. Er entnahm es der Kunst, die ihn umgab, er erfuhr davon im Umgang mit ande-

[10] J. van Gogh-Bonger (Hrsg.), Verzamelde Brieven, III (Vincent van Gogh). Amsterdam 1953, Brief Nr. 507, Sommer 1888.

ren Künstlern, die er bewunderte oder ablehnte, denen er nacheifern oder die er übertreffen wollte. Wenn irgendwer, so verkörpert wohl van Gogh am besten dieses Streben nach dem Überpersönlichen, das Gefühl, daß alle Künstler nach einem gemeinsamen Ziel suchen oder suchen sollten.

Obwohl Kunst und Wissenschaft himmelweit voneinander verschieden sind, besteht doch zwischen dem, was er und wir unter Kunst verstehen, und dem wissenschaftlichen Streben nach Wahrheit eine wichtige Übereinstimmung: Beides, Wissenschaft und Kunst, wird als etwas Kumulatives empfunden. Aus jeder Lösung eines Problems entspringen sofort wieder neue[11]. Gewiß – im Laufe dieses Prozesses scheinen die Werte sich zu verschieben: Schönheit mag auf einmal weniger wichtig scheinen als Dynamik, oder Gefühlsausdruck weniger künstlerisch als reine Form. Der überwältigende Rembrandt in der Nationalgalerie von Stockholm – es würde sich lohnen, allein seinetwegen herzukommen – verkörpert ganz andere Werte als der bezaubernde Watteau in derselben Galerie.

In jüngster Zeit hat die unleugbare Tatsache, daß verschiedene Stile und Perioden sich verschiedenen Problemen und Idealen zugewandt hatten, dazu geführt, daß man die Relevanz der Werte der Vergangenheit in Frage stellte. Warum, meinte man ungeduldig, sollen wir uns mit einer Kunst befassen, deren Werte von den unseren völlig verschieden sind? Ich habe sogar das Gerücht gehört, daß man in Schweden die Forderung erhoben hat, der Kunstgeschichtsunterricht solle sich auf die Kunst der letzten hundert Jahre beschränken, denn nur sie könne für unsere heutige Zeit wirklich »relevant« sein.

Es wird Sie nicht überraschen, daß ich dieses Relevanzgerede für puren Unsinn halte. Wenn es etwas gibt, worüber meiner Meinung nach die Lehrer in den geisteswissenschaftlichen Fakultäten sich keine Gewissensbisse zu machen haben, dann ist das bestimmt ihr Interesse an einer Vielfalt von Werten und Wertsystemen. Das egozentrische Provinzlertum von Menschen, deren Fähigkeit, aus sich herauszutreten, so verkümmert ist, daß sie nur zuhören können, wenn

[11] Karl R. Popper, ›Of Clouds and Clocks‹, in: Objective Knowledge, S. 206 bis 250; meine Geschichte der Kunst (1977) mit Beispielen neu sich ergebender künstlerischer Probleme, und jetzt auch mein Buch Ornament und Kunst. Stuttgart 1982, Kap. III.

etwas auf ihre eigenen individuellen Probleme Bezug hat, birgt die Gefahr einer so großen intellektuellen Verarmung in sich, daß wir ihr um jeden Preis entgegentreten müssen.

Die erste Lektion, die wir lernen müssen, ist, daß verschiedene Menschen verschiedene Werte haben und verschiedene Probleme verfolgen. Vielleicht können wir über Werte überhaupt nur dann etwas lernen, wenn wir uns der ungeheuren Spanne und Verschiedenheit von Werten bewußt werden. In allen Kulturen gibt es Menschen, die sich schwierige und gefahrvolle Aufgaben stellen, deren Lösung Außergewöhnliches an Geschick und Mut erfordert. Das Streben, in Sport und Spielen Hervorragendes zu leisten und außerordentliche Taten zu vollbringen, ist der Ausdruck eines Glaubens an gewisse Werte, und auch diejenigen unter uns, die nicht selbst teilnehmen wollen, sind imstande, solche Spitzenleistungen gebührend zu bewundern. Freilich gibt es auch die bekannte Geschichte von dem chinesischen Mandarin, der nicht begreifen konnte, warum sich die ausländischen Diplomaten beim täglichen Tennisspiel so anstrengten: Selbst wenn es, aus ihm unverständlichen Gründen, notwendig ist, die Bälle hin und her zu werfen, sei es ihm rätselhaft, warum man diese anstrengende Tätigkeit nicht den Dienern überlasse.

Unsere modernen Mandarine, die mit dem gleichen Unverständnis die Kunst der Vergangenheit betrachten, sind weniger leicht zu entschuldigen. Denn Kunst verkörpert sogar noch höhere Werte als das Tennisspiel: In Spielen zählt die Geschicklichkeit, und diese läßt sich mit Hilfe von Wettkämpfen und Turnieren messen. Meister ist der, der schließlich alle anderen hinter sich gelassen hat. Gewiß gibt es auch in der Kunst etwas, was dem entspricht, und es gab sicher Zeiten, in denen man die Meisterschaft eines Baumeisters, Schnitzers, Bronzegießers oder Malers hauptsächlich nach seiner Geschicklichkeit, seinem technischen Können beurteilte. Allerdings war damals dieses Können nur selten Selbstzweck. Es wurde anderen Werten dienstbar gemacht, der Religion, der Macht oder auch der Liebe[12]. Die kunstvollen, reichen und kostbaren Ornamente, mit denen ein

---

[12] Siehe meinen Aufsatz ›The Use of Art for the Study of Symbols‹, in: American Psychologist 20 (1965). Nachgedruckt in: J. Hogg (Hrsg.), Psychology and the Visual Arts. Harmondsworth 1969.

Tempel oder ein Palast ausgeschmückt wurde, oder die wunderbaren Goldschmiedearbeiten, mit denen etwa ein reicher Freier um seine Braut warb, zeigen die Kunst im Dienste äußerer Zielsetzungen, aber das bedeutet natürlich nicht, daß der Auftrag für solche bedeutenden Manifestationen der Kunstfertigkeit nicht dem besten und größten Meister seines Faches erteilt zu werden pflegte. Vielleicht hing es sogar damit zusammen, daß die Idee der Kunst über die des reinen Könnens hinauswuchs. Sie erinnern sich, daß Dante den Abstand betonte, der unvermeidlicherweise zwischen den Möglichkeiten der Dichtkunst und der Beschreibung himmlischer Vollkommenheit bestand. Dieses Gefühl, das zweifellos religiösen Ursprungs ist, wurde in unsere Vorstellung von der Kunst selbst eingebaut, als Kunst und Religion ihre eigenen Wege gingen. Sobald dieser Gedanke Fuß gefaßt hatte, konnte man die Kunst nicht mehr wie ein Spiel als einen Wettstreit technischen Könnens ansehen. Ja, es ist ein Paradox dieser Betrachtungsweise, daß heute der Virtuose beinahe als der Gegenpol des Künstlers gilt. Denn der Virtuose, der alle Regeln und alle Finessen kennt, weiß trotzdem nicht, daß er nicht mit anderen Künstlern, lebenden oder toten, im Wettkampf steht, sondern mit der platonischen Idee der Vollkommenheit, die stets immer noch größere und noch intensivere Anstrengungen zur Erreichung des Ziels fordert. Die Demut, Bescheidenheit und Hingabe, die diese Einstellung voraussetzt, haben heute in den Augen des Publikums den großen Künstler zu einem weltlichen Heiligen gemacht, selbst dann, wenn in seinem Leben und seiner Persönlichkeit nicht viel Heiliges zu finden ist.

Die Kunstreligion des Ästhetizismus, die Religion von Oscar Wilde, von Bernard Shaws Dubedat in ›Der Arzt am Scheideweg‹ oder von Hermann Hesses ›Glasperlenspiel‹, hat für mich wenig Anziehendes. Es fehlt jenes Bewußtsein der Distanz, das Dante aus der Religion zufloß. Der Wert, der sich im Laufe der Zeit in der abendländischen Kunst herauskristallisiert hat, ist eben jenes Gefühl einer ewigen Suche, das mit der Selbstzufriedenheit des Ästheten nicht vereinbar ist.

Als ich einmal mit dem Mitglied eines berühmten Streichquartetts beisammen war, fragte ich ihn: »Wie lange spielen Sie schon zusammen?« – »Noch nie«, gab er mir zur Antwort, »aber wir versuchen es schon seit neunundzwanzig Jahren.«

Das Ideal des ausübenden Künstlers ist das Meisterwerk

selbst, das er zu realisieren sucht, obwohl es niemals vollkommen aus seiner Hand hervorgehen kann, denn er ist nur ein Mensch, und auch seine Hände zittern, wie die von Dantes Meister. Der Einstellung des ausübenden Künstlers zu dem wiederzugebenden Meisterwerk enstpricht, auf einer höheren Ebene, die Überzeugung des schaffenden Künstlers, daß es Werte gibt, die immer sein Können übersteigen werden. Er fühlt sich aufgerufen, mit den Problemen zu ringen, die die Traditionen seiner Kunst und das zu schaffende Werk ihm stellen. Dabei hat er mit Recht das Gefühl, daß seine eigenen Kräfte nie ausreichen würden, etwa seine Formen oder seine Töne oder auch den Sinn seiner Worte zu einer vollkommenen Harmonie zu vereinen, und daß nicht sein eigenes Selbst es ist, sondern etwas außerhalb dieses Selbsts – man mag es Glück, Inspiration oder göttliche Gnade nennen –, was ihm hilft, das Wunder eines Gedichts, eines Bildes oder einer Symphonie zu verwirklichen, die ein Willensakt von ihm allein nie hätte hervorbringen können.

Bevor Sie dieses Gefühl als metaphysische Sentimentalität abtun, möchte ich Sie an das Thema dieser Konferenz erinnern: »Die Stellung der Werte in einer Welt der Tatsachen.« Die meisten Teilnehmer haben sich mit Recht dafür entschieden, die dringenden Probleme in der Welt der Tatsachen, zu deren Diskussion Sie hergekommen sind, in Angriff zu nehmen. Aber selbst der größte Optimist würde kaum bestreiten wollen, daß viele Probleme keiner Lösung zugänglich sind. Beinahe täglich liest man in der Zeitung über unüberbrückbare Interessenkonflikte und die furchtbare Macht aufgewühlter Masseninstinkte, die in der Tat die Hand eines jeden Reformers zittern machen muß. Die Probleme im Reiche der Kunst, in der Welt jener Werte, von denen ich gesprochen habe, widerstehen auch oft hartnäckig allen Lösungsversuchen. Aber hier besteht kein innerer Grund, warum einem Künstler, der sich bemüht, eine große, aber begrenzte Zahl von Elementen in seinem Sinn zu ordnen, die Lösung nicht einmal gelingen sollte. Es kann geschehen, daß die Elemente sich zu der ersehnten Ordnung zusammenschließen, so daß es »stimmt«, und manchmal tun sie es auch, wie die Töne in einer von Bachs großen Fugen[13]. Ein solcher Künstler arbeitet, wie schon erwähnt, in einem

[13] D. F. Torey, The Integrity of Music. Vortrag I, London 1941.

204

Medium, das von der Vergangenheit her vorgeformt ist. Die Erfahrungen zahlloser vorangegangener Versuche, Werke zu schaffen, die ähnliche Ordnungsprinzipien und Werte verkörpern, kommen ihm zugute. Dazu kommt, daß er, wenn er darangeht, ein neues geordnetes und sinnvolles Gebilde aus Tönen zu schaffen, im Laufe des Schaffensprozesses selbst neue unbeabsichtigte Beziehungen entdecken wird, die sein wachsamer Geist ausnutzen und weiterbilden kann, bis schließlich der Reichtum und die Dichte des Beziehungsgefüges weit über jede Konfiguration hinausgeht, die sich von Grund aus neu planen ließe.

In dieser Beziehung besteht vielleicht eine gewisse Parallele zwischen dem Kräftespiel einer Periode ununterbrochener Entwicklung in der Kunst und jenen biologischen Entwicklungsprozessen, denen wir den Reichtum an Formenschönheit, etwa von Muscheln und Spinnennetzen, verdanken[14]. In früheren Zeiten wurden derartige Produkte der Natur von den Theologen als Beweise für die Existenz eines zielbewußten Schöpfers angesehen. Obwohl die heutige Zeit den teleologischen Gottesbeweis fallengelassen hat, bekennt man sich seltsamerweise heutzutage zu einer Konzeption des künstlerischen Schöpfungsprozesses, die nur den individuellen Schöpfer und den Zustand seines Geistes sieht. Man vergißt, daß selbst Bach, so groß er war, niemals ein so wunderbares Medium, wie das System der abendländischen Musik es darstellt, hätte erfinden können, und diejenigen, die es nicht vergessen, neigen nicht nur dazu, das Bestehen solcher Traditionsgebundenheit zu bedauern, sondern geben gleichzeitig zu verstehen, daß ihrer Meinung nach jeder Künstler sein eigenes Medium kreieren solle. Selbst wo das Bewußtsein des Einzelmenschen nicht als das schöpferische Agens angesehen wird, wird dieser irgendwie personifiziert als der Geist der Zeit, die Klassensituation oder das »Unbewußte«[15]. Aber keine dieser Theorien kann für sich allein das Entstehen

---

[14] Siehe meinen Aufsatz ›Visuelle Entdeckungen durch die Kunst‹, in: Bild und Auge. Stuttgart 1984.
[15] Siehe meinen Aufsatz ›Freuds Ästhetik‹, in: Literatur und Kritik (1967). Ich versuchte dort, zu zeigen, daß Freuds Kunsttheorie nicht überwiegend expressionistisch war. – E. M. W. Tillyard und C. S. Lewis, The Personal Heresy. Oxford 1939. In seinem Beitrag argumentiert Lewis überzeugend gegen die Vorstellungen von Kunst als Ausdruck der Persönlichkeit.

solcher unendlich komplexer Sinngebilde erklären, wie eine Bachsche Fuge sie darstellt.

Es scheint mir, daß diese Verständnislosigkeit sich auch in die herrschenden Vorstellungen von der Bedeutung der Kunst für den einzelnen ausgewirkt hat. Wenn wir von objektiven Kriterien der Problemlösungen sprechen dürfen, wie ich es hier betont habe, dann dürfen wir auch sagen, daß wir versuchen können, ein Kunstwerk zu verstehen. Ein solches Verständnis kann freilich nie vollständig sein, aber in jedem Falle setzt es voraus, daß wir mit der Überlieferung und mit den Problemen vertraut sind, die dem Werk zugrunde liegen. Dabei ist ein solches Verständnis, ein Erfassen des Problems, um das es dem Künstler ging, noch lange nicht dasselbe wie eine positive Wertung. Es kann vorkommen, daß wir das Problem sehr wohl verstehen, aber die Werte ablehnen, die das Werk verkörpert, denn wir haben das Recht auf unser freies Urteil und dürfen auch aussprechen, daß ein Meisterwerk, das auf einer langen Tradition fußt, uns nicht wertvoll, sondern verworfen vorkommt. Es gibt ja so etwas wie raffinierte Grausamkeit, und auch in einem Kunstwerk kann raffinierte Verderbtheit zum Ausdruck kommen. Aber sowohl die freiwillige Bemühung, einem Verständnis näherzukommen, als auch die Freiheit der Kritik werden heute zu oft vernachlässigt zugunsten der Betonung einer subjektiven Reaktion, die als beinahe automatisch angesehen wird. Auf der niedrigsten Ebene verlangt diese Auffassung nicht mehr von dem Kunstwerk, als daß es einen »andreht«, wie man bei Rauschgiften sagt. Was Wunder, daß man neuerdings den Ausdruck »Eskapismus« (also Realitätsflucht) auf diejenigen anwendet, denen man vorwirft, sich aus der Welt der Tatsachen in die »Opiumwelt« der Kunst zu flüchten!

Ich will die moralische Berechtigung dieser Verurteilung nicht gänzlich leugnen. Aber es scheint mir dennoch, daß ein noch höherer moralischer Wert in dem Glauben liegt, daß uns die Wirklichkeit überpersönlicher Werte aufgehen kann, wenn wir uns aus freien Stücken einem großen Kunstwerk hingeben, um seine unerschöpflichen Reichtümer zu erforschen.

Natürlich weiß ich, daß diese Kunstauffassung altmodisch wirkt. Der Bildungskult des 19. Jahrhunderts, der in der Erhebung durch das Kunsterlebnis einen zu nichts verpflichtenden Religionsersatz fand, hat viele echte Freunde der Kunst abgestoßen. Daher finden es junge Menschen heute schwer, jenes Gefühl der Ehrfurcht zu teilen, das frühere Generationen den klassischen Meisterwerken der Dichtkunst, Malerei und Musik entgegenbrachten, weil in ihnen die Hoffnung und die Tröstung einer Welt, in der Werte Wirklichkeit geworden waren, beschlossen lagen.

Meine Damen und Herren! Das Thema dieses Symposiums: »Die Stellung der Werte in einer Welt der Tatsachen«, entstammt, wie Sie wissen, dem Titel eines Buches von Wolfgang Köhler, dem großen Pionier der Gestaltpsychologie. Mir war es vergönnt, Köhlers Vorlesungen in Berlin im Jahre 1932 zu hören, also kurz vor der Katastrophe, die den Sinn für alle Werte in der abendländischen Kultur auszutilgen drohte. Es ist hoffentlich noch unvergessen, mit welchem Mut Köhler sich diesem Unheil widersetzte. In den ersten Monaten des Naziregimes, als er noch seine Lehrkanzel innehatte, wagte er einen Zeitungsartikel gegen die Entlassungen an den Universitäten zu schreiben. Als ich das Glück hatte, ihn in Princeton kurz vor seinem Tode wiederzusehen, kam das Gespräch auf diese Episode, und er erzählte, wie nach dem Erscheinen des Protests er und seine Freunde bis zum Morgen auf das schicksalsschwere Pochen an der Türe gewartet hatten, das glücklicherweise nicht kam. Während dieser ganzen Nacht spielten sie Kammermusik. Ich kenne keine bessere Veranschaulichung der Stellung der Werte in einer Welt der Tatsachen.

7. Kunstgeschichte und Sozialwissenschaft

Vorbemerkung

Der vorliegende Aufsatz ist eine erweiterte Fassung eines Vortrags, den ich am 22. November 1975 im Sheldonian-Theater in Oxford gehalten habe und dessen Text, wie es die Stiftungsurkunde der Romanes Lectures verlangt, in der Bodleian Library in Oxford hinterlegt ist. Aber vielleicht wäre es richtiger, den Vortrag als eine gedrängte Fassung einer mehr ausführlichen Behandlung des Themas zu bezeichnen, und diese ist es, die in nochmals revidierter Form hier vorliegt. Den wehrlosen Zuhörern des Vortrages konnte und durfte ich eine ausgedehnte Diskussion des Themas nicht zumuten. Umgekehrt schien es mir weder rücksichtsvoll noch zweckentsprechend, den Lesern und Kritikern jene weiteren Argumente vorzuenthalten, die meine These unterstützen und mir für mein Thema von Wichtigkeit scheinen. Wie im Falle der Veröffentlichung eines anderen Oxforder Vortrags[1], der Philip Maurice Deneke Lecture des Jahres 1967, wo ich vor dasselbe Problem gestellt war, habe ich den Text durch erklärende Untertitel gegliedert und habe auch diesmal in den Anmerkungen auf meine eigenen Schriften verwiesen, wenn es so leichter schien, ein Argument einzuführen, ohne mich umständlich zu wiederholen.

London, März 1974   E. H. G.

Kunstgeschichte und Sozialwissenschaft

Die Einladung, die Romanes Lecture zu halten, ist eine ganz große Auszeichnung; für einen Kunsthistoriker ist es nicht weniger ehrenvoll, hier im Sheldonian-Theater zu sprechen, der ersten Schöpfung von Christopher Wren, des zukünftigen Erbauers der St.-Pauls-Kathedrale. Wir Kunsthistoriker sind freilich gewohnt, in verdunkelten Räumen zu sprechen, um unsere Lichtbilder zeigen zu können. Der Vizekanzler,

---

[1] ›Die Krise der Kulturgeschichte‹, siehe S. 35–90 in diesem Band.

der mir diese Möglichkeit versagen mußte, hätte aber die Worte variieren können, die über dem Eingang von Wrens Meisterwerk angebracht sind: *Si monumentum requiris, circumspice* – »Wenn du ein Beispiel brauchst, blick nur um dich« (Abb. 1 und 2). Nicht daß ich neue Entdeckungen über dieses Gebäude gemacht hätte oder mir anmaßen dürfte, hier als Ihr Cicerone aufzutreten. Die ›Oxford Press‹ hat im Jahre 1964 zwei Broschüren herausgegeben, die von ganz großen Kennern der Architekturgeschichte Englands verfaßt wurden und die Sie hier jederzeit erwerben können, wenn nicht gerade eine Veranstaltung stattfindet. Die eine enthält einen Vortrag von Sir John Summerson, ›The Sheldonian Theatre in its Time‹, und die andere eine illustrierte Beschreibung des Sheldonian-Theaters und der benachbarten Divinity School von H. M. Colvin. Es ist wahrscheinlich ein glücklicher Umstand für meine heutigen Absichten, daß diese beiden Sachverständigen mich der Notwendigkeit enthoben haben, zu viel Zeit auf mein »Exemplum« zu verwenden, denn wie Sie wohl aus dem Titel entnommen haben werden, möchte ich heute ein Methodenproblem illustrieren. Ich nannte meinen Vortrag ›Kunstgeschichte und Sozialwissenschaft‹. Ich kann die Wahl dieses aktuellen Themas vielleicht am besten erklären, wenn ich offen sage, daß manchen meiner jüngeren Fachgenossen dieser Titel fragwürdig vorkommen muß. Warum Kunstgeschichte und Sozialwissenschaft? Ihrer Ansicht nach, so scheint es mir, ist die Kunstgeschichte einfach eine der Sozialwissenschaften oder bestenfalls eine Hilfswissenschaft der Soziologie, eine *ancilla sociologiae*, und dasselbe würde wohl auf alle Wissenszweige zutreffen, die man gewöhnlich unter dem Namen der humanistischen oder Geisteswissenschaften zusammenfaßt.

Nun, der Streit der Fakultäten ist wirklich nichts Neues, und Rangfragen dieser Art haben die gelehrte Welt seit eh und je beschäftigt. Ich habe auch keinerlei Wunsch, in das Schimpfduett einzustimmen, in dem die eine Seite der Soziologie ihren barbarischen Jargon und die andere den Humanisten ihren Mangel an Relevanz vorwirft. Ich bin ein friedliebender Mensch und will mich zufriedengeben, wenn ich Sie sanft zu der Überzeugung gebracht habe, daß alle Sozialwissenschaften, von der Volkswirtschaft bis zur Psychologie, bereit sein sollten, der Kunstgeschichte dienstbar zu werden.

Nur glaube ich nicht, daß sich derartige Fragen rein abstrakt lösen lassen. Wenn immer ich theoretische Ausführungen über die Methoden lese, die einem bestimmten Wissenszweig angemessen sind, so kommt der Pragmatiker in mir zu Wort: Also an die Arbeit! Zeig, was du kannst, und überlasse uns das Urteil.

Kunstgeschichte und Geschichte

Wie würde nun der Kunsthistoriker an die Arbeit gehen, nachdem er in diesem Saal umhergeblickt hätte? Nehmen wir an, man hätte ihn irgendwie mit verbundenen Augen hierhergebracht. Er würde vorerst einmal trachten, die verschiedenen Elemente dieses Innenraums zu klassifizieren. Er müßte noch kein besonderer Meister seines Faches sein, um festzustellen, daß er nicht in China ist, sondern in einem Teil der Welt, die die Bauweise der Antike mit ihren Säulen, Kapitellen und Friesen übernommen hat. Er wüßte, daß das Gebäude nicht vor dem 16. Jahrhundert errichtet worden sein kann und vermutlich auch nicht in den letzten dreißig Jahren gebaut wurde, denn dann gäbe es weniger vergoldeten Zierat und mehr glatte Flächen. Gewisse Eigenheiten der Ausschmückung würden ihn vermuten lassen, daß er nicht in Italien ist, sondern irgendwo weiter im Norden, wo der antike Formenschatz ein erworbenes Sprachgut ist, und beim Anblick des großen Deckengemäldes würde er sich erinnern, daß so etwas im Laufe des 18. Jahrhunderts aus der Mode kam. Natürlich ist es leicht, solche Schlußfolgerungen zu ziehen, wenn man in Wirklichkeit das Resultat ohnehin kennt. Andererseits bin ich überzeugt, daß, wenn unser Kunsthistoriker ein Meister vom Range eines Summerson, Colvin oder Pevsner wäre, solch schrittweises Vorgehen ihn sehr schnell ganz nah an das dokumentarisch belegte Entstehungsdatum dieses Gebäudes heranführen würde, das von 1664 bis 1667 errichtet und im Jahre 1669 eröffnet wurde. Darin besteht nämlich die elementare Leistung des Faches, das wir Kunstgeschichte nennen, die Fähigkeit, ein Datum, einen Entstehungsort und, wo möglich, einen Namen aufgrund stilistischer Anhaltspunkte zu bestimmen. Aber ich kenne keinen Kunsthistoriker, der sich nicht klar darüber wäre, daß man diese Fähigkeit nicht im luftleeren Raum ausüben kann. Ein Kunsthistoriker muß ein Historiker sein, denn ohne die Fähigkeit, auch rein historisches Material auswerten zu können, also Inschriften, Dokumente, Chroniken und andere Originalquellen, hätte ja die geographische und chronologische Verteilung von Stilen nie kartiert werden können. Auf den so entstandenen historischen Atlas, den er stets gegenwärtig hat, stützt sich ein Kunsthistoriker, wenn er im Einzelfall eine Hypothese über das Entstehungsdatum oder die Autorschaft eines bestimmten Kunstwerks aufstellt.

Darüber hinaus hängt es von den Neigungen und dem Temperament des einzelnen Kunsthistorikers ab, wieweit er der Versuchung nachgibt, sich in diese Quellen zu vertiefen, um sich ein Bild zu machen über die Umstände, unter denen ein Kunstwerk entstanden ist. Für jeden echten Historiker ist es, glaube ich, charakteristisch, daß ihn alles am Leben der Vergangenheit interessiert, auch das bloß anekdotische, was englische Journalisten eine *human interest story* nennen. Nehmen wir gleich einmal den Anlaß zur Errichtung dieses Gebäudes. Den Quellen entnehmen wir, daß die zeremoniellen Veranstaltungen der Universität, vor allem auch das Fest der *Encaenia*, der Doktorpromotion, von alters her immer in der Universitätskirche, St. Mary's, stattgefunden hatten, daß sich aber nach und nach durch die Mitwirkung eines Schalksnarren, des *terrae filius*, recht viel unziemliche Derbheit eingeschlichen hatte. Um dieses Ärgernis zu beseitigen, so heißt es, erbot sich Erzbischof Sheldon, für ein eigenes Festgebäude aufzukommen. Den Auftrag erhielt ein junger Professor der Astronomie, Christopher Wren, der damals knapp dreißig Jahre alt war und so gut wie keine Erfahrung in der Architektur besaß. In mir zum Beispiel würde all das den Wunsch erwecken, vorerst einmal die Kunstgeschichte ein wenig beiseite zu schieben und zu versuchen, etwas über den *terrae filius* zu erfahren oder über die Ausbildung von Astronomen, die es Christopher Wren ermöglichte, diesen Auftrag anzunehmen. Andere würden sich vielleicht dafür interessieren, woher der Erzbischof im Besitze der 12 000 Pfund war, die der Bau damals kostete, oder ob William Byrd, der Steinmetz, oder Richard Cleer, der Schnitzer, für ihre wundervolle Arbeit auch entsprechend bezahlt wurden.

Ich habe diese Themen willkürlich herausgegriffen, um die

Tatsache zu illustrieren, die eigentlich selbstverständlich ist, daß wir der Wißbegierde des Historikers keine theoretischen Grenzen setzen können oder sollen. Ich sage: Wißbegierde, weil es sich hier nicht um eine Methode handelt. Methode hat mit Theorie zu tun und nicht mit persönlichen Beweggründen. Niemand kann ihm verwehren, auf die Frage »Warum willst du das eigentlich wissen?« zu antworten: »Weil mich die Sache interessiert.« Wenn wir nicht lockerlassen und weiterfragen: »Warum interessiert es dich?«, werden wir vermutlich eine ganze Menge Gründe finden, die teils mit seiner Persönlichkeit, teils mit seiner Erziehung und teils mit seinem beruflichen Werdegang zu tun haben. Dazu kommen noch intellektuelle Modeströmungen und der Einfluß von aktuellen Zeitfragen, die neue Aspekte der Vergangenheit ins Licht rücken. Überdies besteht meist ein unmittelbarer Zusammenhang zwischen seiner Berufsstellung und seiner Forschung. Ein Museumsbeamter wird sich schon durch seine Arbeit für die Identifizierung der Kunstwerke interessieren, die seiner Obhut anvertraut sind, und einem Lehrer wird es wichtig sein, das Werk in einen größeren Zusammenhang zu stellen, um es seinen Schülern näherzubringen. In dieser Beziehung ist das Verhältnis zwischen Kunstgeschichte und Sozialgeschichte weniger ein theoretisches als ein praktisches oder organisatorisches Problem, allerdings eines, das auf das Schicksal meines Faches innerhalb des akademischen Lehrplans großen Einfluß gehabt hat. Früher einmal blickten manche Historiker der strengen alten Schule mit einem gewissen Mißtrauen auf einen Gegenstand, der die Studierenden so vielerlei Versuchungen aussetzte, nach rechts oder links vom geraden Wege abzuweichen. In jüngster Zeit wurde er gerade wegen dieser Möglichkeiten bei den Anti-Spezialisten beliebt, die verlockende Ansatzpunkte suchen, von denen aus man die Probleme der Vergangenheit aufrollen kann. Ich bin selbst auch sehr für Geschichte ohne Tränen, vor allem für Geschichte ohne Gähnen, aber wenn wir die Aufnahme der Kunstgeschichte in den Lehrplan befürworten, weil Kunstwerke jeweils ihr Zeitalter so getreulich widerspiegeln, so sollten wir auch hinzufügen, daß sie, wie das eben bei Spiegeln unvermeidlich ist, jeweils andere Aspekte des Zeitalters zeigen, je nachdem, wie wir sie drehen, und je nach dem Standpunkt, den wir selbst einnehmen, ganz zu schweigen von der lästigen Eigenschaft der Spiegel, uns unser eigenes Bild vorzuhalten[2].

Es hat Altertumskundler gegeben, die die Denkmäler der Vergangenheit hauptsächlich zum Studium von *Realia*, also praktischen Dingen wie Kleidung oder Utensilien, benutzten. Es gab eine Schule von philosophisch eingestellten Kunsthistorikern, die »Geistesgeschichte« betrieben und in den Kunstwerken nach dem Ausdruck der Weltanschauungen suchten; später fesselte viele das Problem der Überlieferung von Symbolen. Heute scheint sich das Interesse vor allem dem Erkenntniswert von Kunstdenkmälern als Spiegelbildern der Gesellschaftsstruktur ihrer Zeit zuzuwenden. Die Beweggründe für diese Richtungsänderungen sind nicht schwer zu erkennen, und ich glaube nicht, daß man sie allzu feierlich diskutieren sollte. Der Herdentrieb macht sich stets bemerkbar und führt nicht selten zu einer Übernutzung der akademischen Weidegründe. Die Entdeckung von Neuland ist daher eine sehr verdienstvolle Sache, und wir müssen es vorbehaltlos begrüßen, daß viele heute den Versuch unternehmen, die Lücken in unserem Wissen über gesellschaftliche Zustände, die Organisation von Künstlerwerkstätten oder die Beweggründe von Auftraggebern zu schließen. Im nahtlosen Gewand des Lebens stellt schließlich die Entwicklung der Kunst nur einen der Fäden dar, und dieser ist so innig verwoben mit der Entwicklung der Wirtschaft, der Gesellschaft, der Religion und aller anderen Institutionen, daß er sich nicht heraustrennen läßt, ohne daß die losen Enden überall sichtbar werden. Wo er den Schnitt macht und wie er seine Erzählung gliedert, wird beim Kunsthistoriker wie bei jedem anderen Historiker vor allem von zwei Faktoren abhängen, davon, was er wissen will, und davon, was er glaubt herausfinden zu können. Denn obwohl ich soeben von einem nahtlosen Gewand gesprochen habe, so ist es ja leider als ein trauriges Fetzenbündel zusammengewürfelter Nachrichten auf uns gekommen. So gerne ich auch wissen möchte, welchem obszönen Witz des *terrae filius* wir dieses Gebäude verdanken, so ist es doch äußerst unwahrscheinlich, daß er sich in den Akten aufstöbern ließe.

---

[2] Für dieses und das folgende Kapitel siehe auch ›Die Krise der Kulturgeschichte‹, und ›Für eine pluralistische Kunstgeschichtsschreibung‹, S. 35–90 und S. 287–295 in diesem Band.

Aber habe ich mich nicht im übrigen soeben voreilig fest-gelegt, als ich sagte, daß wir das Sheldonian diesem Scherz verdanken? Müssen wir nicht Erzbischof Sheldon dafür dankbar sein? Oder Wren oder den Maurern, die die Arbeit ausführten? Hier ist der Punkt, wo wir klarstellen müssen, aus welchen Elementen der Historiker seine Darstellung aufbauen will. Man kann sich leicht darüber einigen, daß alle historischen Ereignisse selbstverständlich das Resultat vieler Determinanten sind. Es ist weniger leicht, der Versuchung zu widerstehen, einige dieser für »wesentlicher« zu halten als andere. Leider ist mir dieser bequeme Ausweg versperrt, denn ich teile die Ansicht jener, die es für sinnlos halten zu fragen, ob die Kette oder der Schuß für ein Gewebe wesent-licher ist. Die Kette entspricht hier den Fäden der Überliefe-rung, das heißt also dem, was Sprachwissenschaftler heute das diachronische Studium der Sprache nennen. Es gibt in diesem Saal nicht ein einziges dekoratives Element, keine Säule, keinen Fries, keinen Schnörkel, das ein gewissenhafter Kunsthistoriker nicht über Hunderte, ja Tausende von Jah-ren zurückverfolgen könnte, denn die Sprache der Orna-mentik ist von einer ganz unglaublichen Beharrlichkeit. Es ist sehr gut möglich, daß das Akanthusblatt, das Sie hier überall angewendet sehen, auf das Lotusmotiv zurückgeht, das die Ägypter vor etwa fünftausend Jahren einführten. Aber die Tatsache, daß es diese Zusammenhänge gibt, ent-hebt uns nicht der Notwendigkeit, die sogenannte synchro-nische Struktur eines Stils zu studieren, also zu fragen, wie diese formalen Elemente auf den Druck des historischen Au-genblicks reagierten. Beides ist für unsere Analyse wesent-lich, aber keine der Fragestellungen liefert eine Erklärung in dem Sinn, in dem die Naturwissenschaften dieses Wort ge-brauchen.

Erklärung und Interpretation in den Geisteswissenschaften

Ich muß Sie warnen, daß wir uns hier einem alten aufge-wühlten Schlachtfeld nähern, das die Spuren vieler Kämpfe aufweist, Kämpfe über Geltungsansprüche der Geschichts-schreibung und die Rolle der kausalen Erklärung in den So-zialwissenschaften. Es wird hier nicht überraschen, daß ich mich beim Versuch, zwischen diesen Granattrichtern weiterzukommen, eng hinter Sir Karl Popper halte, der ja mein direkter Vorgänger in der Romanes Lecture war und der dieses Problem oft in einer mich gänzlich überzeugenden Art behandelt hat[3]. Popper lehnt die Behauptung ab, die oft gemacht wurde, daß die logische Struktur der Erklärung im Sinne der Naturwissenschaften sich von der des Historikers oder auch von der im Alltag gebrauchten unterscheidet. Die Verschiedenheit liegt in der Richtung unseres Interesses, anders ausgedrückt, in unserer Fragestellung. Dem Naturwissenschaftler und dem Sozialwissenschaftler geht es um allgemeine Theorien über Regelhaftigkeiten, das heißt um allgemeine Gesetze. Gewöhnlich wird er bestrebt sein, diese Theorien mit seinen Beobachtungen zu vergleichen, um festzustellen, ob sie sich bewähren. Der Historiker interessiert sich in erster Linie für Einzeltatsachen, von denen jede beliebig viele Gesetze veranschaulichen mag. Insofern er sie zu erklären versucht, operiert auch er mit allgemeinen Theorien, die freilich mitunter trivial wirken mögen, mitunter aber auch nicht. Ich habe soeben selbst eine solche Theorie formuliert, als ich von den Kräften der Tradition sprach, die sich in unserem Gebäude als sein Stil auswirken. Theoretisch ausgedrückt, würde das besagen, daß dieses Gebäude einen erkennbaren Stil aufweist, weil es ein Gesetz gibt, das nichts aus nichts entsteht, und daß alle kulturellen Erscheinungen Vorstufen haben. Wem das unglaubwürdig vorkommt, wird sich angeregt fühlen, nach einem sogenannten Gegenbeispiel Ausschau zu halten und mein Gesetz dadurch zu widerlegen, daß er auf eine Erscheinung hinweist, die wie durch Urzeugung ganz plötzlich aus dem Nichts auftauchte. Aber für den Historiker steht das Wissen um derartige Gesetzlichkeiten nur am Rande seines Blickfelds. Wenn wir uns diesen Innenraum ansehen, so geht es uns nicht darum, die Theorie zu überprüfen, daß alte Gebäude einen Stil aufweisen. Wir wollen vielmehr soviel wie möglich über sein individuelles Aussehen lernen. Allerdings scheint es mir unbestreitbar, daß von einem rein logischen Standpunkt dieses individuelle Aussehen niemals in einem Netz allgemeiner Begriffe eingefangen werden kann. Es ließe sich nie erschöpfend beschrei-

---

[3] Karl R. Popper, Das Elend des Historizismus. Tübingen 1974, S. 112–115 und ›Zur Theorie des objektiven Geistes‹, in: Objektive Erkenntnis. Ein evolutionärer Entwurf. Hamburg [4]1984, S. 158–197.

ben, weil jede beschreibende Sprache Universalien verwendet, wie etwa die Namen von Formen und Farben, und man daher immer genauere, mehr spezifische Details verlangen könnte, ohne daß das je zu einem Ende führen würde. Die Scholastiker maßen der Tatsache, daß sich das Individuelle sprachlich nicht erfassen läßt, große Bedeutung bei und prägten dafür den Ausdruck *Individuum est ineffabile*. Daraus folgt, glaube ich, aber auch der Satz: *Individuum est inexplicabile*.

Es trifft sich gut, daß gerade zur Zeit, als dieses Gebäude errichtet wurde, das heißt wahrscheinlich im Jahre 1666, Newton jenen berühmten Apfel vom Baum fallen sah und dadurch – wenn wir William Stukeley glauben dürfen – angeregt wurde, seine Gravitationstheorie zu konzipieren. Das Außerordentliche an Newtons Leistung war natürlich die geniale Frage, die er stellte: die Frage nämlich, warum der Mond, der doch einem Apfel sehr ähnlich ist, *nicht* fällt. Die Erklärung setzte die Annahme voraus, daß Apfel und Mond zu derselben Klasse von Objekten gehören und daß es ein allgemeines Gesetz geben müsse, das für alle Mitglieder dieser Klasse gültig ist. Nicht einmal Newton hätte eine erschöpfende Erklärung geben können für die an sich keineswegs bemerkenswerte Tatsache, daß der Apfel vom Baum fiel, wenn er hätte wissen wollen, warum er gerade in diesem Augenblick gefallen war. Zu viele Variablen sind dabei im Spiel – etwa das Gewicht des Apfels, die Haltekraft des Stiels, die Windstärke und die Biegsamkeit des Zweiges, und jeder dieser Faktoren müßte unter ein allgemeines Gesetz gebracht werden, das diesen Einzelfall beherrscht. Außerhalb des Laboratoriums wäre das ein hoffnungsloses Unterfangen. Aber wenn auch in der Geschichte eine vollständige kausale Erklärung eine Schimäre ist, muß man deshalb noch nicht in völlige Skepsis verfallen. Man kann immer versuchen, ein Ereignis zu *verstehen*. Was ich über dieses Gebäude gelesen habe, liefert ein ausgezeichnetes Beispiel.

Als der junge Professor der Astronomie damit betraut wurde, eine neue Heimstätte für die Abhaltung der *Encaenia* zu schaffen, war er sich darüber klar, was man von ihm haben wollte: nämlich ein Gebäude, das sich besser als die Marienkirche für weltliche und sogar übermütige Veranstaltungen eignete; mit anderen Worten: ein Theater mit einem entsprechend großen Zuschauerraum. Andere Universitäten hatten schon Gebäude errichtet, die für Zuschauer berechnet waren, wenn auch für andere Zwecke, vor allem für anatomische Demonstrationen. Aber hier ging es um etwas Festlicheres. Die Feier, für die das Gebäude in erster Linie bestimmt war, wurde damals wie heute auf lateinisch abgehalten, und selbstverständlich bezweifelte damals niemand den Geltungsanspruch der Antike. Wren vertiefte sich daher in Lehrbücher der klassischen Architektur, darunter Vitruvs berühmtes Handbuch und einen Traktat von Scamozzi, und ließ sich bei seinem Entwurf von diesen Vorbildern leiten. Wenn wir seinem Sohn glauben dürfen, wäre das Gebäude »in einem noch großartigeren und besseren Stil ausgeführt worden, der die Größe des alten Rom, wie sie im Marcellus-Theater zu Rom zum Ausdruck kommt, widergespiegelt hätte, wäre er nicht gezwungen gewesen, der Kühnheit seines Stiftes Einhalt zu gebieten, um die Ausgaben in den Grenzen eines Privatvermögens zu halten«[4]. Die finanziellen Schranken, innerhalb deren der Architekt zu arbeiten hatte, könnten uns kaum eindringlicher vor Augen geführt werden. Aber das war nicht die einzige Konzession, die er machen mußte, um seinen Plan der Realität anzupassen. Römische Theater waren gegen den Himmel offen, und eine strikte Nachahmung dieser Bauten hätte in England nur allzuoft dazu geführt, daß der akademische Senat und die Empfänger akademischer Ehrungen bis auf die Haut durchnäßt worden wären. Ein Dach war absolut notwendig.

Beachten Sie, daß ich mich bei meinem Bericht, den ich von meinen Gewährsmännern übernommen habe, genauso wie diese selbst an das gehalten habe, was Popper das Realitätsprinzip oder die Logik der Situation genannt hat. Ich habe versucht, die Situation zu rekonstruieren, in der der Architekt sich befand, und habe behauptet, daß in Anbetracht seiner Zwecke und seiner Mittel seine Handlungsweise rational und daher verständlich war. Aber eine solche Interpretation darf man nicht mit einer Erklärung verwechseln. Sie operiert stillschweigend mit den verschiedensten Annahmen, die richtig sein können oder auch nicht. Wenn Wren den Auftrag gehabt hätte, eine Versammlungsstätte für eine Sekte zu bauen, die an die reinigende Kraft des Wassers glaubte, das vom Himmel strömt, wäre es rational gewesen,

[4] Christopher und Stephen Wren, Parentalia. London 1750, S. 335.

das Dach wegzulassen. Aber da das nicht der Fall war, stellte ihn die Logik der Situation vor ein Problem, das alles eher als einfach war. Er hatte keine Balken von genügender Länge zur Verfügung, um die Breite des Saals zu überbrücken, weil – und hier können wir »weil« sagen – die Bäume in England keine siebzig Fuß langen Balken liefern. Er mußte daher ein Gerüst aus Balken und Streben konstruieren, die sich so gut gegenseitig stützten, daß es den Verfasser einer pindarischen Ode zum Preise des Gebäudes dazu veranlaßte, eine eigene Strophe diesem Meisterwerk der Holzkonstruktion zu widmen, in dem die Bäume in gegenseitigem Vertrauen sich liebend umarmen: O quam justa fides nectit amantes arbores[5].

Aus Sir John Summersons klarer Darstellung erfuhr ich auch, warum diese Konstruktion so sehr bewundert wurde. Es scheint, daß das Problem, eine »geometrisch ebene Fläche«, wie er es nannte, aus Balken unzureichender Länge zu konstruieren, seit der Renaissance so viel diskutiert worden war wie das Perpetuum mobile, aber im Gegensatz zu letzterem ist es lösbar. Zwar war Wren nicht der erste, der diese Konstruktion in Oxford angewandt hat, aber niemand hatte dies auch nur annähernd im selben Maßstab unternommen.

Aber fürchten Sie sich nicht! Die Decke, die heute diesen Saal überspannt, ist nicht mehr die von Wren konstruierte. Trotzdem bin ich froh, daß sie in unsere Geschichte hineingehört, denn ich muß keinen Widerspruch befürchten, wenn ich sage, daß es eine gute Lösung war.

Mittel, Zwecke und Werte

Nun gibt es außer dem Problem der Erklärung keine Streitfrage, die heftiger umkämpft und schwieriger zu behandeln ist als die der Werturteile in der Geschichte und in den Sozialwissenschaften. Vom Historiker verlangt man von jeher, daß er unbeeinflußt von seinen Sympathien, *sine ira et studio*, berichtet, wie es gewesen ist, und vom Wissenschaftler fordert man mindestens ebensoviel Objektivität. Wir werden sehen, daß diese Forderung nach Wertfreiheit für das ganze Verhältnis zwischen Kunstgeschichte und Sozialwis-

[5] Ebd.

senschaft von zentraler Bedeutung ist. Aber vielleicht ist es am besten, es erst einmal von der Seite der Technik her zu beleuchten. Denn was immer in anderen Zweigen der Geschichtsschreibung möglich sein mag – in der Geschichte der Technik kommt man ohne einen Maßstab für Erfolg und Mißerfolg bestimmt nicht aus.

Es versteht sich von selbst, daß man eine Problemlösung bewundern kann, ohne damit sagen zu wollen, daß man den Zweck billige, dem sie zu dienen bestimmt war. Kriminalromane und Filme haben uns mit dem recht widerlichen Begriff eines »perfekten Verbrechens« vertraut gemacht, der meisterhaften Umgehung aller moralischen und staatlichen Gesetze. Wir wissen auch nur zu gut, daß derartige Verbrechen manchmal unter Berufung auf angeblich höhere Werte, sei es Patriotismus, sei es Parteitreue, gerechtfertigt werden. Wren hätte seine Meisterschaft in der Mechanik auch dazu benutzen können, seine Decke als eine Todesfalle zu konstruieren, die in dem Augenblick einstürzen würde, in dem ein Feind den Saal betrat, und unter solchen Umständen würde unser Urteil über den Gebrauch, den er von seiner technischen Kunstfertigkeit machte, nicht unabhängig von unseren Sympathien sein.

Anders ausgedrückt, bekennen wir uns dadurch, daß wir eine Lösung als gut bezeichnen, in keiner Weise zu den Werten, denen sie dienstbar gemacht wurde. Im ersten Fall handelt es sich um das Verhältnis von Mittel und Zweck, im zweiten darum, was wir persönlich als gut und wertvoll ansehen. Wir müssen nicht einmal an Verbrechen oder an Krieg denken, wenn wir nach erfolgreichen Lösungen Ausschau halten, die mit unseren Werten in Konflikt kommen können. Der ganze Fragenkomplex der Beziehungen zwischen Kunst und Gesellschaft wurde zum erstenmal in einem solchen Zusammenhang aufgerollt: Ich denke hier an John Ruskin, der den Stil und die ganze Kunsttradition, in der Wren wirkte, verurteilte, weil er sie als Vorläufer des tyrannischen industriellen Wirtschaftssystems ansah. Er war überzeugt, daß der gotische Handwerker an seiner Arbeit Freude hatte, weil sie ihm Gelegenheit bot, seine Phantasie spielen zu lassen. Mit dem Aufkommen der Renaissance und ihrem Kult der Regelhaftigkeit wären die Handwerker zu Handlangern degradiert worden, die nur die Pläne eines anderen ausführten. Daher sah Ruskin in der ganzen nachmittelalterlichen Architektur die Sünde der Hoffart, der Hoffart des Architekten, dessen Ruhm auf der Versklavung seiner Arbeiter begründet war.

Die Probleme, um die es Ruskin ging, haben nichts an Aktualität eingebüßt, wenn es auch für uns schwieriger sein dürfte, die genaue Bilanz zu ziehen zwischen der Befriedigung in der Arbeit und den Anforderungen eines leistungsfähigen Baubetriebes. Sicher hat es zu allen Zeiten, angefangen von den Pyramiden bis zum heutigen Tag, zahllose Fälle gegeben, in denen der Ehrgeiz, durch großartige Lösungen zu glänzen, keinerlei Rücksicht nahm auf die damit verbundenen menschlichen Opfer. In unserem Falle dürfen wir, wie ich hoffe, das Motiv des Ehrgeizes mit ruhigem Gewissen anerkennen. Sir John Summerson lenkt mit Recht unsere Aufmerksamkeit auf das geistige Klima der Zeit, in der diese Lösung einer flachen Decke von Wren vorgeschlagen und bewundernd akzeptiert wurde. Wren war einer der Gründer der Royal Society zur Pflege der Wissenschaften, die besonderen Wert auf Experimente legte. Hier ist ein Faktor in der historischen Konstellation, an dem wir nicht vorübergehen dürfen. Gab es denn wirklich keinen anderen Weg, die *Encaenia* unter Dach zu bringen? Wollte Wren nicht auch zeigen, was er technisch zu leisten vermochte? Wenn das Hoffart ist, so mag es richtig sein, daß sie auch einen Anteil an diesem Gebäude hatte, genau wie an anderen erfolgreichen Problemlösungen, das Deckengemälde von Robert Streeter mit eingeschlossen, das einst Wrens Deckenkonstruktion verhüllte (Abb. 3).

Wir wissen aus zahlreichen Quellen, daß dieses Gemälde zur Gesamtkonzeption des Gebäudes als eines antiken Amphitheaters passen sollte. Obwohl es im Süden nicht oft regnet, kann die Sonne erbarmungslos brennen, und die Illustration, die Wren benutzte, zeigte auch einen Schutz gegen die Sonnenhitze, nämlich ein *Velarium*, ein leichtes Gewebe, welches über ein Netz von Seilen gespannt werden konnte, um dem Publikum Schutz zu gewähren. Was aus klimatischen Gründen nicht wirklich durchführbar war, konnte wenigstens in jenem Phantasiereich Gestalt gewinnen, das wir Kunst nennen. Daher sehen Sie ein Gerüst von Balken, das ein Netz gespannter Seile darstellen soll, und Scharen von kleinen geflügelten Kindern, die einen schweren Vorhang in Bereitschaft halten für den Fall, daß es zu heiß werden sollte. Aber im Augenblick haben sie das Sonnendach aufgerollt, um uns einen Blick in eine Welt des Glanzes zu ermöglichen, in der man himmlische Gestalten auf Wolken ruhen sieht – außer einigen widerwärtigen Eindringlingen, die, unwürdig, an dieser glorreichen Stätte zu verweilen, in den Abgrund geschleudert werden.

Hier hätten wir jedenfalls eine Bestätigung des von mir aufgestellten Gesetzes, das die Existenz von Vorstufen postuliert. Das *Velarium* ist nur eine solche Vorstufe; auch der Gedanke, das Deckengewölbe in ein Bild des Himmels zu verwandeln, hat eine lange Vorgeschichte. An sich war es naheliegend, den Besuchern einer Kirche den Anblick Gottes und seiner Heiligen im Himmel zu gewähren, aber auch hier mußten zuerst gewisse technische Voraussetzungen geschaffen werden, bevor die Idee in die Tat umgesetzt werden konnte. Die Maler mußten die Kunst der Verkürzung, die Darstellung des Lichts und noch viele andere illusionistische Kunstgriffe lernen, bevor sie die Fähigkeit erwarben, dem nach oben gewandten Blick ein Bild des Himmels vorzuzaubern. Natürlich verdanken diese Kunstgriffe ihrerseits ihre Entwicklung den Ansprüchen, die die Gesellschaft in einem gewissen historischen Augenblick an das Bild machte, dem Anspruch, daß der Maler dem religiösen Erlebnis zuliebe bloß Vorgestelltes auch veranschaulichen sollte. Es kann sein, daß Raffael es war, der als erster in seinen Altarbildern das Problem löste, uns den Glanz göttlicher Glorie ahnen zu lassen, aber Correggio war es, der dieses Mittel anwandte, um die dunkle Kuppel der Kathedrale von Parma in eine Vision der himmlischen Heerscharen zu verwandeln, die die Heilige Jungfrau im ewigen Licht willkommen hießen. Merkwürdigerweise verging ziemlich viel Zeit, bevor diese Lösung im 17. Jahrhundert allgemein wurde, aber dann dauerte es nicht lange, bis diese effektvolle und populäre Idee auch für weltliche Zwecke Verwendung fand. Die antike Vorstellung von der Apotheose eines Herrschers, seiner Aufnahme in den Olymp, verlieh dieser Übertragung eine gewisse äußerliche Rechtfertigung. Ein Beispiel einer solchen Apotheose war nah zur Hand: Rubens' Deckengemälde in Whitehall Palace, das Jakob I. verherrlichte.

Aber wie ließ sich selbst dieser säkularisierte Himmel der neuen Funktion von Wrens – beziehungsweise Sheldons – Theatersaal anpassen? Wer sollte hier verherrlicht werden?

Wir brauchen nur hinaufzuschauen und unsere Augen ein wenig anzustrengen, um die Antwort zu finden; sie verdient allen Respekt. Denn die allegorische Gestalt, die wir auf der höchsten Wolke mit hochgezogenen Beinen recht unbequem thronen sehen, ihr Haupt umstrahlt vom Licht der Sonne, die sie in der Rechten hält, ist die Wahrheit, die nackte strahlende Wahrheit, die von dort oben die Siegespalme bringt. Tiefer unten, so steht es in der zeitgenössischen Beschreibung[6], »sind die Künste und Wissenschaften ... auf einer kreisrunden Wolkenbank versammelt. Von den meisten angefleht und beschworen, steigt die Wahrheit zu ihnen hinab.« Auf sie richten alle Fächer, die an der Universität gelehrt werden, ihre Blicke: Logik, Jurisprudenz, Botanik, Mathematik, Astronomie und viele andere mehr erscheinen in der Tracht und mit den Attributen, die man in Ripas nützlichem Handbuch der Personifikationen nachschlagen kann, und huldigen der Wahrheit. Sogar die Theologie, die das Buch mit den sieben Siegeln in der Hand hält, »fleht die Wahrheit an, ihr bei seiner Entschleierung zu Hilfe zu kommen« (Abb. 4). Nicht einmal die Religion erhebt also den Anspruch, im Besitze der Wahrheit zu sein, sie strebt nach ihr wie alle anderen Wissenschaften.

Auch hier besteht eine klare Beziehung zu dem historischen Ereignis, das ich schon erwähnt habe, der Gründung der ›Royal Society‹ im Jahre 1662, deren Motto war und ist: *Nullius in verba* – »Auf niemandes Wort hin«. Obwohl das Gemälde in einer religiösen Überlieferung wurzelt, stellt es einen neuen Glauben dar, der, wenn auch nicht antireligiös, dennoch seine Unabhängigkeit von kirchlicher und staatlicher Autorität proklamierte; ein Glaube, der im Begriff war, eine neue Kosmologie zu gebären, die den Himmel auf ewig entvölkern sollte.

Es wäre also durchaus angebracht, einen Sozialhistoriker einzuladen, um uns die gesellschaftlichen Hintergründe dieser epochemachenden Entwicklung anschaulich zu machen. Er würde wahrscheinlich auf die furchtbaren Spannungen

[6] Die offizielle Beschreibung des Deckengemäldes, die in der schon erwähnten Broschüre von H. M. Colvin abgedruckt ist, stammt aus Dr. Plots ›Natural History of Oxfordshire‹. Sie erschien auch separat unter dem Titel ›A Description of the Painting of the Theatre in Oxford‹; die erste Ausgabe, die mir bekannt ist (in der Bodleian Library, Oxford), datiert von 1673. Es gab viele spätere Ausgaben.

der Restaurationszeit hinweisen, die in Oxford besonders akut waren. In seiner ›History of the Royal Society‹ aus dem Jahre 1667, dem Jahre also, in dem unser Gemälde gemalt wurde, berichtet der Autor, Thomas Sprat, speziell über diese Situation. Er führt die Anfänge der »Royal Society« auf Zusammenkünfte in den Zimmern von Dr. Wilkins in Wadham College nach dem Ende des Bürgerkriegs zurück und schreibt: »Es gab damals in der Universität viele Mitglieder, die begonnen hatten, auf eine freie Art zu argumentieren ...; ihr ursprüngliches Ziel war nichts anderes als die Befriedigung, freiere Luft zu atmen und ruhige Gespräche miteinander zu führen, ohne sich in die Leidenschaften und Tollheiten dieser unglücklichen Zeit zu verwickeln.«

Diese Männer, behauptet Sprat, »... waren vollständig gewappnet gegen den Zauber religiöser Schwärmerei ...; es war weitgehend dem Einfluß zu verdanken, den diese Männer auf die anderen ausübten, daß die Universität selbst, oder wenigstens ein Teil ihrer Ordnung und Disziplin, vor dem Ruin bewahrt wurde. Und daraus können wir schließen, daß diese Männer gewiß heute nicht die Absicht haben, in ihren neuen Plänen die Achtung vor der Überlieferung über Bord zu werfen: Man muß nur bedenken, daß sie so viel Mühe und Überlegung aufwendeten, um diese höchst ehrwürdige Stätte der Gelehrsamkeit zu erhalten, wenn sie sie einfach dadurch, daß sie sie nicht aktiv verteidigten, am schnellsten hätten zerstören können.«

Sprat führt sodann aus, in welchem Sinne das Studium der Natur das beste Gegengift gegen den religiösen Fanatismus ist, der alle Bindungen der Gesellschaft zerrissen habe. »Es gibt nur ein Zaubermittel, das besser ist als jede Weisheitslehre, um die Regungen des falschen Geistes zu bekämpfen, und das ist die gesegnete Gegenwart und Hilfe des Wahren.«[7]

Bei den Zeitgenossen, die in dieses Gebäude eintraten, das das prominenteste Mitglied der ›Royal Society‹ entworfen hatte, mußte darum die Verbindung einer antiken Formensprache und eines universellen Bekenntnisses zur Wahrheit viel mehr Resonanzen ausgelöst haben als beim heutigen Besucher. Man kann diese Lösung nur bewundern, die so

[7] Thomas Sprat, The History of the Royal Society of London. London 1667, S. 53 f.

vielen Anforderungen einer komplizierten politischen und sozialen Situation gerecht wurde. Aber können wir sie auch um ihrer selbst willen bewundern? Hat sie auch einen Wert für uns, die wir in einer so anderen Zeit leben?

Hier werden viele im Zweifel sein, ob das eine sinnvolle Frage ist. Sei nicht die Tatsache, daß Werte so deutlich mit gesellschaftlichen Situationen verknüpft sind, Beweis genug, daß sie sich ändern müssen, wenn sich die Umstände ändern? Sind daher nicht alle Werte relativ?

Der Verfasser des Programms für Streeters Deckengemälde war bestimmt nicht dieser Ansicht. Für ihn war die Wahrheit etwas Absolutes, ein Ziel, das allen wissenschaftlichen Disziplinen gemein war und das einmal alle Menschen vereinen würde. Wer immer es war, der dem Maler den Auftrag gab, diesen Glauben zu verherrlichen, konnte sich sicher nicht vorstellen, daß man ihn je anzweifeln würde und daß er mir daher den Text meiner Predigt abgeben würde – wenn man es eine Predigt nennen will. Denn ich brauche ja kaum zu erwähnen, daß die Weltanschauung der »Royal Society«, das heißt die Weltanschauung der Aufklärung, heute von vielen als naiv angesehen wird, gerade weil sie das Bestehen universell gültiger Kriterien als unanzweifelbar betrachtete. Ja, heute wollen sogar manche den Anspruch der Naturwissenschaften, der Wahrheit zu dienen, nicht gelten lassen. Auch von der wissenschaftlichen Wahrheit wird behauptet, daß sie sich nur auf die Gesellschaft bezieht, die sie anwendet, und daß man die Geschichte der Wissenschaft nicht als eine Geschichte von Entdeckungen und Problemlösungen schreiben sollte, sondern nur als einen Bericht über den Wechsel im Verhalten jener Mitglieder der Gesellschaft, die sich als Naturwissenschaftler bezeichnen. Mit derselben Berechtigung könnten sie die Kunstgeschichte als eine Berichterstattung über das Tun von Menschen bezeichnen, die in einer bestimmten Gesellschaft die Rolle von bildenden Künstlern innehaben.

Die Grenzen eines sozialen Determinismus

Jeder Vertreter der Kunstgeschichte wie auch der Wissenschaftsgeschichte sollte diesen Skeptikern dankbar sein, weil sie ihn zwingen, seine eigene Einstellung zum sozialen Determinismus zu klären.

In ihrer extremsten und wohl auch in ihrer populärsten Form entstammt diese Herausforderung der sozialwissenschaftlichen Schule, die sich Marxismus nennt. Wenn ich es recht verstehe, so postuliert der Marxismus ein allgemeines Gesetz, wonach alle kulturellen Betätigungen die Konsequenz oder, genauer gesagt, der Überbau von Wandlungen in den Produktionsbedingungen sind. Ich weiß, daß es ebenso viele Interpretationen dieser Formel gibt wie Marxisten, und es fehlt mir sowohl die Schulung als glücklicherweise auch der Anlaß, in das dunkle Labyrinth der Dialektik einzudringen. Ich bezweifle nicht, daß die Organisation der Produktion mit ihren gesellschaftlichen Konsequenzen auch zur Situation gehört, in der das Kunstwerk Gestalt gewinnt. Daß diese Gestalt nicht einzig und allein davon abhängt, scheint mir ebenso klar, denn wir hatten ja reichlich Gelegenheit, das Walten des Gesetzes zu beobachten, das man das Gesetz der Kontinuität nennen könnte, also das Beharrungsgesetz der Traditionen, die sich neuen Situationen angleichen, aber unter allen Veränderungen doch ihren eigenen Impetus bewahren. Ich kann mir nicht vorstellen, daß die Marxisten die Tatsache übersehen haben, daß der Mensch ein Geschöpf ist, das lernt und seine Kenntnisse und seine Ideen der nächsten Generation weitergibt. Allerdings reden nicht nur Marxisten manchmal so, als würden sie das gerne vergessen.

Um so nützlicher dürfte es daher sein, sich über die Konsequenzen dieser menschlichen Fähigkeit Rechenschaft zu geben und sie mit der Situation im Tierreich zu kontrastieren, die George Romanes so sehr interessierte. Der Verhaltensforscher, der die Tänze der Bienen, den Gesang der Vögel oder das Sozialleben von Menschenaffen studiert, wird von der Annahme ausgehen, daß alles, was er beobachtet, eine Folge des Selektionsdruckes ist, der sich aus dem Kampf ums Dasein ergibt. Das besagt aber, daß auch er die Rolle anerkennt, die der Geschichte der betreffenden Art dabei zukommt, daß also auch für ihn sowohl Kette wie Schuß von Bedeutung ist. Evolution ist die natürliche Auslese von Eigenschaften, die für den betreffenden Organismus nützlich oder wenigstens nicht schädlich sind, zur Anpassung an seine besondere ökologische Nische. Aber bei den Tieren und Pflanzen geht dieser Prozeß nur in den Genen vor sich. Sowohl Spinnen wie Biber sind großartige Architekten, aber

Biber können nicht von Spinnen lernen, denn im Gegensatz zu den Menschen können sie sich ihre Vorbilder nicht aussuchen.

Selbst mein flüchtiger Überblick über die Geschichte dieses Gebäudes hat uns eine ganz andere Situation gezeigt. Einige der dekorativen Elemente lassen sich bis auf die theokratische Gesellschaft des alten Ägypten zurückführen, während das Gebäude selbst, wie wir wissen, in seiner Form auf ein römisches Theater zurückgeht, das für Gladiatorenkämpfe erbaut worden war. Läßt sich über diese formalen Elemente mehr sagen, als daß sie fortbestanden, weil sie nützlich waren oder zumindest nicht schädlich? Das wird nicht immer möglich sein, aber in unserem Fall wissen wir, daß die spätere Gesellschaft bestimmte Züge aus der Schatzkammer der Vergangenheit auswählte, weil sie sich an das Prestige anlehnen wollte, das mit der Größe Roms verbunden war. Dafür haben wir noch ein weiteres, etwas bizarres Beispiel in den zwei für die Proktoren bestimmten Rostra zu beiden Seiten des Saales (Abb. 5). Die Löwenmasken, die aussehen, als ob sie Zigarren rauchten, halten in Wirklichkeit *Faszes* im Maul, das heißt jene grimmigen Scharfrichterwerkzeuge, die von den Liktoren mitgeführt wurden, die die römischen Konsuln begleiteten – damit man sie bei der Hand hatte, falls zufällig jemandem der Kopf abgeschlagen werden sollte. Sie stehen vor wie Schnäbel, weil das Rostrum auf dem Forum Romanum in ähnlicher Weise mit den Schiffsschnäbeln verziert war, die in der Schlacht von Antium erbeutet worden waren. Ich behaupte nicht, daß die Kombination der *Faszes* mit der uralten Form von Löwenmasken als Abschlußfiguren, die so oft zum Halten von Ringen oder Griffen Verwendung fanden[8], besonders gut geglückt ist, aber als Illustration der Art und Weise, wie sich von vergangenen Kulturen übernommene Erinnerungen in Symbole der Autorität umwandeln, leistet sie uns ausgezeichnete Dienste. Was überlebte, war das Symbol, nicht die Realität. Denn nicht einmal im Jahre 1669 hatten die Proktoren wirklich das Recht, zum Beil zu greifen. Was in einer Gesellschaft grimmige Realität war, lebte als bloßes Symbol in einem anderen Zusammenhang fort.

[8] Otto Kurz, ›Lion Masks with Rings in the West and in the East‹, in: Scripta Hierosolymitana 24 (1972), S. 22–41. Nachgedruckt in: ders., The Decorative Arts of Europe and the Islamic East. London 1977.

Aber es gibt noch eine andere Art des Fortlebens, die uns noch mehr interessieren muß. Ich meine das Fortleben von Entdeckungen. Denken wir zum Beispiel an die vollkommen ebene geometrische Fläche, die Wren hier ursprünglich als Decke verwendete. Die Decke ist verschwunden, aber die Problemlösung besteht. Soweit ich informiert bin, ist sie auch heute noch geometrisch korrekt. Sie gehört in einen Bereich, den Sir Karl Popper in seiner Romanes Lecture 1972, ›On the Problem of Body and Mind‹ (Leib-Seele-Problem), »Welt 3« genannt hat, die Welt objektiver Problemlösungen, die sich sowohl von der materiellen Welt als auch von der subjektiven Welt der Erfahrung unterscheidet[9]. Sie bleibt elegant und bewundernswert, auch wenn man keine Verwendung mehr für sie hat. Ganz gleich, welchen Kräften und Einflüssen sie ihre Entstehung verdankt, kann sie von der Personifikation der Mathematik auf unserem Deckengemälde der platonischen Göttin der Wahrheit dargeboten werden.

Die Geschichte und die Wertmaßstäbe in der Kunst

Und wie steht es diesbezüglich mit der Kunst? Ist die unbezweifelbare Tatsache, daß soziale Elemente bei der Entstehung von Stilen und Kunstdenkmälern eine Rolle spielen, Grund genug, an der Objektivität ihrer Werte zu zweifeln? Man weiß, daß Marx selbst mit diesem Problem Schwierigkeiten hatte. In einem seiner handschriftlichen Entwürfe ist eine Stelle, aus der hervorgeht, daß er selbst eigentlich kein sehr guter Marxist war: »Aber die Schwierigkeit liegt nicht darin, zu verstehen, daß griechische Kunst und Epos an gewisse gesellschaftliche Entwicklungsformen geknüpft sind. Die Schwierigkeit ist, daß sie uns noch Kunstgenuß gewähren und in gewisser Beziehung als Norm und unerreichbare Muster gelten.«[10]
Weniger konsequent als gewöhnlich meinte er dazu, daß unser Ansprechen auf griechische Kunst seinen Ursprung

[9] Noch nicht veröffentlicht; siehe auch seinen Artikel ›On the Theory of the Objective Mind‹, in: Objective Knowledge.
[10] ›Grundrisse der Kritik der politischen Ökonomie‹ (1857/58), in: Karl Marx, Texte zur Methode und Praxis, III. Hrsg. von Gunther Hillmann. Frankfurt 1967, S. 35.

habe in unserer Sehnsucht nach der Kindheit der Menschheit. Während andere Nationen sich wie ungezogene oder altkluge Kinder gebärdeten, verkörperten die Griechen das Ideal und den unendlichen Reiz einer »normalen« Kindheit. Er ließ sich nicht darauf ein, zu erklären, in welcher Beziehung man Männer wie etwa Thukydides oder Euripides als kindhaft bezeichnen könnte; ebensowenig machte er klar, welche gesellschaftlichen Faktoren für diese seltsame Kindhaftigkeit – eine Auffassung, die er natürlich von Schiller übernommen hatte – verantwortlich gewesen sein mögen. Er hatte sich schließlich um andere Dinge zu kümmern, und so ließ er diese Frage künstlerischer Normen in der Luft hängen. Wir freilich können uns damit nicht zufriedengeben.

Denn wie sehr uns auch die Umstände interessieren mögen, mit deren Hilfe wir hoffen können, den Charakter eines Bauwerkes oder eines Gemäldes besser zu verstehen, ändert das nichts an der Tatsache, daß dieses Interesse von dem Wert abhängt, den wir dem betreffenden Werk zuerkennen. Ein Zyniker könnte sogar sagen, daß man diesen Wert in Geld ausdrücken kann. Ich bin kein Zyniker, und das Sheldonian ist auch noch nicht verkäuflich. Ich habe erklärt, daß nach meiner Meinung Streeters Gemälde in bewundernswerter Weise dem Zweck des Gebäudes und den Ideen, die es verkörpert, angepaßt ist. Aber ist es auch ein gutes Bild, ein großes Kunstwerk?

Zufällig wissen wir, daß man darüber bereits diskutierte, bevor das Bild an seinem Bestimmungsort war. Am 1. Februar 1668 besuchte Samuel Pepys Streeters Atelier, das in Whitehall war, weil Streeter das Amt eines »Sergeant Painter« innehatte: »Er selbst, Dr. Wren und eine Anzahl Virtuosi betrachteten gerade die Gemälde, die er für das neue Theater in Oxford malt; es sieht aus, als würden sie sehr schön werden; und die andern meinten sogar, besser als die von Rubens im Bankett-Saal von White Hall. Ich glaube das nicht ganz. Aber sie werden gewiß von hohem Rang sein.«

Wie wir sehen, fürchtete sich Pepys nicht, ein Urteil über ihren Wert abzugeben; er erwog die Vorzüge des Gemäldes, nahm Rubens zum Maßstab und sprach sich gegen die Meinung der andern Virtuosi aus. Es wäre besser gewesen, wenn es dabei geblieben wäre. Aber als das Deckengemälde schließlich enthüllt wurde, veröffentlichte ein gewisser

Robert Whitehall, Fellow von Merton College (der übrigens in den *Encaenia* von 1655 der *terrae filius* gewesen war), eine gereimte Beschreibung, die mit den berühmten Zeilen endete, die dem armen Streeter bis heute nachhängen:

> »That future ages must confess they owe
> To Streeter more than Michelangelo.«[11]

Die Hauptabsicht meines Vortrags ist, die gewagte Hypothese aufzustellen, daß Whitehall unrecht hatte und Pepys recht. Ich weiß, daß mir darin niemand widersprechen wird, und trotzdem ist es nicht Ironie, wenn ich meine Hypothese als gewagt bezeichne. Es *ist* ein Wagnis, den Relativismus in künstlerischen Wertfragen anzugreifen und zu behaupten, daß es selbst im Nebelland ästhetischer Urteile Behauptungen gibt, die wahr, und andere, die falsch sind.

Beachten Sie, daß die Hypothese mit Robert Whitehalls wahren oder vorgegebenen Überzeugungen nicht im Widerspruch steht. Ihm war es nicht um die Wertschätzung Michelangelos zu tun, sondern um die Prophezeiung, daß man Streeter noch höher schätzen werde. Meine Behauptung ist daher nicht, daß seine Prophezeiung nicht eingetroffen ist – wenigstens bis jetzt noch nicht –, sondern daß sein Werturteil objektiv falsch ist.

Seine eigenen Zeitgenossen waren es, die Michelangelo als den Maßstab der Vollendung aufstellten. Auch waren sie nie von Zweifeln geplagt, ob sich die Vollendung auch erklären und beschreiben ließe. Als Vasari weniger als zehn Jahre nach der Enthüllung von Michelangelos ›Jüngstem Gericht‹ darüber schrieb, tat er das in der Sprache des christlichen Platonismus: »Und für unsere Kunst ist dieses Werk das Beispiel und das große Gemälde, das Gott den Menschen hinieden gesandt hat, auf daß sie sehen, was das Schicksal vollbringt, wenn die Geister der höchsten Regionen zur Erde heruntersteigen und von der Gnade göttlichen Wissens erfüllt sind.«[12]

Das ist die Metaphysik absoluter Werte, die auch noch

[11] »Und künftige Geschlechter sagen froh,
    sie schulden Streeter mehr als Michelangelo.«
Urania. Oxford 1669 (Madan 2818).
[12] Le Vite etc. Hrsg. von G. Milanesi. Florenz 1881, S. 214 f.

unserem Deckengemälde innewohnt und die der Lehre der Akademien zugrunde liegt[13].

Obwohl dieser Glaube schon ein wenig vom Empirizismus verwässert war, als Sir Joshua Reynolds seine große Abschiedsrede hielt, sprach er doch vom Genie Michelangelos mit derselben Ehrfurcht: »Würde ich heute von neuem beginnen, würde ich in die Fußstapfen dieses großen Meisters treten: Den Saum seines Gewandes zu küssen und auch nur die geringste seiner vielen Vollkommenheiten zu erreichen, würde für einen ehrgeizigen Mann Ruhm und Auszeichnung genug sein. ... Und so möchte ich auch, daß das letzte Wort, das hier in dieser Akademie und an dieser Stelle von meinen Lippen kommt, *ein* Name sein soll: MICHEL-ANGELO.«

Zufällig hat auch vor nicht langer Zeit ein zeitgenössischer Meister über seine Einschätzung Michelangelos gesprochen. Henry Moore drückt sich natürlich ganz anders aus, aber aus seinen Worten spricht dasselbe Gefühl der Dankbarkeit für Michelangelos Werk: »Ich glaube, für die Welt war es ein großes Glück, daß der Papst von Michelangelo die Ausmalung der Sixtinischen Kapelle verlangte: Michelangelo produzierte in einem Tag mit einer gemalten Figur – eigentlich dasselbe wie eine Zeichnung – die Idee für eine Skulptur, auf die er sonst möglicherweise ein ganzes Jahr verwendet hätte; wir besitzen also zweitausend, wenn nicht dreitausend mehr solche Skulpturideen von Michelangelo ...‚ wie wenn er die Sixtinische Kapelle nicht ausgemalt hätte.«[14]

Ich behaupte nicht, daß dieser Consensus zwischen berühmten Künstlern das Gespenst des Relativismus zu bannen imstande ist. Zugegeben: Wir könnten uns jetzt der etwas mühsamen Aufgabe unterziehen, die Figuren Streeters mit denen der Sixtinischen Decke zu vergleichen, und könnten einwandfrei nachweisen, daß Michelangelo mehr von Anatomie verstand und ein größeres Repertoire an Stellungen besaß; aber damit könnten wir noch lange nicht jemanden daran hindern, aufzustehen und uns zu fragen, warum es eigentlich wünschenswert sei, daß ein Künstler etwas von

---

[13] Ich habe die Bedeutung dieser Anschauungen für das Wertproblem in meinem Aufsatz ›Das Überpersönliche in der Kunst‹, in diesem Band, S. 195–207, diskutiert und nochmals, von einem historischen Standpunkt aus, in ›Icones Symbolicae‹, in: Symbolic Images. London 1972, S. 123–191.
[14] Zitiert in ›The Listener‹, 24. 1. 1974.

Anatomie verstehe? Schließlich haben sich die Künstler auch zu helfen gewußt, bevor es die Gemälde in der Sixtinischen Kapelle gab, und auf jeden Fall kann man die herrlichen Werke der chinesischen Kunst, die byzantinischen Mosaiken, die Statuen an mittelalterlichen Kathedralen und natürlich auch viele Bilder des 20. Jahrhunderts als Gegenbeweis heranziehen, um zu beweisen, daß Streeters relative Unterlegenheit in bezug auf Anatomie nicht der Grund sein kann, warum wir ihn weniger hoch werten als den bewunderten Florentiner Meister. Er war zweifellos anders als Michelangelo; aber ist das ein Grund, ihm schlechte Noten zu geben?

Stilistischer Relativismus

Dieses relativistische Argument hat sich tatsächlich durchgesetzt, seitdem in der Zeit der Romantik der akademische Absolutismus zusammengebrochen war. Und trotzdem trachten wir Kunsthistoriker im allgemeinen, die radikalsten relativistischen Schlußfolgerungen abzuschwächen oder zu vermeiden. Das Zauberwort, mit dem wir diese subversiven Gedanken zu bannen trachten, lautet »Stil«. Wir versuchen uns hinter diesem Begriff gegen den eisigen Hauch dieser philosophischen Frage zu schützen. Wir bewerten ein Werk innerhalb eines bestimmten Stils, aber vermeiden es, etwas über den Wert verschiedener Stile zu sagen. Es dürfte lehrreich sein, die Art, wie der stilistische Relativismus an ein Kunstwerk herangeht, an unserem Exemplum zu illustrieren.

In seinem Standardwerk ›Painting in Britain 1530–1790‹[15] beschließt Professor Ellis Waterhouse die Beschreibung unseres Gemäldes mit den folgenden Worten: »Die Verteilung des Ganzen verrät mindestens so viel Kenntnis von der Wissenschaft des Malens wie die Bilder des italienischen oder französischen Barock. Gewiß, die Ausführung ist nichts Hervorragendes, und der ganze Plafond kann nur als ein recht unbedeutendes Beispiel eines Genres gelten, das im übrigen Europa weit verbreitet ist; aber in der Verwendung kompositioneller Kunstmittel ist es durchaus nicht dilettantisch.«

[15] Pelican History of Art, 1953.

Die Ausdrücke »Wissenschaft des Malens« und »ein weit-verbreitetes Genre« zeigen die Maßstäbe an, die hier angelegt werden. Streeters Gemälde wird an vergleichbaren Leistungen auf demselben Gebiet gemessen, und das Urteil lautet: »Nichts Hervorragendes, aber auch keine Stümperarbeit.« Mit anderen Worten: Waterhouse benutzt bei seiner Wertung jene Kriterien, die ich hier angewandt habe, nämlich die der Technik. Streeter habe eine durchaus achtbare Arbeit geleistet und geliefert, was man von ihm verlangte. Wozu Michelangelo hereinziehen?

Dr. Margaret Whinney und Sir Oliver Millar, die den entsprechenden Band in der ›Oxford History of British Art‹ schrieben, der 1957 erschien, sind nicht ganz so geneigt, das Können unseres Künstlers zu loben: »Die Ausführung zeigt ein durchschnittliches Können, aber die Decke ist kalt in der Farbgebung, der Künstler ist nicht wirklich imstande, einheitliche Bewegung darzustellen, und obwohl die steile Perspektive des Kreises der auf den Wolken ruhenden Gestalten recht gut gehandhabt ist, sind die Verkürzungen der Figuren, die von der Höhe hinabstürzen, weitgehend mißverstanden.«

Im ersten Band (1962) seines Werkes ›Decorative Painting in England‹ war es Edward Croft Murray offenbar darum zu tun, gegen dieses negative Urteil zu polemisieren: »Es kann kein Zweifel darüber bestehen, daß vom Standpunkt des rein technischen Könnens der Plafond des Sheldonian-Theaters alles, was bisher von einem englischen Maler unternommen wurde, weit übertrifft; die Komposition ist zwar etwas lokker, aber sie hat Einheit und Zusammenhang, was auf einer so großen Fläche keine kleine Leistung ist; die Figuren sind mit fester Hand gezeichnet, die Faltenwürfe sind klar und deutlich und die Verkürzungen durchaus akzeptabel. ... Es ist ein barockes Rezept, aber es fehlt die barocke Würze.«

Croft Murray beurteilt das Gemälde also ebenfalls nach den technischen Eigenschaften ähnlicher Werke, aber gleichzeitig macht er seine Leser darauf aufmerksam, daß Streeter in einem Genre arbeitete, das erst vor kurzem aus dem Ausland in England eingeführt worden war, und daß man daher von ihm nicht die Leichtigkeit erwarten konnte, die die italienischen Virtuosen auszeichnete.

Eine weitere Bemerkung Croft Murrays, eines großen Kenners der dekorativen Kunst Englands, bestätigt die

Fruchtbarkeit einer Betrachtung von der technischen Seite her: »Man muß freilich zugeben, daß auf den ersten Blick dieses gelehrte *Trompe l'œil* nicht leicht aufzufassen ist. Dadurch, daß das Seilnetz vergoldet und im Hochrelief ausgeführt ist, lenkt es das Auge von dem Gemälde ab, das (heute zumindest) zu dunkel und zu wenig farbig ist, um dahinter richtig zur Geltung zu kommen. Unser erster Eindruck ist eher der einer altmodischen Decke mit Rippen und Täfelungen, die an Tudordecken gemahnt, und dieser Eindruck wird noch durch die Rosetten verstärkt, die die Kreuzungspunkte der Seile verdecken.« Dazu könnte man hinzufügen, daß die ganze Idee des *Velarium* vielleicht zu gekünstelt und ausgeklügelt war, um wirklich erfolgreich sein zu können. Das prominente Netzwerk goldener Seile läßt einen eher an einen reichgeschmückten Plafond als an einen offenen Himmel denken, und die Vermählung von Traditionen der Innendekoration mit solchen der illusionistischen Malerei ist in diesem ambitiösen Werk offenbar nicht ganz geglückt.

Ich hoffe, daß diese Exzerpte aus den Werken angesehener moderner Kunsthistoriker dazu beigetragen haben, einerseits die Nützlichkeit der technischen Betrachtungsweise, wie ich es genannt habe, für die Probleme der Kunstgeschichte zu unterstreichen, andererseits aber auch die Beschränkungen aufzuzeigen, denen sie der Natur der Sache nach unterworfen ist. Alle Autoren, die ich zitierte, haben offenbar eine Idealvorstellung eines barocken Deckengemäldes und vergleichen dann Streeters Werk mit diesem Stil-Ideal. Eine ähnliche Methode wird von Sir John Summerson ganz bewußt in seiner Kritik des Entwurfs für das Gebäude angewandt. In seiner hochinteressanten Analyse, die zu lang ist, um sie hier zu zitieren, die aber leicht erhältlich ist, mißt er Wrens Frühwerk mit dem Maßstab der Kathedrale von St. Paul, dem Meisterwerk seiner reifen Jahre. Er zeigt, wie weit es noch hinter diesem zurückbleibt, aber wie viele der Lösungen, die sich später als so ungeheuer erfolgreich erweisen sollten, im »Puppenstadium« schon im Sheldonian gefunden werden können. Diese Methode hat zweifellos Verwandtschaft mit der Betrachtungsweise, die ich Poppers »Situationslogik« verdanke. Es ist immer aufschlußreich, die Situation zu untersuchen, in der der Künstler sich befand, die Alternativen, die ihm im Rahmen der Tradition, in der er zu arbeiten hatte, offenstanden, und die Entscheidungen, die er zwischen ihnen traf. Für den Kunsthistoriker ist diese Methode jedenfalls ergebnisreicher, als wenn man Streeter tadelt, er sei kein Michelangelo, oder Newton, er sei nicht Einstein. Dennoch unterscheidet sich die Kunst in dieser Beziehung von der Technik und der Naturwissenschaft: Die Situation, in der der Künstler schafft, ist viel weniger streng strukturiert. Es mag mehr als *eine* Methode geben, eine geometrisch ebene Decke zu konstruieren, aber es gibt buchstäblich ungezählte Methoden, ein Deckengemälde zu malen, und es ist viel weniger leicht festzustellen, welche von ihnen nach objektiven Gesichtspunkten als erfolgreich anzusprechen ist. Daher konnten unsere Sachverständigen sich nicht einmal über Streeters Leistung vollständig einigen. Der eine gibt zu, die Komposition habe »Einheit und Zusammenhang«, die Figuren seien »mit fester Hand gezeichnet« und die »Verkürzungen akzeptabel«; der andere leugnet, daß der Künstler imstande sei, »einheitliche Bewegungen darzustellen«, und findet manche der Verkürzungen »weitgehend mißverstanden«. Offen gestanden wüßte ich nicht, nach welchen Kriterien man zwischen diesen beiden sich widersprechenden Urteilen entscheiden könnte. Um eine Verkürzung beurteilen zu können, muß man vor allem den Punkt kennen (wenn es einen solchen gibt), von dem aus die Figur betrachtet werden soll. Und was die »Einheit« anlangt, so wissen wir zwar alle, was damit gemeint ist, aber es ist viel schwerer zu sagen, wie man den Begriff auf eine Komposition dieser Art anwendet. Die Kunstkritik ist keine exakte Wissenschaft. Daß sie es nicht sein kann, folgt schon aus dem von mir zitierten Grundsatz: *Individuum est ineffabile.* Es kann nie eine genügende Anzahl wohldefinierter Termini geben, um ein individuelles Kunstwerk zu beschreiben; noch weniger läßt sich das genaue Problem erschöpfend formulieren, das ein bestimmtes Kunstwerk zu lösen bestimmt war. Aber gerade hier hat sich der Stilbegriff als machtlos erwiesen, die Flut des Relativismus aufzuhalten. Zunächst schien es gewiß ein befreiender Schlag gegen die akademische Dogmatik, darauf zu bestehen – wie das die Romantiker taten –, daß eine gotische Kathedrale so grundlegend anderen künstlerischen und gesellschaftlichen Zwecken zu dienen hatte als ein griechischer Tempel, daß es ganz sinnlos sei, beide nach dem gleichen Maßstab zu messen. Aber schließlich dienen verschiedene Tempel auch verschiedenen

Zwecken, und laut der Autorität des Vitruv[16] soll ein dem Mars gewidmeter Tempel anders aussehen als einer, der der Venus geweiht ist. Vermutlich muß auch ein Tempel auf einem Hügel anders sein als einer in der Ebene, und dasselbe gilt von der Behandlung verschiedener Werkstoffe, wie Marmor und Holz. Aber wie weit soll eine solche Aufsplitterung gehen? So betrachtet, müßte man jedes Kunstwerk als sui generis ansehen, und am Ende wäre das einzige, woran wir uns halten könnten, eine sittliche Forderung nach Authentizität – etwas, was auch nie bewiesen werden kann. Das ist der Weg, der zur Abdankung der Kritik führt, denn vielleicht wollte der Künstler gerade wider alle Normen verstoßen. Warum sollte Streeter nicht bewußt auf korrekte Verkürzungen verzichtet haben? Warum könnte er es nicht auf den Konflikt zwischen dem goldenen Seilnetz und dem illusionistischen Effekt des Gemäldes abgesehen haben, auf den Croft Murray hingewiesen hat? Warum soll uns schließlich diese Dissonanz und Uneinheitlichkeit weniger gut gefallen als jene Harmonie, die von den hier zitierten Autoren stillschweigend verlangt wird? Daher erscheint auch heute noch ein radikaler Relativismus jene Stellungnahme zu sein, die sich in der Ästhetik am besten verteidigen läßt. Auch dafür gibt es ein lateinisches Zitat, das auf die Scholastik zurückgeht: *De gustibus non est disputandum.*

Wenn die Kunst eine bloße Sache des »Gefallens« wäre, so käme man nie über diesen Satz hinaus. Aber gerade hier, glaube ich, kann eine sozialwissenschaftliche Betrachtung als Korrektiv von großem Nutzen sein. Denn sie wird den Kunsthistoriker anregen, über die Funktion, beziehungsweise Funktionen, nachzudenken, die jenen höchst verschiedenen Tätigkeiten, die wir in Bausch und Bogen unter dem Namen Kunst zusammenfassen, in der Gesellschaft zukommen.

Die verschiedenen Bedeutungen des Wortes »Kunst«

Irgendwo im Westen von England gibt es eine Eisenbahnstation, in der ein großes Plakat verkündet, man befinde sich hier in einer Stadt, in der »die Kunst der Apfelweinberei-

---

[16] Buch I, Kap. 2.

tung« noch anerkannt wird. Sozialwissenschaftler werden daraus bestimmt nicht den Schluß ziehen, daß Apfelwein sich dort einer allgemeinen Beliebtheit erfreut, sondern vielmehr, daß es dort Kenner gibt, für die ein Apfelwein nicht wie jeder andere schmeckt. Unter derartigen lokalen Bedingungen können die Erzeuger so viel Wert auf ihre überlieferten Fertigkeiten setzen, daß sie den Anspruch erheben, sie pflegen eine Kunst. Sie tun etwas, was eben nicht jeder über Nacht erlernen kann, denn sowohl der Erzeuger wie der Beurteiler müssen ein Gefühl für Nuancen haben. Es gibt nicht viele menschliche Tätigkeiten, auf die sich dieses Modell nicht wenigstens teilweise anwenden ließe. Es gibt fast überall Grade der Vollkommenheit, Unterschiede in der Qualität, die von dem, was bloß zweckentsprechend ist, bis zu Spezialprodukten für ausgesprochene Kenner reichen. Wir haben gesehen, daß auch Wren seine Decke wenigstens teilweise in dieser speziellen Form entwarf, weil er seine Meisterschaft in der Holzkonstruktion zeigen wollte. Ich bin überzeugt, daß weder eine rein funktionalistische noch eine rein subjektive Kunstauffassung je korrekt sein kann. Menschen haben eben eine Unzahl der verschiedensten Bedürfnisse, praktische, symbolische und ästhetische, und Aktivitäten, die imstande sind, die größte Anzahl der verschiedenartigsten Bedürfnisse zu befriedigen, haben die beste Aussicht, sich zu festen Traditionen zu entwickeln. Tätigkeiten, in denen die ästhetische Funktion sich in dieser Weise zu einer festen Tradition entwickelt hat, nennen wir Kunstformen. Freilich, was immer das Plakat auch sagen mag, ist die Apfelweinerzeugung nicht ganz als Kunstform anerkannt, aber im 18. Jahrhundert fehlte der Gärtnerei nicht viel zur Erreichung dieses Ranges. Es wird viel Tinte darüber verspritzt, ob, sagen wir, die Fotografie oder der Film eine »Kunst« ist. Auf jeden Fall wäre es besser, zu fragen, ob sie Kunstformen sind – das heißt Betätigungen oder Techniken, die einer Vielfalt von Bedürfnissen entgegenkommen und manchmal danach streben, wegen des Genusses den sie uns bereiten können, geliebt und bewundert zu werden. Ich sage: »bereiten *können*.« Keine Kunst kann jedem gefallen, und zu keiner kann man Leute zwingen. Es genügt, daß sie für Menschen, die gelernt haben, daran Geschmack zu finden, potentiell eine Quelle des Genusses und der Freude ist.

Beim Studium der Architektur war man von jeher gezwungen, auf die Vielfalt gesellschaftlicher Bedürfnisse Rücksicht zu nehmen; man unterscheidet seit jeher zwischen dem Baumeister, der einen praktischen Beruf ausübt, und dem Architekten, der den Entwurf noch in anderer Richtung bereichert. Wie wir wissen, faßte Wren seine Aufgabe nicht einfach dahin auf, irgendein Gebäude hinzustellen, in dem man die *Encaenia* abhalten konnte. Das Gebäude mußte nicht nur der Bedeutung der Zeremonie angemessen sein, es sollte auch selbst Bedeutung haben. Und obwohl er gezwungen war, noch großartigere Pläne fallenzulassen, sorgte er dafür, daß das Innere der Veranstaltung würdig war und durch die Formen, die bei seiner Ausschmückung Verwendung fanden, ihre soziale Funktion symbolisch zum Ausdruck brachte. Aber dieses Ziel verband sich gleichzeitig zwanglos mit seinem Wunsch, den Raum so zu gestalten, daß er einen genußreichen Anblick bot. Im 18. Jahrhundert gab es in England eine Art von Bauten, die man *Follies* (Verrücktheiten) nannte, weil sie überhaupt keine praktische Funktion hatten, sondern nur – oder doch hauptsächlich – dazu da waren, grandios zu wirken. Vielleicht ist es aber vom soziologischen Standpunkt aus noch interessanter, daß allein die Tatsache des Bestehens einer prachtliebenden Geschmacksrichtung ihrerseits dem bewußten Verzicht auf jede Verzierung einen bestimmten Bedeutungsinhalt verlieh. Zu Wrens Zeiten waren die kahlen Wände von Kapellen und Versammlungsräumen ein Bekenntnis zum Puritanismus. Viel später ereignete sich noch einmal etwas Ähnliches, als die funktionalistische Richtung in der Architektur jede Art von Dekoration in Acht und Bann tat. Heute könnte man sich unschwer ein »Anti-Sheldonian« aus aufreizend roten Ziegeln und sehr viel Glas vorstellen, dessen Sinn es wäre, die Opposition zur Idee von Anstand und Dekorum möglichst aggressiv zu verkörpern.

Es ist nur ein Zufall der Sprache, daß sich beim Bildermachen nicht dieselbe Zweiteilung vollzogen hat wie die zwischen Architektur und Bauen schlechthin. Es ist klar, daß Malerei und Bildhauerei in demselben Sinne Kunstformen sind wie die Architektur; aber gleichzeitig verwenden wir das Wort Kunst ohne Unterscheidung für alle Arten des Bildermachens. Wir sprechen von der Kunst der Kinder oder von Kunsttherapie, unabhängig davon, ob das Endprodukt zum Genuß bestimmt oder geeignet ist. Es gibt noch ein anderes Gebiet, wo das gilt: Die Archäologie behandelt alle Ornamente und alle Bildwerke mit derselben Unparteilichkeit wie alle Gebäude und alle anderen Artefakte. Ein zukünftiger Archäologe, der hier Ausgrabungen anstellen würde, würde auf etwaige Reste der Proktorenrostra genau dieselbe Sorgfalt und Aufmerksamkeit verwenden wie, sagen wir, auf ein Fragment von Uccellos berühmtem Jagdbild, sollte sich eines an der Stelle, wo heute das Ashmolean-Museum steht, zufällig erhalten haben.

Warum kann der Kunsthistoriker nicht genauso alle Bildwerke einfach als Produkte einer bestimmten Kultur behandeln? Ich glaube, die Antwort ist einfach. Ein solches Streben nach wissenschaftlicher Objektivität würde zum Selbstmord unseres Faches führen. Vom rein praktischen Standpunkt bleibt dem Archäologen die Qual der Auswahl schon dadurch erspart, daß die Zahl der Denkmäler, auf die er sich stützt, nicht unbegrenzt ist. Bei uns ist die Sache ganz anders. Wenn wir uns wirklich entschlössen, alle Deckengemälde, oder auch alle Versammlungsräume, ganz gleich zu behandeln, würden wir unter einem solchen Wust von Material ersticken, daß die Schöpfungen Michelangelos oder Wrens in von Jahr zu Jahr immer unhandlicher werdenden Zettelkatalogen begraben würden. Der einzige Weg, dieses Datenmaterial zu zähmen, wäre die Verwendung des Computers und der Statistik, der Stichprobenmethode und der graphischen Kurve, mit deren Hilfe sich etwa zeigen ließe, daß die Ausdehnung der bemalten Fläche jeweils positiv oder negativ mit der Höhe des Unterrichtsetats korreliert ist. Das Resultat würde vielleicht einen Soziologen interessieren, aber mit Kunstgeschichte in unserem Sinn hätte es nichts mehr zu tun. Erinnern wir uns hier an die berühmte Rede des Odysseus in Shakespeares ›Troilus und Cressida‹: »Schaff ab die Rangordnung, verstimm die Saiten, und höre auf den Mißklang, der entsteht.« Ich weiß, es ist eine sehr reaktionäre Rede, und es ließe sich sehr wohl behaupten, es sei eine der wichtigsten Errungenschaften der heutigen Zeit, daß wir mit dem Glauben an allwaltende Hierarchien Schluß gemacht haben. Die Wissenschaft hat Rangordnung abgeschafft, und der Mißklang ist ausgeblieben. Moderne Tierforscher, wie die, die ich früher erwähnt habe, sprechen nicht mehr vom Königreich der Tiere. Sie beschäftigen sich mit dem gleichen Interesse mit dem experimentellen Meerschweinchen, mit den Ratten, die sie durch Labyrinthe laufen lassen, oder, wenn sie Genetiker sind, mit der unansehnlichen Fruchtfliege *Drosophila*, und dabei erweitern sie ständig unsere Kenntnisse. Aber worauf es hier ankommt, ist, daß die Wahl ihrer Versuchsobjekte zusammenhängt mit den Theorien, die sie prüfen und weiterentwickeln wollen. Mit anderen Worten: Sie verfügen über ganz bestimmte Kriterien der Auslese, die sie jederzeit auf rationaler Basis rechtfertigen könnten. Beim Studium der Bildwerke haben wir allerdings dieses Stadium noch lange nicht erreicht.

Ich hoffe sehr, daß auch dieses Thema zu seinem Recht kommen und wissenschaftlicher Behandlung zugänglich sein wird. Wenn es sich um das Prüfen einer wissenschaftlichen Hypothese handelt, kann man sich tatsächlich jede Art bildlicher Darstellung zunutze machen – Wirtshausschilder, Stickmuster, Plakate, Comic strips und sogar jene unglaublichen Nebenprodukte der Fremdenindustrie, die Scheußlichkeiten, die man in den Andenkenläden der ganzen Welt zu kaufen bekommt und die wirklich nicht in die Geschichte der Kunst gehören. Ich würde es sehr begrüßen, wenn die Sozialwissenschaftler mehr Interesse zeigten für dieses riesige Material, das heute fast gänzlich vernachlässigt ist. Wir Kunsthistoriker könnten uns erbötig machen, ihnen zu helfen, etwas zu finden, was die Rolle der Fruchtfliege in der Genetik übernehmen könnte, oder auf Versuchsmaterial hinzuweisen, das geeignet wäre, gewisse Theorien zu testen. Ich selbst habe einmal etwas Derartiges unternommen. In meinem Buch ›Kunst und Illusion‹ untersuchte ich die Mittel, die zur Erreichung von Illusion in bildlichen Darstellungen angewandt wurden, und machte mir Gedanken über die sozialen Kräfte, die zu dieser Entwicklung führten. Meine Betrachtungsweise war verhältnismäßig neu, und so konnte es kaum ausbleiben, daß ich teilweise mißverstanden wurde. Ich hatte nie die Absicht, illusionistische Kunstgriffe mit Kunst im wertenden Sinn des Wortes gleichzusetzen. Sie können in der Andenkenindustrie Verwendung finden, aber auch großen Künstlern wie Constable die Möglichkeit geben, Werke zu schaffen, die für uns eine Quelle der Bewunderung und des reinsten Genusses sind.

Ich habe vorher noch ein anderes Buch geschrieben, allerdings für ein anderes Publikum, und zwar ›Die Geschichte

der Kunst‹. Ich nahm mich sehr in acht, mich auf keine feste
Definition des schwer einzufangenden Begriffs der Kunst
einzulassen, sondern versuchte, wie heute auch, die vielfältigen Funktionen des Bildermachens zu betonen. »Das Geheimnis des Künstlers liegt darin, daß er seine Sache so unglaublich gut macht, daß wir vor lauter Bewunderung fast
vergessen zu fragen, was denn die Sache sein sollte.«[17] So
betrachtet, kann man mit Recht behaupten, die Geschichte
der Kunst sei eine Geschichte von Meisterwerken und von
ihren Schöpfern, den »alten Meistern« – eigentlich ein sehr
guter Ausdruck.

Übrigens glaube ich, daß die Vielfalt der gesellschaftlichen
Funktionen des Bauens und des Bildermachens den Sozialwissenschaftler, der an der Aufklärung dieser Probleme mitarbeiten möchte, vor die Notwendigkeit stellt, die Sache von
mehr als einer Seite anzupacken. Denn das Phänomen der
Meisterschaft, das sowohl in der Kunst der Apfelweinerzeugung wie in der Bildhauerkunst eine so große Rolle spielt, ist
sicher auch etwas, was in sein Gebiet fällt.

Gesellschaft und Meisterschaft

Ethnologen können uns sicher sehr viel darüber erzählen,
wie der menschliche Hang nach Rivalität und Bewunderung
in verschiedenen Gesellschaften zum Ausdruck kommt.
Johan Huizinga hat in seinem Buch ›Homo ludens‹[18] viele
Beispiele dieser Art, von Kriegsspielen bis zu Rätselwettbe-
werben, zusammengestellt, um zu zeigen, wie universell und
wie fundamental das Bedürfnis nach Rangordnung ist. Ge-
naugenommen dient ja dieses Gebäude und die Institution,
für die es da ist, demselben Bedürfnis – denn was sind die
Doktorwürde und die verschiedenen Preise, die hier verlie-
hen werden, wenn nicht ein Ausdruck der Freude an der
Rangordnung? Was uns hier nun beschäftigen muß, ist gera-

[17] Stuttgart 2. Aufl., S. 478.
[18] Ich habe dieses wichtige Buch in einem Aufsatz besprochen: ›Huizinga's
Homo ludens‹, in: Bijdragen en Mededelingen betreffende de Geschiedenis der
Nederlanden 88,2 (1973), S. 275–296; diese Nummer wurde auch separat veröffentlicht unter dem Titel: ›Johan Huizinga, 1872–1972‹. Hrsg. von W. R. H.
Koops u. a. Den Haag 1973, wieder abgedruckt im ›Times Literary Supplement‹,
4. 10. 1974.

de das Problem, das ich vorher beiseite gelassen habe: das Problem objektiver Kriterien der Meisterschaft. Es ist leicht festzustellen, wer ein Rennen gewonnen hat. Aber selbst sportliche Wettkämpfe sind nicht immer ganz so eindimensional. Im alten Pentathlon mußte man in fünf Sparten antreten, um seine Meisterschaft zu beweisen; aber auch hier handelte es sich für den Schiedsrichter um eine mehr oder minder mechanische Rechenoperation. Selbstverständlich werden auch beim Sport oft Entscheidungen nach einem System gefällt, das verschiedenen Aspekten der Leistung Pluspunkte zuerkennt, wie dies auch bei unseren Universitätsprüfungen üblich ist. Sobald diese Dinge oft öffentlich debattiert werden, etwa im Zusammenhang mit einem Schiedsspruch, bilden sich auch erfahrene Kenner heraus, die das Augenmerk auf feinere Nuancen richten, und dieser Prozeß der Verfeinerung macht den Begriff der Meisterschaft zwar esoterischer, aber deswegen nicht notwendigermaßen auch subjektiver. Wo das subjektive Empfinden unter Umständen stark mitspielt, ist die Bedeutung relativ, die verschiedene Richter den einzelnen Aspekten zuerkennen. So kommt es zur Bildung von Parteien begeisterter Anhänger bestimmter Spieler, die neben ihrem Helden niemand anderen gelten lassen. Es gibt wohl keine Kultur oder Subkultur, wo man nicht diese Entwicklung bestimmter Standards und das Bestehen einer charakteristischen dazugehörigen Atmosphäre beobachten könnte – mag es sich um »Aficionados« von Stierkämpfen handeln, um Ballettomanen oder auch um Jazzenthusiasten.

Manche dieser Phänome haben eine kurze Laufzeit, der Held der Stunde ist ebenso schnell wieder vergessen; aber wie wir wissen, ist das nicht immer so. Zu allen Zeiten müssen sich Kinder von ihren Eltern erzählen lassen: »Ja, wenn ihr den Soundso gesehen hättet, der hätte alle eure heutigen Größen einfach in den Sack gesteckt.« Wenn ich es schematisch sagen darf, werden Leistungen auf diese Weise zu Legenden und nehmen mythische Proportionen an: Das Heldentum des Achilles, die Verschlagenheit des Odysseus, die Geschicklichkeit des Daedalus repräsentieren Höchstleistungen, an denen alle anderen gemessen werden, obwohl es jedem einzelnen überlassen bleibt, sich ihr Ausmaß vorzustellen. Aber selbstverständlich müssen sie übermenschlich gewesen sein, weit über alles hinausgehend, was ein gewöhnlicher Sterblicher in seinen kühnsten Träumen gewagt hätte. Von hier aus ist es nur ein Schritt zu den echten Unsterblichen, die als ins Mythische gesteigerte Verkörperung menschlicher Züge angesehen werden können, sei es apollinischer oder dionysischer Natur.

Das ist der Punkt, auf den ich kommen wollte: Vom Standpunkt der Anthropologie sind die alten Meister sozusagen Kulturheroen, aber Heroen, deren Leistungen nicht nur in alten Legenden gefeiert werden, sondern von der Gesellschaft sorgfältig aufbewahrt werden als Vorbild und Ansporn für spätere Generationen. Erinnern Sie sich, wie die Virtuosi in Streeters Atelier einen imaginären Wettkampf zwischen ihrem Zeitgenossen und dem großen Rubens veranstalteten und überzeugt waren, er wäre der Sieger – außer Pepys, der nicht so sicher war. Und erinnern Sie sich auch der prahlerischen Worte Robert Whitehalls, daß der neue Champion Michelangelo in den Schatten stellen werde, eine Hyperbole, die auch damals beinahe blasphemisch geklungen haben muß.

Vielleicht ist es jetzt auch ein wenig leichter zu erklären, warum solche schiedsrichterlichen Urteile autoritär und dogmatisch wirken. Denn das, wonach man die Werke großer Künstler beurteilt, läßt sich nicht nach Punkten quantifizieren. Roger de Piles' kühnes Unterfangen am Anfang des 18. Jahrhunderts, eine solche Klassifizierung vorzunehmen, sollte ein für allemal die Unmöglichkeit eines derartigen Vorhabens bewiesen haben[19]. Denn die wahre Meisterschaft ist nicht nur mehrdimensional, sie weiß sich auch mit unendlicher Anpassungsfähigkeit immer wieder zu helfen, indem sie neue technische Lösungen entwickelt oder etwaige technische Unzulänglichkeiten nach einer ganz überraschenden Richtung hin zu kompensieren versteht. Was Wunder, daß eine solche Vielfalt der Leistung nie zustande kommen könnte, wenn der Meister sein Wunderwerk aus dem Nichts heraus hätte schaffen sollen! Es ist daher ganz richtig, wenn man dem Stil eine große Rolle zuschreibt, denn er läßt uns an die schon vorgebildeten Elemente denken, ohne die ein komplexeres Meisterwerk nie zustande kommen könnte.

---

[19] Roger de Piles, Cours de peinture par principes avec une balance des peintres. Paris 1708. Eine Diskussion dieses Versuchs findet sich in Jakob Rosenberg, On Quality in Art. Princeton 1967, Kap. II.

Was Whitehalls Vergleich zwischen Streeter und Michel-angelo so unfair macht, ist ja gerade, daß dem englischen Maler derartige Vorstufen fehlten. Sie mußten ihm fehlen, weil die Gesellschaft, in der er wirkte, soeben erst der ikono-klastischen Einstellung gegen religiöse Bildwerke und der puritanischen Verwerfung des Luxus entwachsen war. Die Bedürfnisse der Kenner und Sammler wurden vom Ausland befriedigt und der Bedarf an Porträts hauptsächlich von aus-ländischen Malern gedeckt, die sich in England niedergelas-sen hatten. Es spricht für Streeters Begabung, daß er imstan-de war, ein so großes Handicap verhältnismäßig erfolgreich zu überwinden. Und es spricht für Wrens Genialität, daß er über einen ähnlichen Mangel an Voraussetzungen und Aus-bildung triumphierte, indem er nach Frankreich ging, um die Spielregeln zu erlernen.

Gewiß ist die Kunst mehr als ein Spiel, und doch scheint es mir ein Vorteil des Begriffes der Meisterschaft zu sein, daß wir in diesem Zusammenhang den Vergleich mit dem Spiel ungescheut verwenden können. Denn genau wie die Kunst bedürfen Spiel und Sport des geeigneten sozialen Klimas, der richtigen Tradition, um zu dem hohen Niveau zu gelangen, das wir mit dem Begriff der Meisterschaft verbinden. Beim Tennischampion oder Schachmeister müssen bestimmte Re-aktionsweisen und Erwartungen schon automatisch gewor-den sein, und dazu bedarf es des geistigen Klimas, auf das ich angespielt habe, ein Milieu von leidenschaftlich interessier-ten Liebhabern, die die Leistungen einzuschätzen und zu kritisieren vermögen. So viel ist also richtig an der Einstel-lung, die ich den stilistischen Relativismus genannt habe, daß Stile darin Spielen gleichen, als sie alle ihre eigenen Kriterien des Erfolges haben. So wurde etwa Grinling Gibbons zu seiner Zeit der anerkannte Champion dekorativer Holz-schnitzerei, und es kann uns leid sein, daß er erst 1648 gebo-ren war und so zur Zeit, als das Sheldonian ausgeschmückt wurde, noch nicht allgemein genug bekannt war, daß Wren ihn schon damals herangezogen hätte, wie er es später oft tat. Andererseits würde sich natürlich kein vernünftiger Mensch kränken, daß Gibbons nicht den Auftrag erhielt, die Alham-bra zu dekorieren. Läßt sich nun daraus folgern, daß Lei-stungen nur innerhalb desselben Stils – oder Spiels – vergli-chen werden können? Wie wir gesehen haben, führt diese weitverbreitete Ansicht unausweichlich zum radikalen Relativismus, wahrscheinlich deshalb, weil Kunst eben doch kein Spiel ist und die Regeln der Kunst sich fortwährend verschieben.

Das technische Können, das Grinling Gibbons auszeichnete, und der Geschmack, mit dem er sein Können ausübte, sind gewiß unserer Bewunderung wert. Wir können auch ohne weiteres zugeben, daß zwischen seiner Kunstfertigkeit und dem Können, das die Mauren aufgrund einer langen Tradition entwickelt hatten, keine Vergleichsmöglichkeiten bestehen. Aber ich sehe nicht ein, warum einen das hindern sollte, auch in diesem Fall »ein Werturteil« zu fällen. Die großen dekorativen Stile der anglo-irischen Flechtornamentik und der Arabeske gehören zu den ganz großen Errungenschaften der Menschheit, und sie kommen unserer Idee von Kunst im wertenden Sinn näher als das dekorative Kunsthandwerk der Restaurationsperiode in England. Schließlich gibt es auch bei Spielen eine Rangordnung: Das »Flohspiel« ist sicher gar nicht leicht, aber Schach wird doch im allgemeinen höher geschätzt.

Der Olymp der Kunst nicht weniger als der der Mythologie bietet Raum für die verschiedensten Rangstufen, von bescheidenen Elflein bis zu den ehrfurchtgebietenden mächtigen Geistern. Grinling Gibbons hat seinen sicheren Platz in dem Vorgebirge, und sogar für Streeter wird sich an irgendeinem Abhang ein Plätzchen finden. Rubens und Michelangelo gehören zu den wahren Unsterblichen: In dem einen verehren wir den Gott der überschwenglichen Sinnenfreude, in dem anderen die Verkörperung höchster Kraft und Erhabenheit. Wir können sie als göttlich anerkennen, auch ohne an ihren Altären zu beten.

Ich glaube, daß die Sozialwissenschaft in der Beschreibung dieser Kulte und ihrer Stellung in unserer Kultur ein weites Feld vorfände. Sie könnte ihre Entwicklung und die Schwankungen ihres Einflusses anhand der Preise studieren, die für die Werke bestimmter Meister auf Auktionen gezahlt wurden, an der Verbreitung von Reproduktionen oder an der Popularität von Pilgerfahrten zu ihren Kultstätten. Sie könnten sich für die Entstehung exklusiver und sogar abtrünniger Sekten interessieren oder für Kulturheroen, die immer nur von einer kleinen Minorität inbrünstig verehrt wurden, und untersuchen, wie das Schwanken ihres Ruhmes mit anderen sozialen Bewegungen zusammenhängt[20]. Auch zu der Frage, welche äußeren Umstände der Verehrung alter Meister günstig sind und welche den Stolz auf zeitgenössische Errungenschaften fördern, ließe sich wahrscheinlich viel Interessantes finden. Denn nicht einmal Spiele gedeihen im luftleeren Raum, ohne Zusammenhang mit anderen gesellschaftlichen Strömungen.

Die Atmosphäre im Hause Lorenzos de' Medici, in der Michelangelo seine Entwicklungsjahre verbrachte, ist sicher ein Faktor in der Entwicklung seiner Meisterschaft, den kein Biograph vernachlässigen dürfte. Den Zeitgenossen Michelangelos war es selbstverständlich, daß das Streben nach Ruhm den Künstler befeuerte, und Ruhm seinerseits bedarf der Gelegenheit zur Leistung und zu ihrem Bekanntwerden. In seinem ›Leben des Perugino‹ gibt Vasari eine vollständige soziologische Analyse der florentinischen Verhältnisse; er sucht den besonderen Geist, der dort herrschte, auf den Wettstreit unter den Künstlern zurückzuführen und erklärt Peruginos Rückgang damit, daß er sich aus diesem kräftigenden geistigen Klima zurückgezogen hatte[21]. Aber hier müssen wir uns, wie so oft, in acht nehmen, daß uns die Logik der Situation nicht dazu verleitet, etwas für ein Gesetz zu halten, was nur eine Deutung einer bestimmten Entwicklung darstellt. Es war nicht der Wettstreit, der in den späteren Generationen florentinischer Künstler und ihrer Auftraggeber nachließ. Im Gegenteil, er nahm vielleicht noch zu. Benvenuto Cellini, Baccio Bandinelli, auch Vasari selbst, waren voll Eifer, sich mit anderen zu messen und ihr Können zur Schau zu stellen. Warum also nehmen sie am Olymp tiefer gelegene Plätze ein? Woher kommt es, daß trotz des großen Interesses für den Stil des Manierismus und der erneuten Wertschätzung, der sich diese raffinierten Künstler erfreuen, noch niemand behauptet hat, er schulde Baccio mehr als Michelangelo?

Gerade an diesem Punkt, wenn es zur Wertfrage kommt – der Frage, die für den Kunsthistoriker zentral ist und immer bleiben wird –, würde der Sozialwissenschaftler, wie ich glaube, jede weitere Auskunft verweigern. Er ist es nicht

[20] Die Krise der Kulturgeschichte, S. 35–90 in diesem Band.
[21] Siehe meinen Aufsatz ›The Leaven of Criticism in Renaissance Art‹, in: The Heritage of Apelles. Oxford 1976, S. 111–132.

gewohnt, gefragt zu werden, ob die religiösen Anschauungen, die er studiert, wahr oder falsch sind, und ebensowenig könnte er sich dazu äußern, ob die Bewunderung für einen bestimmten Stil oder einen bestimmten Künstler mehr Berechtigung hat als die für andere Stile oder Künstler. Als Sozialwissenschaftler ist er an sein soziales Beweismaterial gebunden, und dieses Material hat prinzipiell nichts mit Werten zu tun. Anders ausgedrückt: Der Sozialwissenschaftler kann sagen, wer die »Top-Ten« in einem bestimmten Augenblick sind oder waren – die zehn populärsten Popstars oder -gruppen. Aber er kann sich nicht auf die Auswahl einer ersten Elfermannschaft einlassen. Im ersten Fall genügt es, das wahre oder manipulierbare Resultat von Verkaufsstatistiken zu kennen. Zur Auswahl der ersten Mannschaft gehört mehr als eine bloße Kenntnis ihrer bisherigen Leistungen. Es gehört auch Vertrauen dazu.

Die Bewährung des Kanons

Da ich weder ein besonderer Sportenthusiast noch gar ein »Pop-Fan« bin, flog mir dieser Vergleich aus der Zeitungskritik einer Ausstellung zu, in der es hieß, Salvator Rosa gehöre eigentlich nicht ganz zur ersten Elfermannschaft; daran ist etwas Wahres, denn obwohl der Name Salvator Rosas im späten 18. Jahrhundert sprichwörtlich geworden war, so kann sein Werk doch nicht wirklich neben dem der größten Meister seiner Zeit, etwa Claude Lorrain und Rembrandt, bestehen. Was wir oft von diesen überragenden Meistern sagen, ist, daß sie zum Kanon gehören. Gerade ein solcher Kanon ist es ja, der bei dem Vorgehen stillschweigend vorausgesetzt wird, das ich als kritischen Relativismus bezeichnet habe. Die Beurteilungen von Streeters Werk, die ich oben zitiert habe, setzen alle ein solches unausgesprochenes Wissen um den Kanon voraus. Wenn Croft Murray von einem »barocken Rezept ohne barocke Würze« spricht, so benutzt er offenkundig Pietro da Cortona oder (mit weniger Berechtigung) Tiepolo als seinen Standard. Wenn Sir John Summerson das Sheldonian beurteilt, mißt er es gegen Wrens eigenen Kanon, vor allem St. Pauls.

Der Ausdruck Kanon stammt von den Schullehrern der Antike, die eine Liste von vorgeschriebenen Texten aufstellten, denen die Schüler nacheifern sollten, und daher umgibt das Wort bis heute ein leichter Hauch akademischer Orthodoxie. Es entstand die Vorstellung, daß der Kanon von pedantischen Professoren aufgestellt worden sei, aber das ist eine riesige Überschätzung professoraler Macht. Es gibt keine hochentwickelte Kultur, in der es keinen überlieferten Kanon gibt, an dem Meisterleistungen gemessen werden, aber nicht in allen Kulturen wird die gleiche Art der Meisterschaft so gewertet. In der Antike konzentrierte man sich vor allem auf Poesie und Rhetorik, während Maler und Bildhauer hauptsächlich als Illustrationen für verschiedene Formen der Meisterschaft herangezogen wurden. Denn nicht nur in der Antike, sondern zu allen Zeiten bis auf den heutigen Tag beschäftigt sich die Kunst- und Literaturkritik damit, Meisterwerke zu analysieren und die einzelnen besonders bewundernswerten Züge zu klassifizieren, um auf diese Weise den Reichtum menschlichen Erlebens, der im Kanon verkörpert ist, herauszuarbeiten.

Dazu ein Beispiel aus Cicero, das sich durch willkommene Kürze auszeichnet: »Isokrates hat Süße, Lysias Scharfsinn, Hyperides Urteilskraft, Äschines Klangschönheit und Demosthenes Kraft.«[22]

Der wesentliche Unterschied zwischen mythologischen Studien und dem Studium des Kanons besteht darin, daß es sich beim Kanon um menschliche und nicht um göttliche Eigenschaften handelt. Ob Apollo wirklich rachsüchtig war, ist keine sehr sinnvolle Frage, aber wir können versuchen herauszufinden, ob Isokrates tatsächlich die Gabe der Süße besaß – allerdings müssen wir dazu so gut Griechisch können, daß wir die Nuancen der Meisterschaft erfassen können, die in der griechischen Rhetorik gepflegt und geschätzt wurden.

Ich fürchte, wir sind wieder an einem gefährlichen Punkt angelangt. Der Wind trägt den Kanonendonner und den Pulvergeruch zu uns herüber. »Was hat Kunst mit Wissen zu tun, und was kann es für einen Sinn haben, davon zu sprechen, daß man ein Kunstwerk ›versteht‹? Wir können nie wissen, was es für seinen Schöpfer bedeutete, denn auch wenn wir es aus seinem eigenen Munde hätten, könnte es sein, daß er es selbst nicht wußte. Die Bedeutung eines

---

[22] De oratore, iii, 28.

Kunstwerks ist die Bedeutung, die es für uns hat. Ein anderes Kriterium gibt es nicht.«[23]

Dieses Argument ist natürlich die letzte Zuflucht des ästhetischen Relativismus. Denn wenn alle unsere Reaktionen gleich subjektiv sind, dann kann es keine Standards geben und daher auch keinen Kanon. Er müßte von selbst zusammenbrechen. Ich gestehe, daß mich jedesmal, wenn ich in diesen Streit hineingezogen werde, ein Gefühl der Unwirklichkeit überfällt. Mir kommt es vor, als müßte ich einem Marsbewohner, der kein Gehör besitzt, erklären, was Musik für mich bedeutet. Für ihn müßte die Aufführung eines Beethoven-Quartetts ein höchst sonderbarer Anblick sein: Er würde vier Menschen dasitzen sehen, die Schafdärme und Roßhaar aneinander reiben, um die Luft in Schwingungen bestimmter Frequenzen zu versetzen. Es würde sehr schwer sein, ihm begreiflich zu machen, daß das ein so angenehmes Kitzeln in meinen Ohren erzeugt, daß ich sogar bereit bin, dafür zu zahlen, und daß ich und viele andere die größte Verehrung für den Mann empfinden, der die Instruktionen für diese Lufterschütterung niedergeschrieben hat. Ich gebe zu, daß das unseren Marsbewohner nicht daran hindern würde, trotzdem eine gelehrte Abhandlung über die Rolle des Konzertwesens in unserer Gesellschaft zu schreiben, aber er könnte natürlich nie verstehen, was ein Konzert von einem magischen Ritual unterscheidet.

Nehmen wir weiter an, in dem Konzert würde unter anderem Beethovens Streichquartett op. 132 in a-Moll aufgeführt, dessen langsamer Satz die Überschrift trägt: ›Heiliger Dankgesang eines Genesenen an die Gottheit, in der lydischen Tonart‹; es wäre natürlich möglich, daß es sich dabei um eine rituelle Tonfolge handelte, die in Befolgung einer abergläubischen Formel komponiert und gespielt würde. Dazu kommt, daß die letzten Beethoven-Quartette nicht nur für Marsbewohner schwer zu verstehen sind. Nicht nur den Menschen einer fremden Kultur, sondern der überwältigenden Mehrheit derer, die unserer Kultur angehören, fehlt der Zugang dazu. Sie werden sicher nie unter den »Top Ten« aufscheinen, aber sie gehören zum Kanon, und zwar mit vollem Recht. Denn die, die sich wirklich interessieren und

[23] Bezüglich einer Kritik dieses Standpunktes siehe D. E. Hirsch, Validity in Interpretation. New Haven 1967.

nicht nachgeben, werden mit der Zeit imstande sein, selbst die Authentizität der tiefen Empfindungen zu beglaubigen, die in dieser Tonfolge eingeschlossen sind, und zu verstehen, in welcher Weise der Andante-Teil dieses Satzes seine Überschrift ›Neue Kraft fühlend‹ ausdrücken kann. Wenn sie die Tonsprache der klassischen Musik gut kennen, wird ihnen schließlich auch klarwerden, warum Beethoven für diese einzigartige Komposition die selten verwendete archaische lydische Tonart wählte.

Wer sich für ein Werk begeistert, das ein anderer nicht versteht, läuft leicht Gefahr, nach dem neuesten Sündenregister des Verbrechens des Elitismus angeklagt zu werden. Anders gesagt: Wer an die objektive Geltung des Kanons glaubt, wird verdächtigt, sich für etwas Besseres zu halten als die gewöhnliche Menschheit. Aber dieser Verdacht ist ganz unberechtigt, denn gerade aus diesem Glauben folgt ja, daß es eine Unzahl von Meisterwerken in vielen Stilen und Kunstgattungen geben muß, die uns nicht zugänglich sind.

Ein Beispiel dafür ist die chinesische Kalligraphie, die in der Kultur der Chinesen eine Rolle spielt, die sich sehr gut mit der Rolle der Musik in der unseren vergleichen läßt. An dem Beispiel dieser Kunst, die unserer eigenen Erfahrung und unserem Erleben so fern liegt, läßt sich vielleicht am besten zeigen, was der ästhetische Objektivismus besagt.

In der aufschlußreichen Einleitung zu seinem Buch über diese Kunst bemerkt Professor Chiang Yee mit Recht: »Für Menschen, denen der Sinn für abstrakte Schönheit im visuellen Bereich abgeht oder die nicht imstande sind, ihn mit chinesischen Schriftzeichen zu verbinden, muß das Gebaren von chinesischen Kennern, die vor Begeisterung über eine einzige Zeile oder eine kleine Gruppe von Zeilen, die anscheinend keinen logischen Sinn besitzen, völlig außer sich geraten, an Verrücktheit grenzen. Aber ihr Enthusiasmus ist durchaus berechtigt, und die Absicht dieses Buches ist es, zu erklären, worin dieser Genuß besteht.«[24]

Es spricht für des Autors Feinfühligkeit, Verständnis und Geschicklichkeit, daß er imstande ist, dieses Versprechen zu halten und uns zu überzeugen, daß die chinesischen Kenner alles eher als verrückt sind. Ja, vielleicht haben wir am Schluß sogar eine Ahnung davon, was einer von ihnen sagen

[24] Chiang Yee, Chinese Calligraphy. London 1938.

wollte, als er eine Reihe von Fehlern aufzählte: »Die Handschrift verschlossener Menschen ist steif und gestelzt. Undisziplinierte Naturen verletzen nicht nur die Regeln, die gebrochen werden dürfen, sondern auch die, die unverletzlich sind. Ununterbrochene Sanftheit wirkt schließlich verweichlicht und ungezügelter Mut harsch.«[25]

Man versteht dann allerdings auch, was Arthur Waley meinte, als er einer Dame, die ihn fragte, wie lange man brauche, um die als »Gras-Schrift« bekannte chinesische Kursivschrift zu beherrschen und ihre Feinheiten zu würdigen, zur Antwort gab: »Hm – sagen wir, fünfhundert Jahre.« Beachten Sie, daß die Antwort alles eher als relativistisch ist. Niemand wußte besser als er, daß hier etwas vorhanden war, das gelernt werden konnte, aber er gab gleichzeitig zu verstehen, daß er nicht zur Schar der Erwählten gehörte.

Der Relativismus war eine Reaktion gegen die Ästhetik des 18. Jahrhunderts, die lehrte, daß unser Reagieren auf Kunstwerke in der »Natur des Menschen« begründet sei und daher universell sein müsse[26]. Die Gründe, warum dies nicht der Fall sein kann, verstehen sich beinahe von selbst. Und trotzdem scheint es mir, daß diese Ansicht, die im 18. Jahrhundert vorherrschend war, unserer Beachtung wert ist. Es ist doch bestimmt etwas Wahres daran, daß die Empfindungen und Seelenzustände, die wir in der Kunst verkörpert sehen, also die Dankgefühle eines Genesenen, das Gefühl zurückkehrender Kraft, Disziplinlosigkeit oder Verweichlichung, allgemein menschliche Zustände sind. Daran festzuhalten bedeutet nicht, daß man die unendliche Plastizität der »Natur des Menschen« außer acht läßt oder leugnet, daß die Einstellung zu Krankheit, Disziplin oder Verweichlichung die verschiedensten Formen annehmen kann. Alles, was man dazu glauben muß, ist, daß die Elemente, die in diese Kunstformen eingehen, letzten Endes zum allgemeinen Erlebnisschatz der Menschheit gehören. Womit natürlich nicht gesagt sein soll, daß man Kunst mit dem Ausdruck von Gefühlen gleichsetzen kann. Gefühl allein wird nie ein Meisterwerk zustande bringen, ebensowenig wie technisches Können allein. Aber alle Künste – Musik, Kalligraphie, Tanz,

[25] Ebd., S. 203.
[26] Arthur O. Lovejoy, ›The Parallel between Deism and Classicism‹, in: Essays in the History of Ideas. Baltimore 1948, 1960, S. 78–98.

Lyrik, Malerei oder Architektur – senden ihre Wurzeln tief in den gemeinsamen Boden allgemein menschlicher Regungen[27].

Aber zurück zu unserem Exemplum: Sehen wir, ob unsere Behauptung sich auch hier bewahrheitet. Die offizielle Beschreibung von Streeters Deckengemälde eignet sich zu dieser Prüfung recht gut. »In festlicher Stimmung treiben andere kleine Wesen Kurzweil in den Wolken mit Gewinden aus Blumen und Lorbeeren und flechten Lorbeerkränze als Sinnbild der Ehre und des Ergötzens, das mit der Liebe zur Wissenschaft und Kunst und ihrem Studium verbunden ist.«

Selbstverständlich muß man etwas von der Symbolik unserer Kultur verstehen, um zu wissen, daß Lorbeeren Ruhm bedeuten. Die »Bedeutung« von Rosen als Zeichen festlicher Freude ist nicht so streng festgelegt, aber es ist nicht schwer zu verstehen, warum man zu diesem Zweck eher Rosen als Disteln wählt[28]. Gewiß, die ganze Vorstellung von Ruhm, Ehre und innerer Befriedigung als etwas, was mit akademischen Studien verbunden sein kann, ist kulturbedingt und mag in anderen Kulturen, in denen etwa Askese, kriegerische Tätigkeit oder ein Schlaraffendasein besonders geschätzt werden, nicht ohne weiteres verständlich sein. Aber es würde mich sehr erstaunen, wenn uns Ethnologen mit einem Stamm bekannt machen würden, dem die Idee von Kindern, die in festlicher Stimmung fröhlich spielen, ganz unverständlich wäre, obwohl ich zugeben muß, daß sich gar manche über ihre Fähigkeit, sich schwerelos in den Wolken zu tummeln, wundern würden.

Freilich kann man nie genug betonen, daß es in der Kunst wie im Leben Grade des Verstehens gibt und daß weder unser Anteil am Allgemein-Menschlichen noch eine noch so gründliche theoretische Vorbereitung Gewähr gegen Mißverständnisse sein kann[29]. Denn ob wir eine menschliche

[27] Siehe meine Aufsätze ›Ausdruck und Aussage‹, in: Meditationen über ein Steckenpferd. Frankfurt 1978, S. 108–138; und ›Freuds Ästhetik‹, in: Literatur und Kritik (1967), S. 30–40.

[28] Ich habe diesen Punkt in meinem Aufsatz ›The Use of Art for the Study of Symbols‹, in: American Psychologist 20 (1965), S. 34–50, behandelt; der Aufsatz wurde in J. Hogg (Hrsg.), Psychology and the Visual Arts. Harmondsworth 1969 nachgedruckt.

[29] Bezüglich der Folgerungen aus der Tatsache, daß es Grade des Verstehens gibt, siehe meinen Aufsatz ›Malraux und die Krise des Expressionismus‹, in: Steckenpferd, S. 140–153.

Äußerung emotionell richtig deuten, wird letzten Endes ebenso von der »Logik der Situation« abhängen, die auch für unsere Beurteilung von Ereignissen im sozialen Leben maßgebend ist. Während wir jedoch menschliche Handlungen aufgrund des Rationalitätsprinzips zu verstehen suchen, das angibt, wie ein bestimmtes Ziel am besten erreicht werden kann, sind wir zum Verständnis menschlicher Reaktionen darauf angewiesen, wie wir selbst unter den gleichen Umständen reagieren würden.

Wenden wir uns einem anderen Motiv unseres Deckengemäldes zu, das allerdings durch die Orgel verdeckt ist, aber von Whitehall in seinem Gedicht geradezu mit Gusto beschrieben wird:

> Die Zähne fletschend, Augen rot und wild,
> Ein blutbeflecktes, furchterregend Bild
> Der Geist der Plünderung, den Dolch und Feuerbrand,
> Die Lieblingswaffen, in erhobner Hand,
> Verheerend wie ein Wolf und jeder Rücksicht bar,
> Bekannt uns erst durchs achtundvierz'ger Jahr –
> Voll Haß für Wissenschaft und was da recht und bieder,
> Doch wie ein Herkules ein Genius schlägt ihn nieder.[30]

Ich glaube, man darf annehmen, daß man, auch ohne die kulturellen Zusammenhänge zu kennen, im großen und ganzen versteht, was dieses Ungeheuer bedeutet. Ich kann mir nicht vorstellen, daß es irgendwo Menschen geben könnte, die es sympathisch fänden, obwohl ich zugeben muß, daß es heute manchen Leuten einfach komisch vorkommen würde. Aber über diesen allgemein verständlichen Eindruck hinaus, daß dieses Geschöpf offenbar nichts Gutes im Schilde führt, gibt es noch eine Unzahl Bedeutungsstufen, die zum vollständigen Verständnis dieses Symbols des Bösen gehören.

Mir zum Beispiel kam es erst durch Whitehalls Erwäh-

---

[30] With grinning teeth, sharp fangs and fiery eyes
Besmeared with blood of friends and enemies
Rapine appears: a flambeau and dagger are
His weapons of delight with arms stript bare
Wolf-like devouring, lying still in wait,
Unseen 'till now (except in 48)
He Magistracy hates, abhors the Gown
But a Herculean Genius strikes him down.

nung der Jahreszahl 1648 zum Bewußtsein, was für Erinnerungen diese Personifikation von Raub und Plünderung kaum zwanzig Jahre nach dem Triumph Cromwells in vielen ihrer Beschauer wachgerufen haben muß. Es zeigt sich hier wieder, daß die Kenntnis der historischen Situation uns dazu verhilft, die Wahl und den Sinn von Streeters Programm voll zu verstehen. Aber worauf es im gegenwärtigen Zusammenhang noch mehr ankommt, ist die Einsicht, daß ein solches Verständnis auch die Kenntnis der Situation im damaligen künstlerischen Schaffen voraussetzt. Was man sowieso erwartet, bleibt unter der Schwelle des Bewußtseins; in der Kunst wie im Leben stumpfen Klischees sich ab, und ihre ursprüngliche emotionelle Bedeutung geht fast ganz verloren. Das spielt auch hier eine Rolle, denn die Gruppe, von der die Rede ist, ist ein solches Klischee, eine Formel, die kaum je im Programm eines barocken Deckengemäldes fehlen durfte. Zu jeder Apotheose gehören die feindlichen oder höllischen Mächte, über die das Gute sichtbar triumphiert. So können wir kaum mehr wissen, was für einen Eindruck die Komposition auf die ersten Besucher des Sheldonian gemacht haben mag. Schließlich war das Genre für England noch neu, und es ist sehr gut möglich, daß sie das Gemälde tiefer berührte als die weiter herumgekommenen Virtuosi, zu denen wir auch uns rechnen müssen.

Dies bringt uns von einer anderen Seite her zurück zu der Rolle, die dem Stil in der Geschichte der Kunst zukommt. Denn genau wie die Sprache oder irgendeine andere Ausdrucksform, so bestimmt auch der Stil unsere Erwartungsvorstellungen in einer bestimmten Situation und damit den Eindruck, den eine Abweichung von der Norm auf uns macht. Erst der Rahmen dieser Konventionen gestattet uns, den Sinn einer überraschenden Abweichung abzuschätzen. Daher ist der Stil, in dem der Künstler tätig ist, ein Teil jener Situation, die wir instinktiv zu rekonstruieren trachten. Unser Erfolg wird dabei davon abhängen, wie gut wir diesen Stil kennen.

Die Stile in der Architektur sind noch besser geeignet, diesen wichtigen Punkt zu veranschaulichen, als die Stile in der Malerei. Vom Standpunkt dessen, was man im Jahre 1669 zu sehen gewohnt war, muß der Innenraum des Sheldonian durch die Pracht seiner Ausstattung einen großen Eindruck auf die Beschauer gemacht haben. Wiewеit er diesbezüglich über die Norm hinausging, könnte nur ein Spezialist uns sagen. Aber andererseits wissen wir alle, daß das Ausmaß an Verzierung zu gewissen Zeiten eine sehr umstrittene Frage des künstlerischen Geschmacks werden kann, so daß einem Weniger oder Mehr auf diesem Gebiet nicht selten ein ganz spezieller Ausdruckswert zukommt. Ich bin alt genug, diesbezüglich einen vollständigen Umschwung erlebt zu haben. In meiner Jugend war das Fehlen jeder Dekoration in einem funktionalistischen Innenraum bestimmt wirkungsvoller und auch ästhetisch eindrucksvoller, als das heute der Fall ist. Ich habe das Gefühl, daß die Generation, die in derartigen Räumen aufwuchs, dieses Fehlen überhaupt nicht mehr als einen bewußten Ausdruckswert registriert.

Ich glaube, daß es mit der Kunst eine ähnliche Bewandtnis hat wie mit der Sprache, daß unsere Reaktion von den Normen bestimmt wird, die wir früh im Leben in uns aufgenommen haben. So könnte es sehr gut sein, daß meine eigene Reaktion auf den Baustil Christopher Wrens zu stark durch meine frühe Gewöhnung an den dekorativen Überschwang des österreichischen Barock gefärbt ist. Ich würde dem Urteil Sir John Summersons mehr trauen als meinem eigenen, wobei meine Haltung gerade daher kommt, daß ich eben kein Relativist bin und nicht glaube, daß jede Reaktion gleichberechtigt ist.

Der Einfluß, den frühe Gewöhnung auf unsere automatischen Erwartungen und Reaktionen ausübt, ist bestimmt ein Grund für das Phänomen, das so oft zugunsten des ästhetischen Relativismus angeführt wird, nämlich die Feindseligkeit oder Gleichgültigkeit, die man so vielen Kunstwerken, die heute allgemein als Meisterwerke angesehen werden, zu ihrer Entstehungszeit entgegenbrachte. Es braucht eben Zeit, ein System von Erwartungen zu entwickeln, die es uns ermöglichen, die neuartigen Ideen eines Meisters zu verstehen und zu genießen. Ich glaube auch nicht, daß man die Erreichung dieses Zustands der Verständnisbereitschaft forcieren kann. Jedenfalls scheinen die marktschreierischen Überredungskünste, mit denen viele Kritiker das Publikum zu bekehren versuchen, sehr oft die gegenteilige Wirkung zu haben und das Verständnis eher zu hindern. Diese Schwierigkeit ist aber gewiß kein Argument gegen Neuerungen in der Kunst. Neue Probleme, neue Umstände, neue Medien und neue Themen unterminieren unausbleiblich die alten

Arbeitsmethoden und verlangen vom schaffenden Künstler und von seinem Publikum, daß sie sich umstellen. Wir müssen hoffen, daß sich Gelegenheiten zur Schaffung von Meisterwerken immer ergeben werden, aber wissen können wir das nicht. Wir müssen die Zukunft sich selbst überlassen[31].

Ich verstehe nur nicht, warum uns diese Unsicherheit die Überzeugung rauben soll, daß es früher einmal große Meister gegeben hat. Aber hat sich die Schätzung dieser Meister nicht ebenfalls radikal gewandelt? Hat sich der Kanon nicht fast mit jeder Generation verändert?

Es scheint mir, daß eine übertriebene Betonung dieser Änderungen auf einer Verwechslung der Popularität mit der Wertschätzung beruht; die »Top Ten« sind eben nicht dasselbe wie die erste Elfermannschaft. Das eine ist eine Geschmacksangelegenheit, das andere nicht. Ob jemandem ein Spiel Freude macht oder nicht, ist eine rein subjektive Angelegenheit, obwohl seine Haltung vermutlich durch ungezählte Faktoren beeinflußt worden ist. Manche Leute haben eine Abneigung gegen Opern, andere finden Plastik langweilig; manchmal fallen ganze Genres unter eine Art von sozialem Tabu – wie etwa Lehrgedichte oder anekdotische Malerei; andere werden von Eliten wiederaufgenommen, wie japanische Haikus oder Emblematik. Leute, die für eine bestimmte Kunstform Anhänger zu werben suchen, behaupten oft, daß, wenn wir sie nur verstünden, wir sie auch lieben würden. Im allgemeinen glaube ich allerdings, daß die Reihenfolge umgekehrt ist. Wenn uns ein Spiel, ein Stil, ein Genre oder ein Medium nicht zusagt, werden wir kaum imstande sein, die betreffenden Konventionen so gründlich in uns aufzunehmen, daß wir feine Unterscheidungen treffen können und verstehen, worum es geht. Wer Rubens ablehnt, weil er so fette Frauen malte, bemerkt gewöhnlich nicht, wie gut er sie gemalt hat.

Vorurteile dieser Art, die den Zugang zu ganzen Epochen oder Stilen versperren, hat es immer gegeben. Diejenigen, die ein gewisses Maß an Lebenswahrheit von Bildern erwarteten, hatten kein Auge für die Herrlichkeiten mittelalterlicher Kunst, und diejenigen, die Wert auf die Wahrung des

---

[31] Das ist die Antwort, die ich heute auf die Frage geben würde, die ich in ›Vom »Jahrmarkt der Eitelkeiten«. Die Wandlungen von Mode, Geschmack und Stil im Lichte der Logik‹, S. 91–143 in diesem Band, besprochen habe.

Dekorums legten, hatten Bedenken gegen Rembrandt. Es ist sicher interessant und wichtig, die Veränderungen in Wertsystemen zu studieren, die solchen Wandlungen des Geschmacks zugrunde liegen. Sie beruhen oft auf Faktoren, die weit außerhalb des Ästhetischen liegen. Ein Antialkoholiker ist wenig geeignet, »die Kunst der Apfelweinerzeugung« zu würdigen. Da Ruskin überzeugt war, daß der Renaissancestil das Ende des selbständigen Handwerkes bedeutete, hatte er eine Aversion gegen diesen Stil und gab sich fast nie dem natürlichen Genuß hin, den Ordnung und präzise Arbeit uns bieten.

Für den Sozialwissenschaftler dürfte es jedoch besonders interessant sein, daß Ruskin mit seiner Haltung allein dastand. In unserer Gesellschaft ist künstlerischer Wert heute so gut wie autonom; das heißt, nach allgemeinem Empfinden haben moralische Gesichtspunkte damit nichts zu tun. In den Gesetzen vieler Länder kann sogar »künstlerischer Wert« zur Verteidigung von Werken angeführt werden, die ethische Prinzipien verletzen. Es wäre sicher interessant, der Geschichte dieser speziellen Dispensation nachzugehen, die den Verfechtern strenger moralischer Grundsätze stets ein Dorn im Auge war. Ich persönlich habe für den moralischen Relativismus ebensowenig übrig wie für den ästhetischen[32]. Ich finde es richtig, daß Stierkämpfe in England verboten sind, obwohl ich gern bereit bin zuzugeben, daß ein großer Matador in der Kunst, einen wütenden Stier in eleganter Weise vom Leben zum Tode zu befördern, Meisterschaft zeigen kann. Leider gibt es in der Kunst viel ärgere Beispiele von Meisterschaft, die Hand in Hand gehen, mit einer ruchlosen Lust an Darstellungen von Grausamkeit und menschlicher Erniedrigung, die wir ablehnen, obwohl wir die Meisterschaft anerkennen. Jeder Mensch muß selbst entscheiden, wie weit er gehen zu können glaubt, denn es würde eine wirkliche Verarmung bedeuten, wenn wir glaubten, von jedem großen Kunstwerk verlangen zu müssen, daß es mit unserem Wertsystem übereinstimme. Es wäre gerade deshalb eine Verarmung, weil Kunst eben nicht Leben ist und weil sie uns zur Ausdehnung unserer Sympathien und unserer Einfühlung in tiefste menschliche Erlebniswelten verhel-

---

[32] Eine moderne, tiefschürfende Diskussion dieses ungemein wichtigen Problems findet sich in: Allen Wheelis, The Moralist. New York 1973.

fen kann, die über die Grenzen jeder einzelnen Kultur oder jedes einzelnen Wertsystems hinausgehen.

Die Tatsache, daß die Kunst einer Gesellschaft von Sklavenhaltern wie die der Griechen ihren Wert behalten hat, war etwas, was Marx ernstlich beunruhigte. Er versuchte sie durch unsere Sehnsucht nach dem Paradies der Kindheit zu erklären. Aber vielleicht war seine Deutung dieser Sehnsucht ebenso unzutreffend wie seine Deutung der griechischen Kunst. Warum sollen wir leugnen, daß bei Homer viele Grausamkeiten vorkommen und daß schlimmere Grausamkeiten in jenen römischen Theatern sich abspielten, die Wren als Vorbild für sein Gebäude wählte? Wie sehr auch Kunstwerke im Leben und in den Wertsystemen ihrer Zeit und ihrer Gesellschaft wurzeln, sie werden über diese Verhältnisse hinauswachsen, wenn sie, wie man sagt, durch lange Bewährung »zeitlos« geworden sind. Nicht dadurch, daß sie uns die menschliche Situation, aus der sie herauswuchsen, vergessen lassen, sondern gerade weil sie es uns ermöglichen, in unserer Phantasie Anteil zu nehmen an Erlebnissen, die nicht mehr einen Teil unseres wirklichen Lebens bilden. So können die Meisterwerke religiöser Kunst ihre Wirkung auch auf Ungläubige ausüben. Ihr dauernder Wert liegt nicht allein in ihren formalen Eigenschaften, sondern vor allem darin, daß sie ein Wertsystem verkörpern, das wir in ihnen und durch sie erkennen können. Michelangelos Vision von der Erschaffung der Welt auf der Decke der Sixtinischen Kapelle liefert den Beweis. Auch heute ist die Resonanz dieser Vision kaum schwächer als die der Schöpfungsgeschichte im Buche Genesis, die sie illustriert.

Wenn unser Deckengemälde hier ein ebenso großes transzendentes Meisterwerk gewesen wäre, würde es vielleicht auch heute noch das Streben der Menschheit nach Wahrheit in unvergeßlichen Bildern verkörpern. Das war es vielleicht, was Robert Whitehall vorschwebte, als er sein Gedicht mit den berüchtigten Zeilen beschloß, die ich nochmals im Zusammenhang zitieren möchte:

Sie sind so lebenswahr, perfekt und fein,
Daß der Beschauer wünscht, nur Aug' zu sein,
Um Argus gleich bewundernd aufzusehen,
So herrlich ist die Schar in Himmelshöhen,

Daß man dereinst bekennen wird gar froh:
Wir schulden Streeter mehr als Michelangelo.[33]

Wenn es wirklich zu allen Zeiten Menschen gegeben hätte, die das Gemälde mit solcher Begeisterung betrachteten, hätte sich das Gerücht von der Bereicherung des Kanons um ein neues Werk über die ganze Erde verbreitet, und dieser Saal wäre stets so angefüllt mit Touristen und Pilgern aus aller Welt, wie es die Sixtinische Kapelle seit Jahrhunderten ist. Es wäre mehr als eine der Sehenswürdigkeiten der an Sehenswürdigkeiten so reichen Stadt Oxford, sogar mehr als ein Markstein in der Geschichte englischer Kunst. Es wäre ein weithin sichtbares Wahrzeichen in unserer geistigen Landschaft, ein Gipfel, an dem wir uns in unserer Kultur orientieren könnten.

Denn das ist, glaube ich, die wahre Rolle des Kanons, nicht bloß in unserer Kultur. Er gibt uns ein Bezugssystem, eine Sammlung von Beispielen von Größe und Meisterschaft, auf die wir nicht verzichten können, ohne unsere Orientierung zu verlieren. Welchen Gipfeln, welchen individuellen Leistungen wir diese Rolle zuerkennen, mag unserer Wahl überlassen sein, aber wir könnten keine Wahl treffen, wenn es in Wirklichkeit keine Gipfel gäbe, sondern nur wandernde Dünen, die sich stets verändern.

Es gibt heute Lehrer, die die Notwendigkeit empfinden, ihre Schüler davon zu überzeugen, daß es diese Gipfel wirklich gibt; sie wollen sie lehren, wie man ihre Höhen mißt und wie man verläßliche »Werturteile« fällt. Ich möchte niemanden davon abhalten, über Werte zu diskutieren, aber ich glaube, daß die Werte, die der Kanon verkörpert, so vollständig eingebettet sind in die Gesamtheit unseres kulturellen Lebens, daß man sie kaum losgelöst diskutieren kann. Ich glaube und hoffe, daß man Kultur weitergeben kann; aber man kann sie nicht in Kursen lehren und Prüfungen darüber abhalten. Unsere Einstellung zu den Gipfelpunkten der Kunst läßt sich am besten durch die Art und Weise

---

[33] These to the life are drawn so curiously
That the Beholder would become all Eye
Or at the least an Argus, so sublime
A phant'sie makes essayes to Heaven to climb
That future ages must confess they owe
To Streeter more than Michael Angelo.

verständlich machen, *wie* wir über sie reden, oder vielleicht durch unser inneres Widerstreben, überhaupt darüber zu sprechen, um nicht durch zu viel Worte das eigentliche Erlebnis zu gefährden. Was wir Kultur nennen, könnte man vielleicht als ein Netz von Werturteilen beschreiben, die zum größten Teil unausgesprochen sind. Bernard Shaw bemerkt irgendwo, er habe die ›Jungfrau von Orleans‹ nie gelesen, aber der Ton der Stimme, in dem man über Schiller spreche, habe ihn überzeugt, daß Schiller ihn langweilen würde. Es kann sein, daß er nicht mit den richtigen Leuten gesprochen hat. Aber die Beobachtung an sich ist höchst treffend. Zum Aufwachsen in einem kulturellen Milieu gehört, daß wir Leute über Speisen reden hören, die wir nie gekostet haben, und über Naturwunder, die wir nie gesehen haben, über Genüsse, die uns noch bevorstehen, und über Begegnungen, die wir zu vermeiden hoffen. All das, wovon wir so durch bloßes Hörensagen unterrichtet sind, tragen wir jedoch auch in jene innere Landkarte ein, nach der wir uns auf unserer Reise durchs Leben zu orientieren hoffen[34]. Wir werden ihr nicht unkritisch vertrauen, sondern werden versuchen, die Warnungen und Versprechungen, die wir empfangen und in uns aufgenommen haben, nach Möglichkeit zu überprüfen. Aber wenn wir überhaupt allen Landkarten prinzipiell mißtrauten, wären wir dazu nicht imstande. Vielleicht läßt der Kanon landschaftlicher Schönheiten uns im Stich. Vielleicht finden wir eine berühmte Sehenswürdigkeit nicht so großartig, wie man uns erzählt hatte. Aber auch in einem solchen Fall wäre es voreilig, daraus den Schluß zu ziehen, daß die Touristen, die so enthusiastisch gewesen waren, sich kritiklos ihre Begeisterung von der Reklame der Reiseagenturen hätten einreden lassen. Wir müssen auch unseren eigenen Eindrücken gegenüber wachsam sein. Vielleicht liegt der Fehler an uns, weil wir nicht in der rechten Stimmung waren. Sobald wir das auch nur als eine Möglichkeit in Betracht ziehen, haben wir aufgehört, komplette Relativisten oder Subjektivisten zu sein. Wir haben für das überkommene Werturteil und gegen unsere persönliche Reaktion Partei ergriffen. Und was die Gipfel der Kunst

---

[34] Ich habe über den Wert dieses Hörensagens in meiner Ansprache an die London School of Economics über ›Allgemeine Bildung‹ gesprochen; siehe S. 13–34 in diesem Band.

anlangt, kommt uns vielleicht hie und da das Gefühl, daß nicht das Meisterwerk es ist, das von uns einer kritischen Prüfung unterworfen wird, sondern daß wir es sind, die durch das Meisterwerk auf die Probe gestellt werden.

Anfang November las ich in der illustrierten Beilage des Londoner ›Observer‹, Michelangelo sei »out« – er zähle nicht mehr. Diejenigen unter uns, die an objektive künstlerische Werte glauben, werden das mit Bedauern zur Kenntnis nehmen, denn wenn es wahr sein sollte, wäre es ein großer Verlust für unsere Zeit. Michelangelo wurde nicht »groß« genannt, weil er berühmt war. Er war berühmt, weil er groß war. Ganz gleich, ob er uns gefällt oder nicht, ist seine Größe ein wesentliches Element in der Geschichte, die wir als Kunsthistoriker zu erzählen haben. Sie ist ein Bestandteil jener historischen Situation, ohne deren Logik die Geschichte in Chaos versinken würde.

Gewiß, ein eingeschworener Soziologe wäre wohl geneigt, eine derartige Traditionsgläubigkeit als Symptom eines politischen Konformismus oder gar einer »autoritären Persönlichkeit« zu deuten. Vielleicht ist diese Diagnose richtig, vielleicht auch falsch. Aber als Gegner des Relativismus bleibt mir in jedem Fall das Recht, ihn zu fragen, ob meine Ansicht wahr oder falsch ist, daß beim Erlebnis der künstlerischen Meisterschaft auch eine objektive Komponente mit im Spiel ist.

Was wir vom Wissenschaftler lernen können, ist weniger Relativismus als Bescheidenheit. Ich persönlich würde ohne weiteres Bände voller Kunstbetrachtung für den einen Satz eintauschen, den R. H. Tawney im Schlußwort seines wunderschönen Vortrags über ›Social History and Literature‹ (1949)[35] niederschrieb: »Die Wahrheit ist, daß wir heute abgesehen von ein paar Gemeinplätzen so gut wie nichts wissen über etwaige Beziehungen, die zwischen den künstlerischen Errungenschaften eines Zeitalters und seinem Wirtschaftsleben bestehen, und daß man ehrlicherweise nichts anderes tun kann, als diese unsere Unwissenheit einzugestehen.«

Hier, scheint mir, hat Tawney uns den Punkt gezeigt, an dem wir Kunsthistoriker einen wichtigen Beitrag leisten können. Er sehnte sich nach einer Brücke zwischen den

---

[35] Abgedruckt in: R. Hinden (Hrsg.), The Radical Tradition. Harmondsworth 1966, S. 191–219.

wirtschaftlichen Tatsachen auf der einen Seite der Kluft und den künstlerischen Errungenschaften der Epoche auf der anderen. Wer würde nicht gern an der Verwirklichung eines solchen Projektes mitarbeiten? Der Plan einer solchen Brükke kann jedoch selbstverständlich erst dann verwirklicht werden, wenn beide Teile sich entschieden haben, an welcher Stelle der Schlucht ein Brückenkopf am vorteilhaftesten errichtet werden kann. In der Vermessung des Landes werden aber beide Seiten nicht von vorn beginnen wollen oder können. Der Sozialwissenschaftler kennt die Situation in seinem eigenen Wissensgebiet, seine eigenen Fragestellungen und seine Theorien, die er prüfen und entwickeln will. Aber ohne fremde Hilfe hat er keine Möglichkeit, herauszubekommen, wie das Land auf der gegenüberliegenden Seite aussieht. In seinem Rüstzeug fehlt ein Instrument zur Entdeckung jener »künstlerischen Errungenschaften«, deren Studium zur Lösung von Tawneys Problem aussichtsreich sein könnte. Mag er sich darüber klar sein oder nicht, Tatsache ist, daß er diesbezüglich auf den Kunsthistoriker angewiesen ist, denn der Kunsthistoriker ist der Hüter des Kanons. Der Kanon ist unser Ausgangspunkt, die Theorie, von der wir uns in jenen Aspekten des Bildermachens leiten lassen, die wir Meisterschaft nennen. Die Theorie mag nicht unfehlbarer sein, als Theorien eben sind, aber weder wir noch die Sozialwissenschaft kann sie ignorieren. Psychologen, die sich für den künstlerischen Schöpfungsprozeß interessieren, Nationalökonomen, die die Zusammenhänge zwischen umsichtiger Investition und aufgeklärter Kunstförderung erforschen, Soziologen, die den Wandlungen des Geschmacks nachgehen – sie alle können einfach nicht zu arbeiten anfangen, bevor sie sich nicht darüber im klaren sind, was sie als Beweismaterial verwenden wollen und was ihr *explicandum* sein soll. Das ist die Tatsache, auf die ich am Anfang dieses Vortrages anspielte, als ich andeutete, der Sozialwissenschaftler kann zwar dem Kunsthistoriker assistieren, er kann ihn aber nicht ersetzen.

Vor vielen Jahren wurde ich von meinem verstorbenen Freunde Ernst Kris, der in so bemerkenswerter Weise den Beruf eines Kustoden am Kunsthistorischen Museum in Wien mit dem eines praktizierenden Psychoanalytikers zu verbinden wußte, aufgefordert, mit ihm zusammen die Entstehung der Karikatur zu studieren, ein äußerst interessantes psychologisches und soziologisches Problem. Ich erinnere mich, daß ich meinen älteren Kollegen bei seiner Rückkehr von einer Italienreise voll Eifer fragte, welche neuen Einblicke in die Psychologie der Kunst er gewonnen habe. »Ich habe eine Entdeckung gemacht«, antwortete er mir mit vollkommen ernstem Gesicht: »Die großen Künstler sind die großen Künstler.«

Seit meiner Studienzeit habe ich nie die Hoffnung aufgegeben, zeigen zu können, daß man das Studium der Kunstgeschichte rational betreiben kann. Ich glaube das noch immer. Denn ich bin davon überzeugt, daß es für uns Menschen rational ist, menschliche Werte anzuerkennen und menschliche Begriffe auf sie anzuwenden. Was immer der Ursprung der Bezeichnung »humanistische Bildung« sein mag, der Ausdruck selbst scheint mir glücklich gewählt. Denn er erinnert uns daran, daß es ganz einfach eine Verarmung bedeutet, wenn man Menschen und ihre Angelegenheiten zu studieren sucht, als wären sie Insekten oder Computer. Aber das ist alles, was uns übrigbliebe, wenn wir den einzigen Maßstab, den wir besitzen, aus der Hand gäben, den Maßstab, den wir von unserer Kultur übernommen haben und den unsere eigene innere Erfahrung uns bestätigt.

Wir haben keine andere Wahl, als von der Hypothese auszugehen, daß in der Geschichte der Menschheit Werte geschaffen wurden und daß es nicht nur gute Technik, gute Wissenschaft und gute Kunst gibt, sondern daß es auch gute Sprachen, gute Gebräuche und gute Gesellschaften gibt. Die Inschrift an der Fassade dieses Gebäudes erklärt in kühnen Buchstaben, daß dieses Haus von Gilbert Sheldon *Academiae Oxoniensi Bonisque Literis*[36] gewidmet worden sei. Sollte es je dahin kommen, daß die Lehrer und Studenten dieser *Academia* am Sinn des Wortes *bonis* zweifeln, dann wird es an der Zeit sein, dieses Gebäude als den Tempel einer ausgestorbenen Religion zu schließen. Das wäre schade. Es ist ein schöner Tempel und eine gute Religion.

[36] Am ehesten könnte man übersetzen: »Der Universität Oxford und den schönen Wissenschaften«, aber eine erschöpfende Erklärung des Ausdrucks »bonae literae« würde einen eigenen Vortrag erfordern.

8. Werte und Kanons in der bildenden Kunst
   Eine Korrespondenz mit Quentin Bell

Vorbemerkung

In meiner Romanes-Vorlesung über ›Kunstgeschichte und Sozialwissenschaft‹[1] verteidigte ich die These, daß es in der Kunst einen Kanon der Meisterschaft gebe. Die Romanes-Vorlesungen finden im Sheldonian-Theater in Oxford statt, und ich benutzte dieses von Christopher Wren errichtete Gebäude und Streeters anspruchsvolles Deckengemälde als meinen Text, anhand dessen ich zu zeigen versuchte, wieviel Licht die Sozialwissenschaft auf das Entstehen und die Bedeutung solcher Werke werfen kann. Und doch sind diesem Beitrag feste Grenzen gesetzt. Eine wertfreie wissenschaftliche Behandlung, so argumentierte ich, kann sich nie mit dem Anspruch auseinandersetzen, der damals gemacht wurde, daß künftige Geschlechter Streeter mehr schulden würden als Michelangelo. Nicht nur bezieht sich dieses prahlerische Lob selbst auf den Kanon der Meisterschaft, es kann auch ohne Bezugnahme auf ihn nicht widerlegt werden. Würde es doch nicht genügen, durch Statistiken zu beweisen, die Prophezeiung sei nicht eingetroffen und Michelangelos Ruhm sei größer geblieben als der von Streeter. Wir kommen um die Gründe für Michelangelos größere Berühmtheit, das heißt Michelangelos Größe, einfach nicht herum. Ich suchte zu erklären, warum die Geschichte des Bauens und Bildermachens eine legitime Domäne der Sozialwissenschaften ist, aber gleichzeitig auch, warum die Geschichte der Kunst als eine Geschichte von Meisterleistungen sich nicht trennen läßt von den Werten, die unsere Kultur anerkennt. Und warum jeder Sozialwissenschaftler, dem es darum zu tun ist, die Geschichte und Soziologie der Kunst zu erforschen und zu erklären, früher oder später den Kanon befragen muß, und wäre es auch nur, um das Beweismaterial auszuwählen, das er zur Überprüfung seiner Theorien braucht.

---

[1] S. 208–262 in diesem Band.

Lieber Ernst,

ich hätte Ihnen schon lange geschrieben, um Ihnen für die
Übersendung der Romanes Lecture zu danken, aber ich
mußte sie nicht nur einmal, sondern zweimal lesen, und ich
habe das Gefühl, ich werde sie ein drittes Mal lesen müssen,
bevor ich Ihr Geschenk voll würdigen kann. Was ich freilich
schon beim ersten Lesen erkannte und beim zweitenmal bestätigt fand und was einem sofort in die Augen springt, ist
die stupende Eleganz Ihres Vortrags, seine Originalität, seine Klarheit und die beneidenswerte Geschwindigkeit, mit
der Sie vorgehen – all das ist reinster Genuß. Aber sosehr ich
mich an Ihrem Vortrag freute und Ihren Geist und Witz
genoß, kann ich Ihnen nicht verhehlen, daß ich mich Ihrer
Hauptthese, oder was mir wenigstens Ihre Hauptthese zu
sein scheint, nicht vorbehaltlos anschließen kann.

Was die Frage des Relativismus anlangt, geht es mir wie
Dr. Johnson mit dem Determinismus. »Die menschliche
Vernunft ist ganz auf der Seite des Determinismus, die
menschliche Erfahrung ist ganz dagegen« (wahrscheinlich
habe ich falsch zitiert). Kurz und gut, ich hätte gern einen
Fuß in jedem Lager, und weil ich mich nicht entscheiden
kann, sitze ich rittlings auf dem Grenzzaun, wie man zu
sagen pflegt, und wenn sich jemand zu dezidiert der einen
oder anderen Seite zuwendet, stoße ich schrille Warnrufe
aus.

»Von diesem Gesichtspunkt ist die Geschichte der Kunst
eine Geschichte von Meisterwerken – und von ihren Schöpfern, den alten Meistern.« Ja gewiß, aber doch auch von so
viel anderem! Ich weiß sehr wenig über das alte Ägypten –
ich wollte, ich wüßte mehr –, aber ich habe den Eindruck,
daß vom Alten Königreich bis zu den Ptolemäern, mit einer
einzigen, wenn auch sehr wichtigen Ausnahme, Talent und
Werk sich auf einem gleichmäßigen Niveau halten – keine
Gipfel, keine Vorberge, keine Genies, keine Epigonen.
Wenn ich mehr davon verstünde, sähe das Land vielleicht
weniger flach aus, aber gab es in Ägypten Unterschiede von
der Art wie den zwischen Streeter und Michelangelo? Doch
wohl nicht? Und wenn nicht, heißt das, daß die ägyptische
Kunst keine Geschichte hat? Mag sein, aber das hat Sie doch
nicht gehindert, in Ihrer ›Geschichte der Kunst‹ ein ausge-

zeichnetes Kapitel voll der wichtigsten Einsichten über Ägypten zu schreiben. Aber nehmen wir an, meine Ansichten über ägyptische Kunst sind total falsch, und es gibt in Wirklichkeit enorme Unterschiede in künstlerischer Qualität, würde das – ich meine unsere differenzierenden Wertschätzungen – Kunstgeschichte möglich machen?

Mir scheint, ich drücke mich schlecht aus. Lassen Sie mich es andersherum versuchen. Sie haben sehr viel über Michelangelo zu sagen, und wenn ich Sie recht verstehe, sagen Sie, wir müssen ihn in einen Kanon einreihen, der nicht auf Berühmtheit, sondern auf absolutem, unangreifbarem Wert beruht. Wenn wir die Geschichte der Kunst verstehen wollen, genüge es nicht, zu sagen, daß Michelangelo in den Augen der Welt besser sei als Streeter, sondern daß er in irgendeinem absoluten Sinn besser ist – und da kann ich sehr schwer mit. Nehmen wir an, daß durch irgendeine furchtbare Katastrophe alle Werke Michelangelos verlorengegangen wären oder, vielleicht noch schlimmer, daß nichts übriggeblieben wäre als seine schrecklichen Präsentationszeichnungen. Nehmen wir weiter an, diese Katastrophe hätte sich vor etwa einem Jahrhundert ereignet, so daß man darauf angewiesen wäre, sich auf seinen Ruf zu verlassen, wie man es bei Apelles zu tun pflegt. Könnte man dann wirklich aufrichtig und ehrlich sagen, daß man seinen überragenden künstlerischen Wert *empfindet*? Wenn ich nur nach dem ›Fall des Phaeton‹ zu urteilen hätte, bliebe mir eine solche Erklärung im Halse stecken. Sie wäre einfach eine Lüge. Nichtsdestoweniger könnte ich mit voller Überzeugung sagen, daß Michelangelo eines der ganz großen Ereignisse in der Geschichte der Kunst gewesen ist – etwas, was die Welt auf immer verändert hat, und zwar ohne daß mir deshalb seine Werke gefallen müßten oder ich imstande sein müßte, darüber zu urteilen.

Vor etwa siebzig Jahren waren meine Eltern in Kensington zu einem Diner eingeladen. Man sprach über Rubens und van Dyck. Unter all den vielen hochgebildeten Gästen waren meine Eltern die einzigen, die nicht an van Dycks Überlegenheit glaubten. Für alle anderen verstand es sich von selbst, daß van Dyck der feinere, sensitivere, kultiviertere war und mehr ein Mann unserer Art als Rubens. Für sie hatte Rubens etwas Grobschlächtiges, Brutales. Wenn man diesen Leuten gesagt hätte, daß im dritten Viertel des 20. Jahrhunderts Rubens ganz allgemein als der größere Maler gelten würde, würden sie, glaube ich, gesagt haben: »Um so schlimmer für das 20. Jahrhundert! Denn ein solcher Umschwung würde bedeuten, daß Ihr einen Teil unserer Kultur, unserer feineren Bildung, unserer Fähigkeit, gewisse zarte Gefühlsnuancen wahrzunehmen, eingebüßt habt.« Und wer kann sagen, daß sie ganz unrecht gehabt hätten? Was sie an van Dyck bewunderten, ist uns heute viel weniger wichtig als das, was Rubens uns gibt. Objektiv gesprochen, können wir sagen, daß sowohl van Dyck als auch Rubens auf ihre Zeitgenossen und Nachfolger einen enormen Einfluß ausübten. Spielt es eine Rolle, ob wir van Dyck in den Kanon aufnehmen oder ihn ausschließen? Und ist es nicht diese Tatsache – ich meine die historische Bedeutung eines Künstlers auf dem Gebiet der Kunst –, was uns davor bewahrt, mit Stichproben und Diagrammen hantieren zu müssen? Wenn man Whistler mit seinen vielen britischen Nachahmern im letzten Jahrzehnt des vorigen Jahrhunderts vergleicht, kann man immer sehen, wer wen nachahmt, obwohl es nicht immer so leicht festzustellen ist, wer die besseren Bilder malt.

Diese Frage des Wertens – oder zumindest die Verbindung von Werturteilen mit kunstgeschichtlichen Urteilen – ist etwas, was mich schon lange sehr beschäftigt, beinahe so was wie ein Steckenpferd von mir. Sie haben noch ein zweites, ähnliches, aufgescheucht, wo Sie von dem Wert sprachen, der sich in Geld ausdrücken läßt. Sie nennen das Zynismus, aber mir scheint das nicht ganz fair. Das Sheldonian-Theater ist einstweilen noch nicht verkäuflich, und dasselbe gilt wohl auch für Chardins ›Retour du marché‹, falls sich die Dinge im Louvre nicht sehr geändert haben. Wie dem auch sei, ich halte es für ganz absurd, zu behaupten, daß meinem Gefühl nach dieses Bild, ungeachtet seines ganz und gar »bürgerlichen« Motivs und obwohl zweifellos alle Einkäufe bezahlt sind, nur sehr entfernt mit Geld zu tun hat, während bei Quentin de La Tours Porträt der Mme de Pompadour genau das Gegenteil der Fall ist. Dieses Bild repräsentiert einen gewissen, äußerst kostspieligen Lebensstil und ist für eine Elite bestimmt, die entweder wirklich sehr viel Geld hat oder so tun muß, als hätte sie's. In dieser Beziehung ähnelt es einer Unzahl anderer höfischer Gemälde, Möbel und Bauten. Um auf unsere Ägypter zurückzukommen: Es ist doch wohl nicht nur zynisch, zu behaupten, daß ihrer Kunst etwas irgendwie Vulgäres, weil Protziges anhaftet, verbunden damit, daß sie offenbar glaubten, man könne sich seinen Weg ins nächste Leben mit Geld erkaufen, wobei jedoch ein solcher Glaube etwas durchaus »Zivilisiertes« ist, was wir auch in uns selbst, in den Menschen der Antike und bei den Chinesen wiedererkennen.

Dieser Brief ist schon viel zu lang, und ich darf wirklich nicht noch eine Seite anfangen. Aber man kann eben nicht anders, als Ihren Argumenten gründliche und bewundernde Aufmerksamkeit schenken, selbst wo man nicht mit Ihnen übereinstimmt. Mir tut es nur leid, daß ich nicht mit etwas Positivem erwidern kann.

Ich hoffe, Sie sind gesund – ich bin es beinahe –, und da wir beide, glaube ich, gleich alt sind, hoffe ich auch, daß Sie wie ich sich schon auf ein sehr aktives Pensionistendasein freuen – mit möglichst wenig Sitzungen!

Cobbe Place,   Sehr herzlich, Ihr
Beddingham   Quentin

                                                            13. Mai 1975
Lieber Quentin,

vielen herzlichen Dank für Ihren lieben interessanten Brief über meinen Romanes-Vortrag. Sie wissen vermutlich gar nicht, wie selten es vorkommt, daß Leute wirklich auf das, was man so ausschickt, reagieren. Die meisten Empfänger bestätigen nicht einmal die Sendung, und ich selbst kann es ihnen kaum übelnehmen, denn sehr oft tu' ich's auch nicht. Die übrigen pflegen sich zu bedanken, aber ohne irgendein Anzeichen, daß sie die Sache auch gelesen haben. Aber Sie haben es sogar zweimal gelesen, wie Sie sagen, und schon das allein macht mich sehr stolz. Bei dieser Arbeit war es mir nicht darum zu tun, daß jeder mit mir übereinstimmen soll und mir das dann schriftlich bestätigt. Im Gegenteil; ich wußte sehr genau, daß die Meinungen, die ich vertrat, nicht nur umstritten waren, sondern teilweise geradezu Dynamit. Außerdem ist der Vortrag, obwohl er viel zu lang ist, gleichzeitig auch viel zu kurz, und es kann sein, daß es mir am Ende nicht gelungen ist, das, was ich sagen wollte, genügend klar darzulegen, weil ich mich zu sehr bemühte, alle mir wahrscheinlich scheinenden Einwände im vorhinein zu widerlegen.

Mir kam der Gedanke, ob ich Sie vielleicht überreden könnte, sich mit mir in eine öffentliche Diskussion über diese wichtigen Probleme einzulassen – dabei ist mir natürlich klar, daß wir vermutlich beide weder Zeit noch Muße haben werden, diese phantastische Idee aufzugreifen. Aber die Zeitschrift ›Critical Inquiry‹ drängt mich schon seit langem, etwas für sie zu schreiben, und das wäre vielleicht an sich kein schlechtes Thema – doch ich muß gleich dazu sagen, daß ich unbedingt vorher mit meinem Buch über Ornamentik zurechtkommen muß. Immerhin, wie stellen Sie sich prinzipiell zu der Idee?

Leider ist es mir heute nicht möglich, Ihnen ausführlich zu antworten; ich will versuchen, am Ende anzufangen. Es gibt Leute, die der Ansicht sind, daß Wertfragen überhaupt nicht Sache der Kunsthistoriker sind. Ich glaube, weder Sie noch ich gehören zu ihnen. Andere wieder glauben, daß die Verantwortung für unsere kritischen Urteile ganz und gar nur auf uns selbst ruht, daß wir uns ganz allein und ohne Hilfe entscheiden müssen, wenn wir einem Kunstwerk der Vergangenheit gegenüberstehen (ich glaube, Michael Levey suchte neulich in der Association of Art Historians diesen Standpunkt zu vertreten). Ich glaube das ebensowenig; es klingt zwar sehr großartig, aber es ist nicht nur ganz unrealistisch, sondern auch arrogant[2]. Wir fangen nie am Anfang an. Wir haben unsere Kultur und unsere Werte nicht erfunden, und wir sollten auch nicht so tun. Wenn wir es doch versuchen sollten, würden wir darauf kommen, daß wir unsere ästhetischen Urteile niemals rechtfertigen könnten, denn was einem gefällt oder nicht gefällt, ist tatsächlich zum größten Teil etwas Subjektives. Ich glaube, vor allem einfach aufgrund von Beobachtung, daß unsere Kultur uns einen Kanon von großen Dichtern, Komponisten und bildenden Künstlern überliefert hat und daß es unsere Aufgabe ist, ihn an künftige Generationen weiterzugeben. Gewiß nicht unkritisch, aber auch nicht ohne eine gewisse Demut.

[2] Michael Leveys Ansprache ›Putting the Art Back into Art History‹ erschien in: Leonardo 9 (1976), S. 63 ff. Beim Lesen machte die beherzigenswerte Herausforderung an die akademische Kunstgeschichte einen anderen Eindruck als beim Hören, und ich möchte daher meine kritischen Bemerkungen in meinem Brief einschränken.

Der Kanon ist nicht dasselbe, wie eine Rangordnung. Solche Diskussionen wie die, von der Sie mir erzählen, gehören meiner Ansicht nach auch zu unserer Kultur, und ich glaube nicht, daß sie gegen meine These sprechen. In jeder Religion gibt es Verehrer verschiedener Gottheiten oder heiliger Wesen. Ich bin überzeugt, daß beide große Künstler waren, und ich kann mir sehr gut vorstellen, daß Rubens manchen Leuten zu robust ist.

Mir kam es vor allem darauf an, zu zeigen, daß man nicht mit Nichts anfangen kann und daß jeder, der etwas über die Geschichte der Kunst wissen will, ob er nun ein Sozialwissenschaftler ist oder ein Laie, sich an diese »Leitlinien« (schreckliches Wort!) halten muß. Freud schrieb über Leonardo und über Michelangelos ›Moses‹, weil er an ihnen (nicht zu erfolgreich, wie sich's herausstellte) seine psychologischen Theorien prüfen wollte. Übrigens zweifle ich nicht daran, daß Apelles ein großer Künstler war. Ich glaube meinen Gewährsmännern, genauso wie ich ihnen glaube, daß Miltiades ein großer Feldherr war. Woher ich es weiß? Ich *weiß* es *nicht*. Wir können eben nicht alles auf einmal untersuchen. Genausowenig (und darauf legte ich großen Wert) wie die Naturwissenschaftler es können oder auch nur versuchen. Aber obwohl ich für Michelangelos Größe keinen Beweis von der Art erbringen kann, wie de Piles ihn versuchte, nämlich durch die Zuerkennung von Pluspunkten, kann ich ihn für meinen Kanon auswählen, und zwar aufgrund von Glaube und Vertrauen, wie ich sagte. Mir tut's leid, daß Ihnen die Präsentationszeichnungen so gar nicht gefallen. Ich finde das Porträt von Quaratesi hinreißend. Natürlich hat Michelangelos Meisterschaft auch etwas beinahe Abstoßendes, aber Ehrfurcht und persönliche Vorlieben hängen bei mir nicht sehr eng zusammen.

Was die Ägypter anlangt, so wäre ich bereit, zu wetten, daß ihre Bildhauer und Wandmaler nicht alle gleich gut (oder schlecht) gewesen sind und daß es unter ihnen berühmte Meister gegeben hat wie die »kunstfertigen Handwerker«, die sich Salomon für seinen Tempel kommen ließ. (Im Mittelalter war Nikolas von Verdun im 12. Jahrhundert ein solcher weltberühmter Meister.) Ich bin sicher, daß auch wir bei ihnen Qualitätsunterschiede feststellen können: Aber ich muß zugeben, daß die Ägypter wahrscheinlich keine »Kunst« hatten in dem Sinne, in dem die Griechen eine

hatten. In meiner ›Geschichte der Kunst‹, die Sie so freundlich waren zu erwähnen, betonte ich gleich am Anfang meine
Zweifel an der allgemeinen Anwendbarkeit des Kunstbe-
griffs (ich kehrte zu diesem Problem ja auch in meinem Vortrag zurück) und sagte auch später, ungefähr auf der 4. Seite
des 25. Kapitels: »Es ist klar, daß ein ägyptischer Künstler
nicht viel Gelegenheit hatte, seine Persönlichkeit auszudrük-
ken. Die Regeln und Konventionen seines Stils waren so
streng, daß er wenig Wahlmöglichkeiten hatte.« Worauf es
hinausläuft, ist auch hier: »Wo es keine Wahl gibt, gibt es
auch keinen Ausdruck« etc. etc.

Andererseits gehört die ägyptische Kunst sicherlich zu unserem geistigen Weltbild, sie ist ein Teil unseres kulturellen
Besitzes und wird es hoffentlich noch lange bleiben. Ob wir
sie »verstehen« können, ist ein anderes Kapitel. Allerdings
gibt es überhaupt nur wenige Leute, die meinen Glauben an
die Möglichkeit, ein Kunstwerk zu verstehen, teilen oder es
auch nur für sinnvoll halten, darüber zu reden. Das ist übrigens auch ein Thema, über das wir diskutieren könnten,
wenn die Sache je zustande kommt.

Natürlich weiß ich, daß ich, wenn ich den Kanon heran-
ziehe, so etwas wie eine Rückkehr zu einer »akademischen«
Kunstauffassung befürworte, und mir ist auch klar, daß man
das als »rückschrittlich« betrachten wird; aber sehen Sie, ich
fürchte mich vor den Folgen viel weniger, als viele meiner
Kollegen es täten. Haben Sie sich nicht selbst gewissermaßen
auch für einen Kanon eingesetzt, als Sie sagten, daß man die
Präraffaeliten nicht übergehen dürfe?[3] Wahrscheinlich gefallen sie mir noch weniger als Ihnen, aber das scheint mir gar
nicht so wichtig. Ich habe einmal eine amerikanische Studen-
tin von mir sehr schockiert. Ich hatte sie ins Museum geschickt, sich die Raffael-Kartons anzusehen, und als sie zu-
rückkam, erklärte sie mir enttäuscht, daß sie ihr überhaupt
nicht gefielen. Worauf ich ihr trocken zur Antwort gab, daß
mir das ganz gleichgültig sei. Es war vielleicht brutal, aber es
wirkte.

Vor kurzem mußte ich im Pädagogischen Institut unserer
Universität über »Kunst« sprechen. Ein Lehrer, der seinen
Beruf sehr ernst nahm, vertrat dort die Ansicht, wir hätten

---

[3] Siehe Quentin Bell, ›The Art Critic and the Art Historian‹, in: Critical
Inquiry, S. 497–519.

überhaupt kein Recht, den künstlerischen Geschmack unserer Schüler zu beeinflussen, da jede Generation ihre eigene Anschauung habe und wir unmöglich wissen könnten, was die ihre sein werde. Derselbe extreme Relativismus ist in unsere Kunstschulen eingedrungen und hat dort zu der Doktrin geführt (die ich wirklich irgendwo gelesen habe), daß man Kunst überhaupt nicht lehren könne, denn man könne nur lehren, was schon einmal dagewesen sei, und da die Kunst eine schöpferische Tätigkeit sei – früher einmal nannte man es Originalität –, könne man sie nicht lehren. *Q. E. D.* – Ich fragte neulich meine Geschichtsstudenten, die vor dem Schlußexamen standen, was *Quod erat demonstrandum* heißt, und keiner konnte es mir sagen ...

Verzeihen Sie, ich fange zu schwätzen an und höre lieber auf.

Nochmals vielen, vielen Dank!

19 Briardale Gardens,   Ihr
London, N. W. 3   Ernst

                                                    15. Mai 1975
Lieber Ernst,

heute früh kam Ihr Brief und hatte auf mich einen höchst demoralisierenden Effekt. Heute habe ich nämlich einen »freien« Tag, das heißt, ich habe weder Vorlesungen noch Ausschußsitzungen und hätte daher Zeit, mich hinzusetzen und 25 Prüfungsarbeiten zu korrigieren. Ich hoffe, die A. U. T.[4] werden es mir bald verbieten, aber einstweilen haben sie es noch nicht getan, und ich hatte die feste Absicht, diese langweilige Arbeit heute vormittag zu erledigen. Ich will nicht lange meine Motive analysieren – wahrscheinlich ist es pure Faulheit –, aber jedenfalls drängt es mich, mich hinzusetzen und Ihnen zu schreiben, auch wenn es keine wirkliche Antwort geben wird, sondern nur – wie sagt man? – eine *accusation de réception?* – eine »Bestätigung Ihres werten Schreibens«.

Ich glaube auch, daß es sehr interessant und eine wertvolle

---

[4] Die Association of University Teachers hatte gedroht, einen Streik auszurufen.

geistige Gymnastik wäre, gemeinsam etwas über den Unterschied in unseren Standpunkten zu veröffentlichen oder, genauer, mit Hilfe einer gemeinsamen Publikation zu klären, worin diese Unterschiede bestehen, denn ich muß bekennen, daß ich keine gefestigten Ansichten habe. Das einzige, was dagegen spricht, ist, daß es vom Standpunkt eines Redakteurs eher langweilig sein könnte. Denn damit die Leser auf ihre Rechnung kommen, müßten wir vermutlich einen Gladiatorenkampf aufführen, und dazu sind wir beide zu gesetzt und vernünftig. Aber vielleicht sollten wir trotzdem diesen Plan der ›Critical Inquiry‹ oder einer anderen Zeitschrift unterbreiten (vorläufig natürlich nur als eine Idee) und sehen, was sie dazu sagen? Selbstverständlich geht die Arbeit an Ihrem Buch vor, und ich kann überhaupt an so etwas erst in den Ferien denken.

Aber ich bin auch der Ansicht, daß Worte wie »reaktionär« oder »rückschrittlich« in unserem Zusammenhang nicht viel Sinn haben, aber offen gestanden bedrückt es mich ein wenig, daß Sie den Apelles so ohne weiteres akzeptieren. Auch den Miltiades könnte ich nicht so akzeptieren, wie ich etwa General Sherman oder auch Julius Caesar akzeptiere. Man weiß doch so wenig, was er eigentlich getan hat und was wirklich vorgefallen ist. Das einzige, was man wirklich akzeptiert, scheint mir die Schlacht von Marathon als solche zu sein. Sie ist das militärische Meisterwerk, durch das das Schicksal der Welt entschieden wurde. Vielleicht hat es auch in der griechischen Malerei (über die ich leider viel zuwenig weiß) so eine Art Marathon gegeben, mit dem man Namen wie Apelles, Zeuxis (schreibt man das so?) etc. verbunden hat, aber vielleicht auch fälschlich. Ebenso wie es mir zusagt und irgendwie poetisch und »absolut richtig« erscheint, daß Rembrandt ein chaotisches mitternächtiges militärisches Gruppenbild gemalt haben soll, obwohl es sich herausstellt, daß es gar nicht wahr ist und alles, was ich darüber denke und empfinde, auf einem Irrtum beruht. Und dabei brauche ich mich nicht einmal sehr zu schämen: Sagte nicht Mme de Staël, Ossian verkörpere das Wesen der englischen Dichtkunst, und haben sich nicht alle Maler und Dichter Europas einer ganzen Generation für dieses nicht existierende Genie begeistert? Worauf ich hinauswill, ist, glaube ich, daß wohl auch Ihrer Ansicht nach der Kanon vom Historiker modifiziert werden kann? Ich hatte eigentlich nicht die Absicht gehabt, eine neue Diskussion anzufangen; ich wollte nur, wie gesagt, gleich antworten, um zu sagen, daß noch recht viel zu unserem Thema zu sagen wäre (zweifellos von beiden Seiten) und daß es gar keine schlechte Idee wäre, wenn wir es irgendwie in der Öffentlichkeit tun könnten.

Nur auf eine Sache möchte ich hier noch schnell zurückkommen. Der Lehrer in Ihrem Institut, von dem Sie sprachen – ist der wirklich ein Relativist? Ist der nicht eher eine Art religiöser Fanatiker? Ich habe früher einmal selbst in einer Schule unterrichtet. Meine Kollegin war eine viel bessere Lehrerin als ich (sie konnte eine Klasse viel besser interessieren und im Zaum halten, konnte alles mögliche organisieren und war überhaupt in jeder Beziehung eine ausgezeichnete und vernünftige Person). Eines Tages kam sie in das Klassenzimmer, wo ich gerade Stunde gegeben hatte, und fand eine Anzahl von Aquarellen, die mir sehr bemerkenswert und sehr schön vorkamen. »Was haben Sie da?« fragte sie. Ich erklärte ihr, daß es Kopien nach Raffael waren, die meine elf- und zwölfjährigen Schüler gemacht hatten, und wollte gerade hinzufügen, wie interessant ich es fand, daß sie nicht wie Raffael aussahen, sondern eher wie Simone Martinis, denn alle Formen waren wunderschön getroffen, nur die Binnenzeichnung und der Gefühlsinhalt fehlten, aber ihr entsetztes Gesicht hielt mich ab.

»Sie haben sie Raffael kopieren lassen?« sagte sie tonlos. Ihr Ausdruck war genauso, wie wenn ich ihr soeben nebenher mitgeteilt hätte, ich hätte mich an den Bengeln sexuell vergangen. Und wirklich stellte sich dann im Gespräch heraus, daß ihr das tatsächlich beinahe so vorkam. Was sie »den Ausdruck der eigenen Persönlichkeit« nannte, war ihr so heilig wie sexuelle Unberührtheit.

Die Ironie der Sache war natürlich, daß diese jungfräulichen Seelen jeden Tag Zeichnungen in die Schule mitbrachten, die sie von Mickey-Mouse-Bildern und Reklamen auf Verpackungen abgepaust hatten, und vermutlich schon mehr als tausendmal »verführt« worden waren, bevor ich sie mit den verbotenen Genüssen des Göttlichen Urbinaten (wie Claude Phillips ihn zu nennen pflegte) bekannt machte. Ich schweife ab und muß aufhören. Ich muß wirklich diese Hefte vornehmen und Noten schreiben. »Schaff ab die Rangordnung, entspanne diese Saite!« Ich wollt', ich könnt's. Leider darf ich's nicht. Aber in weiteren sechs Wochen wird das alles vorüber sein, und dann können wir vielleicht an ein gemeinsames Projekt denken (das würde mich riesig stolz machen!).

Cobbe Place,   Ihr
Beddingham   Quentin

19. Mai 1975

Lieber Quentin,

Sie tun mir schrecklich leid, daß Sie so viele Prüfungsarbeiten lesen müssen. Mir ist es glücklicherweise gelungen, das loszuwerden, doch darf auch ich mich nicht vom Pfad der Tugend abbringen lassen. Aber Sie haben mich mit Ihrer Geschichte von den Raffael-Kopien »verführt«, so daß ich Sie fragen wollte, ob Sie das reizende Buch ›Kinder in der Brera‹ kennen[5], das viele solche bezaubernden Kopien reproduziert. Und überdies wollte ich Ihnen erzählen, daß Ihre Geschichte in mir eine alte Erinnerung wieder wachgerufen hat, aus der hervorgeht, daß, autobiographisch und sozusagen psychoanalytisch gesehen, sich ›Kunst und Illusion‹ vermutlich auf dieses Vorurteil und meine kindliche Reaktion dagegen zurückführen läßt. (Ich hatte diese »Entdeckung« schon einmal gemacht, aber wieder vergessen.) Im Gegensatz zu einer älteren Schwester, die sehr viel Phantasie hatte und noch hat und die sehr hübsche originelle Zeichnungen produzierte, die von meinen Eltern sehr bewundert wurden, beschäftigte ich mich damit, Bilder von Tieren aus einem von mir heiß geliebten Tierbuch abzuzeichnen. Ich war sehr stolz auf meine Leistung und recht enttäuscht, als ich aus dem Ton der Stimme, in der meine Eltern diese Zeichnungen »lobten«, erkennen mußte, daß sie das »Abzeichnen« mißbilligten. Das war die Epoche Cižeks in Wien … Wie Sie sehen, habe ich das bis heute nicht verwunden. Aber ich muß arbeiten!

19 Briardale Gardens,   Ihr
London, N. W. 3   Ernst

---

[5] Angela Rava und Biancamaria Bianco, Incontri di Bimbi con i Capolavori di Brera. Mailand 1959.

Mein lieber Ernst,

ich glaube, ich bin Ihnen einen Brief schuldig. Aber auch wenn das nicht der Fall sein sollte, könnte ich jetzt den Versuch machen, unsere Korrespondenz wieder in Gang zu bringen. Zufällig habe ich in der Zwischenzeit Gelegenheit gehabt, Dinge zu sehen, die mit dem, worüber wir früher geschrieben haben, zusammenhängen. Diese »Dinge« waren nicht in dieser wunderschönen Gegend, sondern in London. Sie werden sich erinnern, daß ich sagte, es gebe keine Geschichte der ägyptischen Kunst, und daß Sie, obwohl Sie zugaben, daß die Ägypter vermutlich keine »Kunst« hatten in dem Sinn, in dem die Griechen eine hatten, bereit waren »zu wetten, daß ihre Handwerker nicht alle gleich gut (oder schlecht) gewesen sind«.

Ich brauche Ihnen ja wohl nicht zu sagen, daß ich nicht um der Wette willen in die Ägyptische Abteilung des Britischen Museums ging. Tatsächlich sehe ich jetzt, daß es gar nicht so leicht zu entscheiden wäre, wer von uns diese Wette gewonnen hat; wenn man so von einem eleganten, auf Hochglanz lackierten Mumiensarg zum andern geht, kann man sich wenigstens einbilden, daß einige dieser geschickten Schildermaler und Ausstattungskünstler etwas mehr künstlerische Fertigkeit besaßen als ihre Nachbarn, obwohl ich noch immer der Ansicht bin, daß, was die fertige Ware anlangt – ich meine die ablieferungsreifen Produkte der Leichenbestattungsindustrie –, man nie etwas sieht, was einem auffällt oder gar schockiert, bis man nach all den vielen tausend Jahren zu den Werken der Ptolemäerzeit kommt, die so ganz anders sind, verspielt, übermütig und amüsant kitschig. Ich finde es wesentlich schwerer, über die Skulpturen zu urteilen – so viele der Sachen im Britischen Museum sind 25. Dynastie –, aber auch wenn ich mich an die Skulpturen in Paris und anderen Museen erinnere (ich war nie in Ägypten), ist der Eindruck der einer überwältigenden Gleichförmigkeit, noch mehr als in der riesigen Sammlung beinahe identischer Gräberurnen in Volterra, gerade weil sie von größerem Können zeugen. Der ägyptische Bildhauer scheint seine

---

[6] Dort habe ich diesen Brief begonnen; ich erwähne dies, weil ich dort keine Nachschlagewerke hatte und meine Behauptungen nicht nachprüfen konnte.

Bildwerke gleichsam einer unzerbrechlichen, unveränderlichen, zeitlosen Form zu entnehmen, der Steinblock wird immer in genau der gleichen Weise zur Erreichung genau desselben Effekts pointiert – derselbe ausdruckslose Blick, dasselbe nichtssagende Lächeln. »Dabei ist alles, was du in der Hand hast«, murmelte ich, als ich vielleicht zum dreißigstenmal vor demselben unbeweglichen, unergründlichen Pokergesicht stand, »nichts als zwei schäbige Dreier.«

Aber damit hatte ich vollkommen unrecht.

Denn das Unglaubliche ist, daß die Ägypter, wenn sie sich nur hätten bewegen lassen, ihre Karten herzuzeigen, kaum zu schlagen gewesen wären – davon bin ich überzeugt.

Sie kennen doch sicher diese kleinen Zeichnungen, die sie machten, wenn sie nicht im Dienst waren? Das Museum hat eine Anzahl dieser Skizzen in einem Schaukasten vereinigt, und der Eindruck war für mich wenigstens geradezu atemberaubend. Die Zeichnungen sind unerhört flott, ausdrucksvoll und sensibel, die Menschen, die sie machten, konnten auf Konturen verzichten und alles, was sie sagen wollten, mit Akzenten andeuten, es sind Skizzen, die an Rembrandt erinnern – vielleicht ist das übertrieben – oder doch wenigstens an Tiepolo, sie sind so gelöst und souverän wie nur die freiesten, allergeschicktesten europäischen Zeichner. Wenn man sie so sieht, umgeben von all dem auf Hochglanz polierten, feierlichen Pomp, erinnert die Wirkung an den Eindruck, den eine rasch hingeworfene Sinopia-Unterzeichnung manchmal auf einen macht, wenn man Gelegenheit hat, sie mit dem ausgeführten Fresko zu vergleichen, nur ist sie unendlich viel stärker: Denn hier handelt es sich um den Gegensatz zwischen etwas, was voller Leben ist, und etwas anderem, was mehr als halb tot ist.

Vielleicht war diese persönliche und phantasievolle Kunst eine Art von unterdrückter Gegenkunst, die neben der Hofkunst der Pharaonen einherlief, aber nicht in den Bereich der öffentlichen Monumente vordringen konnte – abgesehen von der kurzen revolutionären Periode der 18. Dynastie. Wie unglaublich shocking muß diese revolutionäre Periode den damaligen Menschen erschienen sein, und wie gröblich verstießen die Künstler damals gegen die Kanons ihrer Kunst!

Vielleicht ist es nicht ganz fair, hier von einem Kanon zu sprechen. Aber sicherlich gab es eine allgemein respektierte

Überlieferung, die alle offizielle und anerkannte Kunst an unverbrüchliche Regeln band – wie es ja wohl kaum anders sein kann, wo die Kunst in so hohem Maße ein Bestandteil der Religion ist. Was mir bemerkenswert erscheint, ist, daß anscheinend zwei ganz verschiedene Kunstbegriffe in einer Gesellschaft nebeneinander bestanden. In den meisten Kulturen folgt man der Tradition, weil man überhaupt nicht auf die Idee kommt, etwas anderes zu tun; in Ägypten hat man sich aber, scheint es, durch eine Art bewußten Wahlakt an die Tradition gehalten.

Ich weiß nicht, ob man mit alledem etwas »beweisen« kann; aber ich glaube, es erklärt zum Teil (wenigstens mir selbst) gewisse Bedenken, die ich gegen jede Art akademischer Autorität hege. Auf die Gefahr hin, Sie mit autobiographischen Details zu langweilen, möchte ich vielleicht doch noch etwas mehr über die Umstände sagen, die es mir so schwer machen, mich mit der Idee eines Kanons zu befreunden. Wie Sie wissen, bin ich nicht ein Kunsthistoriker in dem Sinn, in dem Sie einer sind, und das ist vermutlich der Grund, warum für mich die Malerei der Hochrenaissance nicht diese zentrale Bedeutung hat, die sie offenbar für Sie besitzt. Ich komme aus einem künstlerischen Milieu, das seine Aufgabe geradezu darin sah oder doch gesehen hatte, die bestehende kulturelle Orthodoxie herauszufordern. Insoweit ich mich selbst künstlerisch betätigt habe, war es hauptsächlich auf dem Gebiet der Töpferei. Mein erster Versuch, über einen ästhetischen Gegenstand zu schreiben, war ein theoretisches Buch über Mode.

Diese letzten zwei Punkte muß ich noch etwas ausführlicher behandeln.

Keramik ist wohl jenes Kunsthandwerk, das den »schönen Künsten« am nächsten steht. Zwischen der Arbeit des Töpfers und der der Maler und Bildhauer gibt es einen natürlichen Übergang. Sie hat beinahe dieselbe Ausdruckskraft. Schließlich war die Keramik das Lieblingsmedium – und was für ein ergiebiges! – für die erstaunlich verfeinerten ästhetischen Bedürfnisse der Künstler im Reich der Mitte. Das heißt doch, daß der Töpfer ein Schaffender von erlauchtestem Genie ist oder sein kann. Dennoch brauchen wir nur einen Blick auf die Geschichte der Töpferkunst zu werfen, um zu sehen, wie selten wir dort *Individuen* antreffen. Der Keramiker als individueller Künstler, der sein eigenes Atelier hat, ist eine moderne Erfindung. In den meisten Epochen geht ihre Individualität unter in dem Betrieb der Manufaktur, der Werkstatt oder einfach in der ganzen Kultur, in der sie wirken; Wedgewood, Spode und Worcester sind in unserer Vorstellung genauso scharf abgegrenzt wie Leach oder Morgan oder Palissy, und wir verwenden ein Wort wie T'ang, um eine klar umschriebene künstlerische Individualität zu bezeichnen, die sich aus weiß ich wie vielen Tausenden von Einzelkünsten zusammensetzt und eine riesige Zeitspanne von 250 Jahren (stimmt das?) umfaßt[7]. Wenn man an alle diese Dinge denkt, kann man nicht gut »die Kunstgeschichte als eine Geschichte von Meisterwerken und ihren Schöpfern, den alten Meistern«, ansehen, ohne gewisse Einschränkungen und Zusätze für wünschenswert zu halten.

Das soll jedoch nicht heißen, daß ich die Idee eines Kanons in der Geschichte der Keramik ablehne. Denn es ist eine Tatsache, daß, wenn man versucht, ein Gefäß zu machen oder zu verzieren, einem oft Vorbilder vor Augen stehen, die gleichzeitig eine Inspiration und eine Gefahr bedeuten – eine Inspiration, weil man Eigenschaften wie Ehrlichkeit, Eleganz und dergleichen am besten an Beispielen erkennen kann, und eine Gefahr, die für den Töpfer sehr ernst zu nehmen ist, weil es nur allzuleicht ist, ein Pastiche zu produzieren. Aber hier besteht der Kanon natürlich nicht aus dem Werk bestimmter großer Künstler, sondern aus einer großen Kollektivleistung. Und überdies haben wir in den letzten 150 Jahren unseren Kanon total auf den Kopf gestellt, noch mehr als in der Malerei. Zur Zeit unserer Großeltern begann die Glanzzeit der Töpferkunst in der Antike mit rotfigurigen Vasen; in China bestand der Kanon aus den modernen Arbeiten der Ch'ing-Dynastie, *Famille rose* etc., die von allen großen europäischen Porzellanmanufakturen nachgeahmt wurden. Die früheren Dynastien waren fast unbekannt, und unsere Bewunderung für bäurische Töpferei, den geometrischen Stil, hispano-maurische Keramik und all die primitiven, derben und ausdrucksvollen Töpfe älterer Kulturen würden ihnen sehr fremdartig vorgekommen sein. Ich glaube sogar, daß wir in dieser Richtung zu weit gegangen sind und die frivole, zarte und höchst dekorative Keramik des 18. Jahrhunderts unterschätzen.

[7] 19. August: Ich habe mich nur um ca. 50 Jahre geirrt.

»Alles fließt« – damit komme ich zu meinem zweiten Interesse, das ich in meinem ersten Buch ›On Human Finery‹ (Kleidung und Putz), behandelt habe. Man muß sicher sehr vorsichtig sein, wenn man allgemeine Prinzipien, die man aus der Geschichte der Kleider abgeleitet hat, auf die Geschichte der Kunst im allgemeinen übertragen will (denn im Gegensatz zur Töpferei ist sie bloß ein seichter Behälter ästhetischer Empfindungen). Ich habe soeben das Buch ganz überarbeitet und in einem Anhang mich bemüht, festzustellen, inwieweit eine solche Übertragung sich rechtfertigen ließe, und will mich daher hier nicht darüber ausbreiten. Aber ich will nur erwähnen, daß die Phänomene von Tracht und Kleidung mich genötigt haben, mich nicht so sehr mit Individuen zu befassen als mit Klassen und den Beziehungen zwischen Klassen. Ich habe viel von Plechanow gelernt und auch von Veblen, obwohl beide auch sehr viel Unsinn schreiben. Soziale Stellung, Aufwand und die verschiedenen Formen sublimierten Aufwands scheinen mir in einer relativ statischen Gesellschaft einen großen Einfluß auf die Ästhetik von Tracht und Kleidung auszuüben, während in einer dynamischen Gesellschaft, also in einer Gesellschaft, in der die Klassen miteinander im Wettbewerb stehen, es prinzipiell die Mode ist, die unsern Geschmack regiert. Mit dem Wechsel der Mode ändern sich auch unsere Wertvorstellungen, was gut war, wird schlecht – und umgekehrt. Und diese emotionellen Umwertungen sind, glaube ich, auf die Entwicklung im Klassenkonflikt zurückzuführen. Ich habe argumentiert, daß uns diese Tatsache nicht einen vollkommenen Relativismus aufzwingt; aber ich glaube, sie zeigt, daß wir die bestehende Mode und auch bis zu einem gewissen Grad die Moden der Vergangenheit in einem Zerrspiegel sehen, und noch dazu in einem Zerrspiegel, der sich ständig vor unseren Augen bewegt.

Dieser Brief droht unerlaubt lang zu werden. Ich habe versucht, darzulegen, warum es mir so schwer fällt, einen Kanon zu akzeptieren, aber wie Sie bemerkt haben werden, habe ich eigentlich schon stillschweigend zugegeben, daß ich die Idee doch akzeptieren kann. Ich kann zum Beispiel die sehr akademische Idee einer Hierarchie der Künste gutheißen. Ich glaube, daß die Kunst der »Modistin« nicht dieselbe ästhetische Potenz besitzt wie die Kunst des Töpfers. Noch wichtiger ist es, daß, wenn Sie mich zwingen, mir die Frage zu stellen, ob Streeter unter gewissen historischen Umständen ein größerer Künstler als Michelangelo hätte werden können, ich mit »Nein« antworten müßte, obwohl ein konsequenter Relativist meinem Gefühl nach »ja« sagen müßte.

Wie ich in meinem ersten Brief sagte: Ich kann mich nicht entscheiden; ich sitze rittlings auf dem Zaun. Aber wenn Sie noch ein bißchen Geduld haben, will ich versuchen, Ihnen die Beschaffenheit meines Zaunes zu beschreiben und dabei mit mir ins reine zu kommen, inwieweit ich Ihnen beistimmen kann.

Sie haben recht: Wir lehnen beide die Meinung derjenigen ab, die behaupten, »Kunsthistoriker hätten sich überhaupt nicht mit Wertfragen zu befassen«. Ja, man könnte beinahe sagen, daß die Kunstgeschichte von nichts anderem handelt, denn wir haben es mit der Abwertung alter Werte und der Entdeckung neuer Wertformen zu tun. Daraus besteht ja geradezu die Kunstgeschichte. Aber trotzdem kann ich, glaube ich, Ihren Standpunkt verstehen. Sie haben vermutlich, so wie ich, unter einer Form des Kunstgeschichtsunterrichts gelitten, die man besser »Kunstbetrachtung« nennen sollte und die hauptsächlich in einer Art ästhetischer Moralpredigt besteht, in der dem Schüler eingetrichtert wird, was »gut« und was »schlecht« ist, und die »Geschichte« ist dann eine Art Apologie des Guten. Ich habe Schüler gehabt, die diese Art von Unterricht »genossen« hatten (er ist sowohl in gewöhnlichen Schulen wie in Kunstschulen sehr verbreitet) und die sich überhaupt nicht mehr auskannten, als ich ihnen zum Beispiel erklärte, daß man die englische Malerei des 18. Jahrhunderts nicht behandeln könne, ohne die Porträtmaler einzubeziehen. Diesen jungen Leuten hatte man beigebracht, daß Reynolds und Gainsborough »akademisch«, glatt und »elitär« waren; daß man sie daher vernachlässigen und vergessen könne. Dieselbe Geschichtsfälschung schwebte mir vor, als ich in meiner Leslie Stephen Lecture die Historiker angriff, die in ganz ähnlicher Weise die Präraffaeliten ausließen. Ob sie einem gefallen oder nicht, hat nichts damit zu tun, daß sie zur Geschichte der Kunst gehören. Es hat sie gegeben, sie hatten großen Einfluß, und man kann sie nicht einfach als irrelevant abtun. Sie sagten dazu, daß ich mich damit selbst gewissermaßen auf den Kanon berufen habe. Und damit – sowie mit Ihrer Bemerkung, bei Ihnen habe ehrfürchtige Bewunderung nicht viel mit dem zu tun, was

Sie gern haben, oder auch mit Ihrer Antwort an Ihre Schülerin, es sei gleichgültig, ob ihr die Raffael-Kartons gefallen oder nicht – sind wir an einem Punkt angekommen, wo wir einer Meinung sind.

In diesem Sinne kann ich den Kanon akzeptieren. Kehren wir zu unserem konkreten Beispiel Michelangelo zurück: Ich muß nicht nur bekennen, daß mir die Präsentationszeichnungen *gar nicht* gefallen; meine Unfähigkeit geht noch weiter: Die Fülle seiner Kraft überwältigt mich, aber ich habe nie ein Werk von ihm so geliebt und werde auch nie eines so lieben, wie die Schule von Athen; schlimmer noch, mir ist ein verhältnismäßig geringerer Meister wie Giovanni da Bologna viel sympathischer, viel mehr nach meinem Sinn. Aber wenn ich einen Kanon aufstellen sollte, müßte Michelangelo selbstverständlich im Mittelpunkt stehen; ich müßte wahrscheinlich sogar zugestehen, daß Raffael vielleicht *etwas* weniger kolossal ist, und für Giovanni wäre natürlich unter diesen Riesen kein Platz.

Ich glaube, worauf es schließlich hinausläuft, ist: Was versteht man unter einem Kanon, und was fängt man mit ihm an, wenn man ihn hat?

Meiner Ansicht nach ist der Kanon ein Faktum unseres geistigen Lebens. Wie Sie so richtig sagen, kann man nicht jedesmal am Anfang anfangen. Jeder Mensch ererbt, ob er will oder nicht, ein System von Ansichten. Diese Ansichten bilden notwendigerweise unseren Ausgangspunkt, auch wenn wir später ihre Gültigkeit anzweifeln. Sie meinen, der Kanon sei groß genug, um unsere Widersprüche auszuhalten, und die Bewunderer von Rubens und die von van Dyck könnten nebeneinander existieren. Wir dürfen ihm mit einer gewissen Skepsis gegenüberstehen und ihn nur mit großen Vorbehalten anerkennen. Trotzdem bleibt er ein Teil unserer kulturellen Ausstattung, etwas, was jeder mitbekommt, der in unsere Gesellschaft hineingeboren wird, und was selbst ein Blinder nützlich finden würde – aber deswegen noch lange nicht etwas, was seinem Charakter nach unveränderlich ist. Vor siebzig Jahren würde Cézanne nicht dazugehört haben und nicht einmal Piero della Francesca; heute scheint ihre Stellung gesichert, jedenfalls sicherer als, sagen wir, die von Carlo Maratti oder Guido Reni.

Wenn unser Kanon so aussieht, dann bin ich bereit, auch Apelles zu akzeptieren, denn so betrachtet, ist das einzige, was zählt, sein Renommee. Es macht dann nichts aus, ob uns ein Gemälde von ihm, sollte man eines Tages etwas finden, gefallen würde oder nicht; ja eigentlich nicht einmal, ob es ihn wirklich gegeben hat.

Die Sache ist nur die, daß ich, indem ich den Kanon sozusagen mir mundgerecht gemacht habe, ihn vielleicht für Sie ganz unannehmbar gemacht habe. Für die, die wirklich an einen Kanon glauben, ist er so etwas wie der Heilige Gral, hehr und unantastbar. Ich habe daraus ein nützliches und brauchbares Geschirr gemacht, und das ist kaum dasselbe.

Wenn der Kanon der Heilige Gral ist, müssen seine Werte unveränderlich sein. Die Bedeutung des Wortes *bonus* darf keinem wie immer gearteten Zweifel unterliegen, und da sie feststeht, kann man als überzeugter Akademiker den korrekten Wert eines jeden Werkes kennen.

Aber ich bin ganz sicher, daß man unmöglich den genauen Wert eines jeden Werkes kennen kann, und glaube auch kaum, daß irgend jemand jemals eine so apodiktische Behauptung aufgestellt hat. Der arme Piles wird immer wegen seiner unglückseligen ›Balance des peintres‹ zitiert, aber in Wirklichkeit war er antiakademisch, ein Anhänger von Rubens mit fortschrittlichen Ansichten[8]. Und obwohl es vermutlich einige unbeugsame, streng akademische Theoretiker gegeben hat, die glaubten, daß alles eindeutig sei, glaube ich, daß es nur sehr wenige gewesen sein können und daß wir uns einen Dogmatismus vorstellen, den es in Wirklichkeit fast nicht gab. Wenn ich unrecht habe, können Sie mir das bestimmt sagen. Worauf ich wirklich hinauswill, ist, daß ein Kanon im Sinne des Heiligen Grals etwas zu Starres, zu Absolutes ist, um sich mit der Vielfältigkeit menschlicher Geschmacksrichtungen in Einklang bringen zu lassen. Wir brauchen unbedingt etwas wie eine Richtschnur, an die wir uns halten können, aber wir können sie nicht als bindend anerkennen. Kurz gesagt, wir sitzen auf dem Grenzzaun. Ich glaube, für mich ist das der einzig mögliche Aufenthaltsort, und ich habe den Verdacht, daß Ihre Stellungnahme von meiner nicht allzu verschieden sein dürfte.

---

[8] 18. August 1975. Nach Hause zurückgekehrt, kann ich der Versuchung nicht widerstehen, de Piles' eigene Worte über seine ›Balance des Peintres‹ zu zitieren: »J'ai fait cet essai plutôt pour me divertir que pour attirer les autres dans mon sentiment. Les jugements sont trop différents sur cette matière, pour croire qu'on ait tout seul raison.«

Vom logischen Standpunkt aus sitzt man auf einem Grenzzaun nicht sehr bequem; aber die Aussicht auf die umliegende Landschaft ist wunderbar. Ich hoffe, wir werden uns dort treffen!

Castel Giuliano,   Ihr
11. August 1975   Quentin

14. November 1975

Lieber Quentin,

Ihr Brief wirft so viele Fragen auf, daß man Bände schreiben müßte, um ihnen gerecht zu werden – und Sie, nicht ich, müßten diese Bücher schreiben. Jedenfalls ist es mir ein Vergnügen, Sie auf meinem Gartenzaun willkommen zu heißen – und da Sie vom Heiligen Gral sprechen, lassen Sie mich Ihnen versichern, daß ich meinen Garten durchaus nicht als eine feste eingefriedete heilige Stätte betrachte. Ich gehe auch sehr gern auf der anderen Seite des Zaunes spazieren, aber wenn ich das Gefühl habe, ich könnte mich verirren, komm' ich immer gern in die mir vertraute Umgebung zurück. Ich würde nicht einmal den Zaun als unverrückbar ansehen. Wir können alle daran entlanggehen und an dem einen oder andern Pfosten rütteln, und ich habe auch nichts dagegen, einen zu versetzen, wenn sich's herausstellt, daß er »nachgibt«. Was ich sagen wollte und noch sage, ist: Wir müssen anerkennen, daß wir allein niemals imstande gewesen wären, den Grund zu vermessen, den Garten zu pflanzen und den Zaun zu errichten, und kein noch so großer Kunstkenner hätte das allein tun können. Wir wurden in unsere Kultur hineingeboren, und wir verdanken unsere Orientierung dieser kulturellen Überlieferung, die sich momentan keiner großen Beliebtheit erfreut. Natürlich müssen wir dem, was man uns erzählt, kritisch gegenüberstehen. Aber eine ernst zu nehmende Kritik muß sich auf einen Punkt konzentrieren, und man kann nicht mehrere Punkte gleichzeitig unter die Lupe nehmen – weder in der Naturwissenschaft noch in den Geisteswissenschaften und ebensowenig in der Kunstkritik. Ein Historiker, der die Verläßlichkeit einer Chronik untersucht, kann nicht alle Berichte aus der Vergangenheit anzweifeln, ohne seinen Beruf aufzugeben. Etwas, was uns

283

überliefert ist und was auch der radikalste Neuerer trotzdem nicht entbehren kann, ist unsere Sprache. In gewissem Sinne ist das, was ich den Kanon genannt habe, ein Bestandteil unserer Sprache.

Ein italienischer Friseur in Cambridge (Massachusetts) sagte mir einmal, während er mir die Haare schnitt, er habe alle Freude an seinem Handwerk verloren. Als er von der Toskana nach Amerika kam, habe er seine Arbeit mit bedächtiger Sorgfalt verrichtet, aber der Chef habe ihn angefahren: »Ja, wer glauben Sie eigentlich, daß Sie sind? Michelangelo?« Vermutlich hätte keiner von beiden viele Werke von Michelangelo nennen können, aber doch wußten beide, wovon sie sprachen. Sie und ich sind dem Gerücht von seiner Größe bis zu seinem Ursprung nachgegangen und haben versucht, uns damit auseinanderzusetzen. Aber weder Sie noch ich hätten Michelangelo in einer Kultur finden können, in der es keine Erinnerungen gäbe, keine Überlieferungen – und keinen Kanon.

Natürlich sucht jede Generation ihn zu revidieren. Berenson mißfiel der überaus sorgfältige Stil der Präsentationszeichnungen (die auch Sie so peinlich berühren) so sehr, daß er sie aus dem Kanon ausschloß, und erst Wilde nahm sie wieder auf, aber ohne damit alle zu überzeugen. Damit komme ich zu Ihren Bemerkungen über die altägyptische Kunst und Ihrer Vorliebe für die spontanen Skizzen im Vergleich zu den offiziellen Denkmälern. Ich brauche Sie wohl nicht daran zu erinnern, daß Ihre Reaktion eine lange Geschichte hat und mindestens so weit zurückreicht wie der Geniekult und der Glaube an die platonische göttliche Raserei. (Vasaris Vergleich zwischen Luca della Robbias in allen Details vollendeten Reliefs in der Cantoria und Donatellos inspirierter Skizzenhaftigkeit ist ein *locus classicus*.) Für die Romantiker war das natürlich ein Lieblingsthema, und Ruskin führte ein neues Element ein, seinen Haß gegen die tote Präzision der Maschine, die die Spontaneität des Lebens tötet. Aber da ich weiß, daß Sie den ganzen Ruskin gelesen haben und ich nicht, will ich lieber darauf nicht eingehen. Gewiß haben sich unsere ästhetischen Anschauungen in diesem Punkt radikal geändert. Ein antiker Autor[9] erzählt von zwei griechischen Bildhauern, die das ägyptische System der Proportio-

---

[9] Diodorus Siculus, I, 98.

nen so vollkommen beherrschten, daß jeder von ihnen eine halbe Kolossalstatue in seiner eigenen Heimatstadt so genau herstellen konnte, daß sich beide Hälften nahtlos zusammenfügen ließen. Als einen Beweis überragender Meisterschaft finde ich die Geschichte nicht sehr überzeugend, obwohl ich mir denken kann, daß sie Techniker sehr beeindrucken würde. Aber glauben Sie nicht, daß die Wegwendung von rationaler Vollendung ein wenig zu weit gegangen ist? Sind die Sinopien (Röteluntermalungen) wirklich besser als die Fresken, und die Skizzen von Rubens und Constable immer ihren vollendeten Werken vorzuziehen? Wir müssen hier zu keiner Einigung kommen, denn die Tatsache allein, daß wir die Frage in dieser Form stellen können, ist zumindest ein Beweis für die nützliche Funktion des Kanons als eines Bestandteils unserer Sprache.

Ich stimme ganz mit Ihnen überein, daß dieses Bezugssystem, diese Orientierungspunkte in meinem Garten auch anonyme Errungenschaften einschließen. Am Ursprung des Kanons mögen die großen Erfinder gestanden haben, aber es gab nicht nur die Sieben Weisen, sondern auch die Sieben Weltwunder. Es gab berühmte Zentren handwerklicher Spitzenleistungen – Honig vom Hymettus, Klingen aus Damaskus, Geigen aus Cremona. Diese Namen bedeuten etwas, genauso wie der kanonische Name Stradivarius. Wir werden uns bestimmt nicht über Definitionen streiten.

Bei einem Wort hätte ich allerdings vielleicht in der Anwendung vorsichtiger sein sollen. Mein verehrter Freund George Boas hat gegen meine Verwendung des Wortes »Relativismus« Einwendungen erhoben, weil ich ja nicht die Absicht habe, das Bestehen von Beziehungen zwischen Dingen und Werten zu leugnen. Vielleicht wäre es besser gewesen, für die Einstellung, die mir in der Kunstkritik unhaltbar erscheint, den Ausdruck »radikaler Subjektivismus« zu wählen. Stellen wir uns vor, ein unleugbar authentisches Werk von Apelles würde morgen aufgefunden werden und würde uns auf den ersten Blick sehr sonderbar vorkommen. Ich glaube, wir würden es uns zweimal überlegen, bevor wir der Welt verkündeten: »Apelles ist sehr überschätzt worden.« Das schadenfrohe Kleinmachen liegt weder Ihnen noch mir. Wir würden wahrscheinlich trachten, uns in seine griechischen Zeitgenossen hineinzuversetzen, und auf diese Weise zu verstehen suchen, was sie in dem Werk bewunderten.

Der Brief ist viel länger geworden, als ich beabsichtigt hatte. Aber darf ich Sie zum Schluß nochmals richtig provozieren? Der alte Winckelmann leugnet in seiner Geschichte[10], daß Kunstfreunde an die griechische Kunst unvoreingenommen herantreten sollen. Im Gegenteil sagt er: »In der Versicherung, viel Schönes zu finden, werden sie dasselbe suchen, und einiges wird sich ihnen entdecken: Man kehre so oft zurück, bis man es gefunden hat; denn es ist vorhanden.« Ist das »Brainwashing«, ungerechtfertigter psychologischer Druck? Ja und nein, aber doch eher nein als ja. Wir haben noch immer unsere innere Freiheit, ihm zu sagen, daß seine Zuversicht ihn betrogen hat – wie es in einem berüchtigten Skandal tatsächlich der Fall war, als er, auf einen herzlosen Betrug hereinfallend, sich überschwenglich für gefälschte antike Gemälde begeisterte, die Mengs eigens dazu hergestellt hatte, um ihn bloßzustellen. Aber wie Sie wissen, habe ich mich in einem Aufsatz, den ich für den Band über K. R. Popper geschrieben habe[11], auf den Standpunkt gestellt, daß derartige Mißgeschicke unvermeidlich sind, weil ohne einen Vertrauensvorschuß ein künstlerisches Erlebnis nicht zustande kommen kann. Wer immer auf der Hut sein will, kann auch keinem Zauber verfallen. Aber das bedeutet natürlich nicht, daß er jedem Betrüger aufsitzen muß. Was man über die Astrologie sagte, kann man wohl auch auf den Kanon anwenden: »Die Sterne beeinflussen, aber sie zwingen nicht.«

Darf ich schreiben: Fortsetzung folgt?

19 Briardale Gardens,
London, N. W. 3

Ihr
Ernst

---

[10] Geschichte der Kunst des Altertums. Erster Teil, Kap. 4.
[11] ›Vom »Jahrmarkt der Eitelkeiten« ‹, S. 91–143 in diesem Band.

9. Für eine pluralistische Kunstgeschichtsschreibung[1]

In seinem bekannten Buch ›Die Struktur wissenschaftlicher Revolutionen‹[2] führte Professor Thomas S. Kuhn eine Terminologie ein, die seither Gegenstand lebhafter Diskussionen geworden ist. Er plädiert für eine Unterscheidung zwischen dem, was er »normale Wissenschaft«, und dem, was er »revolutionäre Wissenschaft« nennt. Kurz gefaßt, wenn auch vielleicht etwas stark vereinfacht, meint er, daß fast zu allen Zeiten den Menschen, die Naturwissenschaft als Beruf betreiben, es gar nicht in den Sinn kommt, die Grundlagen ihrer Wissenschaft kritisch untersuchen zu wollen. Sie sind ganz zufrieden, ein »Paradigma«, wie er es nennt, anzuwenden, um dadurch unsere Kenntnisse auf einem bestimmten Gebiet zu erweitern. Auch wer sich heute als Forscher auf dem Gebiet der Chemie betätigt, wird hauptsächlich damit beschäftigt sein, Analysetechniken, die sich bei der Lösung gewisser schwieriger Probleme bewährt haben, auf neue Substanzen anzuwenden, die bisher noch nicht in dieser Weise untersucht wurden. Professor Kuhns Gegner leugnen nicht, daß es diese Einstellung gibt, aber im Gegensatz zu ihm finden sie das Bild, das er entwirft, eher deprimierend[3]. Sie geben zu, daß angewandte Wissenschaften, in denen solche Routineverfahren gute Resultate erzielen mögen – man denke etwa an die pharmazeutische Industrie –, ihre Berechtigung haben können, aber sie sprechen die Hoffnung aus, daß Menschen, die sich Wissenschaftler nennen, sich stets dessen bewußt bleiben werden, daß es das kritische Denken ist, was den Fortbestand der Wissenschaft sichert. Auf dem Gebiet der reinen Naturwissenschaft ist ihrer Ansicht nach die Anwendung vorgebildeter »Paradigmen« auf neue Probleme nur in dem Sinn normal, in dem es leider normal ist, daß Menschen intellektuelle Moden mitmachen.

---

[1] Ursprünglich erschienen im American Art Journal, Frühjahr 1971, als Beitrag zu der Umfrage über den »Stand der Kunstgeschichte«.

[2] Thomas S Kuhn, Die Struktur wissenschaftlicher Revolutionen. Frankfurt a. M. 1973.

[3] Imre Lakatos und Allen Musgrave (Hrsg.), Criticism and the Growth of Knowledge. Cambridge 1970. Ich beziehe mich in erster Linie auf Karl R. Poppers Aufsatz ›Normal Science and its Dangers‹.

Diese Diskussion, die Kuhns Buch ausgelöst hatte, scheint mir auch für mein eigenes Gebiet, das der Kunstgeschichte, äußerst instruktiv. Auch auf unserem Gebiet gibt es eine »angewandte« Wissenschaft, die entstand, weil sie ein soziales Bedürfnis befriedigte. Solange es öffentliche und private Kunstsammlungen gibt, wird man tüchtige, gut ausgebildete Kunsthistoriker brauchen, die die Gegenstände, die sie betreuen, mit Beschriftungen versehen können, aus denen man erfahren kann, wann, wo und womöglich von wem das betreffende Objekt hergestellt wurde. Man muß sich darüber klar sein, daß die Techniken, die zur Beantwortung dieser »Routine«-Fragen gebraucht werden, sehr hoch entwickelt sind. Um sie zu erlernen, ist ein jahrelanges Spezialstudium notwendig; man muß überdies nicht nur viele Sammlungen aus eigener Anschauung genau kennen und ein gutes Gedächtnis haben, sondern vor allem mit dem begabt sein, was man oft irreführend »ein gutes Auge« oder einen guten Blick nennt, das heißt ein feines Gefühl für subtile Unterschiede, das sich nur durch lange Übung erwerben läßt. Es ist klar, daß die ganze Kunstgeschichte letzten Endes auf den Leistungen solcher Kenner beruht. Hat es doch kaum viel Sinn, langwierig über Raffael zu schreiben, wenn man nicht weiß, was Raffael gemalt hat.

Aber gerade weil die Kennerschaft in der Kunstgeschichte so grundlegend ist, muß man Kuhns Gegnern recht geben, die den Wert mechanisch angewandter Paradigmen bezweifeln. Die Methoden der Datierung und Zuschreibung, die zur Beschriftung der Objekte in unseren Museen herangezogen werden, mögen noch so differenziert und verfeinert sein – letzten Endes beruhen sie ja doch nur auf Hypothesen. Es ist hier nicht der Ort, auf die Frage einzugehen, was man unter einem dokumentarisch belegten Werk versteht, denn auch da gibt es unzählige Fallstricke und Fehlerquellen. Selbst wenn die äußeren Indizien noch so zuverlässig erscheinen, wird kein ernst zu nehmender Historiker behaupten wollen, daß unsere Vorstellungen über die Vergangenheit unfehlbarer sind als die Theorien der Naturwissenschaften, die sich schon so oft als unhaltbar erwiesen haben. Leider ist es aber sowohl in der angewandten Naturwissenschaft wie in der angewandten Kunstgeschichte so, daß diese Überzeugung im Konflikt steht mit dem, was das Publikum gerne hören will. Niemand wird gerne daran erinnert, daß die Gesetze der Statik, die man beim Bau von Wolkenkratzern benutzt, Faustregeln sind, die die Anwendung von ausgiebigen Sicherheitsfaktoren notwendig machen; ähnlich würde es uns wenig Freude bereiten, Kunstsammlungen zu besuchen, in denen jedes Schildchen mit Fragezeichen übersät ist. Sie würden nicht nur störend wirken, sie würden den finanziellen Wert der betreffenden Gemälde oder Kunstgegenstände ganz unverhältnismäßig herabsetzen. Diese Sachlage hat nach meiner Ansicht zu einer recht unerwünschten Polarisierung geführt. Einerseits entstand aus dem Wunsch nach Gewißheit das blinde, geradezu mystische Vertrauen in den »Kennerblick« gewisser Koryphäen, den man geradezu mit »Zweitem Gesicht« gleichstellte. Andererseits hat das Bewußtsein von der riesigen finanziellen Bedeutung von Zuschreibungen zu einer Art Snobismus mit umgekehrten Vorzeichen geführt, der der Skepsis mehr Prestige einräumte als dem Vertrauen. Es gibt noch Ruhm zu ernten für einen zukünftigen Kunsthistoriker, der leugnet, daß alle Felder der Sixtinischen Decke, bis auf zwei, eigenhändig von Michelangelo gemalt wurden. Schließlich würde ja die Geltung eines solchen Urteils auf dem Anspruch beruhen, sein Blick sei so scharf, daß er Unterschiede sehen kann, die alle bisherigen Betrachter übersehen haben.

Es hätte daher gewiß etwas für sich, selbst die Routinearbeiten, mit denen Kenner sich befassen, also das Katalogisieren und die kritische Besprechung von Zuschreibungen, aus dem geschützten Bereich der »normalen« Wissenschaft herauszunehmen und sie der Sonde einer ständigen Grundlagenkritik auszusetzen. An sich könnte eigentlich nichts leichter sein, als die angewandten Methoden auf die Probe zu stellen, indem man an die Experten Fragen richtet, deren Antworten aus anderen Gründen bekannt sind. Wer meldet sich zu solchen Versuchsreihen, und wie könnte man sie am zweckmäßigsten einrichten?[4]

Aber unabhängig von den Resultaten solcher Unternehmungen hat die Kunstgeschichte noch andere soziale Bedürfnisse zu befriedigen, darunter die Frage, die leichter ge-

---

[4] Mein verstorbener Freund Professor Otto Kurz überzeugte mich im Gespräch, daß eine solche systematische Überprüfung von Zuschreibungen und Datierungen durchaus zu machen wäre, wenn einem eine größere Kunstschule dabei behilflich wäre. Mittlerweile habe ich selbst einen Versuch der im vorhergehenden Absatz erwähnten Art unternommen in: ›Rhétorique de l'attribution: Reductio ad absurdum‹, in: Revue de l'art 42 (1978), S. 23 ff.

stellt als beantwortet ist: »Warum ist das gut?« Früher einmal gab es eine Art Paradigma, wonach man diese Frage
beantworten konnte. Ich meine die technische Interpretation, in der man die Geschichte der Kunst als die Geschichte
eines ständigen Fortschritts in Richtung auf Erreichung bestimmter Ziele ansah. Diese Auffassung, die Vasari von der
Antike übernommen hatte, maß die Größe eines Meisters an
seinem Beitrag zu der Verbesserung der künstlerischen Mittel. Wir können heute zwar die Geschichte des Flugwesens
nach diesem Prinzip schreiben und dabei sowohl den Brüdern Montgolfier als auch den Brüdern Wright die ihnen
gebührenden Plätze anweisen, aber was die Kunst betrifft,
haben wir heute das Vertrauen in dieses Prinzip verloren
und können ihre Geschichte nicht mehr als eine Geschichte
geglückter Problemlösungen darstellen. Ja, heute fühlen sich
manche Kunstwissenschaftler mehr von der umgekehrten
Möglichkeit angezogen, Künstler für ihre Bereitwilligkeit,
überliefertes Können über Bord zu werfen, zu bewundern.
Aber weder das eine noch das andere Paradigma bietet eine
Grundlage für wirkliche Kunstkritik[5], und da die Natur ein
Vakuum verabscheut, tritt nur allzuoft eine bloße Aufzählung von Namen und »Ismen« an die Stelle einer kritischen
Wertung künstlerischer Leistungen, besonders wo es sich
um Werke des 20. Jahrhunderts handelt.

Freilich kann man auch eine solche Behandlung als eine
Interpretation aufzäumen, wenn man sich des Hegelschen
Paradigmas bedient, das von uns verlangt, der symptomati-
schen Bedeutung von Stilwandlungen unsere Aufmerksamkeit zu schenken. Dieses Paradigma hat sicher sehr viel zur
Popularität der Kunstgeschichte als Bildungsfach beigetragen. Es verspricht sozusagen eine schmerzlose Einführung
in die Geschichte, indem man am Parthenon den Geist des
Griechentums erkennen kann und der Anblick der Kathedrale von Chartres den Studenten die Mühe erspart, die ver-
wickelten Argumente der Scholastiker zu lesen. Wie Juvenal
sagt, ist es manchmal wirklich nicht leicht, nicht satirisch zu

[5] Oft wird uns Kunsthistorikern nahegelegt, bei der Literaturkritik in die
Schule zu gehen, deren Wertmaßstäbe und Methoden auf einer viel reicher entwickelten Tradition beruhen; aber obwohl ich für die Gedankengänge, die dieser
Forderung zugrunde liegen, viel Sympathie habe, bin ich doch nicht ganz überzeugt, daß die Kollegen von der Anglistik und Germanistik für alle diese Probleme zufriedenstellende Lösungen haben.

werden, und obwohl ich dieser Richtung äußerst kritisch gegenüberstehe, muß ich zugeben, daß irgendein Zugang zur Vergangenheit besser ist als der kollektive Gedächtnisschwund, der uns droht. Es kann ja schließlich sein, daß jemand, der zum erstenmal in so einem Einführungskurs von den Griechen oder den Scholastikern hört, dadurch angeregt wird, mehr darüber wissen zu wollen, und vielleicht sogar dazu kommt, das Paradigma anzuzweifeln, das ihn gelehrt worden war.

Man darf diese Paradigmen wohl als die direkte Reaktion auf die Probleme ansehen, die die Kunstbetrachtung aufwirft, und sie darum danach bewerten, wieweit die gebotenen Lösungen auch das Bedürfnis auf Antwort befriedigen. Es gibt aber auch andere Paradigmen, die auf subtilere Art mit dem geistigen Klima der Zeit verbunden sind. Ich denke da an den unbezweifelbaren Zusammenhang zwischen den Moden auf unserem Gebiet und den Wandlungen des Geschmacks bei den Künstlern und Kunstkritikern. Manche Strömungen in der Kunstgeschichte lassen sich als Rationalisierungen solcher Zeiterscheinungen deuten, die ihre Anziehungskraft vor allem ihrer polemischen Haltung verdankten. Rückblickend ist es zum Beispiel nicht schwer, zu sehen, wie innig Wölfflins Formalanalyse mit der Abwertung des Gegenständlichen in der Kunst zusammenhängt. »Wo du eine Madonna siehst, sehe ich ein gleichschenkliges Dreieck, und genau das solltest du auch sehen oder jedenfalls bemerken.« Selbstverständlich hat inzwischen das Pendel unvermeidlicherweise umgeschlagen, vielleicht im Zusammenhang mit dem Aufkommen des Surrealismus: »Wo du ein gleichschenkliges Dreieck siehst, da sehe ich eine Unzahl symbolischer Bedeutungen, in die ich bereit bin, dich einzuweihen.« Man kann heute schon voraussagen, daß das vorherrschende Interesse für Soziologie unter der modernen Jugend in Kürze zu der neuen Formel führen wird: »Wo du symbolische Bedeutungen siehst, sehe ich das Zusammenspiel ökonomischer Kräfte.« Dann werden wahrscheinlich die gelehrten Fußnoten, die auf mythographische Handbücher verweisen, Tabellen Platz machen müssen, die Korrelationen zwischen den Ausmaßen von Gemälden und dem Stand der Börse nachweisen – natürlich mit Hilfe von Computern.

Ich behaupte gewiß nicht, daß solche Verschiebungen des Interesses an sich schädlich sind. Es würde mir auch in der

Tat übel anstehen, so etwas zu behaupten, denn ich habe an mir selbst den Einfluß von geistigen Strömungen und intellektuellen Moden genauso erfahren wie irgendeiner. Als ich noch ein Gymnasiast in Wien war, machten die Schriften Max Dvořáks einen tiefen Eindruck auf mich, und meine spätere Kritik an der geistesgeschichtlichen Richtung war eine Reaktion auf diesen früheren Enthusiasmus[6]. Ich habe anderswo erwähnt, daß ich als Student in Berlin Heinrich Wölfflins Vorlesungen inskribierte, aber so arrogant war, öfter nicht hinzugehen[7]; das hinderte mich jedoch nicht, daß ich, wie es damals modern war, die Methode der formalen Analyse in meiner Doktorarbeit auf die manieristische Architektur Giulio Romanos anwandte[8]. Nachdem ich mit dem Warburg-Institut in Berührung gekommen war, faszinierte mich das neue Paradigma der Ikonologie. Unter seinem Einfluß interpretierte ich Botticellis Mythologie im Lichte des Neoplatonismus[9]. Auch würde ich nicht behaupten wollen, daß meine späteren Arbeiten nicht auch oft von ähnlichen äußeren Einflüssen angeregt wurden. Schließlich geht dieser Aufsatz von der Debatte aus, die Thomas Kuhn auslöste, und sein Titel variiert den eines Artikels von Kuhns wichtigstem Gegner, meinem Freund Sir Karl Popper[10]. Es scheint mir ganz unvermeidlich, daß ein Wissenschaftler auf gewisse Traditionen in seiner Disziplin anspricht, daß ein bedeutendes Buch oder eine bedeutende Persönlichkeit großen Einfluß auf ihn ausübt und daß er sich für Probleme interessiert, die in seinem Kreis diskutiert werden. An sich ist dieser Einfluß von geistigen Moden nicht schädlicher als der der wechselnden Moden in der Haartracht unserer Studenten, nur dürfen wir beide nicht zu ernst nehmen. Ja, man

[6] Besonders in ›Künstler und Kunstgelehrte‹, in: Meditationen über ein Steckenpferd. Frankfurt 1978, und in meiner Deneke Lecture ›Krise der Kulturgeschichte‹, S. 35–90 in diesem Band.

[7] In: Die Kunst der Renaissance I. Stuttgart 1985, S. 121.

[8] Jahrbuch der Kunsthistorischen Sammlungen in Wien, N. F. 8 (1934) und 9 (1935).

[9] Journal of the Warburg and Courtauld Institutes 8 (1945); ich habe diese Arbeit, die zu Polemik Anlaß gab, zusammen mit einer Besprechung der methodologischen Probleme, die sie aufwirft, in den Sammelband Symbolic Images. Studies in the Art of the Renaissance. London 1972 aufgenommen.

[10] ›A Pluralistic Approach to the Philosophy of History‹, in: Roads to Freedom. Essays in Honour of Friedrich A. von Hayek. Hrsg. von Erich Streissler. London 1969.

kann sogar behaupten, daß eine gewisse Aufgeschlossenheit gegenüber Problemen, die von außen an uns herangetragen werden, etwas Positives ist, weil wir eben dadurch auf die große Vielfalt von Fragen aufmerksam werden, die man an die Vergangenheit stellen kann.

Und darin gerade liegt der Grund, warum ich mit Thomas Kuhns Gegnern übereinstimmen muß, die das Bestehen einer »normalen« Wissenschaft in diesem Sinn als eine Gefahr für das Wohl der Forschung und allen wissenschaftlichen Strebens ansehen. Das Wohl der Wissenschaft ist, wie wir alle wissen, durch das Aufkommen jener Geschäftigkeit bedroht, die man nur als den »akademischen Betrieb« bezeichnen kann. Dieser Betrieb fordert ständige Forschung, nicht aus einem echten Wissensbedürfnis heraus, sondern ganz unverblümt als Qualifikation für akademische Grade und Anstellungen. Kann man es den Opfern eines solchen Druckes verargen, wenn sie nach dem geeignetsten Paradigma Ausschau halten und es auf jedes Werk oder jeden Gegenstand anwenden, der ihnen unterkommt? Manches Mal erinnert mich dann das Resultat an gewisse Paragraphen im österreichischen Strafgesetzbuch, die sich mit mildernden Umständen befassen. Bei einem handelt es sich um den »Versuch mit untauglichen Mitteln«, wie etwa den Versuch, jemanden durch Beschwörungsformeln umzubringen, bei einem anderen um den »Versuch am untauglichen Objekt«, wie etwa den Versuch, ein Gespenst zu erschießen. Wir kennen alle Arbeiten, die sich unter diese Kategorien subsumieren lassen, in denen etwa eine Methode, die für eine kritische Studie Michelangelos entwickelt wurde, auf irgendeinen fünftklassigen Künstler angewendet wird oder ein geradezu hoffnungslos unzulänglicher Apparat auf die Analyse eines großen Kunstwerks.

Natürlich haben wir alle schon hie und da Beschwörungsformeln angewendet oder auf imaginäre Gespenster geschossen. Aber wenigstens sollten wir von uns selbst und unseren Studenten jenen Geist der Kritik und der Selbstkritik verlangen, der allein wissenschaftlicher Arbeit ihre Rechtfertigung geben kann. Zu den bedauerlichsten Folgeerscheinungen des akademischen Betriebs gehört meiner Ansicht nach eine gewisse Atrophie in der Diskussion, als ob man fürchtete, durch heftige Kritik die Karriere eines Kollegen zu gefährden. Wir können und dürfen uns nicht der Forderung entziehen, unablässig die Grundlagen zu prüfen, auf denen die verschiedenen Paradigmen aufgebaut sind. Wir sollten zum Beispiel nie über den »Raum« schreiben, ohne erst nach der Natur dreidimensionaler Darstellung zu fragen, und wir sollten nicht über mehrere »Sinn-Ebenen« reden, ohne uns die Frage vorzulegen, was wir eigentlich zu deuten trachten[11].

Wenn ich mich wieder auf meine eigene Erfahrung berufen darf, erscheint es mir sehr wahrscheinlich, daß man gerade bei solchem eindringlichen Fragen unvermutet auf neue Forschungsprobleme stoßen wird, zu deren Lösung neue Paradigmen nötig sind. Wenn mich meine eigenen Zweifel veranlaßten, mich mit den Problemen und Erkenntnissen der modernen Wahrnehmungspsychologie zu befassen[12], mögen andere es für wünschenswert erachten, sich mehr Kenntnisse über Nationalökonomie oder Ethnologie anzueignen. Natürlich können wir nicht selbst Fachleute auf diesen Gebieten werden, aber wir können genug darüber lernen, daß wir mit den Fachleuten reden können, anstatt aus Ehrfurcht zu verstummen. Vielleicht ist das, was den Fortschritt in den Geisteswissenschaften am meisten hemmt, jene Mutlosigkeit, zu der die Studenten durch einen falschen Unterricht erzogen werden, in dem man ihnen ständig vorhält, welche Quantität von Wissensstoff sie sich aneignen müssen.

Wissen ist in Büchern und Zeitschriften gespeichert und kann dort jederzeit von denen aktiviert werden, die sie zu benutzen verstehen. Wir müssen unsere Studenten dahin zu bringen suchen, daß sie sich diese Fähigkeit aneignen. Dazu gehört das Studium von Sprachen und gegebenenfalls von gewissen Terminologien. Wenn uns das einmal gelungen ist, sollte es nicht allzu schwer sein, sie zu überzeugen, daß eine mehr oder minder gedankenlose Anwendung existierender Paradigmen eine geistige Verarmung mit sich bringt. Wir können ihnen Mut machen, statt dessen nach Fragen zu su-

[11] Bezüglich einschlägiger Literatur verweise ich auf das heilsame Buch ›Validity in Interpretation‹ von Donald E. Hirsch jr., New Haven 1967.

[12] Kunst und Illusion, zur Psychologie der bildlichen Darstellung. Köln 1967 und Stuttgart 1978; ›Visual Discovery through Art‹ und ›The Use of Art for the Study of Symbols‹, in: Psychology and the Visual Arts. Hrsg. von J. Hogg. Harmondsworth 1969; und ›The Evidence of Images‹, in: Interpretation, Theory and Practice. Hrsg. von C. S. Singleton. Baltimore 1969. Des weiteren: ›Illusion and Art‹, in: Illusion in Nature and Art. Hrsg. von H. L. Gregory und mir, mit weiterer Literatur; und: Ornament und Kunst. Stuttgart 1982.

chen, die bisher noch niemand gestellt hat und die neue Paradigmen zu ihrer Beantwortung erfordern. Natürlich wird es sowohl Mißerfolge wie Erfolge geben, aber wenn einmal durch unsere Ermunterung eine kritische Prüfung der Grundprobleme wieder in Gang gebracht worden ist, kann es nicht ausbleiben, daß auf dem Wege über Versuch und Fehlschlag wirklicher Fortschritt zustande kommt. Statt in einem »normalen« Wissenschaftsbetrieb zu stagnieren, werden wir jenen erregenden Zustand der Gärung erleben, den Thomas Kuhn als »revolutionäre« Wissenschaft beschreibt, und werden alles tun, daß die Gärung anhält. Allerdings wird es dann nicht mehr sinnvoll sein, nach dem »gegenwärtigen Stand der Kunstgeschichte« zu fragen. Es wird nicht nur eine Kunstgeschichte geben, sondern viele verschiedene Forschungsrichtungen, die sich nicht scheuen werden, die Grenzen einer beliebigen Zahl sogenannter anderer Disziplinen zu überschreiten. Grenzen, die ihre Existenz ausschließlich administrativer Bequemlichkeit (um nicht zu sagen: Indolenz) verdanken. Nur in dieser Weise können unsere Studien wieder zu dem werden, was Erwin Panofsky so schön als »das freudige und lehrreiche Erlebnis einer gemeinsamen Entdeckungsreise ins Unerforschte« beschrieben hat[13].

[13] ›Three Decades of Art History in the United States‹, in: Meaning in the Visual Arts. New York 1955.

10. Museen: gestern, heute und morgen

Unter den Auspizien des Britischen Museums und der »American Assembly« trafen sich im Oktober 1975 eine Anzahl Museumsdirektoren, Kuratoren, Treuhänder und andere Sachverständige auf dem Gebiet des Museumswesens aus den Vereinigten Staaten, Kanada, Großbritannien und dem übrigen Europa in Ditchley Park, Oxfordshire, England, um dort Diskussionen fortzusetzen, die ein Jahr früher in Arden House, Harriman, New York, während der 46. Tagung der »American Assembly« begonnen worden waren. Die Ansprache, die hier in etwas revidierter Form vorliegt, wurde auf Einladung von Sir John Pope-Hennessy, dem Vorsitzenden des Symposiums, gehalten.

Ich verdanke die ehrenvolle Einladung, zu einem so erlesenen Publikum zu sprechen, einem der tiefstverwurzelten englischen Grundsätze – dem Grundsatz, den Sachverständigen zu mißtrauen. Seine früheste Manifestation ist wohl das Geschworenengericht, das sicherstellen soll, daß die Entscheidung nicht den Rechtskundigen überlassen wird. Es heißt oft, daß auch der Außendienst nach diesem Prinzip organisiert ist. Wer sich etwa einen Ruf als Fachmann in der Sprache und dem Brauchtum der Fidschiinsulaner erworben hat, kann fast sicher sein, zu den Eskimos geschickt zu werden, über die er, wie man so sagt, keine »vorgefaßte Meinung« hegt. Nachdem ich mein ganzes berufliches Leben an der Universität verbracht habe, fehlt mir jederlei persönliche Erfahrung über die Alltagssorgen, die heutzutage Museumsbeamten und -beamtinnen das Leben sauer machen. Jedoch wurden schon sehr viele dieser Probleme in den Transaktionen des vorjährigen Symposiums[1] ausführlich besprochen, und sollte wirklich etwas noch ungesagt geblieben sein, wird es bestimmt in den Beiträgen zu dieser Konferenz aufscheinen[2]. Die einzige Stimme, die bisher nicht zu Worte gekommen ist, ist die des Konsumenten, des Museumsbesuchers. In diesem Sinne will ich heute meinen Auftrag auffassen.

[1] On Understanding Art Museums. Hrsg. von Sherman F. Lee. Englewood Cliffs, N.J., 1975.
[2] Art Museums. The European Experience. Hrsg. von Christopher White. Eine Sammlung von Beiträgen von Michael Jaffé, Hubert Landeis, Wend von Kalnein, Michael Compton, Erik Fischer, Pierre Rosenberg, Werner Hofmann, Maria Fossi Todorow und dem Herausgeber ist nicht im Druck erschienen.

Selbstverständlich will ich nicht leugnen, daß ich ein Kunsthistoriker bin, aber hier spreche ich in erster Linie als ein Mensch, der in Museen geht, weil er sich gern Kunstwerke ansieht.

Niemand bestreitet, daß die Befriedigung dieses Bedürfnisses eine der wichtigsten Aufgaben eines Kunstmuseums ist, freilich nur eine von vielen; denn ohne die hingebungsvolle Arbeit des Konservierens, Ankaufens, Forschens und Katalogisierens, das hinter den Kulissen vor sich geht, gäbe es kaum noch Kunstwerke, die der Besucher bewundern könnte. Vielleicht kann ich das Thema, auf das ich mich konzentrieren möchte, am besten kennzeichnen, indem ich die berühmten Worte aus der ›Ars poetica‹ des Horaz abwandle, und zwar in der Form: »*Aut prodesse volunt, aut delectare custodes.*« Als Museumsbeamte wollen Sie Belehrung bieten oder Vergnügen bereiten, womöglich sogar beides. Die Kombination ist durchaus nicht selbstverständlich, denn nicht alles, was uns gut tut, ist auch angenehm, und bekanntermaßen ist gar manches, was uns Vergnügen macht, alles andere als gut für uns. Es ist wirklich etwas Herrliches, daß es Einrichtungen gibt, die diese beiden so disparaten Ziele vereinigen können, aber ich werde zu zeigen versuchen, daß man diese Verbindung des Angenehmen mit dem Nützlichen nicht sich selbst überlassen kann, sondern daß es sich hier um ein Problem handelt, das gar nicht leicht zu lösen ist. Heutzutage steht unter dem Druck der Sozialpolitik das *prodesse* stark im Vordergrund – man erwartet vom Museum, daß es belehren und bilden soll; und obwohl ich das gewiß nicht abstreiten will, möchte ich hier zum Ausgleich das Schwergewicht auf die andere Seite legen, das heißt auf das *delectare*, auf den Genuß, den uns Kunstwerke zu bieten vermögen. Ich weiß, daß man einwenden kann, Genuß sei kaum der richtige Ausdruck für das erschütternde Erlebnis, das die Darstellung des Schmerzes, angefangen vom Laokoon bis zu Picassos ›Guernica‹, in uns hervorruft. Die Tatsache, daß alle Künste imstande sind, das Tragische und Furchtbare irgendwie zu verklären, hat die philosophische Ästhetik seit Aristoteles vor ein schier unlösbares Problem gestellt, und ich habe nicht die Absicht, mich in dieses Labyrinth zu verirren. Ich bin gerne bereit, das Wort »Genuß« für eine andere Bezeichnung einzutauschen, die das berauschende Gefühl beschreibt, das wir einem Meisterwerk der Malerei oder Plastik verdanken können, aber ich möchte doch auch das *delectare* nicht aus den Augen verlieren. Ich denke etwa hier an Vermeers ›Ansicht von Delft‹ (Abb. 6) als Beispiel dessen, was mir vorschwebt, weil ich vor einigen Wochen den herrlichen Anblick dieses Bildes genießen durfte. Hatte ich auch einen Gewinn davon? Das hängt natürlich ganz davon ab, was man unter *prodesse* versteht. Die gutgemeinte optimistische Propaganda, daß Kunst nicht nur gut für uns ist, sondern uns auch zu besseren Menschen oder Staatsbürgern macht, ist leider schon hunderte Male durch unmenschliche Tyrannen und Schurken widerlegt worden, die in künstlerischen Dingen einen besonders guten Geschmack besaßen. Womit natürlich nicht gesagt werden soll, daß das Kunsterlebnis spurlos an uns vorübergeht, daß es uns nicht innerlich bereichert. Die Erinnerung an die Begegnung mit großen Kunstwerken ist etwas Kostbares; wie oft wünschen wir, daß wir imstande wären, es uns jederzeit wieder zu vergegenwärtigen! Ich begegnete einmal einem österreichischen Emigranten, der damals schon fast hundert Jahre alt war; der alte Herr, ein ehemaliger hoher Beamter, erzählte mir, daß, wenn er nachts nicht schlafen könne, er im Geist einen Rundgang durch den Louvre mache, wie er ihn aus den ersten Jahrzehnten des Jahrhunderts kannte, und sich vornehme, vor welchem Bild er diesmal stehenbleiben würde, um es genau zu betrachten. Ich glaube, er hat kaum übertrieben.

Die wenigsten von uns haben ein derart vollkommenes visuelles Gedächtnis, und daher verleiht das Bewußtsein, daß der Augenblick unwiederbringlich ist, unserem Erlebnis eine fast schmerzliche Eindringlichkeit und Intensität. Diese Spannung zwischen *delectare* und *prodesse* ist freilich nicht nur dem Kunsterlebnis zu eigen. Das Gefühl: »Verweile doch, du bist so schön!«, das Goethes Faust so sehnsuchtsvoll sucht und nie erreicht, kann sich jedem Glückserlebnis zugesellen. Es ist wahrscheinlich einer der wichtigsten Unterschiede zwischen uns und den Tieren, daß es für uns keine Gegenwart gibt ohne eine Erinnerung an die Vergangenheit und eine Vorwegnahme der Zukunft, aber die emotionelle Bedeutung, die dieses Bewußtsein für uns hat, ist etwas, was sich ständig ändert und verschiebt. Sie hat sich auch in der Geschichte der Kunstbetrachtung verändert, und ich möchte das Versprechen, das im Titel meines Vortrags liegt, dadurch einlösen, daß ich versuche, eine Art von diagrammatischem Stammbaum der verschiedenen Traditionen aufzustellen, deren oft widerspruchsvolles Zusammenspiel die heutige und vermutlich auch die künftige Rolle der Museen bestimmt.

Unter den ältesten Vorfahren des Museums möchte ich zwei äußerst verschiedene Typen herausgreifen, die ich das Schatzhaus und das Heiligtum nennen möchte. Das Zusammentragen und Zurschaustellen von Schätzen in Tempeln, Kirchen und Palästen war immer schon ein Mittel, das Ansehen der Besitzer zu erhöhen und dem Besucher mit diesen Beweisen von Reichtum und Macht zu imponieren. In solchen Sammlungen geht das *delectare* dem *prodesse* vor, denn es gehört zum beabsichtigten Effekt, daß wir uns unmöglich alles merken können. Was uns in Erinnerung bleibt, ist der Gesamteindruck von schier unvorstellbaren Reichtümern, von Gold, Juwelen und exotischen Kostbarkeiten wie aus Tausendundeiner Nacht. Ein Entzücken jagt das andere, wie wenn bei einem großen Feuerwerk Tausende von Raketen unter den bewundernden Ausrufen des Publikums in rascher Folge ihre vielfarbigen Sterne über den Himmel säen. Man kann es ein kindliches Vergnügen nennen, und doch bereitet es echte Freude. Ich glaube, daß unser Genuß durch die Tatsache allein, daß wir unmöglich alles aufnehmen können, noch erhöht wird. Wir brauchen uns nichts zu merken, niemand wird uns über einzelne Stücke ausfragen, wir können uns ungeniert blenden und überwältigen lassen. Trotz ihrer größeren wissenschaftlichen Prätentionen dürften übrigens auch die alten Kuriositätenkabinette, die Kunst- und Wunderkammern der Renaissance[3] kaum mehr von ihren Besuchern erwartet haben als die Fähigkeit, mit großen Augen zu staunen und zu bewundern. Ausgestopfte Haifische und Mißgeburten in Spiritus, Straußeneier und Beispiele der kunstvollen Handarbeit, wie man sie noch heute auf Schloß Ambras in Tirol in buntem Durcheinander sehen kann, verlangen von einem Besucher nicht viel mehr Aufmerksamkeit und Lernbegier als eine Jahrmarktsbude. Sie enthalten Abnormitäten und »Raritäten«, Beispiele von Dingen, die man nicht alle Tage zu sehen bekommt, kurz, jedes Objekt ist etwas Sensationelles. Selbst wo menschliche Kunstfertigkeit

---

[3] Julius von Schlossers Buch Kunst- und Wunderkammern der Spätrenaissance. Leipzig 1908 ist bis heute die informativste Studie dieses Gegenstandes.

mit im Spiel ist, handelt es sich mehr um Wunder der Natur als um Kunst.

Die Trennung zwischen kunst- und naturhistorischen Museen hat eine lange und interessante Geschichte und ist noch nicht zu Ende. Es gibt schließlich auch heute noch Museen, in denen in einem Stockwerk ausgestopfte Vögel zu sehen sind und in einem anderen Skulpturen und Gemälde; aber darüber, welche Abteilungen mehr dem *prodesse* gewidmet sind und welche mehr dem *delectare*, kann man verschiedener Ansicht sein. Das eigentliche Kunstmuseum entstand, als man sich dessen bewußt wurde, daß es Werke gibt, die nicht nur selten, sondern einmalig sind, im selben Sinn wie gewisse berühmte Naturschönheiten und andere Denkmäler, und daß sie damit zu den Dingen gehören, die man mit einem sprechenden Wort »Sehens-Würdigkeiten« nennt – die wert sind, gesehen zu werden. Ich bin bestimmt nicht der erste, der den obligatorischen Besuch solcher Sehenswürdigkeiten als eine säkularisierte Form der Pilgerfahrt ansieht. Der Übergang zeigt sich klar in den Aufzählungen der *Memorabilia* Roms, die heilige und weltliche Denkmäler umfaßten[4]. Ich möchte Sie hier auch auf die Verwandtschaft zwischen dem Wort »Denkmal«, ursprünglich eine Erinnerung an eine einmalige Persönlichkeit oder ein einmaliges Ereignis, und dem Wort »Andenken« aufmerksam machen, das der Reisende mitbringt zum Beweis, daß er seine Pilgerfahrt vollbracht hat. In diesem Zusammenhang entstand, glaube ich, die Vorstellung vom Museum als einem Heiligtum, wie ich es nannte, einem Tempel der Kunst und gleichsam einem Wallfahrtsort. Man pilgerte – und pilgert noch – nach Rom, um den Apoll vom Belvedere zu sehen, in derselben Gemütsverfassung, in der man Sankt Peter besucht, und wir gehen nach Athen, Florenz, London – oder auch ins Mauritshuis – mit ähnlichen Erwartungen, um Werke zu sehen, die in jenem unübertroffenen Reiseführer, dem Baedeker, mit einem Sternchen, oder gar zweien, hervorgehoben sind.

In einem kürzlich veröffentlichten Vortrag verteidigte ich, was ich den Kanon künstlerischer Werte nannte, und sprach über die kulturelle Rolle, die einem solchen Kanon zu-

---

[4] Ders., La Letteratura Artistica. Florenz 1956, S. 56 f., enthält eine Bibliographie über die frühen Ausgaben dieser Reiseführer für Rompilger.

kommt⁵. Ein gemeinsames Bezugssystem, an dem wir die Größe und Bedeutung von Kunstwerken messen können – gleichgültig ob in Literatur, Musik oder bildender Kunst –, ist für jede Kultur unentbehrlich. Es hieße den menschlichen Geist beleidigen, wollte man behaupten, daß die Begegnung mit den großen Meisterwerken nicht für sehr viele Menschen ein tiefes, unvergeßliches Erlebnis bedeutet, aber es wäre kaum realistisch, anzunehmen, daß die Suche nach Kunstgenuß die alleinige treibende Kraft hinter einem der hervorragendsten sozialen Phänomene unseres Zeitalters ist, wie Fremdenverkehr und Gesellschaftsreise sie darstellen. Ich glaube, daß sich keine soziale Einrichtung halten kann, wenn sie nicht gleichzeitig einer Anzahl sich widersprechender Bedürfnisse dient; für die Gesellschaftsreise zu den großen Sehenswürdigkeiten gilt dasselbe wie früher einmal für die Pilgerfahrt und die »Grand Tour«. Sie sind ein Kompromiß zwischen dem Streben nach Abwechslung, geistiger Erholung und erhöhtem sozialen Ansehen. Ebenso wie der Pilger muß auch der heutige Reisende darauf vorbereitet sein, daß man ihn bei seiner Rückkehr ausfragt, ob er auch wirklich alles besichtigt hat, was andere vor ihm gesehen haben. Um sich selbst und anderen seine Beflissenheit beweisen zu können, schleppt er sich auf müden Füßen durch den Louvre, knipst die Mona Lisa oder kauft einen scheußlichen Aschenbecher mit ihrem verzerrten Bild als Andenken.

Es ist leicht, sich über diese Folgen künstlerischen Weltruhms lustig zu machen. Aber die Sache hat doch bestimmt auch eine positive Seite, die denen zu denken geben sollte, die das Schatzhaus und die Wallfahrtsstätte als altmodisch und »elitär« abtun wollen. In Wirklichkeit ist es eher umgekehrt! Zugegeben, der Vorteil, den die Reisenden anstreben, ist unter anderem eine Erhöhung ihres sozialen Ansehens; sie suchen Einlaß in den Tempel der Kunst nicht nur in Erwartung erlesenen geistigen Genusses, sondern auch in der Hoffnung, in die Reihen der Erwählten aufgenommen zu werden. Aber ist nicht der Wunsch, zu den Eingeweihten zu zählen, eher größer unter Menschen, die sich vorsichtig umsehen, um sich zu versichern, ob ihnen die Mona Lisa noch gefallen darf? Mir jedenfalls gefällt die Mona Lisa ohne

⁵ Siehe ›Kunstgeschichte und Sozialwissenschaft‹, S. 208–262 sowie meine Korrespondenz mit Quentin Bell, S. 263–286, beides in diesem Band.

Schnurrbart noch immer sehr viel besser als Duchamps Version.

Selbstverständlich ist mir klar, daß das typische »Baedeker-Museum« heutzutage in vielen Menschen einen gewissen inneren Widerstand hervorruft, und ich leugne nicht, daß eine solche geistige Unabhängigkeitserklärung etwas Wertvolles sein kann. Sir Herbert Read hat einmal einen reizenden kleinen Aufsatz geschrieben, den jeder Museumsbeamte lesen sollte, besonders weil sein Charme beim Zitieren unvermeidlich verlorengeht. Er heißt ›The Greatest Work of Art in the World‹ (Das größte Kunstwerk der Welt)[6] und beschreibt eine Reise nach Florenz in dem schicksalsschwangeren Sommer vor dem Ausbruch des Zweiten Weltkrieges. Ihm war es damals ganz unmöglich, auf die berühmten Werke in den Uffizien und im Bargello anzusprechen. Renaissancekunst hatte ihm nie viel bedeutet, und diesmal kam es ihm vor, als sei er in einem Labyrinth voll von prätentiösen, verlogenen Machwerken. Er beschloß daher, ins Museo Archeologico zu gehen, um sich an etruskischer Kunst zu erfreuen, die ihm schon früher einmal einen großen Eindruck gemacht hatte. Hier fiel es ihm etwas leichter, den zur Schau gestellten Objekten seine Aufmerksamkeit zu widmen, und plötzlich – aber hier muß ich wörtlich zitieren: »wurde der Eindruck, den etruskische Bronzen je auf mich gemacht hatten, völlig ausgelöscht durch ein kleines Objekt, das ich nie vorher bemerkt hatte. Es war nur etwa zwei bis drei Zoll hoch und stand inmitten einer Unzahl solcher kleinen Objekte, unbeschriftet und in keiner Weise ausgezeichnet, in einem jener Glassärge, die es in allen Museen gibt.

Es war auch aus Bronze, der Kopf eines Negerknaben, vermutlich der eines afrikanischen Sklaven – und es schien das Dunkel meines Gemüts wie ein Glühwürmchen zu erhellen (Abb. 9). Das Stück war voll Vitalität. Ich fühlte es geradezu als etwas Lebendiges, das sich mir ins Bewußtsein drängte. Ich wußte nicht, was es war – welche Periode oder welcher Stil –, und habe mir nie die Mühe genommen, es herauszubekommen. Doch gehört es zweifellos zu der vagen Gruppe, die wir als graeco-römisch bezeichnen.«

Es ist charakteristisch für Herbert Reads unbedingte Inte-

---

[6] In: A Coat of Many Colours. Occasional Essays. London 1945, S. 1–5.

grität und Ehrlichkeit, daß das Werk, das sein Gemüt wieder belebte, ein Gegenstand war, den jeder Renaissancesammler hoch geschätzt hätte, und nicht etwa eine primitive Maske, wie man das vielleicht bei ihm erwartet hätte. Read wählte es als Titelbild für sein Buch ›A Coat of Many Colours‹ (Der bunte Rock), und es ist leicht zu verstehen, daß man sich in dieses sympathische kleine Werk verlieben kann. Für Read wurde es der symbolische Ausdruck seiner Voreingenommenheit gegen jede Form der Theatralik, seiner Abneigung gegen die »erhabene« Manier und was er die *pompiers de culture* nennt. Er war immer auf der Seite der Schwächeren, und dieser ritterliche Instinkt veranlaßte ihn auch sicherlich dazu, seiner Vorliebe für diese kleine Bronzebüste Ausdruck zu geben, für ein kleines Figürchen, knapp zwei Zoll hoch, das man, wie er sagt, »nicht ohne Schwierigkeit in einer Vitrine voll uninteressanter Objekte in dem wenigst besuchten Museum von Florenz ausfindig machen kann«.

Aus dieser Geschichte läßt sich eine Lehre ziehen, auf die ich später noch einmal zurückkommen will. Hier möchte ich zunächst Herbert Reads glücklichen Fund dazu benutzen, noch eine andere Art von Museum zu erwähnen, das weder ein Schatzhaus noch ein Tempel ist, sondern eine Kombination zweier weiterer Funktionen, die auf die Gestaltung der Museen in den letzten zwei Jahrhunderten großen Einfluß hatten, nämlich der Magazin- und der Lehrfunktion. Das Depositorium oder Magazin kann man als die Fortsetzung des Schatzhauses und des Tempels betrachten. In jener Epoche, in der alles, was aus der Zeit der *sacrosancta antiquitas* erhalten geblieben war, als ein kostbarer Schatz galt, wurden solche Dinge in Mengen angehäuft, einfach weil man nicht imstande war, etwas wegzuwerfen. In Rom kann man noch immer Beispiele solcher Ansammlungen sehen, in denen die Kunst der Archäologie weichen mußte, und mit dem steigenden Interesse an frühchristlichen, etruskischen und anderen antiken Gegenständen wurde es dringend notwendig, Sammelpunkte einzurichten. Aber was sollte man mit diesen vielen antiken Objekten und Denkmälern anfangen? Wie konnte man sie zum Kanon in Verbindung setzen? Man fand eine Lösung, indem man sie dazu verwendete, mit ihrer Hilfe den Aufstieg der Künste zu zeigen, wie Plinius und Vasari ihn dargestellt hatten. Die Archäologen machten den Anfang; Winckelmann wird oft das Verdienst zugeschrieben, in die riesigen römischen Depots Ordnung hineingebracht zu haben, aber in Wirklichkeit war ihm der große Altertumskenner Graf von Caylus zuvorgekommen, den die Deutschen so schlecht zu behandeln pflegten.

Caylus begann seinen zweiten ›Recueil d'Antiquités‹ aus dem Jahre 1756 mit einer Bemerkung, die viele spätere Ansichten vorwegnahm: »Die Künste haben Anteil an dem Charakter der Nationen, die sie ausübten; man kann ihre Anfänge, ihre Kindheit, ihren Fortschritt und auch die Blütezeit erkennen, die sie bei den betreffenden Völkern erreicht haben. Die Werke der Bildhauerkunst und Malerei ermöglichen uns genauso, ihren Geist, ihre Sitten und ihre Denkungsart (wenn man sich so ausdrücken kann) zu erfassen, wie die Bücher, die sie uns hinterlassen haben. Ein rascher Blick auf einen der Glasschränke, wo diese Schätze ausgestellt sind, umfaßt irgendwie das gesamte Bild aller Jahrhunderte – *le tableau de tous les siècles.*«

Sie sehen übrigens, daß Caylus den Kanon als solchen nicht in Zweifel zieht: Er wußte, zu welchem Zeitpunkt die Künste ihre Blüte erreicht hatten. Dieselbe Vorstellung einer Kunstsammlung als einer Illustration der Entwicklung zur Vollkommenheit läßt sich an Sammlungen von Renaissancekunst aus dem 18. Jahrhundert zeigen. Man findet ein Beispiel in Winckelmanns Beschreibung von Cavaceppis Handzeichnungensammlung[7] und in einer ähnlichen Stelle aus d'Hancarvilles ›Antiquités Etrusques‹ aus dem Jahre 1785, die über den Fortschritt in der Kunst der Antike handelt: »Und genauso wie man in einer Bildergalerie versucht, alle Meister, die nach Cimabue gewirkt haben, zu zeigen, also Andrea Tassi, Gaddo Gaddi, Margaritone und Giotto, bis in die Gegenwart hinein, kann man in einer solchen Sammlung die Stile aller Epochen der antiken Kunst zusammenstellen.«[8]

Ich glaube, es läßt sich nachweisen, daß die Notwendigkeit systematischer Sammelpunkte und der Wunsch, aufklärend und belehrend zu wirken, gemeinsam bei der Geburt des modernen Museums Pate gestanden haben. Die Nach-

---

[7] J. J. Winckelmann, Anmerkungen über die Geschichte der Kunst. Dresden 1767, S. 31. In meinem Buch Kunst und Fortschritt. Köln 1978 habe ich die Folgerungen, die aus dieser Schrift gezogen werden können, eingehender besprochen.

[8] Band 1, S. 76.

wirkungen der Französischen Revolution, in der so viele Klöster ihrer Schätze beraubt wurden, und vor allem die Feldzüge Napoleons führten zu einer noch nie dagewesenen Ansammlung von Kunstwerken im Louvre, die auch nicht ohne Einfluß auf den Kanon geblieben ist. Denn im Musée Napoléon entdeckte Friedrich von Schlegel, daß ihm Perugino besser gefiel als Domenichino. Jedoch hatte diese Rangvertauschung zwischen der Bologneser Schule und den sogenannten Primitiven, den Meistern von Vasaris *seconda maniera*, keinen wesentlichen Einfluß auf den Aufbau und die Funktion der didaktischen Aufstellung. Es ist notorisch, daß (wie man im Katalog lesen kann) noch im Jahre 1857 der Margaritone der National Gallery zum Ankauf empfohlen wurde (Abb. 10), um daran »den barbarischen Zustand zu demonstrieren, in den die Kunst vor ihrer Wiedergeburt sogar in Italien gesunken war«.

Dieses Zitat illustriert sehr gut die Veränderung, die in der Auffassung des Museums als eines Schatzhauses und eines Tempels vor sich ging. Man betrachtete den Margaritone weder als eine Kostbarkeit noch als ein Werk, das Gefallen erregen würde. Sein Wert lag darin, daß er sehr gut geeignet war, Vasaris Kanon zu illustrieren und dem Besucher verständlich zu machen. Aber gleichzeitig ergaben sich aus dieser neuen Auffassung gewisse Konfliktmöglichkeiten mit der Idee eines Depositoriums. Denn als offizieller Sammelpunkt ist sich eine solche Anstalt ständig der engen physischen Schranken bewußt, die ihrer Funktion gesetzt sind. Wo kann man alle diese Objekte unterbringen?! Andererseits ist eine didaktische Sammlung prinzipiell auf Wachsen eingestellt. Sie wird immer Lücken aufweisen, die gefüllt werden müssen, um den Fortgang der Entwicklung besser und überzeugender darzustellen.

Die Vorstellung von Lücken paßt weder zum Schatzhaus noch zum Tempel. Bei der Betrachtung der Kronjuwelen im Londoner Tower tut es unserem Vergnügen keinen Abbruch, daß die Sammlung nicht auch Schätze anderer Monarchen enthält, und niemand würde sagen, es sei eine schmerzliche Lücke in der Bildersammlung des Ashmolean-Museums in Oxford, daß sie nicht die ›Ansicht von Delft‹ besitzt. Aber andererseits erinnere ich mich an ein offizielles Dokument – freilich ist es schon lange her –, in dem unter anderem darauf hingewiesen wurde, daß die National Gallery in London nichts von Melozzo da Forli besitze – ein Manko, das freilich schwer gutzumachen sein dürfte, es sei denn, der Vatikan entschließt sich, seine Schätze zu verkaufen.

Aber warum den Melozzo hereinziehen? Es gibt heute sehr viele Menschen, die viel weniger sensibel und künstlerisch gebildet sind, als Herbert Read es war, denen die ganze Kunst der Renaissance nicht gefällt und die die primitivste Ikone Melozzos wunderbaren Engeln im Vatikan vorziehen. Die Auflehnung gegen den Kanon im 20. Jahrhundert hat dazu geführt, daß man Dinge um so höher wertet, je unähnlicher sie den Meisterwerken sind, die früher in den Tempeln der Kunst zur Schau gestellt wurden. André Malraux, dem man gewiß nicht nachsagen kann, daß er nicht wußte, was ein Meisterwerk sei, schrieb mit großer Beredsamkeit und Eindringlichkeit über diese Situation und begrüßte die neue Aufgeschlossenheit des Geschmacks, die Erweiterung unseres Horizonts bis zur Erfassung aller schöpferischen Bestrebungen der Menschheit, als »das Museum ohne Wände«[9]. Vielleicht wird dieses unmögliche Museum schließlich zu dem führen, was radikale Künstler schon so lange verlangten, nämlich zur Zerstörung der Museen mit Wänden.

Ohne einen Wertmaßstab, wie der Kanon ihn darstellt, ist es selbstverständlich unmöglich, vorauszusagen, welches von Menschen gefertigte Produkt jemandem gefallen wird oder welchem er jenes große ästhetische Erlebnis verdanken wird, dessen Vermittlung früher einmal als die Aufgabe der Tempel der Kunst angesehen wurde. Um wie Herbert Read aus einer Vitrine einen kleinen Bronzekopf herauszusuchen und ihn für das größte Kunstwerk der Welt zu erklären, muß man sowohl sein Feingefühl als auch sein Selbstvertrauen haben. Und das zweite Auswahlprinzip, die Darstellung der Entwicklung in der Kunst, ist gleichermaßen durch diese Umwertung aller Werte in Frage gestellt. Statt der Forderung, eine Entwicklung zu illustrieren, die, wenn auch kompliziert, doch fest begrenzt ist, sieht sich das Museum heute vor die unmögliche Aufgabe gestellt, alles über alles lehren zu sollen. Aber obwohl diese Forderung für die Museen arg genug ist, ist sie noch ärger für den armen Besucher,

[9] Siehe mein Kapitel ›André Malraux's Philosophy of Art in Historical Perspective‹, in: Martine de Courcel, Malraux. Life and Work. London 1976.

von dem man anscheinend erwartet, er solle das alles in sich aufnehmen. Daher ist es auch kaum verwunderlich, daß ein mitfühlender Kustos sich seiner erbarmt und die Anzahl der ausgestellten Objekte reduziert. Aber was nutzt das? Vitrinen über Vitrinen, ein Saal hinter dem andern, ein Flügel neben dem andern und ein Stockwerk über dem andern enthalten noch immer eine unübersehbare Fülle von Kunstgegenständen. Kann man es dem Armen verargen, wenn er sich wie der Besucher eines Restaurants vorkommt, der glaubt, er müsse sich durch die ganze Speisekarte durchessen? Um ihm die Wahl zu erleichtern, verwendet man mehr Sorgfalt auf Orientierungstafeln und Beschriftungen, aber das Lesen ausführlicher Beschreibungen nimmt Zeit, die vielleicht nutzbringender zum Schauen verwendet werden könnte. Darüber ist niemand im Zweifel, und man versucht es daher mit anderen Lehrbehelfen; jedoch um für sie Platz zu schaffen, müssen immer mehr Objekte aus den Ausstellungsräumen entfernt werden.

Aber was soll man opfern? Das ist der springende Punkt. Das Wesen des Kunstwerks im Heiligtum der Kunst ist es, daß es einmalig und einzigartig ist; von den Objekten im Schatzhaus nimmt man an, daß sie zumindest selten sind; eine didaktische Sammlung muß aus Objekten bestehen, die das betreffende Thema entsprechend illustrieren, wie das in einem naturhistorischen Museum der Fall ist und bis zu einem gewissen Grad auch in einer archäologischen Sammlung, wo wir das Gebotene als Exemplare einer Klasse von Gegenständen auffassen. Das Depositorium ist allerdings neutral. Seine riesigen Kellerräume müssen alles aufnehmen, was irgendwie dort gelandet ist, es sei denn, man läßt sich darauf ein, Duplikate abzustoßen – aber das ist eine schlüpfrige Bahn, und überdies verbirgt bekanntlich dieser harmlose Ausdruck nicht selten auch weit weniger harmlose Transaktionen. Ich weiß, ich habe diese begrifflichen Unterschiede überscharf gezeichnet, und zwar, um meiner Überzeugung Ausdruck zu geben, daß diese Unklarheit über die Abgrenzung zwischen diesen Kategorien vielen unserer schwierigsten und beängstigendsten Probleme zugrunde liegt. Wie können wir wissen, ob jene kleine Bronzebüste, die Herbert Reads Lebensgeister wieder anfachte, nicht demnächst ins Magazin verbannt worden wäre als ein unbedeutendes Exemplar einer nicht sehr bedeutenden Gattung, das man bestenfalls auf spezielles Ansuchen zu Gesicht bekommen könnte? Archäologie muß neutral sein und darf keine Unterschiede machen; aber bei der Kunst handelt es sich immer ums Gegenteil, das heißt ums »Erlesene« im ursprünglichen Sinn des Auserwählten. Im Tempel der Kunst bin ich stets bereit, großen Kunstwerken meine Ehrfurcht zu bezeugen; ich wandere auch sehr gern durch die unendlichen, mit Kostbarkeiten angefüllten Korridore eines Schatzhauses; aber wenn ich mich einer Reihe belehrender Beispiele gegenübersehe, steigen in meinem Geist, oder, besser gesagt, in meinen Füßen oft nagende Zweifel auf. Ich habe düstere Vorahnungen von einem künftigen Museum, in dem die Schätze von Aladins Höhle ins Magazin verbannt sind und nichts mehr zu sehen sein wird als eine echte Öllampe aus der Zeit von Tausendundeiner Nacht neben einem großen Diagramm, aus dem hervorgeht, wie solche Lampen funktionierten, wo der Docht eingezogen wurde und wie lange sie im Durchschnitt brannten. Ich bin sogar bereit zuzugeben, daß Öllampen als von Menschen hergestellte Geräte uns mehr über das Leben der durchschnittlichen Zeitgenossen erzählen können als alle glitzernden Kostbarkeiten aus Aladins Höhle. Aber muß ich mich wirklich darüber belehren lassen, während ich auf meinen müden Füßen stehe, statt in einem bequemen Sessel zu sitzen und in einem Buch über Heimbeleuchtung zu lesen? Und besteht überhaupt ein Grund, daß ich etwas darüber lernen soll? Es gibt Millionen Dinge, von denen ich keine Ahnung habe. Ist *alles* Wissen gut für uns? Fernsehen, Rundfunk, Paperbacks und Zeitschriften bombardieren uns heutzutage mit so vielen bunt zusammengewürfelten Wissensbrocken, daß die alten Kunst- und Wunderkammern daneben beinahe wie Spezialkurse aussehen!

Unter diesen Umständen erscheint es mir nur natürlich, daß Ausstellungen für das Publikum so viel anziehender sind als Museen und daß diese Tatsache dazu geführt hat, daß sich die Museen nochmals gewandelt haben und bis zu einem gewissen Grad Ausstellungshallen geworden sind. Ausstellungen können die Probleme, mit denen Museen zu kämpfen haben, vermeiden oder doch ihnen aus dem Weg gehen. Auswahl gehört zu ihrem Wesen, und sie können sich dabei auf ein bestimmtes Thema konzentrieren und können sich noch dazu oft etwas Aktuelles aussuchen. Es gibt sinnvolle Ausstellungen, wie etwa solche, die einem bestimmten Meister gewidmet sind, der aus irgendeinem Grund bisher vernachlässigt worden war. Dann gibt es natürlich die obligaten Zentenarfeiern und dergleichen, mit denen man sich vermutlich abfinden muß, weil sie eine bewährte Methode darstellen, das Publikum die Vergangenheit nicht vergessen zu lassen. Es gibt aber auch viele Ausstellungen, die frivol sind und uns nichts lehren, als was wir durch das Betrachten von ein paar Büchern hätten lernen können. Unschätzbare Kunstwerke um die halbe Welt zu schicken und dazu die kostbare Zeit und Energie von Museumsbeamten zu unwichtigen Zwecken in Anspruch zu nehmen, dies erscheint mir einfach ein Mißbrauch an sich beschränkter Mittel. Warum geschieht es aber doch?

Die Erklärung dürfte in denselben psychologischen Motivationen liegen, die auch dem riesigen Aufschwung des Touristenverkehrs zugrunde liegen. Wenn wir auf Reisen sind, gehen wir in Museen, weil wir eine Gelegenheit nutzen wollen, die wir möglicherweise nie wieder haben werden. In der eigenen Stadt schieben wir den Besuch des Museums am anderen Ende der Straße auf, »bis wir Zeit haben«, und das heißt oft, daß es nie dazu kommt; aber die Ausstellung schließt nächste Woche, und daher müssen wir uns eben die Zeit nehmen.

Ebenso wie bei Auslandsreisen spielt auch hier der soziale Druck eine große zusätzliche Rolle. Es ist in unseren Kreisen nicht üblich, bei einer Cocktailparty unseren Gesprächspartner zu fragen: »Kennen Sie Apsley House? Ist der ›Wasserverkäufer‹ von Velazquez nicht ein herrliches Bild?« Aber man kann fragen und tut es auch: »Haben Sie die Ausstellung von Öllampen aus Saudi-Arabien in der Hayward Gallery gesehen?« Wenn man einen oft genug fragt, wird man sich zu schämen beginnen, daß man nicht dort war, und wird hingehen. Und vielleicht wird einem die Ausstellung sogar gefallen.

Vor vielen Jahren studierte ich ein Semester lang in Berlin und besuchte dort ein Seminar von Wilhelm Waetzoldt, der damals Bodes Nachfolger als Generaldirektor der preußischen Sammlungen war. Ich erinnere mich, daß er einmal sagte: »Wenn Sie unsere Rembrandts aus dem Kaiser-Friedrich-Museum in ein Lokal auf der andern Seite der Straße schicken und sie dort eine Rembrandt-Ausstellung nennen, werden natürlich alle Leute hinrennen.« Wie recht er damit hatte! Als ich kürzlich die Corot-Ausstellung in Paris besuchte – Corot ist ein Künstler, der mir besonders viel Freude macht –, mußte ich mich lange anstellen und mich durch eine große Menschenmenge durchzwängen, weil ich zufällig an einem »freien Tag« nach Paris gekommen war; das Bemerkenswerte an diesem erfreulichen Interesse für diesen Künstler ist die Tatsache, daß ein sehr großer Teil der bezaubernden Bilder, die dort ausgestellt waren, tatsächlich von der anderen Seite der Straße kamen, vom Louvre, wo die oberen Galerien, wo die Corots hängen, gewöhnlich verlassen sind – auch von mir, wie ich sofort bekennen muß, weil es eben im Louvre auch sonst noch so viel Verlockendes zu sehen gibt.

Ich habe mich bemüht, eine Erklärung für die Tatsache zu finden, daß, solange ich zurückdenken kann, das Interesse an Ausstellungen sowohl von seiten des kunstliebenden Publikums als auch von seiten des Museumswesens in ständigem Wachsen begriffen war und ist. Es gibt eine Menge Faktoren, die dazu beitragen. Wir leben in einer neuigkeitslüsternen Zeit, und Neuigkeiten müssen neu sein. Selbst wenn man die Sieben Weltwunder den kurzlebigen Sensationen der heutigen Zeit vorzieht, kann man diese Eintagsfliegen nicht ignorieren, wenn man selbst bemerkt werden will. »Einen Regenbogen, der eine Viertelstunde steht, sieht man nicht mehr an«, sagt Goethe. Auch Reklamefachleute haben diese Beobachtung gemacht und sorgen dafür, daß ihre künstlichen Regenbogen blinken, die Farbe wechseln und womöglich sich im Kreise drehen, um die Aufmerksamkeit auf sich zu ziehen. Die Museen müssen heute durch ihre Besucherzahlen zu beweisen suchen, daß sie die bescheidene Unterstützung der Gesellschaft auch verdienen und ihre Pflicht, für *prodesse* und *delectare* zu sorgen, gegenüber immer größeren Scharen von Besuchern erfüllen. Ich habe meine Bedenken in bezug auf das *prodesse* schon geäußert. Ich muß bekennen, daß ich bezüglich des *delectare* noch ratloser bin. Kann man Menschen beibringen, sich an etwas zu erfreuen? Man kann natürlich hoffen, daß die Besucher selbst eine Quelle der Freude entdecken werden, aber wie kann man ihnen am besten helfen, diese entscheidende Entdeckung zu machen?

Als mich der Vorsitzende einlud, diesen Vortrag zu halten,

erklärte er mir sofort, er wolle durchaus nicht, daß ich strittige Punkte vermeide. Ich habe mich bei meiner Besprechung von Vergangenheit und Gegenwart daran gehalten, und ich werde Ihnen auch in bezug auf die Zukunft meine Bedenken nicht verhehlen. Ich behaupte nicht, in die Zukunft sehen zu können, aber wenn die Entwicklung in der bisherigen Weise weitergeht, kann man erwarten, daß Öffentlichkeitsarbeit und Erziehung in den Museen künftig noch größere Bedeutung haben werden als bisher. Daher scheint es mir besonders wichtig, die konventionellen Überzeugungen genauer zu prüfen, die diesen Tätigkeiten zugrunde liegen. Vor allem halte ich es für notwendig, gewisse Annahmen über die Psychologie von Museumsbesuchern, die, wie ich glaube, zwar weit verbreitet, aber wenig wissenschaftlich erforscht sind, in Frage zu stellen. Wohlgemerkt, ich will Fragen stellen, aber keine Antworten geben. Ich bin weder ein Psychologe noch ein Museumsbeamter, und wenn ich jetzt mein psychologisches Steckenpferd besteige, will ich gewiß nicht den Anspruch erheben, als Sachverständiger zu sprechen. Ebensowenig möchte ich dafür eintreten, daß die Leitung von Kunstmuseen in Zukunft von Psychologen übernommen werden sollte. Wofür ich plädiere, ist nur, daß diejenigen, denen die Verwaltung von Museen obliegt und die ihre Aufstellungen organisieren, bei ihrer schwierigen Aufgabe sich der Hilfe bewußt sind, die sie von der Wahrnehmungs- und Gedächtnispsychologie erwarten können.

Ich sage wohl nichts Neues, wenn ich betone, daß das, was ich als die Funktionen des *delectare* und *prodesse* bezeichnet habe, einerseits mit Wahrnehmung, andererseits mit Gedächtnis zu tun hat. Es ist geradezu ein Gemeinplatz in der Erziehung zur Kunstbetrachtung, daß wir erst sehen lernen müssen, bevor wir an Kunst Freude haben können, aber da ich ein wenig über Psychologie gelesen habe, bin ich weniger sicher, was man darunter verstehen soll, als viele hilfsbereite Erzieher innerhalb und außerhalb der Welt der Museen. Als ich neulich in den Vereinigten Staaten war, traf ich eine reizende junge Lehrerin, die mir erzählte, sie unterrichte Kunstbetrachtung am Städtischen Museum. Als ich sie fragte, was sie diesen Nachmittag getan habe, sagte sie, sie habe den Kindern ihre Unfähigkeit zu sehen vorgehalten, weil keines von ihnen ihr die Häuser und Auslagen beschreiben konnte, an denen sie auf ihrem Weg ins Museum vorübergegangen waren. Ich fand mich gezwungen, die Partei der Kinder zu ergreifen und meinte, daß die Tatsache, daß sie auf der Straße ihre Aufmerksamkeit sparsam gebrauchten, vermutlich ihre Aufnahmefähigkeit für Kunst nicht beeinträchtigen würde. Wenn wir in ein Konzert gehen, um die h-Moll-Messe von Bach zu hören, sind wir nicht verpflichtet, unterwegs auf die Straßengeräusche aufzumerken. Schauen verhält sich zu Sehen wie Zuhören zu Hören. Die Vorstellung, daß wir ein schlechtes Gewissen haben sollten, wenn wir nicht allen unseren Sinneseindrücken unsere Aufmerksamkeit schenken, ist ein Überbleibsel jener im 19. Jahrhundert florierenden Theorie vom »unschuldigen Auge«, auf deren Widerlegung ich in ›Kunst und Illusion‹ viel Mühe verwandte. Heute wird sogar die alte Unterscheidung zwischen Sinnesempfindung und Wahrnehmung angezweifelt. Das Auge ist eben nicht ein passives, sondern ein aktives Instrument und dient einem Bewußtsein, das selektiv sein *muß*, wenn es nicht durch eine Flut der heterogensten Nachrichten überschwemmt werden soll. Sehen bedeutet immer nach etwas Ausschau halten, Vergleiche anstellen, interpretieren, prüfen und ignorieren. Daraus folgt, daß man nicht in abstracto sehen lernen kann. Wahrnehmung als eine Fertigkeit beansprucht immer die ganze Persönlichkeit und das ganze Bewußtsein. Aus dem, was uns die Psychologen über das Erlernen von Fertigkeiten erzählen, seien sie perzeptorischer, seien sie motorischer Natur, läßt sich schließen, daß sie weitgehend auf sogenannten Hierarchien beruhen. Ebenso wie bei einem Klavierspieler gewisse Bewegungen und Aufeinanderfolgen so automatisch werden müssen, daß er seine Aufmerksamkeit ungehindert anderen Dingen zuwenden kann, muß der Pilot eines Flugzeuges lernen, auf seinem Armaturenbrett das richtige Instrument im richtigen Augenblick zu beobachten und alle anderen, deren Informationen er als bekannt voraussetzen kann, einfach außer acht zu lassen. Unser Gehirn ist zwar kein Computer, aber es ist trotzdem eine großartige Sortiermaschine, die es durch Aufstellung von Kategorien oder Klassen und Subklassen möglich macht, eine enorme Anzahl von Eindrücken in einer unglaublich vielseitigen Weise zu bearbeiten. Wo es sich ums Sehen handelt, gründet sich diese Flexibilität auf die Beweglichkeit des Auges und auf den Mechanismus des Akkommodierens. Die Tatsache des Lesenlernens allein müßte uns zum Nachdenken anregen, denn es ist durchaus nicht leicht, den Unterschied zu beschreiben, der zwischen einer Seite in einer unbekannten Schrift und dem Lesen einer Seite in einer uns bekannten Sprache besteht. Aber sicher ist, daß es auf der einen Seite für einen Drucker möglich ist, eine Seite in seiner eigenen Muttersprache genau zu prüfen, ohne sich der Worte, die darauf stehen, bewußt zu werden, während andererseits die meisten Menschen ein Buch aus der Hand legen können, ohne sich Rechenschaft darüber zu geben, in welchem Schriftsatz das Buch gedruckt ist. Man mag diese Selektivität unserer Wahrnehmung bedauerlich finden, aber sie ist eine Tatsache, mit der man rechnen muß. Rein logisch gesprochen, kann ja jedes Objekt zu einer Unterklasse von beliebig vielen Klassen gehören. Reads Bronzekopf kann man mit dem gleichen Recht als ein Produkt der *cire perdue*-Technik klassifizieren wie als ein hellenistisches Kunstwerk, wie auch als die Darstellung eines Negerknaben usw. ad infinitum. Für Read wurde er zum Paradigma einer untheatralischen Kunst, weil er damals in einer Stimmung war, in der er sich von der ganzen Hierarchie dessen, was er den »erhabenen Stil« und auch die »gigantische Langeweile« nannte, abgestoßen und angeödet fühlte. Seine Reaktion, so frisch und unkonventionell sie auch war, hatte bestimmt nichts mit dem »unschuldigen Auge« zu tun. Ohne es zu wissen, hatte er die Objekte rasch und nach bestimmten Kriterien hin überflogen und nach seinen eigenen hierarchischen Kategorien klassifiziert.

In seinem bewußt provozierenden Beitrag zu diesem Symposium erklärt Werner Hofmann von der Hamburger Kunsthalle, daß jedem solchen Prozeß der Umklassifizierung, der unsere Aufmerksamkeit auf neue Erlebensaspekte lenkt, etwas Instruktives und Positives innewohnt. Ich stimme ihm darin zu, aber trotzdem ist und bleibt es meine Überzeugung, daß man niemals ganz von vorne anfangen kann. Natürlich wissen wir alle, daß die Fortschrittsformel, die Vasari von Plinius übernommen hatte und die von den nachfolgenden Jahrhunderten ohne viel Veränderung weiterverwendet wurde, auf einer gröblichen Vereinfachung beruhte. Aber das Schema hätte sich nicht so lange gehalten, wenn es nicht den Vorteil einer geordneten Hierarchie in die schier unübersehbare Fülle künstlerischer Phänomene hineingetragen hätte. Diejenigen, die dieses einfache System erfaßt hatten, wußten, sobald sie ein Museum betraten, wo sie nur flüchtig hinsehen mußten, was sie genau anzusehen hatten und wovor sie stehenbleiben würden, aber auch, wo sie sich voll Abscheu wegwenden sollten. Mit anderen Worten: Das Schema hatte sie gelehrt, eine Vorwahl nach bestimmten Kriterien zu treffen, gerade weil seine Rangordnungen verhältnismäßig starr waren.

Wir können zu dieser Vorstellung nicht zurückkehren, und das ist auch nicht notwendig. Aber ich glaube, wir müssen uns darüber im klaren sein, daß die Tätigkeit der visuellen Orientierung, des visuellen Abtastens oder »Überfliegens« für die Probleme des Museums mindestens so wichtig ist wie das irreführende Problem des Sehens. Man hat nachgewiesen, daß unsere Fähigkeit, eine bestimmte Subklasse aus einer großen Menge von Dingen herauszufinden, erstaunlich groß ist, vorausgesetzt, daß wir wissen, was wir suchen. Und darüber hinaus gibt es Anhaltspunkte dafür, daß es, sagen wir, nicht viel länger dauert, eine Liste nach dem Vorhandensein von zwei oder drei bestimmten Namen durchzusehen als auf das Vorkommen eines einzelnen Namens[10]. Wir können mehrere Kategorien gleichzeitig im Auge behalten, aber natürlich nicht eine unbegrenzte Anzahl. Doch wenn wir gar keine Kategorien haben, sind wir hilflos und verwirrt. Wir pflegen der großen Menge von Eindrücken die Schuld daran zu geben, aber in Wirklichkeit handelt es sich mehr darum, daß wir geistig nicht vorbereitet sind. Wir wissen zum Beispiel alle, daß eine Konversation in einer fremden Sprache uns wie ein unglaublich schnelles Geschnatter vorkommt, weil wir zwar hören, aber nicht zuhören können. Das ist der psychologische Grund, aus dem ich überzeugt bin, daß die bloße Verminderung der Zahl der ausgestellten Objekte dem Besucher überhaupt nicht hilft. Nicht die Vielzahl der Objekte ist an der Verwirrung und dem Unbehagen schuld, das ihn in einer voll gehängten Galerie überfällt. Die Vielzahl der Buchstaben auf einer Seite stört einen nicht beim Lesen. Und dieselben Leute, die behaupten, sie fühlten sich gestört, wenn viele Bilder nahe beieinander hängen, haben anscheinend keinerlei Schwierigkeit, sagen wir, vier Illustrationen auf einer Seite zu betrachten

[10] Ulric Neisser, Cognition and Reality. San Francisco 1976, wo auch Angaben über viele Experimente des Autors zu finden sind.

oder auch einer Bildgeschichte oder einem Comic strip zu folgen – ja, jedes Kind bringt es fertig, sechzehn oder mehr solcher Abbildungen auf einer Seite anzusehen, ohne daß sein Auge durch die benachbarten Bilder verwirrt wird. Die Zauberkraft, die dieses Wunder bewirkt, heißt ganz schlicht: Interesse, und das Resultat des Interesses ist die Konzentration.

Jeder Führer durch ein Museum oder ein Schloß kennt natürlich eine Unzahl Methoden, Interesse zu erwecken; die Sache ist nur die, daß sie nicht alle auf die Dauer gleich nutzbringend sind. Vermutlich kann man jeden noch so müden Besucher dazu bringen, mit großem Interesse einen gewöhnlichen Bleistift zu betrachten, wenn man ihm gegen alle historische Wahrscheinlichkeit versichert, der Bleistift habe Shakespeare gehört oder sei das Mordwerkzeug bei einem furchtbaren Verbrechen gewesen. Und wenn man sich der überzeugenden Rhetorik berufsmäßiger Kunsterzieher bedient, kann man den Bleistift auch in die Kategorie »Meisterwerke moderner Skulptur« einreihen, indem man den Besucher darauf aufmerksam macht, wie genial er trotz seiner bescheidenen Dimensionen den Eindruck des Monumentalen hervorzubringen versteht durch die kompromißlose Art und Weise, wie die kristallinische Lanze in den Raum stößt, und wie der schwarze Graphit ein gewaltiges Spannungsfeld formt mit den glatten gelben Außenflächen, die ihrerseits mit dem rohen Holz der spitzen Pyramide einen wirkungsvollen Kontrast bilden. Ich brauche kaum zu sagen, daß man ebenso leicht gegen die philiströse Geschmacklosigkeit der glänzenden gelben Oberfläche als eines Beispiels billiger Massenproduktion wettern oder über den Bleistift, der sich im Schreiben verausgabt, als Symbol des menschlichen Lebens philosophieren könnte.

Sie werden hoffentlich meiner Ansicht sein, daß es letzten Endes der Sinn eines Museums ist, den Unterschied zwischen einem Bleistift und einem Kunstwerk zu lehren. Was ich den Tempel der Kunst genannt habe, wurde von Leuten errichtet und besucht, die überzeugt waren, daß sie diesen Unterschied kannten. Man näherte sich den Ausstellungsobjekten mit Respekt, ja mit einer beinahe religiösen Ehrerbietung, die vielleicht manchmal nicht ganz berechtigt war, aber sicher viel zur Konzentration beitrug. In unserem demokratischen Zeitalter hat man für solche Gefühle nicht mehr viel übrig. Das Museum soll hell und freundlich sein, und jeder soll sich dort wohl fühlen können. Auch ich bin ganz dieser Meinung. Niemand sollte sich fürchten hineinzugehen, und ganz sicher sollte niemand draußen bleiben müssen, weil er nicht zahlen kann. Aber wie ich die Sache sehe, liegt das wahre psychologische Problem darin, den Besucher von seiner Furcht zu befreien, der verständlichen Scheu des Außenseiters, der das Gefühl hat, da nicht hinzugehören, ohne gleichzeitig das zu zerstören, was ich in Ermangelung eines besseren Wortes eben nicht anders nennen kann als Respekt. Denn dieser Respekt scheint mir untrennbar von jenem erregenden Gefühl vorbehaltloser Bewunderung, das mit jedem echten Kunsterlebnis verbunden ist. Dieses Gefühl der Bewunderung, das ein unendlich kostbares Erbe ist, ist in Gefahr, durch zuviel Rücksichtnahme erstickt zu werden.

Ich erinnere mich an einen reizenden Anblick in einem Museum in Amerika, wo die Erziehung zur Kunstbetrachtung viel ernster genommen wird als bei uns in Europa. Eine bunte Gruppe kleiner Kinder saß auf dem Boden und spritzte Tusche auf Papier, wobei eine freundliche Lehrerin ihnen ermunternd zusah. Sie erklärte mir, die Kleinen seien soeben bei den chinesischen Tuschezeichnungen gewesen und versuchten sich nun selbst an diesem bezaubernden Spiel. Ich mißgönnte ihnen gewiß nicht ihr Vergnügen; aber ich hoffte trotzdem, daß das, was sie taten, genau das Gegenteil von dem war, was die chinesischen Meister taten, und daß es jahrelange Konzentration, endlosen Fleiß und unermüdliche Übung erforderte, die Regeln und Feinheiten der chinesischen Kunsttradition zu erlernen. Pedantisch ausgedrückt, kann man chinesische Sung-Malereien, wenn man will, auch in die Kategorie von Tintenklecksereien einreihen, aber es hat mehr Sinn, sie in die Klasse der feinsten und wunderbarsten Naturdarstellungen einzuordnen, die menschlicher Schöpfergeist je zustande gebracht hat. Und wenn wir ihnen in dieser Überzeugung nahen, werden wir uns ihnen gegenüber wahrscheinlich auch ganz anders einstellen.

Obwohl ich selbst diese Art von Bildern sehr liebe und schätze, bin ich mir doch der Tatsache bewußt, daß meine Reaktion auf sie nicht so differenziert ist wie die eines chinesischen Kenners. Zwar habe ich eine Stufe erreicht, wo sie für mich nicht mehr alle gleich aussehen, aber ich weiß auch, daß ich nicht imstande bin, gewisse überaus wichtige Nuancen zu sehen oder, besser, zu bemerken, durch die sich ein Meisterwerk von einer Kopie oder sogar von einer Nachahmung durch einen späteren Meister unterscheidet. Ich glaube und hoffe, daß ich bei Vermeers ›Ansicht von Delft‹ (Abb. 6) auf sichererem Boden stehe. Man muß mir nicht erklären, warum das Bild als etwas ganz Besonderes gilt, denn ich kann selbst sehen, daß es aus der Menge schöner Städtebilder, die man im 17. Jahrhundert in Holland malte, herausragt. Der Wunsch, solche Vergleiche zu fördern, war der Vater der didaktischen Sammlungen der Vergangenheit und ebenso der heutigen. In seinem interessanten Beitrag zu diesem Symposium erinnert uns Michael Compton von der Tate Gallery daran, daß ein Direktor, der Matisse besonders bewundert, ihm zum Vergleich auch Werke der *Fauves* und anderer Zeitgenossen beigesellen wird, die er selbst für schwächer hält. Ich bin derselben Ansicht, aber ich möchte betonen, daß es sich dabei nicht nur um Belehrung handelt, sondern um jene Funktion des *delectare* selbst, die – um einen bekannten Ausspruch abzuwandeln – eine viel zu ernste Sache ist, um den Kunsthistorikern überlassen zu bleiben. Wir brauchen nicht die Namen und Daten anderer holländischer Landschaftsmaler zu kennen, um imstande zu sein, uns an der ans Magische grenzenden Meisterschaft der ›Ansicht von Delft‹ zu erfreuen. Aber wir brauchen eine Matrix von Erwartungsvorstellungen, die abgeändert und übertroffen werden können, ein Gefühl für das, was damals üblich war und was einzigartig ist – ein Gefühl, das sich ebensowenig in Worte fassen läßt wie andere subtile Unterscheidungen zwischen sinnlichen Wahrnehmungen, das aber die wichtigste Grundlage jener Feineinstellung ist, auf der unser Kunstgenuß beruht. Und wenn der Besucher nicht wenigstens eine erste Ahnung davon bekommt, daß es so ein Erlebnis gibt, besteht für ihn wirklich kein Grund, nochmals hinzugehen. Dann tun es farbige Reproduktionen und Postkarten genauso gut.

Ich bin ziemlich überzeugt, daß in mancher Beziehung das altmodische Museum gewissen modernen Experimenten überlegen war. Durch die Art seiner Aufstellung und die von ihm gesetzten Akzente stellte es dem Besucher einerseits ganze Klassen von Objekten und andererseits Beispiele höchster Meisterschaft vor Augen. Diese beiden Ziele kamen sich keineswegs in die Quere, im Gegenteil, sie unterstützten einander, denn es kann einen zum Beispiel besonders freuen, in einem guten Pieter de Hooch Schönheiten zu finden, die man bisher nur in Vermeer vermutet hatte.

Ich sagte eingangs, ich würde nicht als Kunsthistoriker sprechen, aber ich möchte doch mein Eintreten für ein vollbestücktes Museum durch ein historisches Beispiel unterstützen. In München gibt es eine Vase von Euthymides, die etwa um 500 v. Chr. gemacht wurde. Sie zeigt den Abschied eines Kriegers sowie eine Anzahl Athleten beim Training und trägt die berühmte Inschrift: *»Hos oudepote Euphronios«* (So etwas gibt es bei Euphronios nirgends) (Abb. 7). Der Vasenmaler wußte oder behauptete, daß er einen anerkannten Rivalen übertroffen habe. Der Anlaß zu dieser stolzen Inschrift war vermutlich die revolutionäre Neuerung, menschliche Körper in Verkürzung darzustellen, die zu einem verschärften künstlerischen Wettbewerb und zu kühnerem Experimentieren führte. Kann man daran zweifeln, daß es zum Verständnis der Vase des Euthymides beitragen würde, wenn wir sie neben Vasen des Euphronios bewundern könnten? – vorausgesetzt natürlich, daß das Museum auch Werke dieses Künstlers besitzt (Abb. 8). Aber sollte man es dabei bewenden lassen? Würden wir nicht auch Euphronios besser würdigen können, wenn wir seine Schöpfungen im Zusammenhang mit anderen Vasenmalereien zu betrachten Gelegenheit hätten, einschließlich der mehr alltäglichen Erzeugnisse zeitgenössischer attischer Keramik? Und warum hier haltmachen? Würde es nicht auch von Nutzen sein, wenn wir die besonderen Züge der attischen Vasenmalerei mit denen anderer Zentren vergleichen könnten? Man wird mir einwenden, daß »zuviel des Guten« abschreckend wirken würde und daß derartige Vergleiche in die Studiensammlungen gehören. Ich muß zugeben, daß ich in Wien einmal dabei war, wie eine ländliche Besucherin sich mit dem Ausruf »Lauter G'schirr!« schleunigst von der Vasensammlung abwandte, aber ich bin nicht sicher, ob wir nicht trotzdem mit einer solchen Annahme die Mehrzahl unserer Besucher sehr unterschätzen. Und jedenfalls würde es nur beweisen, daß es uns nicht gelungen ist, unsere Aufgabe zu lösen.

Nehmen Sie mir's nicht übel: Aber jedem Auslagenarrangeur wäre es ein leichtes, unsere Aufmerksamkeit auf eine griechische Vase zu lenken, indem er sie in ein leeres Zimmer stellt und seine Beleuchtungskünste spielen läßt.

Das Problem, das uns gestellt ist, eine große Anzahl von oberflächlich ähnlichen Objekten vorteilhaft zu zeigen, statt sie dem Blick des Publikums zu entziehen, ist weit schwieriger und komplizierter. Es hängt im wesentlichen mit jener Seite des Wahrnehmungsprozesses zusammen, von dem ich schon sprach, das heißt mit der Funktion der visuellen Orientierung in unserer Umwelt, um eine vorläufige Ordnung in unsere Eindrücke zu bringen. Wenn man Gruppen von Gegenständen geometrisch ordnet, werden die Ähnlichkeiten besonders hervortreten und unter Umständen sogar in eins zusammenfließen, wie die Elemente in einem Kaleidoskop. Irgendwie müssen wir es fertigbekommen, daß der Besucher die Ähnlichkeiten wahrnimmt und gleichzeitig die Unterschiede bemerkt. Wir müssen geeignete Methoden finden, die Gruppen visuell in solcher Weise zu akzentuieren und zu gliedern, daß das darübergleitende Auge dazu geführt wird, bei den wichtigsten Punkten stehenzubleiben, aber ohne davon abgehalten zu werden, auch an beliebigen anderen Stellen zu verweilen. Es ist eine schwierige und heikle Aufgabe, die man nicht einem auf Innenarchitektur eingestellten Aufstellungsfachmann allein überlassen darf; sie erfordert die konstante Mitwirkung des Kustoden, der jedes einzelne Stück seiner Sammlung genau kennt und über den ganzen in Frage kommenden Komplex einen klaren Überblick besitzt[11]. Das Resultat einer solchen Zusammenarbeit sollte dann eine Aufstellung sein, die mindestens so lange zu bestehen bestimmt ist wie die Auffassung der historischen Tatsachen, die ihr zugrunde liegt. Aufstellungen, die die letzte Mode der Innenarchitektur widerspiegeln, erinnern mich unwillkürlich an Sandburgen am Meeresstrand, die nach einem halben Tag von der nächsten Flut hinweggeschwemmt werden.

In seinem Beitrag zu diesem Symposium, den ich schon erwähnte, spricht Werner Hofmann die Meinung vieler Kollegen aus, wenn er von den belebenden neuen Eindrücken schreibt, die so oft von einer neuen Zusammenschau von Kunstwerken ausgehen. Ich will das gewiß nicht bestreiten, aber ich persönlich glaube, daß dieses doch verhältnismäßig

---

[11] In seinem Vortrag ›Design in Museums‹, in: Journal of the Royal Society of Arts 123 (1975), S. 717ff., befürwortet Sir John Pope-Hennessy »ständige Zusammenarbeit zwischen Aufstellungsfachleuten und akademischen Beamten auf der Basis eines echten Verständnisses der beiderseitigen Probleme«.

oberflächliche neue Erlebnis oft teuer erkauft ist. Statt jener beglückenden Begegnungen mit großen Meisterwerken, die wir erwarteten, erleben wir nur allzuoft bei unseren Museumsbesuchen ein Durcheinander, das mehr an einen Rangierbahnhof erinnert, wo die Waggons ständig ihre Stellung wechseln. Ausstellungsräume »sind in Umstellung begriffen« oder »zur Zeit geschlossen«, und man kann die dort untergebrachten Objekte, wenn überhaupt, nur auf Ansuchen zu Gesicht bekommen. Was man zu sehen gekommen war, kann man nicht finden, und was man vorfindet, will man oft nicht sehen, und selbst wenn man schließlich auf einen Winkel stößt, der von dem Wirbelwind nicht berührt wurde, hat sich nur allzuoft unsere freudige Erwartung und die beschauliche Ruhe, ohne die ein echter Kunstgenuß nicht möglich ist, unwiederbringlich verflüchtigt[12]. Es ist nur ein Glück, daß bisher niemand auf die Idee gekommen ist, das Kolosseum mit St. Peter den Platz tauschen zu lassen, um den neuen Effekt zu studieren!

Ich sprach von jenem alten Herrn, der im Geiste einen Rundgang durch den Louvre machen konnte, als einem Beispiel des dauernden Gewinns, den wir davon haben, wenn wir uns an eine Sammlung erinnern können. Diejenigen von Ihnen, die Frances Yates' ›The Art of Memory‹[13] gelesen haben, werden sich klar darüber sein, daß unsere Fähigkeit, Erlebnisse zu behalten oder wieder wachzurufen, in unserem Gedächtnis für »Plätze« und »Dinge« wurzelt. Es ist schon oft nachgewiesen worden, daß vor allem unser topographisches Gedächtnis von entscheidendem Einfluß auf unsere Fähigkeit der Rückerinnerung ist. Ich weiß natürlich, daß für unser Ausstellungszeitalter eine sogenannte statische Sammlung, in der nichts geändert oder umgestellt werden darf, so ziemlich das Schlimmste ist, was man sich vorstellen kann. Und ich möchte auch umgekehrt nicht den Eindruck erwecken, daß ich auch dort fürs Festhalten am Bestehenden bin, wo offenbar Verbesserungen möglich sind. Und doch möchte ich zum Abschluß meinen unternehmungslustigeren Kollegen zu bedenken geben, daß unter all den schwierigen Dingen, deren Beherrschung von ihnen verlangt wird, nichts

---

[12] In meinem Artikel ›Should a Museum be Active?«, in: Museum 21 (1968), S. 79–86, machte ich von der alten Unterscheidung zwischen einer *vita activa* und einer *vita contemplativa* Gebrauch.
[13] London 1966.

schwieriger ist und nichts mehr Selbstüberwindung erfordert als die große und edle Kunst, das Gute in Ruhe zu lassen.

11. Gefühl und Verstand in der Kunstbetrachtung

Ansprache anläßlich des Empfangs des Erasmus-Preises im Rijksmuseum Vincent van Gogh, Amsterdam, am 19. September 1975

Die Legende erzählt, daß im Augenblick seines Triumphs der römische Feldherr von einem Sklaven begleitet war, der ihn ins Gesicht schlug, um ihn demütig zu machen. Ich bin Ihrer Königlichen Hoheit und Ihrem Komitee sehr verbunden darüber, daß Sie bei allem Anlaß zum Stolz, den Sie uns gaben, nicht dem römischen Brauch gefolgt sind, sondern eine subtilere Methode gewählt haben, uns vor der Hoffart zu bewahren. Sie haben den Preis mit dem Namen des Erasmus verbunden, dessen Lebenswerk sich wie ein unbezwungener Gipfel an unserm Horizont erhebt und uns daran erinnert, daß es Höhen gibt, nach denen wir nicht einmal zu streben wagen. Sie haben uns auch dazu gebracht, uns selbst zu erforschen, denn es ist Sitte geworden, daß die Empfänger dieser großen Ehrung hier eine Art Bekenntnis ihres Glaubens ablegen. Es ist eine Aufgabe, die uns Gelehrten nicht leichtfällt, weil wir, wie ich später noch ausführen werde, gewohnt sind, in der Öffentlichkeit mehr über unsere Zweifel als über unsere Überzeugungen zu reden. Es gehört zu unserer gesellschaftlichen Funktion, überkommene Ansichten in Frage zu stellen und Argumente zu überprüfen, das heißt, unsern Verstand zu gebrauchen. Aber obwohl ich ein Rationalist bin, bin ich kein Skeptiker und noch weniger ein Zyniker. Ich glaube daran, daß große Kunstwerke, große Dichtungen und große Kompositionen Werte verkörpern können, die das Leben lebenswert machen. Nur sind für mich diese Erlebnisse, die ich diesen Wundern menschlicher Schöpfungskraft verdanke, etwas äußerst Persönliches und Innerliches. Ist es daher nicht paradox, Kunst rational studieren zu wollen? Denn ein solches Studium muß schließlich alle Subjektivität ausschließen und objektive Resultate anstreben. Wie kann es möglich sein, diesen beiden so verschiedenen Ansprüchen Gerechtigkeit widerfahren zu lassen und die Ansprüche des Herzens mit denen des Kopfes, wie ich sie nennen möchte, auszusöhnen?

Wenn ich aus dem Studium der Kunst überhaupt etwas gelernt habe, so ist es dies: Wir können das nicht nur, wir müssen es tun. Ich kam zu dieser Überzeugung in meinem Elternhaus, wo ich das Glück hatte, schon früh mit der Welt der Musik in Berührung zu kommen. Ein großer Musiker empfindet es nicht nur als seine künstlerische, sondern auch als seine moralische Pflicht, jede Komposition, die er studiert, mit allen Mitteln seiner aufs höchste angespannten Verstandeskräfte zu meistern. Gleichzeitig weiß er natürlich genau, daß kein ausschließlich intellektueller Einsatz je genug sein kann, wenn sein Spiel nicht vom Herzen jene Energien empfängt, die allein ihm Leben geben können. Aber da ihm jede Pathetik zuwider ist, wird er das kaum jemals erwähnen. Ich spreche hier von Musik, weil ein natürliches Ansprechen auf große Musik heute weiter verbreitet zu sein scheint als Freude an anderen Künsten und weil ich überzeugt bin, daß die meisten von uns aus eigenem Erleben den Unterschied kennen zwischen Musik, der sie überhaupt keinen Sinn abgewinnen können, und Musik, die ihnen leicht verständlich ist, was nicht bedeuten muß, daß sie ihnen auch gefällt. Diese Reaktionen haben nichts mit einer Vertrautheit mit Fachausdrücken zu tun oder mit einer Kenntnis von Namen und Daten der Musikgeschichte. Intellektuelles Wissen dieser Art mag für uns um seiner selbst willen interessant und wertvoll sein, aber es hat mit unserem spontanen Verständnis sehr wenig zu tun. Weder die analytischen noch die enthusiastischen Beschreibungen in den Konzertprogrammen werden vermutlich unser Erlebnis entscheidend beeinflussen. Gewiß können sie an unsern Intellekt und an unsere Gefühle appellieren, aber was uns ermöglicht, innerlich mitzugehen, sind Kenntnisse einer völlig anderen Art. Dieser innere Widerhall entspringt aus einer Vertrautheit mit einer bestimmten musikalischen Sprache, einem System von Erwartungen, die der Komponist bald erfüllen, bald spielerisch hinziehen oder enttäuschen oder schließlich triumphierend übertreffen kann und uns dadurch oft unser Herz höher schlagen, ja, manchmal beinahe stillstehen macht. Im Idealfall sollten wir für jede kleinste Nuance jeder seiner Schritte hellhörig werden, so wie ein Zuschauer bei einem Spiel, das er gut kennt, jede kleinste Bewegung eines Meisters gespannt miterlebt.

Natürlich sind weder Musik noch die anderen Künste

Spiele. Ich gebrauche diesen Vergleich nur, um anzudeuten, daß man davon sprechen kann, ein Kunstwerk zu verstehen, ohne damit der Theorie huldigen zu müssen, daß alle Kunst Mitteilung ist. Um ein Gedicht in diesem Sinne zu verstehen, brauchen wir uns keine Gedanken darüber zu machen, was der Dichter dabei empfand – etwas, was wir ohnehin nie erfahren werden. Was uns dabei interessiert, ist die genaue Bedeutung der Wörte, Bilder und Rhythmen, die er verwendet. Aber keine noch so große geistige Anstrengung dieser Art wird eine Saite in einem Herzen erklingen lassen, dem diese Saite fehlt.

Ich bin oft dafür eingetreten, daß das Studium der bildenden Künste eine wissenschaftliche Disziplin umfassen sollte, wie das beim Studium von Musik und Literatur schon seit langem üblich ist. In der Literaturwissenschaft wird niemand Linguistik und Poetik verwechseln. Linguistik ist eine exakte Disziplin, die aus ihren Kontakten mit der Psychologie, der Verhaltenslehre und der Informationstheorie sehr viel Gewinn gezogen hat. Ich bin überzeugt, daß eine ähnliche Analyse der psychologischen und technischen Ressourcen der bildenden Künste sehr lohnend wäre und daß eine solche Wissenschaft tatsächlich im Begriff ist, sich herauszukristallisieren. Da ich mich selbst bemüht habe, einen Beitrag zu dieser Entwicklung zu leisten, darf ich wohl auch der Hoffnung Ausdruck geben, daß, sobald einmal ihr Gebiet klar feststeht, die Grenzen ihres Wirkungsbereichs sich ebenfalls deutlich abzeichnen werden.

Ich habe schon angedeutet, welche Demarkationslinien einzuhalten wären. Wissenschaftliche Studien auf einem Gebiet der Kunst können Interesse erzeugen, aber sie können das persönliche Ansprechen auf ein Kunstwerk nie ersetzen. Sie haben mit künstlerischen Werten eigentlich nur insofern etwas zu tun, als sie die Grenzen gegen Expansionsgelüste »von der andern Seite« beschützen. Denn wo diese Grenzen verletzt werden und das Gleichgewicht zwischen Kopf und Herz gestört wird, ist eine intellektuelle Katastrophe unausweichlich. Emotionelles Gerede über Stile scheint mir ebensowenig sinnvoll wie eine begriffliche Aufzählung von Kategorien visueller Qualitäten. Mit anderen Worten: Ich bin ein Rationalist, aber nicht ein Intellektualist. Ich habe von meinem Freund Sir Karl Popper gelernt, daß die Stärke der Ratio in ihrer Fähigkeit liegt, eine Behauptung zu widerlegen. Darin liegt auch die Stärke eines rationalen Studiums der Kunst. Es kann weitverbreitete Mißverständnisse aus dem Weg räumen und dadurch den Weg zu besserem Verständnis frei machen, aber es kann uns nicht sagen, was wir empfinden sollen. Sicher hilft es uns, wenn wir wissen, daß der wirkliche van Gogh sehr anders war als der besessene Irre der Legende; aber wirklich verstehen kann man sein Werk nur, wenn man es lange kennt. Nur so kann man ein Gefühl für die emotionelle und geistige Bedeutung seiner zahllosen künstlerischen Entscheidungen erwerben. Abkürzungen gibt es auf diesem Wege nicht. Dabei bleibt das Ziel immer unerreicht, denn jede neue Begegnung kann uns neue Aspekte und ungeahnte Tiefen enthüllen. Aus diesem Grund glaube ich ebensowenig an beredsame Überzeugungsversuche wie an eine auf wissenschaftlichen Methoden basierende wertende Kunstkritik. Ich habe an anderer Stelle auseinandergesetzt[1], daß meines Erachtens die Funktion der Kunstwissenschaft in der Schaffung, Erhaltung und Revision kultureller Überlieferungen besteht. Diese Betonung der Bedeutung der Tradition ist heute nicht sehr modern, aber was »modern« ist, sollte immer der Feuerprobe des Zweifels unterworfen werden. Jedenfalls bin ich nicht nur ein Rationalist, sondern auch ein Realist, und als solcher halte ich es für wahrscheinlich, daß weder akademischer Dogmatismus noch anarchischer Subjektivismus uns den Weg zu dieser van Gogh geweihten Stätte hätte zeigen können. Ihn für uns selbst zu entdecken ist eine Sache des Herzens, aber zu wissen, wo er zu finden ist, eine Sache des Verstandes.

Ich hoffe, Sie werden mich nicht für überheblich halten, wenn ich zum Abschluß darauf hinweise, daß Erasmus in seiner Suche nach einem Glauben, der sowohl Herz wie Kopf befriedigen kann, zu einem nicht ganz unähnlichen Standpunkt gelangte, wenn auch die Fragen, um die es damals ging, sehr andere waren. Als frommer Christ sah er die Mission rationaler Gelehrsamkeit darin, Mißverständnisse zu klären, die den Sinn der heiligen Schriften verdunkelten. Die Techniken der humanistischen Philologie würden es dadurch den Gläubigen ermöglichen, die Briefe des heiligen Hieronymus, die Psalmen und die Evangelien mit vertiefter Andacht zu lesen. Andererseits hatte Erasmus wenig übrig

[1] In ›Kunstgeschichte und Sozialwissenschaft‹, S. 208–262 in diesem Band.

für die logischen Spitzfindigkeiten der scholastischen Theologie, und zwar meines Erachtens gerade deshalb, weil für ihn Religion eine sehr persönliche Sache war. Persönlich, aber nicht deshalb ganz subjektiv. In der Stunde der Entscheidung stellte er sich auf die Seite der Tradition, die er so oft kritisiert hatte.

Aber um meine Bescheidenheit wiederzugewinnen, genügt es, daß ich mir vorzustellen versuche, was für einen Platz Erasmus in seinem ›Lob der Narrheit‹ uns Kunsthistorikern zugewiesen hätte; wie er sich lustig gemacht hätte über unsern Reliquienkult, unsern Snobismus und unsern Jargon. Wer könnte so überheblich sein sich einzubilden, er hätte da keinen Hieb abbekommen?

Quellenhinweise

Allgemeine Bildung (The Tradition of General Knowledge). 8. Dezember 1961, London School of Economics and Political Science. Veröffentlicht 1962, London School of Economics and Political Science; weiter in M. Bunge (Hrsg.), The Critical Approach to Science and Philosophy. New York 1964.

Die Krise der Kulturgeschichte (In Search of Cultural History). 19. November 1967, Lady Margaret Hall, Oxford. Veröffentlicht 1969, Oxford University Press.

Vom »Jahrmarkt der Eitelkeiten«. Die Wandlungen von Mode, Geschmack und Stil im Lichte der Logik (The Logic of Vanity Fair. Alternatives to Historicism in the Study of Fashions, Style and Taste). Paul A. Schilpp (Hrsg), The Philosophy of Karl Popper. La Salle 1974. © 1974 by The Library of Living Philosophers, Inc.

Mythos und Wirklichkeit in den deutschen Rundfunksendungen der Kriegszeit (Myth and Reality in German Wartime Broadcasts). 1969, London. Veröffentlicht 1970, The Athlone Press, London.

Das Problem der Forschung in den Geisteswissenschaften: Ideale und Idole (Research in the Humanities. Ideals and Idols). Veröffentlicht Frühjahr 1973, The Search for Knowledge. Boston 1973. Mit freundlicher Genehmigung Daedalus: Journal of the American Academy of Arts, Boston.

Das Überpersönliche in der Kunst (Art and Self-Transcendence). 16. September 1969, Nobel Symposium, Stockholm. Veröffentlicht 1970, Almqvist und Wiksell, Stockholm.

Kunstgeschichte und Sozialwissenschaft (Art History and the Social Sciences). 22. November 1973, The Romanes Lecture, Sheldonian Theatre, Oxford. Veröffentlicht 1975, Oxford University Press.

Werte und Kanons in der bildenden Kunst. Eine Korrespondenz mit Quentin Bell (Canons and Values in the Visual Arts: A Correspondence with Quentin Bell). Critical Inquiry II 3 (1976). © 1976 by The University of Chicago.

Für eine pluralistische Kunstgeschichtsschreibung (A Plea for Pluralism). The American Art Journal III 1 (1971) in der Reihe The State of Art History.

Museen: gestern, heute und morgen (The Museum: Past, Present and Future). 17. Oktober 1975, European-American Assembly on Art Museums, Ditchley Park, Oxfordshire. Veröffentlicht Critical Inquiry III 3. © 1977 by The University of Chicago.

Gefühl und Verstand in der Kunstbetrachtung (Reason and Feeling in the Study of Art). 19. September 1975, Erasmus-Preis, Rijksmuseum Vincent van Gogh, Amsterdam. Mit freundlicher Genehmigung Praemium Erasmianum Foundation. Simiolus: Netherlands Quarterly for the History of Art VIII 2 (1976).

Personenregister

Uccello, Paolo 238

Vasari, Giorgio 39ff., 50, 229, 245, 284, 290, 303, 305, 313
Veblen, Thorstein 278
Velázquez, Diego 111, 309
Vergil 135
Vermeer, Jan 298, 317f.
Vespasiano da Bisticci 55
Vico, Giambattista 39
Vitruv 217, 235
Voltaire, François Arouet de 40

Waetzoldt, Wilhelm 309
Wagner, Richard 24, 109, 138ff.
Waley, Arthur 250
Warburg, Aby 30, 36, 63, 79, 186, 190
Waterhouse, Ellis 231f.
Watson, Thomas 14
Watteau, Jean-Antoine 201

Whinney, Margaret 232
Whistler, James McNeill 266
Whitehall, Robert 228f., 242f., 252, 257
Wilde, Oscar 203, 284
Wilhelmine, Königin der Niederlande 155
Wilkins, John 223
Winckelmann, Johann Joachim 50, 110, 196, 286, 303f.
Wittkower, Rudolf 186
Wölfflin, Heinrich 62, 177f., 290, 292
Wolf, Hugo 109, 136f.
Wren, Christopher 208f., 211, 214, 216ff., 220, 227f., 233, 236ff., 243, 246, 254, 257, 263
Wright, Orville und Wilbur 290

Yates, Frances 320

Zeuxis 272

Abbildungen

Thomas Photos, Oxford (Abb. 1–5); Mauritshuis, Den Haag (Abb. 6); Alinari, Florenz (Abb. 9); National Gallery, London (Abb. 10); Hirmer Fotoarchiv, München (Abb. 7, 8).

Christopher Robert Hallpike:
Die Grundlagen primitiven Denkens

dtv/Klett-Cotta

Ernst R. Sandvoss:
Geschichte der Philosophie

Band 2:
Mittelalter
Neuzeit
Gegenwart

dtv wissenschaft

Rolf Wiggershaus:
Die Frankfurter Schule

Geschichte
Theoretische Entwicklung
Politische Bedeutung

dtv wissenschaft

Geschichte der Philosophie

Drängende Fragen unserer Zeit

**Hans-Peter Dürr:
Das Netz
des Physikers**
Naturwissenschaftliche Erkenntnis
in der Verantwortung

dtv

**Christian
Graf von Krockow:
Politik und
menschliche
Natur**
Dämme gegen die Selbstzerstörung

dtv
Sachbuch

Horst Afheldt:
Atomkrieg
Das Verhängnis
einer Politik mit
militärischen
Mitteln
dtv 10696

Jean Améry:
**Jenseits von Schuld
und Sühne**
Bewältigungsversuche
eines Überwältigten
dtv/Klett-Cotta 10923
**Unmeisterliche
Wanderjahre**
Aufsätze
dtv/Klett-Cotta 11162
Widersprüche
dtv/Klett-Cotta 11322

Hannah Arendt:
Zur Zeit
Politische Essays
dtv 11152

Gordon A. Craig/
Alexander L. George:
**Zwischen Krieg
und Frieden**
Konfliktlösung in
Geschichte
und Gegenwart
dtv 10925

Hans-Peter Dürr:
Das Netz des Physikers
Naturwissenschaftliche
Erkenntnis in der
Verantwortung
dtv 11256

Heinz Friedrich:
**Kulturverfall und
Umweltkrise**
Plädoyers für eine
Denkwende
dtv 1753

Sebastian Haffner:
**Im Schatten der
Geschichte**
Historisch-politische
Variationen
aus zwanzig Jahren
dtv 10805

Christian
Graf von Krockow:
**Politik und
menschliche Natur**
Dämme gegen die
Selbstzerstörung
dtv 11151

Mark Mathabane:
Kaffern Boy
Ein Leben in der
Apartheid
dtv 10913

Franz Nuscheler:
Nirgendwo zu Hause
Menschen auf der Flucht
dtv 10887

Dorothea Razumovsky/
Elisabeth Wätjen:
**Kinder und Gewalt
in Südafrika**
dtv 10870

Horst-Eberhard
Richter:
**Die Chance
des Gewissens**
Erinnerungen und
Assoziationen
dtv 10970

Leben statt Machen
Einwände gegen das
Verzagen
Aufsätze, Reden,
Notizen
dtv 11282

Richard v. Weizsäcker:
**Die deutsche
Geschichte geht
weiter**
dtv 10482

Von Deutschland aus
Reden des
Bundespräsidenten
dtv 10639